陕西省经济高质量发展软科学研究基地系列性成果
国家社会科学基金青年项目（23CTJ008）
全国统计科学研究项目（2023LY029）
西安交通大学人文社科学术出版基金

面向中国式现代化的城市高质量发展综合评价报告

2024

袁晓玲 李朝鹏 樊炳楠 等著

中国财经出版传媒集团

经济科学出版社

Economic Science Press

图书在版编目（CIP）数据

面向中国式现代化的城市高质量发展综合评价报告 .
2024 ／ 袁晓玲等著 . -- 北京 ： 经济科学出版社，2025.
1. -- ISBN 978 - 7 - 5218 - 6711 - 4

Ⅰ. F299. 21

中国国家版本馆 CIP 数据核字第 2025C2L814 号

责任编辑：撒晓宇
责任校对：齐　杰
责任印制：范　艳

面向中国式现代化的城市高质量发展综合评价报告 2024
袁晓玲　李朝鹏　樊炳楠　等著
经济科学出版社出版、发行　新华书店经销
社址：北京市海淀区阜成路甲 28 号　邮编：100142
总编部电话：010 - 88191217　发行部电话：010 - 88191522
网址：www. esp. com. cn
电子邮箱：esp@ esp. com. cn
天猫网店：经济科学出版社旗舰店
网址：http：//jjkxcbs. tmall. com
北京季蜂印刷有限公司印装
787×1092　16 开　34. 75 印张　570000 字
2025 年 1 月第 1 版　2025 年 1 月第 1 次印刷
ISBN 978 - 7 - 5218 - 6711 - 4　定价：136. 00 元
（图书出现印装问题，本社负责调换。电话：010 - 88191545）
（版权所有　侵权必究　打击盗版　举报热线：010 - 88191661
QQ：2242791300　营销中心电话：010 - 88191537
电子邮箱：dbts@ esp. com. cn）

编委会（专家委员会）

特别鸣谢

本报告作为陕西省经济高质量发展软科学研究基地的标志性系列成果，旨在剖析全龄友好视域下面向中国式现代化的城市高质量发展建设逻辑、诊断当前我国城市高质量发展的现状与主要问题、提出促进我国城市长效高质量发展的战略导向。在此，我们诚挚感谢教育部社科司、全国哲社办、国家统计局的支持和编委会各位专家学者的宝贵建议，西安交通大学、新疆大学、新乡学院、天津城建大学和苏州城市学院等单位所提供的学术资源，同时感谢天津市、西安市、苏州市、新乡市等政府部门与调研企业的大力配合。长期以来，研究团队依托陕西省经济高质量发展软科学研究基地（CTTI检索），不仅致力于城市高质量发展、生态文明建设与"双碳"目标等国家重大战略问题的研究，还创建了以"经济高质量发展大讲堂""经济高质量发展论坛"为代表的学术交流平台。在今后的研究工作中，研究团队仍将持续聚焦这一领域，不断深化研究内容，力争推出更多具有学术、知识和创造价值的作品。

报告组成员简介

首席专家

袁晓玲　西安交通大学经济与金融学院教授

　　　　陕西省经济高质量发展软科学研究基地主任

支持合作单位

韩　楠　新乡学院经济学院院长

马　伟　新疆大学经济与管理学院党委书记

王振坡　天津城建大学经济与管理学院院长

丁彩霞　苏州城市学院城市治理与公共事务学院副院长

李惠娟　苏州城市学院数字经济与管理学院副院长

报告组成员

梁　军　西安交通大学马克思主义学院副院长

张跃胜　天津城建大学经济与管理学院教授

杨万平　西安交通大学经济与金融学院教授

赵　锴　西安交通大学经济与金融学院副教授

李朝鹏　西安交通大学马克思主义学院助理教授

杨　洋　新加坡国立大学亚洲研究院研究员

杨　历　新疆大学经济与管理学院副教授

郭文钰　西安交通大学经济与金融学院助理教授

曹钰华　苏州城市学院数字经济与管理学院副教授

李彩娟　西安交通大学经济与金融学院博士研究生

李思蕊　西安交通大学马克思主义学院博士研究生

刘小溪　西安交通大学经济与金融学院博士研究生

金中国　西安交通大学经济与金融学院博士研究生

耿晗钰　西安交通大学经济与金融学院博士研究生

杨新标　西安交通大学马克思主义学院博士研究生

王恒旭　西安交通大学经济与金融学院博士研究生

樊炳楠　西安交通大学马克思主义学院博士研究生

黄　涛　西安交通大学经济与金融学院博士研究生

高中一　西安交通大学马克思主义学院博士研究生

朱晓珂　西安交通大学经济与金融学院博士研究生

张　准　西安交通大学经济与金融学院博士研究生

刘　壤　西安交通大学经济与金融学院硕士研究生

姚智昕　西安交通大学经济与金融学院硕士研究生

潘泰霖　西安交通大学经济与金融学院硕士研究生

于　熙　西安交通大学经济与金融学院硕士研究生

令狐荣鑫　西安交通大学经济与金融学院硕士研究生

王祎晨　西安交通大学经济与金融学院硕士研究生

王稳才　西安交通大学经济与金融学院硕士研究生

刘水婷　西安交通大学经济与金融学院硕士研究生

闫东宇　西安交通大学经济与金融学院硕士研究生

前　言

　　高质量发展是全面建设社会主义现代化国家的首要任务。城市作为现代化过程和形态的重要引擎，承载着9亿多人民对于美好生活的向往，是中国式现代化的重要实践场域。城市高质量发展不但为中国式现代化奠定更坚实的物质基础，而且是破解中国式现代化新征程中社会主要矛盾的重要抓手，同时也为维护中国式现代化新征程中国家安全与社会稳定的重要保障。因此，推进城市高质量发展既是中国式现代化的重要内容，又是推进中国式现代化的必然选择。中国式现代化是中国共产党领导的社会主义现代化，人民是实现中国式现代化的重要推动力量，坚持以人民为中心是中国式现代化的根本价值遵循，因而面向中国式现代化的城市高质量发展也就必然要坚持以人民为中心。党的二十大报告指出要"坚持人民城市人民建、人民城市为人民"，党的二十届三中全会又再次强调了"人民城市"理念，"人民城市"理念就是对面向中国式现代化的城市高质量发展的完美诠释。

　　同时，当前我国人口新形势发生了重要变化，特别是2022年开启的人口总量负增长现象引起社会广泛关注。2023年5月，二十届中央财经委员会第一次会议明确指出："当前我国人口发展呈现少子化、老龄化、区域人口增减分化的趋势性特征，必须全面认识、正确看待我国人口发展新形势"。面对"少子化""老龄化"与"区域人口增减分化"等一系列人口变化的新形势，"人民城市"理念下城市高质量发展就必然要进行"全龄友好建设"，特别是要聚焦青年群体和老年群体的友好建设，从而以城市高质量发展来应对人口形势的巨大变化。虽然当前有关全龄友好型城市建设的相关政策体系在不断完善，如《关于开展青年发展型城市建设试点的意见》《国家积极应对人口老龄化中长期规划》等一系列政策相继出台，但城市高质量发展仍面临着整体建设滞后于人口发展形势变化、政策体系不够聚焦和不能突出地域特色等一系列问题。出现这一系列问题的重要原因之一就在于缺乏城市高质量发展标准的引导，特别是青年友好型与老年友好型视域下城市高质量发展标准体系的引导。因此，只有通过构建科学、客观、可行的城市高质量发展评价指标体系，才能更好地实现引导和促进全龄友好视域下的城市高质量发展的目的，这既是对于新征程下"人民城市"理念精准落实，同时也是促进城市高质量建设发展的内在要求。

基于上述背景，本报告立足中国式现代化的奋斗目标，以习近平"人民城市"理念和城市建设与发展领域重要论述为指导，以全龄友好型城市为线索，以"标准建设助推质量发展"为思路，试图构建出全龄友好视域下城市高质量发展评价体系，并着重对青年友好与老年友好视域下的城市高质量发展进行综合评价。具体来看，本报告以面向中国式现代化的城市高质量发展科学内涵为基础，围绕城市发展"客观发展与主观感受"相统一、"一般性与特殊性"相统一的原则，在大量阅读国内外相关文献并深入学习理解国内相关政策文件的基础上，通过广泛讨论、专家咨询、政府座谈等方式，从青年经济吸引、青年职业发展、青年优质生活和青年服务共享4个维度选取了27个指标构建了青年友好视域下城市高质量发展客观评价体系，从老有所养、老有所依、老有所乐和老有所安4个维度选取了25个指标构建了老年友好视域下城市高质量发展客观评价体系，从而对我国283个地级及以上城市2005～2022年城市高质量发展进行了全面、客观、系统的评价；在此基础之上，本报告还对2022年调研问卷进行了优化，从城市政府善治能力、乐居环境质量、宜业环境质量和居民生活品质4个维度来设计调研问卷以更加关注整体视域、劳动力群体视域、老年群体视域和青年群体视域下不同年龄群体的差异化需求，并分地域选取了我国47座地级及以上城市开展了"关于居民对城市高质量发展主观感受的问卷（2023）"调研活动，共回收有效问卷4万余份。

本报告的研究成果表明：总体来看，各年龄群体视域下，我国城市高质量发展水平均取得了长足进步。青年友好视域下的城市客观发展指数均值由2005年的0.054上升到2022年的0.106，年均增长率为4.05%；老年友好视域下的城市客观发展指数均值由2005年的0.098上升至2022年的0.230，年均增长率为5.15%，呈现在波动中上升趋势。居民对于城市高质量发展的主观感受也呈现出较高的满意度，主观评价4个维度得分均超过3分。然而，我国城市高质量发展仍具有显著的空间差异特征，一些城市发展质量还具有较大的提升空间与潜力。具体来看，一方面，城市高质量发展客观水平呈现出显著的"东高西低"

和局部"极化分布"特征。以 2022 年为例，青年友好视域下城市客观发展总指数排名前 10 的城市分别为深圳、北京、上海、广州、苏州、东莞、杭州、南京、佛山和武汉，老年友好视域下城市客观发展总指数排名前 10 的城市分别为深圳、上海、北京、杭州、苏州、东莞、广州、南京、无锡和宁波。青年友好与老年友好视域下，客观发展指数排名前 10 的城市高度重合且多为东部沿海或区域中心城市，东北和西部地区城市高质量发展水平则有待进一步并加强。另一方面，居民主观感受与城市客观发展并不统一。以青年友好和老年友好视域为例，其客观发展水平较高的城市多集中于东部地区，但居民主观满意度得分显示青岛、长沙、石家庄、乌鲁木齐、福州、成都、长春、济南和海口等城市的发展更让居民满意。分年龄阶段来看，只有青年友好视域下北上广深杭等城市上榜前 10，在劳动力群体看来杭州的友好程度在 47 个调研城市中排第 31 位，而深圳更是排第 39 位，老年友好视域下一线城市中只有上海上榜前 10。

面对我国人口形势的巨大变化，建设全龄友好型城市既是践行"人民城市"理念的必然要求，同时也是城市高质量发展的重要实践路径。当然，本报告所做的相关研究工作还只是抛砖引玉，"城市是人民的城市，人民城市人民建，人民城市为人民"，未来还需要更为聚焦不同年龄群体对于城市高质量发展的需要展开研究，从而进一步深化中国特色城市发展理论与实践。

袁晓玲　李朝鹏　樊炳楠

2024 年 11 月 1 日

目 录

第一篇
总　论

第一章　绪　　论

新中国成立以来，在中国共产党的带领下，中国坚定不移地走出了符合本国国情的现代化道路，社会发展焕然一新，经济发展成就举世瞩目，实现了由落后的农业国家向现代化的工业国家发展的伟大转变，完成了全面建成小康社会这个中华民族几千年来所憧憬的伟大目标。党的十八大以来，中国特色社会主义进入新时代，以习近平同志为核心的党中央立足时代发展大势，作出了"我国经济已由高速增长阶段转向高质量发展阶段"的重大论断。党的二十大报告进一步指出："从现在起，中国共产党的中心任务就是团结带领全国各族人民全面建成社会主义现代化强国、实现第二个百年奋斗目标，以中国式现代化全面推进中华民族伟大复兴。"在以习近平同志为核心的党中央坚强领导下，我国推动高质量发展迈出坚实步伐，不断取得新成效新突破。推动高质量发展只有进行时，没有完成时。党的二十届三中全会强调"必须以新发展理念引领改革，立足新发展阶段，深化供给侧结构性改革，完善推动高质量发展激励约束机制，塑造发展新动能新优势"，为继续以全面深化改革推进经济社会高质量发展提供了根本遵循和行动指南。新发展阶段下，面向中国式现代化新征程，我国发展的主题是实现高质量发展，发展中的矛盾和问题集中体现在发展质量上，高质量发展成为全面建设社会主义现代化国家的首要任务。这要求我们必须把高质量发展摆在更加突出的位置，以高质量发展继续推进和拓展中国式现代化。

城市作为资源要素和经济活动集聚的空间载体，承载着生产生活、经济发展、社会进步、环境优化等诸多功能，集聚了人才、投资等稀缺资源，涵盖了生产、流通、交换、消费、分配等各个环节，承担着联通国内城际要素流动并实现内外循环相互衔接、促进的中介枢纽职能。国家统计局的数据显示，截至 2023 年末，全国城市数量达 694 个，地级以上城市 297 个[①]，其中，常住人口超过 500 万人的城市有 29 个，超过 1 000 万人的城市有 11 个。[②] 常住人口城镇化率达到 66.16%，城镇居民人均可支配收入 5.18 万元。[③] 同时，2023 年国内生产总值（生产总值）"万亿俱乐部"城市总数增加至 26 个，较 2022 年增加 2 个，北上广深渝 5 座城市生产总值超过 3 万亿元。[④] 人口集聚和城镇化建设使城市形成了一定规模的内需市场，发达的交通信息网络和完备的产业供应链提高了城市消费品供给水平，这使得城市在供需平衡过程中的地位和作用更加凸显。因此，城市在构建中国新发展格局、实现高质量发展中的使命重大，促进城市高质量发展既是推动全体人民共同富裕的必然支撑，也是破解中国式现代化进程中社会各类矛盾的重要抓手。

一、建设全龄友好型城市是践行"人民城市"理念的内在要求

当前，我国城镇化发展进入以高质量发展为主线的"下半场"。坚持以人民为中心的发展思想，更加关注人的需求、满足人的需要，实现"幼有所育、学有所教、劳有所得、病有所医、老有所养、住有所居、弱有所扶"，成为当前城市高质量发展建设的重要任务。党的十八大以来，基于时代要求、本国国情与中国共产党的初心使命，以习近平同志为核心的党中央突破西方"物本逻辑"下城市发展以物为中心的价值遵循，创造性地提出了"人民城市"理念，强调"江山就是人民，人民就是江山，打江山、守江山，守的是人民的心"的"人本逻辑"，指出"人民城市人民建，人民城市为人民"是坚持"人民城市"理念的核心要义。"人民城市"理念确立了面向中国式现代化的城市高质量发展的价值基础，顺应了中国式现代化建设的奋斗目标，符合中国式现代化的基本特征。全龄友好型城市是在"人民城市"理念指导下的城市实践，让全体人民共享城市建设发展成果、把增强人民群众获得感、幸福感、安全感作为检验城市建设

①②③ 国家统计局. 沧桑巨变换新颜 城市发展启新篇——新中国 75 年经济社会发展成就系列报告之十九 [EB/OL]. (2024 - 09 - 23) [2024 - 05 - 02]. https://www.stats.gov.cn/sj/sjjd/202409/t20240923_1956628.html.
④ 央广网. GDP "万亿俱乐部" 城市增至 26 座 透视各省经济全新突破点 [EB/OL]. (2024 - 01 - 31) [2024 - 05 - 02]. https://finance.cnr.cn/ycbd/20240131/t20240131_526578308.shtml.

和治理工作成效的根本标准，是全龄友好型城市发展建设的重大原则。同时，在人口形势变化的背景之下，建设对青年群体友好、对劳动力群体友好、对老年群体友好的城市更是建设全龄友好型城市的工作重点。

从社会发展角度来看，青年是城市建设的中坚力量，青年的发展状况关系到城市的未来前景。习近平总书记指出，"青年是整个社会力量中最积极、最有生气的力量"[①]。当前，在科技日新月异、创新层出不穷的背景下，新质生产力正成长为推动中国式现代化和经济高质量发展的重要引擎。新质生产力代表着高科技、高效能、高质量的生产力跃迁，引导青年创新、发挥青年作用则是培育发展新质生产力的关键着力点。城市是培育新质生产力的主体，因而建设青年友好型城市就是构建了城市与新质生产力"双向奔赴"的纽带。2017 年 4 月，在习近平总书记的提议和推动下，中共中央、国务院颁布了我国第一个青年发展规划——《中长期青年发展规划（2016～2025 年）》，该规划也成为新时代中国青年发展的政策指引。2022 年，中央宣传部、国家发展改革委、共青团中央等 17 部门联合印发《关于开展青年发展型城市建设试点的意见》，鲜明提出"城市对青年更友好，青年在城市更有为"的城市发展理念，初步构建"7 + 5"的青年发展型城市政策框架，开始在全国范围内推动青年发展型城市建设。目前，多地已出台青年发展友好政策手册，并将推进青年友好型城市建设纳入城市发展总体安排，旨在满足青年多元化和多层次的需求，着力实现青年与城市高质量发展相互促进的城市发展方式。

劳动力投入是促进经济增长的重要因素之一。从劳动力的供给来看，对流入城市而言，形成了规模较大、层次丰富、结构多样的劳动力资源市场，有效降低了企业与劳动者的双向搜寻成本，满足了企业不同生产活动的劳动力需求。从产品市场的需求来看，劳动力的流入导致城市总体产品需求数量的增加和结构的变化，进而引起城市产品市场均衡变化，最终导致消费水平的增加和市场规模的扩大，推动城市经济发展。由二元经济结构理论可知，劳动力向城市流入改变了劳动力的空间分布，特别是农村剩余劳动力向非农产业的转移和流动，实现了劳动者增收，有利于贫困问题的缓解，进而改变了社会发展态势，提升了经济发展质量。因而，劳动力向城市的流动，不仅是增强社会整体发展效益

---

① 习近平. 论党的青年工作 [M]. 北京：中央文献出版社，2022：225.

的重要方式，也对城市自身发展有着决定性意义，一个失去劳动力的城市最终只会变成瘫痪的空城。所以，城市发展过程中应该注重劳动力流动数量的提升，也应关注劳动力质量和黏性的培育，为城市可持续发展培育新动能，这就要求必须重视劳动力友好型城市的建设。《中国人口年龄构成》数据显示，截至 2023 年年末，中国 35～65 岁的人口约为 6.02 亿人，占总人口近半数，这部分人作为劳动力的主要构成部分，在城市中占据相当大的比例。因而建设劳动力友好型城市，实际上也就是要关注到这一年龄群体的主要需求，让他们在城市中工作顺心、生活安心。

人口老龄化是社会发展的重要趋势，也是今后较长时期内我国的基本国情之一。截至 2023 年末，我国 60 岁及以上老年人达 2.97 亿人，占总人口比重的 21.1%，65 岁及以上老年人 2.17 亿人，占总人口比重的 15.4%，[①] 老年群体规模之大、发展速度之快，给社会治理挑战和社会建设带来前所未有的挑战，深刻影响着中国的现代化进程。如何科学应对人口老龄化是实现中国式现代化必须回答好的历史性问题。习近平总书记强调，"有效应对我国人口老龄化，事关国家发展全局，事关亿万百姓福祉"[②]。建设老年友好型城市是积极应对人口老龄化国家战略的重要内容。正因如此，近年来党和国家准确把握人口发展大势，密集出台相关领域规划和政策。2019 年出台的《国家积极应对人口老龄化中长期规划》提出，2035 年要全面建成老年友好型社会。2020 年，国家卫生健康委、全国老龄办印发《关于开展示范性全国老年友好型社区创建工作的通知》，制定《全国示范性老年友好型社区标准（试行）》，正式启动全国示范性老年友好型社区创建工作；2021 年出台的《中共中央 国务院关于加强新时代老龄工作的意见》强调，"着力构建老年友好型社会"；2024 年《民政部工作要点》要求，"推进全国老年友好型城市建设"。目前，山东、北京、上海、杭州等省份已率先出台老年友好型城市建设指导意见，积极探索老年友好型城市建设路径。总而言之，建设全龄友好型城市，已成为实施积极应对人口老龄化国家战略、深挖经济社会各方面发展潜力、促进人口和经济社会均衡发展的重要载体和抓手。

---

① 民政部，全国老龄办.2023 年度国家老龄事业发展公报 [EB/OL].（2024－10－11）[2024－05－02].https://www.mca.gov.cn/n152/n165/c1662004999980001752/content.html.
② 国家发展和改革委员会.《中华人民共和国国民经济和社会发展第十三个五年规划纲要》辅导读本 [M].北京：人民出版社，2016：591.

二、建设全龄友好型城市是解决城市高质量发展内生矛盾的重要突破口

当前我国城市高质量发展依然是正在进行时，不充分的发展使其面临诸多矛盾。21世纪伊始，我国就正式进入人口老龄化社会，截至2023年末，60岁及以上人口为2.97亿人，占比达21.1%，而出生人口与育龄妇女人数则进一步下降①。人口老龄化和少子化现象日益显著，已然成为我国今后较长一段时期的基本国情。少子化现象与城市高速发展息息相关。一方面，已婚已育家庭囿于城市高昂的教育和生活成本只能将子女留在农村，家庭迁徙不足导致城市迁入儿童数量稀少。另一方面，城市的高速发展避免不了快节奏的生活方式，工作压力巨大、养育成本高昂与城市生育配套设施不完善等因素极大降低了年轻人生育意愿，城市新增婴儿数量稀少。造成以上两方面结果的原因都可以归结为城市发展"质""量"失衡。一味追求城市高质量发展中的"量"和"速"，忽略了城中人的主观感受，没有将城中人的满意度和幸福指数纳入城市高质量发展水平评价标准，城市高质量发展就只实现了"量"的积累而没有"质"的提升，这样的发展是只顾眼前一时之快而违背了可持续发展之规律。

资源的稀缺性决定了城市在发展的某一阶段只能抓主要矛盾和主要方面。长期以来，年轻人被认为是充满希望、代表未来的一代。各个地方往往以年轻人为主导，很多事物都追求新奇、潮流、快节奏，优先满足年轻人的喜好，容易忽视其他年龄群体的需求，以至于公共空间和资源的使用中不断出现"年龄群体冲突"，比如在网络上讨论热度很高的"老年人是否应该错开高峰期乘车"问题，正是关于公共资源使用的"年龄群体冲突"。这种冲突的产生一方面由社会设计机制产生，另一方面也是因为不同年代人在公共场合缺乏融合的机会。单一年龄群体的城市建设理念倾向于对不同年代人群在设计上的隔离，由此使各年龄段人群没有机会学习或了解对方，从而忽略了彼此之间有很多共同点。

---

① 国家统计局. 中国统计年鉴 2023 [EB/OL]. (2024-07-06) [2024-05-02]. https://www.stats.gov.cn/sj/ndsj/2023/indexch.htm.

年龄结构变化带来群体诉求的差异性，但是青年人、壮年劳动力和老年人的需求和利益并非排斥，而是互补的。为了化解冲突、包容全龄段人群的普遍需求，全龄友好型城市理念逐渐受到重视。全龄友好型城市理念致力于创建一个公平友好的城市发展氛围，并提出未来城市建设的四个关键领域：创建全龄化的交通系统、重新认识住房、鼓励各年龄人群之间的交流以及建立代际之间的信任。

三、建设全龄友好型城市是塑造城市核心竞争力的重要着力点

全龄友好是衡量一个城市宜居宜业的重要标准，是彰显城市友善包容气质的重要方式，是"以人为本"的重要体现。青年代表着未来，人才是发展关键，青壮年作为城市建设当之无愧的主力军，是撑起城市建设的铁骨脊梁。一座城市要取得可持续发展，就必须吸引青壮年，而增强城市吸引力的重点在于让青壮年更有获得感、幸福感、安全感，让他们更加安心、更加舒适地拼搏奋斗。城市间的竞争，归根结底是人才的竞争，青壮年是培育人才的重要实践场域，吸引人才的到来其前提是要吸引青壮年的到来。栽下梧桐树，引得凤凰来。要提升城市对青壮年的吸引力，就要尽最大努力解决青壮年的后顾之忧，关注其物质和精神需求，建设对青年友好、对壮年友好的宜居城市。事实上，尊重老年群体多样性，建立适老型城市，提高老年群体独立性和社会参与度，关注老年人权益保护和平等权利，也能够让青壮年对城市未来发展更有信心，对自己的老年生活持积极态度，从而增强其与城市之间的粘性。从老年人自身角度出发，适老型城市能够吸引老年人前往养老，而这部分老年群体大多"有钱有闲"，不仅能够带动城市银发经济，而且能够成为参与社区建设的重要力量。城市经济发展水平因为历史和地理位置等因素造成高低不等，但只要真正做到"以人民为中心"、坚决贯彻人民城市发展理念，以公平正义为准绳、全力打造全龄友好型城市，时刻站在人民群众的立场考虑问题、制定发展策略，各个城市都能挖掘出自己的核心竞争力，为实现高质量发展不断注入强劲动力。

全龄友好型城市建设对于城市高质量发展乃至实现中国式现代化都有着重要意义，那么全龄友好视域下的城市高质量发展建设究竟成效如何？面临哪些

困境？尚存哪些不足？未来的发展路径如何？这些都需要经过科学的测度和分析。基于此，本报告立足中国式现代化的奋斗目标，以习近平"人民城市"理念和城市建设与发展领域重要论述为指导，以全龄友好型城市理念为线索，以"标准建设助推质量发展"为思路，构建全龄友好视域下中国式现代化城市高质量发展评价体系，并着重对青年友好视域下以及老年友好视域下的城市高质量发展水平进行综合评价。这一问题的研究既是对习近平新时代中国特色社会主义思想的实践应用，又有利于用习近平新时代中国特色社会主义思想来讲好中国式现代化的城市故事，从而既能深化和拓展中国式现代化的城市发展理论，又为中国特色城市高质量发展实践提供了理论指引。

第二章 城市高质量发展的研究现状

本报告将从内涵阐释以及发展水平评价两方面入手，对城市高质量发展、青年友好视域下的城市高质量发展以及老年友好视域下的城市高质量发展的研究现状进行系统性梳理。当前鲜有研究聚焦于劳动力友好视域下的城市高质量发展，相关文献不足，而且本报告未涉及劳动力友好视域下的城市高质量发展的客观评价体系，因此未在本章对其研究现状进行梳理总结。

第一节 关于城市高质量发展内涵阐释的研究

一、城市高质量发展的内涵阐释

国际上有关城市发展质量内涵的解读，最早可以追溯到 1992 年联合国环境与发展会议通过的《21 世纪议程》中的可持续发展理念。此后，各界又从不同角度提出了一系列有关城市发展质量具有影响力的界定，这包括联合国开发计划署的人类发展理念、经济学人智库的亚洲绿色城市发展理念和中国社科院城市与竞争力研究中心的城市竞争力理念等。上述无论是国外还是国内的理念，都是基于城市发展预期与实际情况的定义，但视角相对较为单一。2011 年，联合国人居组织发布的《伊斯坦布尔宣言》指出，城市应该是能够让人类过上有尊严、健康、安全、幸福和充满希望的地方。这是与城市高质量发展需求相对最为接近的定义。2014 年，国际标准化组织发布了第一套城市评价的国际标准ISO37120，通过政府服务和居民生活品质来对城市的可持续发展进行了定义（彭建虹等，2019）。由于城市发展是一个包含了人口、经济、土地和社会发展等多个子系统的复合性问题，各构成要素存在不同的演变规律且相互耦合，致使城市发展问题也变得愈加复杂，仅从经济、人口或环境等单一学科角度来对城市发展进行研究已变得不切实际。近年来，随着交叉学科研究兴起，针对城市发展的研究也呈现出了交叉融合趋势，学者们已不局限于从某一个或几个学科角度来剖析城市发展质量，而是将经济学、地理学、人口学和社会学等相关学科理论相互融合，以更加系统的视角来看待和定义城市发展。因此，2018 年国际标准化组织对 ISO37120 标准进行了修订，更加强调了城市发展的综合性。

国内有关城市高质量发展的定义则更多是从城市化质量和新型城镇化的角度进行。如国务院发展研究中心和世界银行联合课题组（李伟等，2014）认为新型城镇化应从土地管理制度、户籍制度、城市融资、地方财政、城市规划与设计和政府治理能力 6 个方面来看待；熊湘辉和徐璋勇（2018）认为新型城镇化包括了人口生活方式和思想观念的转化、经济发展方式的转型、产业升级和结构的优化、基础设施均等化、公共服务均等化和人民生活水平的提高；方创琳（2019）认为新型城镇化是高质量的城市建设、基础设施、公共服务、人居环境、城市管理和市民化的有机统一。由于质量是一个动态包容性概念，随着社会经济发展侧重点以及政府和居民对城市发展、城市化认知的演变，学术界对城市发展的认知也会随之发生演变，城市高质量发展内涵就有了鲜明的时代发展特征。但总体来看，无论是国内还是国外研究，无论是针对城市化还是城市质量概念的剖析，其内涵随着社会经济发展的演变，经历了从注重"物质经济"到"以人为本"的转变，城市发展的终极目标成了"人与城之间的和谐共生"。

直到最近，越来越多的学者才开始针对城市高质量发展内涵进行了定义和剖析，但仍未跳脱出以往城市发展质量、城市化质量和城市经济质量的概念范畴，甚至部分学者只是对相关概念进行了替换。如随着黄河流域高质量发展上升为国家战略（刘传明等，2020），张国兴和苏钊贤（2020）根据高质量的核心内涵和中心城市特点，认为黄河流域城市高质量发展的关键是经济结构优化、创新驱动发展、生态适度宜居、资源配置有效和公共服务共享；师博（2020）认为黄河流域城市高质量发展的核心是城市经济的高质量发展；徐辉等（2020）认为黄河流域城市高质量发展的核心在于经济社会发展和生态安全，马海涛和徐楦钫（2020）则从新发展理念角度对黄河流域城市群高质量发展进行了剖析。当然，也有学者基于城市发展特征，从更加多元的角度来对城市高质量发展内涵进行了深挖。其中，《城市规划学刊》编辑部召开了城市高质量发展学术笔谈会议对其内涵进行研讨，并认为城市高质量发展不仅需要空间与设施等"硬件"的支撑，更需要城市治理体系等"软件"的高效运行（《城市规划学刊》编辑部，2020）。会议中，东南大学段进院士认为，城市高质量发展是要"更好提供精准化、精细化服务"，把为人民服务放在首位，塑造美好的生活家园，进而解决生产和生活等各方面问题；同济大学童明教授认为，城市以及其中的社会生活始终处在不断变化中，城市高质量发展的定义也会随之不断调整，但无论城市发展如何变化，其高质量发展的本质在于其各类系统、组织和关系间达成一种臻于完善的融合；东南大学阳建强教授认为，城市发展在达到一定阶段时，将会不再盲目追求经济和物质增长，而是追求生活品质和环境质量的提升。因此，城市高质量发展就是要更加强调以人为本、群众福祉提高、历史文化传承、生态环境改善、人居环境改善和城市活力提升。还有学者从城市规划的角度进行了定义，如王丽艳等（2020）认为顺应国际创新活动集聚中心城区的新趋势、推进城市更新与创新街区建设内在协同，是新时代城市高质量发展的核心。廖海军等（2020）提出全面提升城市形象、生态保护、交通组织、服务功能、治理体系和文化传承6大举措来系统推进城市高质量发展。

总体来看，无论是城市发展质量、城市化质量还是新型城镇化，学术界对其内涵的原始解读与剖析都不够，相关研究多从新发展理念、社会主义现阶段矛盾和城市构成要素等角度来进行剖析，其优势在于贴合了时代发展和宏观政策走向，能够发现城市发展中的问题并加以引导，但缺陷在于决策咨询功能强而理论性不足，很难具有持续引领作用。针对城市高质量发展，虽然大多数学者只关注到了其静态层面的内涵，但已有少数学者关注到了其长期动态性。理论上，城市高质量发展是一个系统，其提升是一个漫长艰巨的过程，要充分考虑其发展所处于的阶段性（胡兆量，2013）。在城市发展的不同阶段，城市高质量发展的侧重点应具有差异。如在增长阶段，城市高质量发展的焦点应集中在城市经济、基础设施和人口集聚；但在社会经济发展达到一定水平，生活宜居性、智能化和环境质量就应成为城市高质量发展的重心。因此，考虑到城市高质量发展的动态性和长期性，这对于我国这样一个幅员辽阔、拥有处于各个发展阶段城市的国家尤为重要。

二、青年友好视域下的城市高质量发展内涵阐释

基于城市高质量发展，青年发展型城市的概念也应运而生，青年发展型城市也被称为青年友好型城市，在美国、日本、澳大利亚等国外媒介话语体系中也被赋予"年轻城市""青春城市"等称号，它是指这样的一种城市发展道路和城市政策框架——它认同和尊重青年发展的优先权，通过表达、参与对话等渠道为青年赋权，在城市经济社会发展的全领域和全过程都能够充分有效地吸纳青年的视角、利益和需求，进而使得城市发展的过程得以不断提升对青年的吸纳力、吸引力和承载力，青年发展的外部溢出对城市的贡献力、创新力和创造力又得以不断增强，从而实现了青年发展与城市发展的有机融合和良性互动（朱峰，2018）。

国内相关研究仍处于起步阶段，总体来看，学术研究滞后于地方实践。在2010年的上海世博会上，青年广泛参与成为一大亮点，会议期间发布的《海宝宣言》提出将青年友好型城市作为城市的未来形态，强调青年在城市发展中的重要性，并指出青年友好型城市应具备包容性、创新活力、多元理念、自我更新等特征。2022年，中央宣传部、共青团中央委员会等正式发布《关于开展青年发展型城市建设试点的意见》明确指出，"青年发展型城市是指扎实推进以人为核心的新型城镇化战略，积极践行青年优先发展理念，更好满足青年多样化、多层次发展需求的政策环境和社会环境不断优化，青年创新创造活力与城市创新创造活力相互激荡、青年高质量发展和城市高质量发展相互促进的城市发展方式"。

在学术研究领域，朱峰（2018）认为青年友好型城市是指城市政府基于青年优先发展和积极发展的理念，在城市规划设计、制度结构、专业共识、政策实践、资源配置等诸方面，以及大城市、中等城市、小城市乃至社区多层面的

公共事务中都能关注青年福祉，给予青年发展以优先权，注重将青年的需求纳入公共决策和城市规划之中。闫臻（2022）认为青年友好型城市的理论内涵包括结构和行动者两个相互作用的维度，从结构层面来看，城市的制度设计、政策选择以及弹性的城市物质和社会环境能够促进青年与城市良性互动；从行动者层面来看，青年能够在城市中通过实践意识促进城市变迁、满足自身需要、与城市互惠共赢。孙久文和蒋治（2022）则认为青年友好型城市的科学内涵包含了"城市高质量发展赋能青年发展型城市建设"与"青年高质量发展驱动青年发展型城市建设"两个层面的内容。赵联飞（2023）从高质量发展视域解读青年友好型城市的内涵，认为其包含了"青年发展型城市是青年建功立业的舞台""青年发展型城市是青年的日常生活空间""青年发展型城市是青年实现全面发展的社会空间"三个内涵。

此外，还有研究关注到青年友好型城市建设的动因和政策创新。青年友好型城市最早源于城市规划理论认识的演进与深化，"城市规划从单纯关注物理空间塑造转向对城市社会文化的探寻；从城市景观设计的美学审视转向具有社会学意义的城市公共空间"（王海荣，2020）。此外，"城市病"困扰城市发展，制度性和结构性排斥的城市环境阻碍青年融入城市，但在城市发展的任何历史阶段，青年始终是最活跃的群体，城市产业升级需要青年加入。因而为了回应和纠偏青年在城市发展中的功能作用，逐步走向青年发展与城市进步的多维协同和良性循环，青年友好型城市构建的理念雏形应运而生（谢素军，2023），并且多数城市的政策都集中在青年最关心的问题上，包括空间友好、住房援助、户籍、收入保护、就业促进和政务服务等（朱峰，2018）。在政策创新方面，部分学者认为我国青年发展规划与城市积极推动的青年友好型城市建设目标一致，应建立二者耦合机制，一方面加强政府、社团、社会方面协同发展，注重国家和地方相关政策衔接；另一方面推动青年发展项目的实施和保障，建立完善的青年友好型城市监测机制（单耀军等，2020）。

三、老年友好视域下的城市高质量发展内涵阐释

世界卫生组织将"积极老龄化"定义为"为提高老年人的生活质量，尽

可能优化其健康、社会参与和保障机会的过程"。相对于以往的理论，"积极老龄化"的核心导向为实现老年人的自我价值，强调提高生命的质量，而不仅仅是延长生命的长度，其重要观点为"老年人始终是其家庭、所在社区和经济体的有益资源"。"积极老龄化"包含六大决定因素，即经济、社会、自然、个人、行为、健康与社会服务，而城市环境和服务的许多方面反映了这些因素，属于老龄友好型城市特征的一部分。因而，世界卫生组织明确提出积极老龄化是老龄友好型城市建设的理论基础，老龄友好型城市应开展积极老龄化计划，通过优化健康条件、参与机会和保障等方面，促进老龄人口生活质量的提高。基于此，"老龄友好型城市"的内涵被世界卫生组织界定为：一个老龄友好型城市应通过优化健康、参与和安全的机会鼓励积极老龄化，以增强人们在老龄化过程中的平等性。实践中，一个老龄友好型城市应使其设施和服务更具有可及性，并对老年人的不同需求和能力更具包容性。在相同脉络下，部分学者根据自身的理解对此进行了解析，金姆等（Kim et al.，2008）认为老龄友好型城市应能扩大老年人的生活范围，最终提高城市中所有年龄层的生活质量。帕克等（Park et al.，2014）认为老龄友好型城市应能够诱导老年人积极参与社会活动，杰（Jee，2019）认为老龄友好型城市应能够解决老年人遇到的健康、收入、社会参与等方面的问题。

　　国内关于老年友好型城市的讨论及研究处于起步阶段，其内涵暂无权威的定义，且老年友好型社区、老年友好型社会、老年友好型城市、适老宜居城市等概念混用严重。如郑玲和郑华（2021）认为老龄友好型城市应是以提高老年人的生活质量为目标，为满足老年人身体、心理与社会需求而建设的安全、方便、舒适、健康的城市环境。其受益群体不仅应包括不同类型的老人，更应包括全体年龄层。其范畴应涵盖住区、社区、城市等多个层次的硬环境与软环境。彭希哲（2022）指出，"老年友好"首先意味着对老年人的传统观念和思维定式的转变，一个不分年龄公平参与和共享的社会是"老年友好型社会"的基本特征。穆光宗（2023）认为构建老年友好型社会的本质在于推动社会变革和转型，应直面人口老龄化时代的劳动力短缺、养老金支付、长期照料和孝道式微等风险挑战，通过"有备而老"来应对系统化风险。贾玉娇（2023）则认为老年友好型社会是社会现代化发展的必然趋势，其建设水平是衡量社会现代化水平的基本标尺。

第二节　城市高质量发展综合评价研究

一、城市高质量发展水平评价

城市高质量发展评价体系构建有两种思路，第一种是将城市发展的过程效率等同于城市发展质量，通过构建"投入产出"型的效率评价体系来衡量城市高质量发展（祁毓等，2020；杨万平等，2020）。如袁晓玲等（2020）认为城市是一个复杂的巨型系统，将城市看作一个将输入转化输出的生产函数，生产函数的产出效率就是城市高质量发展的程度；张江洋等（2020）通过重构城市投入产出指标体系反映了城市发展特色和高质量发展要求。但赵涛等（2020）却认为虽然全要素生产率等效率指标一定程度能够反映质量，但受限于测算波动性、维度单一性和对城市发展成果的忽略，将其作为高质量发展的唯一依据显然已不能满足现实需要。因此，大多数学者更倾向于构建多层级平级体系，而多层级体系构建方法又可分为两类。第一类是"自上而下"，即严格遵循城市高质量发展内涵来构建评价体系，优点在于理论性强，但常常囿于底层指标数据难以获得而需要删减评价体系；第二类是"自下而上"，即对以往指标体系进行归纳、总结，筛选高频使用指标并结合数据可获得性来构建评价体系，优点在于保证了指标数据可获得性，缺陷在于评价体系的科学内涵常受到怀疑。为了保证综合评价能顺利进行，实际过程中，学者们常常"自下而上"来构建评价体系，用"自上而下"来描述构建过程，这就导致部分研究"应用意味有余而理论性不足"，只能达到评价应用的目的而无法起到定标引领作用，这也是城市高质量发展评价体系构建的主要困境之一。

目前，城市高质量发展评价体系构建相关研究主要集中在了城市化质量和城市发展质量两个方面。城市发展质量与城市化质量或新型城镇化评价最大的区别在于，城市化评价大多重视"农村变为城市"的全方位过程，特别是城乡发展的协调性，而城市发展质量评价则更多关注城市发展本身。因此，大多数学者都认为城市发展质量评价是城市化质量评价的子集。在评价维度选取方面，当前学术界主要有3种思路：第一类是从城市发展的核心载体角度出发，侧重于城市发展空间载体的发展评价（叶裕民，2001；袁晓玲等，2019）；第二类则是强调城市发展的构成要素及其协调性，注重从人口、产业、空间和社会等城市发展构成要素层面评价（袁晓玲，2013）；第三类则是强调城市发展的理念，注重从创新、协调、绿色、开放和共享等新理念角度来评价（马海涛等，2020），这也是目前学术界应用最多的一种评价思路。表2-1为当前学术界有关城市高质量发展评价所选取的主要维度和底层子指标。

表 2-1　　　　　　城市高质量发展评价指标选取

评价对象	评价维度	选取指标
城市发展质量	经济（产出效率、财政充裕、产业结构、科技创新、对外开放）	人均生产总值，人均地方财政收入，二产占比，三产占比，每万人发明专利申请量，进出口总额占生产总值比重，人均实际利用外资金额，万元生产总值水耗，外贸依存度，综合负债率指数等
	社会（医疗服务、教育服务、社会保障、人民生活、人口质量）	每万人拥有卫生机构床位数、医生数，百名学生专任教师数，百人拥有图书馆藏书量，人均社会保障与就业支出，人均可支配收入，人口密度，三产就业人员占比，城市失业率，恩格尔系数，人均住宅面积，人均预期寿命，互联网用户数，社会治安满意度，人均道路面积，人均邮电业务量，人均用电量，人均生活用水普及率，城市化率等
	生态（绿化、空气质量、治理水平）	建成区绿化覆盖率，空气质量优良率，污水处理率，生活垃圾处理率，SO_2、粉尘、NO_x 排放量，噪声达标率，环境保护投资指数
	城市建设（空间）	人均城市维护建设资金支出，建成区面积比重，人均道路面积，排水管道长度
	创新效率	高技术产业增加值占比，全要素生产率，单位面积生产总值产出，生产总值能耗
	社会和谐	基尼系数，城乡居民可支配收入比，区域人均可支配收入比，社会满意度指数等

续表

评价对象	评价维度	选取指标
城镇化、城市化质量、新型城镇化	经济发展（实力、结构、产业城市化、增长方式）	人均生产总值，生产总值增速，人均地方预算财政收入，第三产业产值占比，科技进步对生产总值增长的贡献，非农产业占比，人均工业总产值等
	公共服务（医疗卫生、精神文化、社会保障、生活质量、生活方式城镇化）	每百万人拥有医院数量，公共图书馆藏书册数，每万人拥有医院数、医生数、在校大学生数、互联网用户数，养老保险覆盖率，医疗保险覆盖率，失业保险率，人均住房面积，人口密度，人均储蓄额，人均社会消费品零售额，每万人拥有公共汽车数量，户均成套住宅数，餐饮企业门店数，星级酒店数，景区数，文化机构数等
	空间建设（建设质量、建设设施、空间城市化）	人均城市道路面积，建成区面积占比，人均社会固定资产投资，固定资产投资占比，城镇建成区占比等
	城乡统筹（城乡差异）	城乡可支配收入比，城乡居民消费比，城乡恩格尔系数差异等
	生态环境（环境质量、环境保护、空气质量、生活污染、固废）	绿化覆盖率，人均绿化面积，工业氧化硫排放量，工业粉尘排放量，固定综合利用率，污水集中处理率，垃圾无害处理率，PM_{10}、$PM_{2.5}$、NO_2、CO 浓度、固废产生量等
	城市开放度	进出口总额占生产总值比重等
	人口（人口城市化、现代化）	城市人口占比、常住人口城市化率、就业状况、基本生活与消费、休闲与文化观念，城市人口规模，人口素质，人口就业等
	城市发展质量（经济、社会、空间、人口、生态环境协调）	生产水平，产业结构，城乡居民收入，财政收入，科教文化事业发展，城镇基础设施建设，空间适宜度，空间集约度，空间环保度等
	城市化效率（劳动、土地、资金、水、环境、能源利用率）	二、三产业产值与从业人员，建成区比例，生产总值能耗，水耗，污染物排放量，工业资金贷款利率等
	可持续发展效率（社会经济效率、生态环境效率、创新程度）	单位固定资产投资实现生产总值，R&D 人口占比，用水普及率，燃气普及率等
	城乡一体化（经济、社会一体化、城乡协调度）	第一产业生产总值占比，非农人口占比，农村受教育程度，农村道路网密度，农村拥有医生、教师、图书和图书馆藏书数量，恩格尔系数差值，劳动生产率产值等
	耦合协调度	不同维度的耦合协调情况等

政府部门构建的评价体系大多是基于国家政策方针和社会经济发展需要，体系构建突出了为公共政策制定的决策咨询功能，具有可对比、可操作和可调控的特征。通过对表 2-1 的评价维度和指标分析发现，学术界所构建的评价体系相较于政府部门而言，理论性更强，但评价体系常常存在通用性低、可比性差等问题。部分学者构建的评价体系可能仅适用于某一个或几个城市而不适用于其他城市（陈明等，2013）。同时，这些评价体系也很少突出了"城市"尺度的特色，即应用于区域、省际和国别层面也具有较高适用性（成金华等，2017）。此外，相较于城市发展质量，关注城市化质量的研究相对更多。然而，无论是城市发展抑或是城市化质量的评价维度选取，经济发展都是其中的核心指标，相较关注经济增长速度和规模外，经济增长结构和效率更受关注。同时，几乎所有学者都已关注到了生态环境质量、居民生活宜居性和公共服务等城市发展其他维度的重要性，甚至由此派生出了许多有关城市发展某一维度发展质量的评价。如在城市化质量方面，有学者专门针对诸如人口（戴为民等，2020）和土地（王富喜，2020）城市化质量进行了评价；在城市发展质量方面，学者们针对道路（姜栋等，2020）、医疗服务（刘超等，2020）、移动图书馆（储昭辉等，2020）等城市基础设施质量、城市科技创新能力（李斌等，2020）、城市生态环境质量和生态宜居性（王振坡等，2019）进行了评价。近年来，健康城市发展理念也得到了学术界重视，因而也有学者对健康城市进行了评价（武占云等，2020）。总体来看，学术界在评价体系构建方面的研究呈现了以下特征：在目标设置上从注重城市发展的结果向注重城市发展的过程与能力转变，在评价维度上从注重城市本身的建设与发展向注重居民在城市中的生活与环境转变，在指标选取上从注重定量指标向注重"定性与定量"指标相结合转变。

综合来看，有关城市或城市化发展质量评价维度的选取大多强调了城市发展的成果，部分学者虽然在评价体系中强调了城市发展的基础条件，但指标体系构建中却存在将投入、产出和功能等不在同一维度指标放在一起进行杂糅评价的问题，未能考虑不同维度指标之间的关系。此外，城市发展结果是城市发展质量的主要成果体现，而城市发展效率则是高质量的重要前提，城市发展质量是过程与结果的统一，但当前大多数评价对城市发展效率都有所忽略，根本原因可能在于该指标数据需要进行复杂的计算才能获得。

二、青年友好视域下城市高质量发展水平评价

随着全球社会经济的快速发展，城市规划从追求空间的一致性转向建立以差异性为基础的城市空间，城市与青年群体间的关系探讨成了城市发展研究的重要议题，很多发达国家城市都制定了相关法规战略来推动其青年友好城市的建设。美国、加拿大、东盟等国家和地区组织也开发相应的指标体系来评价其城市的青年友好程度（见表 2-2）。联合国人居署专门建设了一个由 15 个相关研究机构或智库组成的"城市青年研究网络"，通过组织全球学者开展青年研究来指导并推动重要国家及区域青年政策的制定和实施（朱峰等，2019）。在美国，40 多个社区制定了青年总体规划，规划侧重社区实体间的合作及青年参与，但没有注意到物理环境对青年的重要性，也没有引起城市规划者的普遍重视和参与，因此学者认为应该更多地关注物理环境，特别是与安全、自然获取可持续相关的环境（Debra，2016）。澳大利亚学者也关注了相似的问题，他们总结出青年友好型城市包含的七大维度，包括教育和照顾、交通流动、娱乐与运动、文化活动、会见与常去场所、安全和数字化连接等（Hennig，2019）。还有部分研究并没有以青年友好型城市为研究对象，但目标仍然是青年如何在城市更好地就业和求学。2016 年，美国经济研究所发布了就业目的地指数，旨在为年轻大学毕业生选择适宜就业城市提供参考。这一指标体系以人口、经济和生活质量为中心，包括受教育程度、失业率、劳动参与率、种族和民族多样性、酒吧和餐馆、娱乐和艺术场所、公共交通使用、租金和赚钱能力共 9 个指标。测量结果表明，拥有良好条件的城市需要也能够吸引大量青年（Aaron Nathans，2016）。

表 2-2　　　　　　　　　国外青年友好型城市评价体系

名称	背景地区	编制单位	发表年份	指标要素分类
求职/求学目的地指数	美国	美国经济研究所	2014	人口特征、生活质量、经济形势

名称	背景地区	编制单位	发表年份	指标要素分类
"青春城市"排行榜	加拿大	解码公司	2016	生活、工作、娱乐
东盟青年发展指数	东盟	东盟秘书处	2017	教育、健康、就业、幸福感、发展机会、公众参与度、社会接受度

国内关于青年友好型城市指标体系构建的研究处于起步阶段，《武汉市青年发展统计监测指标》从青年思想道德和文化、青年教育、青年健康、青年创新创业就业、青年社会融入与社会参与、维护青少年合法权益与青年社会保障等维度构建指标体系，对武汉市青年人群的发展状况进行动态监测。段智慧等（2023）从人才生态环境的视角出发，运用 NCA 和 QCA 的方法，分析了友好型青年人才城市生态环境影响青年人才集聚的条件组态与路径。部分学者关注到青年友好型城市建设应该坚持"以人为本"，并基于青年友好型城市的主体性、包容性、参与性、流动性和可持续性五大功能特征进行指标体系构建，意在表明青年的实践及其与城市结构性因素间的深入互动才是城市变迁的根本动因（闫臻，2022）。部分学者将社会质量理论引入对青年友好型城市的质量评价，建立社会经济保障、社会凝聚、社会包容、社会赋权模型以及联合模型，以此检验城市社会质量与青年获得感的关联度（聂伟、蔡培鹏，2021）。

国内外相关研究提供了对青年友好型城市指标体系的学术探讨和地方实践，但仍然存在一些不足：一是多数研究并未明确研究的理论视角，因此指标维度难以呈现城市与青年发展的实质关系。二是指标设定缺乏青年主体性思维，导致指标体系的目标指向不明确，针对性不强，反映青年特征的指标也有限。

三、老年友好视域下城市高质量发展水平评价

2007 年世界卫生组织根据在全球 22 个国家的 33 个城市中开展的老龄友好

城市项目调查结果，建立了一套完整的老龄友好型城市的通用建设标准和评价体系。支持积极、健康老龄化的城市环境的关键要素包括物质环境和社会环境两大类八大建设主题，每一建设主题下进一步细分为具体的建设清单与特征标准（见表 2 - 3）。

表 2 - 3　　　　世界卫生组织关于老龄友好型城市建设的指标体系

	建设主题	建设清单与特征标准
物质环境	室外空间和建筑	环境、绿化带和走道、户外休息区、人行道、马路、交通、自行车车道、安全性、服务、建筑物、公共卫生间
	交通	可支付性、可靠性和频次、目的地、老龄友好的交通工具、专门性服务、爱心座位、交通司机、安全性和舒适性、公交站点、信息、社区交通、计程车、马路、司机的驾驶能力、停车场
	住房	承受能力、必需服务、房屋设计、房屋改造、房屋维护、老年适宜性、社交需要、房屋选择、居住环境
社会环境	尊重与包容	尊老的内涵、公众的尊老意识、跨代和家庭交流、公众教育、社区性因素、经济性因素
	社会参与	活动的可参与性、活动的可承受性、活动的覆盖范围、设施和配置、活动的关注及推广、杜绝孤立、促进社区一体化
	社区参与和就业	志愿者的选择、职业选择、培训、再就业、社区参与、价值贡献
物质环境与社会环境	信息交流	信息提供、口头交流、书面信息、普通话、自动化交流和设施、计算机和互联网
	社区支持与健康服务	服务的可及性、提供服务、志愿支持、紧急预案和照顾

资料来源：根据世界卫生组织发布的《全球老龄友好型城市建设指南》整理。

国内相关研究较少，政策层面上，国务院 2017 年印发的《"十三五"国家老龄事业发展和养老体系建设规划》中，明确提出要完善老年宜居环境建设评价标准体系，并给出"十三五"期间国家老龄事业发展和养老体系建设主要指标。学术研究领域，于一凡等（2020）结合我国老年友好社区的建设目标，提出由邻里环境、环境性能、住房、道路与交通、服务与设施、社会参与、社会包容和交流与信息 8 项准则、46 项技术指标构成的老年友好社区评价体系。郑玲和郑华（2021）则从设计理念、适用范围、环境特性、可支持的环境类型·健康类型·心理类型、重点设施、服务、需求等方面出发，建构了老龄友好型城市建设的综合性框架。戈艳霞和周灵灵（2022）基于入境匹配原则，借鉴世界卫生组织老龄友好指标体系，开发出一种信度效度良好的适用于我国城市的老龄友好型社区测量指标体系，并对城市社区的老龄友好程度进行量化评估，分析其建设水平、结构特征及区域差异。文学（2024）虽未构建出老年友好型城市评价体系，但提出我国在老龄友好型城市评价指标体系的构建过程中，应充分结合我国社会传统、社会制度、经济发展水平、城乡规划、人口规模及老龄化程度等具体国情因地制宜地进行创新，将世界卫生组织总结的普遍性指标结合我国具体实际实现本土化的创新设计，并指出各级地方政府还应在全国性老龄友好型城市评价指标体系的基础之上，结合本地实际积极研制地方性老龄友好型城市的建设标准和行动计划。

第三节　研究评述

通过对我国城市高质量发展评价的现有内涵以及指标体系构建进行回顾和分析，本报告发现：（1）在内涵剖析方面，城市高质量发展是一个高度宏观、包容的综合概念，随着社会经济与时代理念的发展其内容不断发生变化，这就导致城市高质量发展内涵仍众说纷纭。（2）在评价维度方面，大多数学者都是在城市化、城市发展和城市经济质量等相关概念基础上，从经济、环境、社会、城市建设和效率等多个维度评价。评价维度多基于宏观整体视角，缺乏中观和微观层面的评价。评价过程中还存在将不在同一层级和维度的指标进行杂糅评价的问题。（3）在评价思想方面，城市高质量发展的评价大多从静态层面进行而忽略了其长期性和阶段性，这是导致评价结果应用性不强的重要原因。（4）在指标数据方面，大多数学者都使用了官方宏观统计数据，但却不易反映城市发展的细节问题。随着进入人工智能和大数据时代，以往只能单纯依靠传统官方统计数据而囿于数据匮乏的现象有所缓解，Python 等数据抓取技术和各类监测数据促使指标数据质量得到提升。（5）有关青年视域以及老年视域下的城市高质量发展，无论是从内涵阐释还是从指标体系构建方面来看，相关研究都处于起步阶段，理论较为碎片化，新兴理论的植入与运用途径欠缺；理论推动者、实践决策者与使用者三方对话不足，理论与实践脱节。在实践层面，城市、社区、住宅、使用者等各领域断层，辐射界限不明确，各部门职能重叠或遗漏，受益群分布不均；实践经验的总结性研究不足。同时，从全龄友好视域来讨论城市高质量发展的学术论文几乎没有，其仅仅停留在碎片化的地方政府实践层面。

基于此，未来在深化城市高质量发展评价体系构建研究中，应从以下方面进行拓展：（1）基于人的全生命周期理论来构建评价体系。我国城市人口数量巨大，不同年龄、不同阶层的人有着多层次的需求，因而城市在保证整体效益增长的前提下，需要充分保障各群体、各层级人口的多样化需求，才能充分体现人民城市的根本内涵。此外，人口发展的少子化、老龄化以及区域人口增减分化等新形势也为城市高质量发展提出新要求，在未来，城市间的"抢人大战"将成为城市间竞争的重要领域，因而为了抢占"人潮""人才"高地，城市高质量发展也需要更加注重城中人的体验，这就要求相关研究要基于人的全生命周期理论来构建城市高质量发展评价体系，明确城市发展长处与短板，从而更具针对性地为城市高质量发展建言献策。（2）重视城市群、都市圈高质量发展评价。城市群、都市圈发展是城市发展在达到一定阶段后的重要形态，中心城市驱动下的城市群、都市圈发展已成为我国城市发展的重点方向。虽然已有部分学者针对城市群发展质量进行了评价，但却仍应用了传统评价单体城市的方法来评价城市群，只有极少数学者意识到了城市群高质量评价的核心在于其协同性的发育。因此，未来在对城市高质量发展评价时，需要将城市群发展作为城市发展的一种特殊形式来进行评价，在保留城市高质量发展评价核心指标的同时重点突出城市群内各城市之间的协同性。（3）指标来源多元化，重视主观评价。未来相当长一段时间内，城市高质量发展评价指标数据匮乏的问题都将难以得到完全解决。因此，未来政府部门在完善城市层级数据统计的同时，还应进一步利用各类大数据技术来开发多元化指标，并重视实地调研、访谈和问卷等主观数据，通过将主客观数据相结合来促进城市高质量发展的科学评价。为达到上述目的，需要经济学、管理学、地理学、公共管理学与城市规划学等领域的研究者通力合作，真正实现跨学科交叉研究与深度融合，从而实现对城市高质量发展进行综合评价的目的。

第三章 城市高质量发展的理论内涵

城市高质量发展内涵剖析是构建评价体系的理论基础，通过内涵剖析可以获得城市高质量发展评价的维度，再在评价维度基础上来选取合适的表征指标与赋权方法，这就基本完成了城市高质量发展评价体系的构建。城市是人类生产和生活的主要阵地，城市发展牵扯到社会经济的方方面面，属于一个跨学科交叉前沿热点问题，天生具有多重学科属性，涉及经济学、人口学、社会学、地理学、管理学和城市规划学等多个学科，而高质量发展又内涵复杂、抽象且难以把握，因此将高质量与城市发展组合起来就会导致城市高质量发展的内涵极其丰富但定义却十分模糊，从而难以轻易把握其根本特征。目前，学术界针对城市高质量发展的内涵剖析仍众说纷纭。其中，部分学者简单地将城市高质量发展视为城市经济的高质量发展，另一部分学者只是将"创新、协调、绿色、开放、共享"等高质量发展的核心特征直接套用在了城市高质量发展而忽略了城市发展本身的特色，还有部分学者将城市化质量、城市发展质量、新型城镇化和城市高质量发展内涵相互混淆，只是在新时代发展理念、国家宏观政策走向和城市发展所存在问题基础上来对城市高质量发展内涵进行了解读。

这些概念定义虽具有一定科学性，但一方面存在"将城市高质量发展内涵作为'大箩筐'，任何具有正向、积极意义的概念都往里面放"的问题，导致城市高质量发展内涵成为没有边界的集合；另一方面，城市高质量发展内涵大多是从静态层面定义，但随着时代发展观、国家宏观政策走向和城市发展问题的演变，城市高质量发展内涵定义也就处于持续变化状态，这就导致其动态性和长期性的特征都未得以充分体现。因此，如何科学界定城市高质量发展内涵边界、充分体现其动态性和长期性，就成为当前亟须解决的两大问题。本报告在广泛阅读相关文献的基础上，结合中国式现代化提出的目标与我国城市发展的现实状况，对城市高质量发展的内涵进行全面剖析。

第一节 面向中国式现代化的城市
高质量发展科学诠释

"人民城市"理念是面向中国式现代化的城市高质量发展的科学诠释。城，所以盛民也；民，乃城之本也。自成立之日起，中国共产党就将"人民"放在了最核心的位置。中国式现代化是中国共产党领导的社会主义现代化，既有各国现代化的共同特征，更有基于自己国情的中国特色。这就决定了面向中国式现代化的城市高质量发展必然要坚持以人民为中心的价值遵循，以满足人民美好生活需要为出发点和归宿。"民之所愿，城之所向"，"民之所望，城之所往"，城市高质量发展要更能体现出"人民性"，这是中国式现代化的本质要求。

一、践行"人民城市"理念

党的二十大报告提出，"坚持人民城市人民建、人民城市为人民，提高城市规划、建设、治理水平，加快转变超大特大城市发展方式，实施城市更新行动，加强城市基础设施建设，打造宜居、韧性、智慧城市"。这为面向中国式现代化的城市高质量发展指明了方向。"人民城市人民建、人民城市为人民"的重要理念进一步强化了党性和人民性的高度统一，回答了"城市建设发展依靠谁、为了谁"的根本问题，以及"建设什么样的城市、怎样建设城市"的重大命题，阐明了中国式现代化城市工作的开展定位、价值诉求和目标导向，为推动面向中国式现代化的城市高质量发展提供了根本遵循和实践方向。因此，"人民城市"理念就是对面向中国式现代化的城市高质量发展模式的完美诠释，只有坚持"人民城市人民建、人民城市为人民"，以民之所需建人民之城，不断满足人民日益增长的美好生活需要，才能真正实现面向中国式现代化的城市高质量发展。

面向中国式现代化的城市高质量发展需要遵循"人民城市人民建、人民城市为人民"的理念，而在新时代社会主要矛盾下，践行"人民城市"理念的真实写照就是要以满足人民美好生活需要为一切工作的出发点和落脚点，不断增强人民群众的获得感、幸福感、安全感。党的十九大报告指出，"人民美好生活需要日益广泛，不仅对物质文化生活提出了更高要求，而且在民主、法治、公平、正义、安全、环境等方面的要求日益增长"。这一科学论断深刻揭示了面向中国式现代化的城市高质量发展满足人民美好生活需要的基本内涵，即物质文化生活硬需求和"民主、法治、公平、正义、安全、环境"等精神文明软需求。

中国式现代化是物质文明和精神文明相协调的现代化，物质充裕与精神富有是社会主义现代化的根本要求。这要求面向中国式现代化的城市高质量发展必须处理好物质文明与精神文明之间的关系。一方面，物质文化生活需要从来都是人民的第一层次需要，没有高水平的生产力和社会财富大量积累，就难以满足人民更高层次的物质文化生活需要。尽管中国特色社会主义进入新时代，却依然并未超越社会主义初级阶段。人民美好生活需要并非不再强调原有的物质文化生活，而是更加强调高质量的物质文化生活供给，是在满足"有没有"需要的基础上，向"好不好"需要的升级，如更宜居的"三生"环境、更有获得感的收入水平，以及更智慧、更有韧性的基础设施建设等。因此，面向中国式现代化的城市高质量发展的重要内容之一，就在于继续解放和发展生产力，促进城市物质文化生活供给水平不断提升，从而为满足人民美好生活需要奠定充裕的物质条件和雄厚的经济基础。另一方面，面向中国式现代化的城市高质量发展并非不讲物质文化生活需要，也并非只讲物质文化生活需要。没有物质文化生活需要为基础的美好生活只是"镜中花、水中月"，而没有美好生活作为目的的物质文化生活建设也失去了高质量发展的本真目的，能让人民群众有获得感、幸福感、安全感的生活才是真正的美好生活。获得感、幸福感、安全感就是中国式现代化新征程中人民美好生活需要在精神富有层面更具体、生动的表达，这是建立在人民物质文化生活需要得到满足的基础上对人民美好生活需要的真切回应，是满足人民美好生活需要目标的进一步升华。

因此，面向中国式现代化的城市高质量发展不但要在物质文化生活建设方面让城市发展更加现代化，还需要更注重人民群众的精神文化生活需要，不断提高人民群众的获得感、幸福感、安全感，让物质文明与精神文明相协调，真正满足人民美好生活需要，践行"人民城市"理念。

二、实现城市发展"客观发展与主观感受"相统一

习近平总书记曾多次强调"城市是人民的城市"[①]，"金杯银杯不如百姓口碑，老百姓说好才是真的好"[②]。城市是人民的，城市的核心是人，人民美好生活需要既包括日益增长的物质文化生活需要等城市客观发展"硬需求"，又包括获得感、幸福感、安全感等人民主观感受"软需求"，因此，城市高质量发展也一定是人民说了算。一方面，践行"人民城市"理念要依靠人民，要充分发挥人民群众在城市建设过程中的主观能动性。另一方面，城市发展要服务于最广大人民的根本利益，力求发展成果惠及全体人民，实现建设者与享有者的统一。拥有充裕物质条件和雄厚经济基础的城市却未必是能满足人民群众获得感、幸福感、安全感的城市。人民生活最幸福的城市并不一定是收入水平最高、最繁华的大都市，而往往是那些令人感到轻松、健康、愉悦的城市。

我国已连续 18 年的最具幸福感城市调查结果中，成都、西安和长沙等在物质文化建设方面的成绩并非顶尖，但连续多年上榜最具幸福感城市榜单，而北京、上海等经济发达、物质丰裕但人民群众归属感、满足感相对较低的城市却极少上榜。这就表明，"人民城市"理念下城市高质量发展不但要让城市发展更加现代化，还需要更加注重人民群众对城市客观发展的主观感受，不断提高人民群众的"获得感、幸福感、安全感"。城市高质量发展的表现不仅仅只是冰冷的统计数字，还包括了一张张鲜活、生动的笑脸，能够让人民群众真切感受到、享受到的发展，才是真正的高质量发展。因此，"人民城市"理念下城市高质量发展坚持以人民为中心的价值遵循，就是要促进城市客观发展与人民主观感受相统一，从而才能真正实现满足人民美好生活需要。

---

① 《中共中央关于制定国民经济和社会发展第十四个五年规划和二〇三五年远景目标的建议》辅导读本［M］.北京：人民出版社，2020.
② 开创富民兴院新局面——习近平总书记甘肃考察纪实［N］.人民日报，2019 - 08 - 24.

第二节　面向中国式现代化的城市
高质量发展实践取向

"全周期管理"意识是面向中国式现代化的城市高质量发展最基本的实践取向。城市不是钢筋混凝土的简单堆砌，更不是社会资源的机械组合，而是一个集经济、社会和生态系统为一体的有机、复杂、开放的"生命巨型系统"。城市高质量发展工作千头万绪，涉及经济发展、民生福祉和生态保护等方方面面且往往牵一发而动全身。这要求将"全周期管理"意识贯穿到城市规划、建设、管理的全过程与各环节，努力探索面向中国式现代化的城市高质量发展的新道路。

一、践行"全周期管理"意识

"全周期管理"意识是面向中国式现代化的城市高质量发展在实践取向层面具体推进的方法论，其本质内涵是"以人民为中心"。习近平总书记指出：要着力完善城市治理体系和城乡基层治理体系，树立"全周期管理"意识，努力探索超大城市现代化治理新路子。[1] 作为一种跨系统、多尺度、普适性现象，全周期管理具有理念先进性与实践必要性。习近平总书记提出的用"全周期管理"理念治理城市特别是超大城市的新思路，是城市治理理念的一次突破，为推进我国城市治理现代化指明了方向。[2] 城市全周期管理是一个新概念、新理念，体现了对社会经济与城市发展客观规律的充分尊重和深刻认识。全周期管理是指对事物生命周期进行全过程管理，侧重纵向的时间与过程维度，要求城市治理

---

[1]　中共中央党校（国家行政院）中共党史教研部. 中国共产党防治重大疫病的历史与经验 [M]. 北京：人民出版社，2020：5.

[2]　习近平. 创新思路推动城市治理体系和治理能力现代化 [EB/OL]. (2020 – 10 – 14) [2025 – 02 – 15]. 中国政府网，https://www.gov.cn/xinwen/2020 – 10/14/content_5551207.htm.

实现更长阶段、更大跨度的规划与管理。除此之外，全周期管理也包含了丰富和繁杂的横向管理内容，纵横交错的全周期管理是一个庞大的系统工程，是与城市治理本身的复杂性相对应的。在探索城市治理现代化的实践中，必须将城市全周期管理涉及的各个方面统一考虑，树立牢固的全周期管理理念，强调"全面""系统""协调"，不能有短板，不能以某方面的停滞甚至倒退为代价，换取其他方面的发展，要建立与此相对应的有效治理模式，大力提升城市治理水平，探索出一条城市特别是超大城市现代化治理的新路子。

从面向中国式现代化的城市高质量发展特征的角度看，城市"全周期管理"需要重点关注三个问题。首先，中国式现代化是人口规模巨大的现代化。城市规模不断扩大，城市结构不断复杂、多元，城市高质量建设、发展与治理难度也必将呈几何级数增长。如何在持续的城市化进程中践行好"以人民为中心"的发展理念，处理好9亿多城市人口"衣食住行、生老病死、安居乐业"等重要问题，成为面向中国式现代化的城市高质量发展需要解决的首要问题。其次，中国式现代化是全体人民共同富裕的现代化。当前人口规模巨大这一基本国情决定了我国推进共同富裕的艰巨性和复杂性，而近年来人口形势发生的新变化也对扎实推进共同富裕带来了一系列新挑战。这些新变化主要包括：一是人口结构发生深刻变化，少子化、老龄化现象日益加剧，人口负增长极有可能影响经济社会发展的可持续性；二是人口红利由数量型向质量型转变，人口素质提升意味着人民美好生活需要已经不局限于传统语境下的物质生活富足，而且对思想、文化、生态等精神层面的需要有增无减；三是区域人口增减分化，人口持续向东部地区和中心城市聚集，进一步拉大了区域之间和区域内部的发展差距。从城乡分布来看，大量人口从农村涌入城市，城市人口数量急剧增加。在人口变化新形势下想要实现更高水平的共同富裕，就对城镇化建设提出了更高的要求，坚持"全周期管理"理念则是以城镇化促进共同富裕的题中要义。

再次，中国式现代化是人与自然和谐共生的现代化。超大规模人口进入城市进行现代化的生产、生活，必将对整个自然生态系统形成巨大冲击，处理好"人民与城市""城市与自然生态"和"自然生态与人民"这三对重要关系，促进城市"生产、生态、生活"空间的有机融合，就成为实现"人民、城市与自然"三者和谐共生所必然要面临的重大问题。

最后，中国式现代化是走和平发展道路的现代化。区别于西方国家依靠战争、殖民以及剥削、压榨实现城市发展的原始资本积累，我国城市发展的诸多成就是依靠人民群众辛勤的劳动智慧创造的，且未来必将继续坚定不移走"和平、发展、合作与共赢"的道路。面对越发复杂、不确定的国际社会，如何在深化开放、合作、共赢的道路上处理好"竞争与合作""开放与安全""交流与稳定"的关系，利用好国际和国内两个市场、两种资源、两类规则，就成为在中国式现代化安全、韧性与稳定环境需求下，提升我国城市发展的国际影响力和竞争力需要高度关注的问题。

上述问题表明了面向中国式现代化的城市高质量发展的复杂性与艰巨性，因而在"全周期管理"中需要稳妥处理好城市发展纵向和横向的各种复杂关系，以人民群众的智慧创造破解城市高质量发展中的复杂性难题。这要求在面向中国式现代化的城市高质量发展中，要激发人民群众的积极性、主动性与创造性，让人民群众在城市规划、建设与治理的全过程与各环节唱主角，鼓励和支持城市中"政府、社会和人民"等多方主体集思广益、建言献策、同向发力，集纳各种创新做法进行精准施策，并以人民群众的获得感、幸福感、安全感作为城市"全周期管理"效果的衡量标准，从而真正解决面向中国式现代化的城市高质量发展实践中的痛点、难点和堵点问题。

二、实现城市发展"一般性与特殊性"相统一

要通过践行"全周期管理"意识激发人民群众的积极性、主动性与创造性，从而实现人民对美好生活的向往，就是要用全周期管理的方式实现人的全面发展。只有人民群众感受到被平等对待，差异化需求被满足，才能充分激发人民群众的主人翁精神，使其更具活力和创造力地投入到城镇化建设当中，从而实现人与城的"双向奔赴"，形成良性循环的发展链条。全龄友好型城市正是聚焦"人的全面发展"的城市发展模式。从人的生命周期发展阶段来看，人要经历儿童、青壮年、老年等阶段，全龄友好型城市旨在覆盖人的全生命周期，使人在每个阶段都能得到自由发展。

建设全龄友好型城市要求在保证城市整体效益增长的前提下充分保障不同群体、不同阶层人民多样化需求，这在本质上体现了城市在发展过程中要坚持

"一般性与特殊性"相统一。按照唯物辩证法的观点，一般性和特殊性之间存在着辩证关系。一般性寓于特殊性之中，通过特殊性表现出来；同时，特殊性也离不开一般性，它总是在一般性的基础上发展起来的，这就要求我们在认识事物时既要看到其普遍性，又要关注其特殊性。"一般性与特殊性相统一"的原则深刻揭示了城市居民存在状态的二元辩证特性。城市作为复杂社会结构的缩影，其内部个体的发展受制于普遍的社会规律与人性法则，确保了人类行为模式与心理需求的共通性基础。然而，不同的群体，同一群体的不同阶层又是独特历史条件、文化传统、个人经历与生物遗传因素综合作用的产物，这种不可复制的个体差异构成了人的特殊性维度。因此，城市中人的全面发展是一个动态过程，其要求在遵循普遍性发展规律的同时，充分认识并利用个体特殊性，通过制度创新与文化引导，实现个人潜能的最大化与社会整体福祉的提升。这一过程不仅是对"一般性与特殊性相统一"原则的实践，也是推动城市社会向更加公正、和谐与创新方向发展的重要途径。

第四章　中国城市高质量发展综合评价体系构建

　　本报告紧扣"满足人民日益增长的美好生活需要"的中心任务和"不平衡不充分发展"的客观现实，基于城市高质量发展以及不同年龄群体视域下的城市高质量发展相关理论，在广泛阅读相关文献、深刻学习相关政策文件的基础上，构建出青年友好视域下以及老年友好视域下的城市高质量发展客观评价体系。"人民城市"理念下，城市高质量发展需要树立"以人民为中心"的价值遵循，从而实现"城市客观发展与居民主观感受"相统一。本报告遵循"人民城市"理念，在 2022 年调研问卷的基础上，更加关注城市不同年龄群体的差异性需求，更具针对性地开展了"关于居民对城市高质量发展主观感受的问卷（2023）"调研活动，对整体视域下、青年友好视域下、劳动力友好视域下以及老年友好视域下城市高质量发展的居民主观感受进行了全方位评价。从城市高质量发展的客观结果与居民主观感受两个层面构建中国城市高质量发展综合评价体系，既可以更全面地反映出当前我国城市高质量发展的成效和不足，以便为城市确定更清晰的发展目标和发展路径，又是对"以人民为中心"思想的深刻诠释，凸显了城市高质量发展的中国特色。

第一节　客观评价体系构建

一、青年友好视域下的城市高质量发展综合评价指标体系

（一）评价逻辑

2010 年上海世博会期间，多名青年志愿者代表联合发布的《海宝宣言》提出建立"青年友好型城市"的理想，倡议全体青年人将志愿精神融入今后的成长与发展过程中，为实现"城市承载青年梦想，青年引领城市未来"而共同努力。2017 年 4 月党中央、国务院颁布实施《中长期青年发展规划（2016～2025 年）》（以下简称《规划》），第一次从国家层面形成较为完整的青年发展政策体系，使青年发展上升到了国家发展的战略高度。《规划》聚焦青年成长发展的核心权益，从思想道德、教育、健康、婚恋、就业创业、文化、社会融入于社会参与、权益保护、预防犯罪、社会保障等领域，关心、解决年龄范围在 14～35 周岁青年的现实问题和迫切需求，支持青年实现人生理想。至 2020 年，青年常住人口城镇化率达 71.1%，比 2010 年增加 15.3 个百分点，高于整体常住人口城镇化率 7.2 个百分点，[①] 城市已成为青年最集中的区域。2017 年 4 月，《规划》首次提出要在全国培育"青年发展型城市"试点，为我国在国际社会进一步提升青年发展水平提供了政策契机。同年 9 月，深圳市委六届七次全会率先提出建设"青年发展型城市"的构想，是全国 300 多个城市中的第一个官方倡导。2022 年 4 月，中央宣传部、国家发展

---

① 《中国青年发展统计年鉴》编写组. 中国青年发展统计年鉴（2021）[M]. 北京：中国统计出版社，2022：32.

改革委、住房和城乡建设部、共青团中央等 17 家部门联合印发《关于开展青年发展型城市建设试点的意见》（以下简称《意见》），开始在全国范围内推动青年发展型城市建设。青年发展型城市建设旨在满足青年多元化和多层次的需求，着力实现青年与城市高质量发展相互促进的城市发展方式。

本报告在阅读大量相关文献的基础上，参考相关研究构建的指标体系并考虑到数据可得性等多方面因素，从青年经济吸引、青年职业发展、青年优质生活以及青年服务共享四个方面对全国 283 个地级及以上城市开展青年友好型城市高质量发展评价。具体阐释如下。

（1）城市经济吸引是吸引青年集聚的核心因素，同时也是青年友好型城市高质量发展的关键基石。城市经济吸引是吸引青年集聚的核心因素，因为它提供了丰富的就业机会、良好的薪酬水平及多元化的职业发展空间，这些正是青年在选择定居城市时所看重的。同时，城市经济的繁荣发展还能够带动文化、教育、娱乐等多方面的繁荣，为青年创造更加丰富多彩的生活环境，从而进一步增强城市的吸引力。另一方面，城市经济发展也是青年友好型城市高质量发展的关键基石。一个经济实力强劲、消费活力突出、产业体系完整的城市，不仅能够为青年提供更多高质量的就业岗位，还能够通过不断提升公共服务水平、完善基础设施建设，为青年创造更加宜居宜业的城市环境。这样的城市，才能够真正意义上成为吸引青年、留住青年、成就青年的高地，实现城市与青年的共同繁荣发展。

（2）职业发展是青年选择城市首要考量的决定性因素，青年友好型城市也应是青年施展才华、成就事业的广阔舞台。一个城市若能提供多样化的职业路径、公平的晋升机会以及丰富的培训资源，无疑将极大地吸引那些渴望在事业上有所作为的青年。这些职业发展的有利条件，不仅满足了青年对于专业技能提升的需求，也符合他们对未来职业前景的期望，成为青年在选择定居城市时不可忽视的重要因素。城市是吸纳青年就业的主要场所。国家统计局的数据表明，2010～2022 年，我国接受高等教育的人数累计达到 10 373 万人，平均每年新增大学毕业生 800 万人；[①] 结合"七普"数据和教育统计数据，"95 后"中大学生的比例在 2020 年已经超过了 50%。青年一代受教育程度在全社会劳动力中

---

① 赵联飞.高质量发展视野下的青年发展型城市建设研究［J］.中国青年研究，2023（10）：48－54.

处于较高水平，构成了社会经济发展所需的重要人力资本支撑。习近平总书记强调："青年是社会中最有生气、最有闯劲、最少保守思想的群体，蕴含着改造客观世界、推动社会进步的无穷力量。"[①] 青年对科技创新、社会进步、文化发展等方面有着积极的需求和推动力，发展型城市应该充分利用青年的创新智慧，促进城市高质量发展。

（3）优质生活是吸引和留住青年人才的重要支撑，青年友好型城市不仅应提供高质量的日常生活服务，还应致力于构建一个安全、健康、便捷且充满活力的生活环境。随着生活水平的提高，青年对于居住条件、社区服务、休闲娱乐、文化消费等方面的需求日益多元化和个性化。城市应当通过优化住房政策、增加公共绿地与休闲空间、提升公共交通系统的便捷性与舒适度、丰富文化娱乐设施与活动，来满足青年对高品质生活的追求。青年是城市活力与创新的重要源泉，提供符合其生活方式的优质环境，不仅能够吸引更多青年人才流入，还能增强他们的归属感与幸福感，进而激发青年为城市发展贡献智慧与力量的积极性，共同推动青年友好型城市的高质量发展。

（4）服务共享是提升青年归属感、融入感的重要途径，青年友好型城市也应确保青年能够便捷享受多元化、高质量的服务资源。高质量发展是提升社会服务品质、确保民众日常生活需求得到满足的基石。党的十九大指出，当前社会主要矛盾已转变为人民对美好生活的向往与不平衡不充分的发展之间的矛盾，而高质量发展正是破解这一矛盾的核心与基础。在日常生活领域，表现为不断改善和优化各类社会服务，以更好地满足人们的日常需求。

（二）评价体系构建

基于青年友好型城市高发展质量的评价逻辑，同时兼顾指标层次性和数据可获得性，构建涵盖青年经济吸引、青年职业发展、青年优质生活、青年服务共享 4 大维度 27 个指标的青年友好视域下的城市高发展质量评价体系，如表 4 - 1 所示。

---

① 习近平. 论党的青年工作 [M]. 北京：中央文献出版社，2022：8.

表 4 - 1　　　青年友好视域下的城市高质量发展评价指标体系

一级维度	二级指标	三级指标	属性
青年经济吸引	经济实力	人均生产总值（元）	正
		生产总值增长率	正
	消费活力	人均消费支出（元）	正
		社会消费品零售总额（万元）	正
	经济结构	产业结构高级化水平（第三产业增加值/第二产业增加值）	正
		第三产业增加值占生产总值比	正
青年职业发展	创新创业	每万人专利授权数（件）	正
		一般公共预算科研支出占比	正
		规上工业企业数量（个）	正
		市场规模（社会消费零售总额/地区生产总值）	正
	就业情况	在岗职工平均人数（万人）	正
		城镇登记失业率	负
		就业结构（第三产业就业占比）	正
	收入水平	人均工资水平（元）	正
		居民人均可支配收入（元）	正
青年优质生活	住房条件	收入房价比	正
		商品房价格（平方米/元）	负
	生活成本	居民消费价格指数	正
	交通便利	每万人年末实有公共汽（电）车营运车辆数（万人/辆）	正
		人均道路面积（人/平方米）	正
	生态环境	建成区绿化覆盖率	正
		人均公园绿地面积（人/平方米）	正
青年服务共享	医疗环境	每万人医院、卫生院床位数（万人/张）	正
		每万人医生数（万人/位）	正
	文娱环境	每万人公共图书馆图书藏量（万人/本）	正
		文化、体育及娱乐业从业人员占比	正
	教育资源	一般公共预算教育支出占比	正
		高等学校数量（所）	正

二、老年友好视域下的城市高质量发展综合评价指标体系

（一）评价逻辑

在当前人口老龄化与城市化快速推进的双重背景下，建设老龄友好型城市有助于缓解我国人口老龄化所带来的经济社会问题，也有助于推动城市的可持续发展。老龄友好型城市其起源可追溯到 21 世纪初，是以提高老年人的生活质量为目标，为满足老年人身体、心理与社会需求而建设的，安全、方便、舒适、健康的城市环境。党的十九大以来，党中央、国务院制定推出了一系列关于积极应对人口老龄化的重要政策文件，在多次重大会议上深刻阐述了建设老年友好型城市的重大意义、实现路径和关键举措。2017 年 10 月，党的十九大提出，"积极应对人口老龄化，构建养老、孝老、敬老政策体系和社会环境，推进医养结合，加快老龄事业和产业发展"，勾勒了我国老龄友好型城市建设的基本政策框架。2019 年 11 月，党中央、国务院制定《国家积极应对人口老龄化中长期规划》，第一次从国家战略高度正式提出了老年友好型社会建设的要求。2022 年党的二十大报告提出，"加快转变超大特大城市发展方式"，"打造宜居、韧性、智慧城市"，"实施积极应对人口老龄化国家战略，发展养老事业和养老产业"，"推动实现全体老年人享有基本养老服务"。2024 年党中央制定《中共中央关于进一步全面深化改革 推进中国式现代化的决定》，进一步要求"积极应对人口老龄化，完善发展养老事业和养老产业政策机制"。

人口老龄化视域下的城市高质量发展更加强调以老年人的视角去衡量城市发展的各项指标。对老年人而言，城市的高质量发展既要求在整体上实现"老有所养""老有所依""老有所乐""老有所安"的全面发展，又要求在各方面实现各子系统的全面提升和平衡发展。本报告基于"关于居民对城市高质量发展主观感受的问卷"中对 65 岁以上老年群体对城市发展中最关心的问题的整合，以及参考各个学者构建的指标体系和数据可得性，将从"老有所养""老有所依""老有所乐"和"老有所安"四个方面对 283 个地级及以上城市进行老年友好型城市高质量发展评价。本报告所构建的老年友好型城市综合评价指标体

系的基本内涵如下。

（1）老有所养是老龄友好型城市高质量发展的坚实基础。老有所养一直是老年人的殷切期望，关乎其生活质量的好坏，也直接影响到城市是否为老龄友好型，是否实现高质量发展。相较于中青年群体，老年人的收入状况与生活水平一直为人们所忽视。因此，在推进老龄友好型城市高质量发展的进程中，必须着重考虑和保障老年人的收入情况和生活水平，做到老年人"不愁吃"、"不愁穿"、有稳定收入，通过老年人物质生活的提升来带动整体产业和城市建设不断向前发展。

（2）老有所依是老龄友好型城市高质量发展的可靠保障。步入老年后，身体机能的下降和工作机会的减少使得老年人越发想要寻求依靠，但目前我国的医疗保障体系和社会保障体系仍不健全，医疗资源紧张，老年人看病难、看病贵的问题没有得到根本性缓解，养老保险与医疗保险对灵活就业及农村居民覆盖程度有限。因此，老龄友好型城市建设要着重加强对老年人的保障工作，建设老年公寓，加大医疗投入，动员农村居民与灵活就业人群积极参保，不断提升老年群体的幸福感和获得感。

（3）老有所乐是老龄友好型城市高质量发展的必然要求。高质量发展的落脚点在于满足人民群众对于美好生活的需要，对于老年人而言，满足其精神文化需要，实现老有所乐，是实现老龄友好型城市高质量发展的必然要求。当前我国面向老年人的文化活动场所数量仍然较少，老年人文化娱乐方式单一，文化消费增长空间较大。因此，在推进老龄友好型城市高质量发展的进程中，需要切实关注老年人精神需求，加快相关文化场所建设，完善相关适老化公共设施，丰富文化产品供给，使老年人晚年精神生活不再单调。

（4）老有所安是老龄友好型城市高质量发展的根本指向。让老年人安享晚年是建设老龄友好型城市的根本目标，完善的养老服务、健康的生活环境、有力的政策支持都是实现老有所安不可或缺的强大推力。相较于西方发达国家，我国在基础设施建设、养老保障、环保投入等方面还存在明显短板。因此，需引导社区志愿者助老爱老，让老年人生活更舒适、更舒心；完善文化体育硬件设施，为老年人参与社会活动打造安全方便环境；加大环境建设投入，创造更适宜老年人居住的环境；加大财政支持力度，推动更多助老项目落地运行。

（二）评价体系构建

基于老龄友好型城市的评价逻辑，同时兼顾指标层次性和数据可获得性，构建涵盖老有所养、老有所依、老有所乐和老有所安 4 大维度 25 个指标的人口老龄化视域下城市高质量发展评价体系，如表 4 - 2 所示。

表 4 - 2　　　老年友好视域下的城市高质量发展评价指标体系

一级指标	二级指标	三级指标	属性
老有所养	社会发展	人均地区生产总值（万元）	正
		地区生产总值增长率	正
		居民消费价格指数	负
		城镇登记失业率	负
	收入水平	职工平均工资（元）	正
		人均可支配收入（元）	正
老有所依	经济保障	人均存款余额（元）	正
		房价收入比	正
	医疗保障	每万人医院床位数（万人/张）	正
		每万人执业（助理）医师数（万人/位）	正
	社会保障	城镇职工基本养老保险参保人数占比	正
		城镇基本医疗保险参保人数占比	正
老有所乐	文化服务	每万人公共藏书量（千册）	正
		博物馆数（个）	正
	生活服务	每万人公共汽（电）车营运车辆（万人/辆）	正
		人均公园绿地面积（人/平方米）	正
		公厕数（个）	正
		互联网普及率	正
	旅游服务	星级酒店数（个）	正
		国内旅游收入/生产总值	正
老有所安	养老资源	养老机构数（个）	正
		卫生、社会保险和社会福利业从业人员占比	正
	生活环境	生活垃圾无害化处理率	正
		污水处理厂集中处理率	正
	政策支持	社会保障与就业支出/一般公共预算支出	正

三、评价方法与步骤

全龄友好型城市高质量发展评价体系构建完成后，评价工作的核心就在于指标赋权。目前，指标赋权方法主要分为主观赋权法、客观赋权法和主客观相结合赋权法，虽然还有部分学者主张对所有指标赋予相同权重，但由于城市发展指标间天然存在不一样的重要性，因而并未得到学术界广泛认可。为了确保评价过程的科学性与客观性，大多数学者更倾向于使用因子分析法、熵值法和其他人工智能模型来对指标赋权，缺陷在于指标赋权完全根据数据特征，并未完全体现指标间的重要性差异。主观赋权法由于赋权过程中的主观人为色彩而备受诟病，但却能保证所有指标重要性差异得到充分体现。主客观赋权法则是将客观和主观赋权方法相结合，在不同维度采用不同赋权方法，得到了越来越多学者的广泛认可。因此，本报告在该指标体系基础上，采用主客观相结合赋权方法来对全龄友好型城市高质量发展进行评价。其中，二级、三级指标采用熵值法赋权，一级指标则采用层次分析法（analytic hierarchy process，AHP）赋权得出最终指数分数，通过多名专家打分法以及调查问卷结果来对指标赋权，从而最大限度展示不同指标权重差异。

本报告首先采取熵权法对四个一级指标下的三级指标进行单独赋权计算，再根据每个三级指标的分数相加得到相应的二级指标分数，同样，根据相应的二级指标分数相加得到四个一级指标的分数，其次再使用层次分析法，结合主观调查问卷结果，得出一级指标对应权重，最后得出一个加权总指数。熵权法作为一种客观赋权法，常常用于对客观指标进行赋权，其计算结果具有较高的可信度，具有客观性、适用性和可操作性。因此本报告选择熵权法对全龄友好型城市高质量发展指标体系的客观指标即三级指标进行赋权并求出一级、二级指标的最终得分。层次分析法作为一种系统而主观的决策分析工具，利用问卷调查获取各指标之间的相对重要性信息，形成判断矩阵。通过对判断矩阵的计算和分析，可以得出各层次因素的权重分配。本报告选择层次分析法对全龄友好型城市高质量发展指标体系的一级指标进行权重分配，并基于这些权重计算出各指标的最终得分，以确保决策过程的科学性和准确性。

（一）样本选取与数据处理

本报告以全国 283 个城市为研究样本，剔除了部分统计数据严重缺失的市、州。在时间跨度的选择上，结合"自上而下"与"自下而上"两种指标体系构建方法的优势，同时考虑到不同数据的完整度以及数据的新颖性，将时间跨度选定为 2005 ~ 2022 年。数据的获取来源包括《中国城市统计年鉴》《中国城市建设统计年鉴》《中国人口和就业统计年鉴》《中国区域经济年鉴》以及各省份统计年鉴和统计公报，房价数据来源于安居客、房天下等住房交易网，利用线性插值法和移动平均法对相关数据的异常值或缺失值进行替换和补充。

（二）指标计算的基本过程

1. 指标计算基本思路

本报告构建的青年友好视域下的城市高质量发展评价指标体系分为三级。三级底层指标通过统计年鉴收集，部分未收集到的采用插值法、移动平均法处理，之后对每个二级指标下的三级指标单独采用熵权法计算权重后，加权平均得到二级指标的最终得分。在所有二级指标都计算完成后，相应二级指标相加得出对应一级指标的得分。

2. 指标计算的基本步骤

（1）指标标准化。

由于指标数据特征不同可能会影响到结果的准确度和可信度，因此在正式计算前需对数据进行标准化处理。正向指标和负向指标不统一有可能造成错误的赋权结果，因此对于正向指标和负向指标需要采取不同的方法进行处理使其标准化。

对正向指标做如下处理：

$$x'_{ij} = \frac{x_{ij} - \min(x_{1j}, \ x_{2j}, \ \cdots, \ x_{nj})}{\max(x_{1j}, \ x_{2j}, \ \cdots, \ x_{nj}) - \min(x_{1j}, \ x_{2j}, \ \cdots, \ x_{nj})} \tag{4.1}$$

对负向指标做如下处理：

$$x'_{ij} = \frac{\max(x_{1j}, \ x_{2j}, \ \cdots, \ x_{nj}) - x_{ij}}{\max(x_{1j}, \ x_{2j}, \ \cdots, \ x_{nj}) - \min(x_{1j}, \ x_{2j}, \ \cdots, \ x_{nj})} \tag{4.2}$$

其中，x'_{ij} 为第 i 个地区的第 j 个指标的数值（i = 1, 2, $\cdots$, n; j = 1, 2, $\cdots$, m）。x'_{ij} 为第 i 个地区的第 j 个指标标准化后的值，记 $x'_{ij} = X_{ij}$。

（2）计算第 j 项指标下第 i 个项目占该指标的比重。

$$p_{ij} = \frac{X_{ij}}{\sum_{i=1}^{n} X_{ij}} \tag{4.3}$$

其中，p_{ij} 第 j 项指标下第 i 个项目占比。

（3）计算指标熵权。

$$e_j = -k \sum_{i=1}^{n} p_{ij} \ln(p_{ij}), \text{式中 } e_j \geq 0, k > 0, k = 1/\ln(n) \tag{4.4}$$

其中，e_j 为第 j 个指标的熵权。若 p_{ij} 为 0，则设定 p_{ij} 值为 0.0001。

（4）计算冗余度。

$$g_j = \frac{1 - e_j}{m - E_e}, \text{式中 } E_e = \sum_{j=1}^{m} e_j, 0 \leq g_i \leq 1, \sum_{j=1}^{m} g_j = 1 \tag{4.5}$$

其中，g_j 为冗余度。

（5）进行赋权。

$$w_j = \frac{g_j}{\sum_{j=1}^{m} g_j}, 1 \leq j \leq m \tag{4.6}$$

其中，w_j 为权重。

（6）计算综合得分。

$$s_i = \sum_{j=1}^{m} w_j \cdot p_{ij} \tag{4.7}$$

其中，s_i 为综合得分。

3. 层次分析法赋权计算步骤

层次分析法确定指标权重首先建立层次结构模型，其次构建判断矩阵，最后确定各指标权重并进行一致性检验。令 $X = \{X_1, X_2, X_n\}$ 为评价指标体系第一层的指标集合，其构造判断矩阵如下，判断矩阵 A 是一个 n 阶方阵，其中 n 是评价因素的数量。

$$A = \begin{pmatrix} a_{11} & \cdots & a_{1n} \\ \vdots & \ddots & \vdots \\ a_{n1} & \cdots & a_{nn} \end{pmatrix} \tag{4.8}$$

其中，a_{ij} 表示 x_i 相对于 x_j 的重要性，使用 1~9 标度法来确定，$a_{ij} = 1/a$，$a_{ij} > 0$。

用方根法计算判断矩阵的最大特征根及特征向量，进而确定指标权重。首先，计算判断矩阵每行元素的乘积：

$$M_i = \prod_{j=1}^{n} a_{ij} \qquad (4.9)$$

其次，计算 M_i 的 n 次方根：

$$\bar{W}_i = n\sqrt{M_i} \qquad (4.10)$$

再次，向量归一化：

$$\bar{W}_i(\bar{W}_1, \bar{W}_2, \cdots, \bar{W}_n) \qquad (4.11)$$

其中，$W_i = \dfrac{\bar{W}_i}{\sum_{j=1}^{n} \bar{W}_{jc}}$，$W_i$ 为各指标权重。最后，进行一致性检验，计算判断矩阵的最大特征根：

$$\lambda_{max} = \sum_{j=1}^{n} \left[\frac{(AW)_i}{nW_i} \right] \qquad (4.12)$$

其中，$(AW)_i$ 表示向量 AW 的第 i 个元素。计算 $CI = (\lambda_{max} - n)/n - 1$，再计算一致性比率 $CR = CI/RI$。当 CR 值 <0.1 时认为一致性通过。

第二节　主观评价方法与问卷设计

基于"城市客观发展与居民主观感受"相统一、"一般性与特殊性"相统一的原则，遵循"人民城市人民建、人民城市为人民"理念，在2022年调研问卷的基础上，更加关注城市不同年龄群体的差异性需求，分地域选取了我国47座地级及以上城市①，更具针对性地开展了"关于居民对城市高质量发展主观感受的问卷（2023）"（见表4-3）调研活动。其中，东部地区选取了青岛、宁波、济南、广州、北京、上海、石家庄、南京、天津、苏州、深圳、海口、杭州、南

---

① 本报告所涉及调研城市包括：北京、上海、天津、重庆、广州、深圳、杭州、西安、长沙、太原、合肥、武汉、南昌、郑州、呼和浩特、贵阳、昆明、拉萨、银川、西宁、乌鲁木齐、成都、兰州、济南、石家庄、长春、南京、海口、南宁、福州、沈阳、哈尔滨、大连、青岛、厦门、苏州、宁波、新乡、延安、榆林、商洛、汉中、渭南、咸阳、宝鸡、安康、铜川。

宁、福州和厦门等城市，中部地区选取了合肥、长沙、太原、武汉、南昌、郑州、新乡和呼和浩特等城市，西部地区选取了贵阳、昆明、拉萨、商洛、银川、西宁、宝鸡、安康、铜川、乌鲁木齐、成都、西安、延安、榆林、兰州、重庆、汉中、渭南和咸阳等城市，东北地区选取了长春、大连、沈阳和哈尔滨等城市。

在"关于居民对城市高质量发展主观感受的问卷（2022）"中，课题组从城市发展的"条件与结果相统一"角度出发设计调研问卷。城市发展条件主要从城市先天禀赋和后天努力两个维度来考虑。其中，城市先天禀赋包括历史文化底蕴、自然资源禀赋和自然地理条件 3 个方面。城市发展的后天努力着重衡量了城市后天建设情况，包括营商环境、政府治理能力和人居环境，从而反映有为政府、有效市场和有序社会。对城市发展结果的主观评价主要从人口规模是否合理、经济发展是否高效、空间发展是否适度、社会发展是否现代化和协同发展是否便捷 5 个方面进行。2022 年的调研问卷取得了较好的预期成果，深刻反映出城市高质量发展过程中居民的主观感受到底如何、居民究竟更关注城市发展的哪些方面等问题。

通过对 2022 年调研问卷结果进行整理分析，课题组发现，一是青壮年以及老年群体对该问卷的回答积极性较高，回收到的样本量较大；二是居民对城市教育、医疗、养老、住房和就业等有关民生的问题最为关心，同时也对政府治理能力、城市生活环境质量等有关宜居环境质量的问题关注度很高。因此，在 2022 年调研问卷的基础上，2023 年的调研进一步聚焦居民最关心的一些问题，并关注到了不同年龄群体的差异化需求，以期能够更深刻、客观，更具针对性地对城市高质量发展的居民主观感受进行评价。具体来说，2023 年的调研问卷从政府善治能力、乐居环境质量、宜业环境质量以及居民生活品质 4 大维度 20 个分维度考察了居民对城市高质量发展的主观感受，清晰展现了我国全龄友好型城市高质量发展的成效与不足。其中，通过城市政府善治能力评价城市政府业务办理效率、市政投诉回应速度、治安环境维护水平以及生态环境保护水平等维度的居民满意度。通过城市乐居环境质量评价城市教育环境、医疗环境、社区服务以及市政建设等维度的居民满意度。通过城市宜业环境质量评价城市就业机会、物价指数、居民消费活力、城市消费品牌多样性以及文化消费多样性等维度的居民满意度。通过城市居民生活品质评价居民身体素质、睡眠质量、生活品质，城市气候环境、社会环境、智慧发展水平等维度的居民满意度。问卷还邀请受访者对其最关心问题进行排序，以便了解不同年龄群体真正所急、所愿（见表 4-3）。

表 4 – 3　　　关于居民对城市高质量发展主观感受的问卷（2023）

基础信息

第 1 题　请选择您想要回答的城市，并基于您选择的城市依次作答［填空题］

第 2 题　您在该城市居住了多长时间？［单选题］

○1 年以下　　　　○1 ~ 3 年　　　　○3 ~ 10 年　　　　○10 年以上

第 3 题　近 3 年，您是否还在其他城市有半年以上的居留史？［单选题］

○是　　　　　　　○否

第 4 题　您目前的年龄？［单选题］

○18 岁以下　　　○18 ~ 24 岁　　　○25 ~ 34 岁　　　○35 ~ 44 岁　　　○45 ~ 54 岁

○55 ~ 64 岁　　　○65 岁及以上

第 5 题　您目前的文化程度？［单选题］

○初中及以下　　　○高中（中专）　　　○大学专科　　　○大学本科　　　○研究生及以上

第 6 题　您目前的职业属于下列哪一类？［单选题］

○政府/机关干部/公务员　　○专业人员（如医生/教师/律师/记者/科研工作者/设计规划师等）

○企业及个体工商经营者　　○企业员工/务工　　○自由职业者　　○学生　　○离退休人员

○其他

第 7 题　您目前的月收入在下列哪个范围内？［单选题］

○5 000 元以下　　○5 000 ~ 1 万元　　○1 万 ~ 3 万元　　○3 万 ~ 5 万元　　○5 万元以上

就业收入

第 8 题　您认为该城市就业机会丰富、选择多样。［单选题］

○非常同意　　　○同意　　　　○一般　　　　○不同意　　　○非常不同意

第 9 题　您的收入能够满足该城市购房、教育、医疗和日常生活等各项支出，不会有太大压力。
［单选题］

○非常同意　　　○同意　　　　○一般　　　　○不同意　　　○非常不同意

○不清楚

生活压力

第 10 题　您在该城市平均每周的运动次数。［单选题］

○0 次　　　　　○1 ~ 2 次　　　○7 ~ 4 次　　　○5 ~ 6 次　　　○7 次及以上

第 11 题　您在该城市居住期间睡眠是否充足？［单选题］

○非常充足　　　○充足　　　　○一般　　　　○不充足　　　○非常不充足

消费活跃

第 12 题　您在该城市平均每周外出购物、吃饭、娱乐消费频次。［单选题］

○0 次　　　　　○1 ~ 2 次　　　○7 ~ 5 次　　　○6 ~ 9 次　　　○10 次及以上

第 13 题　您认为该城市消费品牌多样性能够满足您的购物需求。［单选题］

○非常同意　　　○同意　　　　○一般　　　　○不同意　　　○非常不同意

第 14 题　您认为该城市中的艺术展览、演唱会和影剧表演等能满足文化消费需求。［单选题］

○非常同意　　　○同意　　　　○一般　　　　○不同意　　　○非常不同意

公共基础设施

第 15 题　您或您的家人在该城市能享受到公平、高质量的基础教育。［单选题］

○非常同意　　　○同意　　　　○一般　　　　○不同意　　　○非常不同意

第 16 题　您或您的家人在该城市能享受到公平、便捷、高水平的公共医疗。[单选题]
○非常同意　　　○同意　　　○一般　　　○不同意　　　○非常不同意

第 17 题　您在该城市的居住地步行 15 分钟范围内，教育、医疗、商场等生活基础服务设施齐全。[单选题]
○非常同意　　　○同意　　　○一般　　　○不同意　　　○非常不同意

第 18 题　您认为该城市排水系统完善，即使暴雨也不会出现内涝。[单选题]
○非常同意　　　○同意　　　○一般　　　○不同意　　　○非常不同意

第 19 题　您认为该城市交通系统完善、便利、友好，包括公共交通、非机动车道和人行通道等。[单选题]
○非常同意　　　○同意　　　○一般　　　○不同意　　　○非常不同意

政府治理效能

第 20 题　您认为该城市政府业务办理方便快捷，最多只需跑一次。[单选题]
○非常同意　　　○同意　　　○一般　　　○不同意　　　○非常不同意

第 21 题　您认为该城市政府市政投诉的回应及解决速度令人满意。[单选题]
○非常同意　　　○同意　　　○一般　　　○不同意　　　○非常不同意

第 22 题　您认为该城市治安环境良好，盗窃、暴力等犯罪事件少，安全感强。[单选题]
○非常同意　　　○同意　　　○一般　　　○不同意　　　○非常不同意

第 23 题　您认为该城市生态环境治理良好，各类污染事件极少发生。[单选题]
○非常同意　　　○同意　　　○一般　　　○不同意　　　○非常不同意

城市环境与氛围

第 24 题　您认为该城市气候舒适，高温、暴雨、台风等极端天气罕见。[单选题]
○非常同意　　　○同意　　　○一般　　　○不同意　　　○非常不同意

第 25 题　您认为该城市文化氛围宽松、包容、多元、不歧视。[单选题]
○非常同意　　　○同意　　　○一般　　　○不同意　　　○非常不同意

城市发展整体感受

第 26 题　您认为该城市生活正在变得更加智慧、便捷。[单选题]
○非常同意　　　○同意　　　○一般　　　○不同意　　　○非常不同意

第 27 题　您认为该城市发展使您的整体生活质量得到了提升。[单选题]
○非常同意　　　○同意　　　○一般　　　○不同意　　　○非常不同意

第 28 题　请您将该城市发展中最关心的问题从高到低排序。[排序题]
□收入　　　　□就业　　　　□教育医疗　　　□房价　　　　□生活压力
□生态环境　　□文化氛围　　□商业繁荣　　　□政府办事效率　□营商环境

第 29 题　请输入您的问卷邀请码（若没有，可跳过）[填空题]

　　针对居民主观感受数据，采用李斯特五级量表将居民满意度分为"非常不同意""不同意""一般""同意""非常同意"，对于正向问题依次赋值 1～5 分，对于负向问题则依次赋值 5～1 分，按照等权法对各指标赋权计算各城市主观得分。

综上所述，通过本报告构建的指标体系对中国城市高质量发展水平进行综合评价，一方面能够准确判断中国东中西部不同地区城市高质量发展现状，从而明确城市发展的核心任务和目标，避免城市发展好高骛远或贪大求全；另一方面，深入分析全龄友好型城市高质量发展水平，测评各年龄群体对城市高质量发展的满意程度，能够明确城市高质量发展方向，从而真正实现对城市高质量发展为了人民、依靠人民、发展成果全体人民共享。

第二篇
客　观　篇

第五章 青年友好视域下的城市高质量发展评价结果

第一节 总体评价结果

青年全面发展是经济社会高质量发展的重要组成部分，是贯彻以人为核心的新型城镇化战略的题中应有之义。在我国青年群体规模、结构已经发生历史性变化的背景下，青年作为城市发展的关键要素，其价值更加凸显。开展青年友好视域下的城市建设总体评价，关注青年真正所关注的方面，有助于进一步普及青年优先发展理念，更好发挥青年的生力军和突击队作用，有效激发城市活力。评价指标体系从青年所关注的焦点问题出发，从城市经济吸引、职业发展、优质生活、服务共享4个一级指标出发，考察城市对于青年的友好程度，为城市建设发展提供一定方向建议。

一、东部沿海和区域发展中心城市青年发展总指数领先全国

本报告对全国283个城市的青年友好度进行了综合评价，2022年的城市总指数排名结果如图5-1所示。深圳以超过0.4的得分位列全国青年友好视域下

城市高质量发展总指数第 1 名，北京、上海和广州分别位列全国第 2、3、4 名。综合来看，总指数得分高的城市多为东部沿海城市和内陆区域发展的中心城市。后 10 名中，西部地区共有 4 个城市上榜，其余均分布在吉林（2 个）、黑龙江（1 个）和辽宁（2 个）和河南（1 个）4 省，且后 10 名城市的总指数均未超过 0.1。前后相较而言，第 1 名深圳和最后 1 名陇南的总指数相差近 8 倍，其他个体城市之间的指数差距也不小，表明在青年友好视域下，我国城市间高质量发展水平的差距较大。

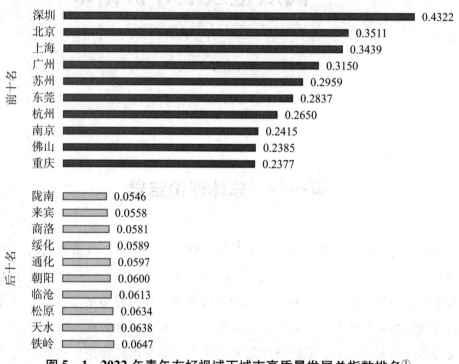

前十名
深圳　　0.4322
北京　　0.3511
上海　　0.3439
广州　　0.3150
苏州　　0.2959
东莞　　0.2837
杭州　　0.2650
南京　　0.2415
佛山　　0.2385
重庆　　0.2377

后十名
陇南　　0.0546
来宾　　0.0558
商洛　　0.0581
绥化　　0.0589
通化　　0.0597
朝阳　　0.0600
临沧　　0.0613
松原　　0.0634
天水　　0.0638
铁岭　　0.0647

图 5 - 1　2022 年青年友好视域下城市高质量发展总指数排名[①]

深圳是唯一一个得分超 0.4 的城市，这得益于其多方面的优势。例如，从经济上来说，深圳高度发达，为青年提供了丰富的就业机会和广阔的创业平台。政府也高度重视青年发展，推出了一系列涵盖创业、人才、住房等方面的友好政策，优化了青年成长环境，激发了创新活力。在教育资源方面，深圳拥有众多知名高校和科研机构，为青年提供了优质的教育和科研资源。同时，深圳的

---

① 由于指数区分度较小，故保留至 4 位小数以做区分。在本报告第二篇中，所有的小数位保留均遵循"保留至可以做出区分为止"这一原则，故而小数位保留存在不统一的情况。

创新能力突出，众多高新企业在此发展，为青年提供了丰富的实践机会和明确的职业发展路径。综上所述，深圳的经济发达、政府支持、教育资源丰富、创新能力强、文化氛围浓厚等因素共同推动了城市的快速发展和繁荣。重庆是唯一进入前10榜单的西部城市。重庆高度重视青年人才工作，已连续4年将"推进全市域青年发展型城市建设"写入政府工作报告，出台了多项政策文件，坚持每年发布"我为青年办实事"项目清单，通过举办系列人才活动，并在吃、住、购、游、娱等多方面提供优惠政策，不遗余力"引育留用"青年人才。重庆人才资源总量超过630万人、人才密度居西部第1，研发人员超过20万人，形成老中青有序衔接的人才梯队。[①] 排名最后的是甘肃省的陇南市，陇南地处西部地区，相较于东部沿海城市，其经济发展水平相对滞后，这在一定程度上限制了青年发展的机会和空间。陇南在青年友好政策的制定和实施方面还有待加强。虽然政府也在努力推动青年发展，但在创业扶持、人才引进、住房保障等方面，与东部城市相比还存在一定的差距，这在一定程度上影响了陇南对青年群体的吸引力。

青年友好视域下，我国城市高质量发展总指数的时序演变如图5-2~图5-5所示。从测度结果来看，2005~2022年，总体上全国城市的总指数呈稳步上升态势，由考察初期的0.051提升至考察末期的0.104，增幅为0.053，平均增长率为4.36%，表明全国各城市在考察期限内的城市对青年的友好程度总体向好，城市对青年的吸引力不断增大。从增长活力来看，我国城市总指数的增长速度呈现出"增快—放慢"不断循环的波动趋势，但总体上都在增长。2007年全国城市总指数的增长速度在研究期限内达到峰值（11.53%），随后在2011年降低至1.77%。然后又在2013年升至6.12%。2014~2020年，总指数的增长速度较为稳定，保持在3.25%左右。总体来看，除2007年增速超过10%以外，其余年份增速均在10%以下，但总指数增速始终保持在正区间。

考虑到近年来我国的区域分异现象，因此考察了东西[②]和南北[③]两个视角下不同区域的城市高质量发展总指数的变化趋势。东西方向上四大区域的结果如

---

① 重庆人才密度居西部第一！西部人才中心创新高地建设进行时［EB/OL］.（2023-12-13）［2024-08-08］. 重庆市人民政府, https://www.cq.gov.cn/ykbzt/yhyshj/ycjz/202312/t20231213_12699631.html.
② 本报告参照国家统计局关于我国经济区域的划分标准。东部地区包括北京、天津、河北、上海、江苏、浙江、福建、山东、广东和海南；中部地区包括山西、安徽、江西、河南、湖北和湖南；西部地区包括内蒙古、广西、重庆、四川、贵州、云南、西藏、陕西、甘肃、青海、宁夏和新疆；东北地区包括辽宁、吉林和黑龙江。
③ 本报告以秦岭—淮河线为界划分南北方城市。

图 5-2 和图 5-3 所示，除东部地区和东北地区各有一年的指数出现下降外，其余年份所有区域总指数均呈现增长趋势，且各区域之间的总指数存在较大差异，且在近几年指数分布呈现明显的梯度递减分布态势。东部、中部、西部和东北地区在考察期内的总指数均值分别为 0.106、0.071、0.066 和 0.064，除东部地区的指数以绝对优势领先外，其余三个区域的指数均值差异并不明显。但从2014 年开始，四大区域的总指数分布局势基本稳定，呈"东部—中部—西部—东北"梯度递减，其年均增长率依次为 3.71%、5.24%、5.02%、3.86%。尽管东部地区在总指数得分上保持领先，但其增速并不具备明显优势；同时，近年来四大区域的增速均呈现出显著的放缓态势。

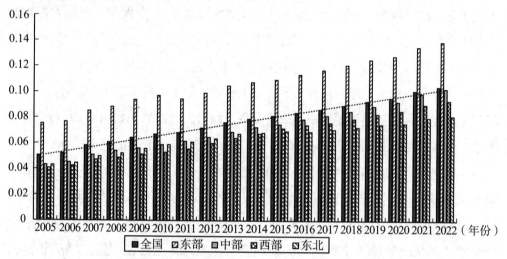

图 5-2　青年友好视域下城市高质量发展总指数时序变化（东西方向）

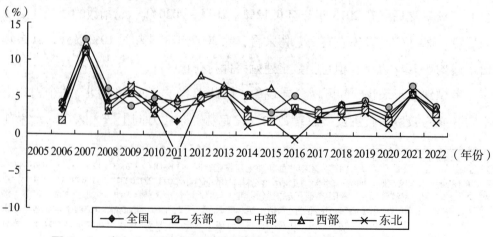

图 5-3　青年友好视域下城市高质量发展总指数增速（东西方向）

从南北视角来看，南方和北方地区的评价结果如图 5-4 和图 5-5 所示。南方和北方地区城市总指数分别介于 0.057 ~ 0.118 和 0.047 ~ 0.098，在青年友好视域下，考察期限内南方地区的城市高质量发展总指数始终高于北方地区，其年均增长率分别为 4.44% 和 4.39%，虽然总体增速差异不大，但是在 2013 年前，北方增速大多高于南方，而从 2014 年开始，南方城市增速始终高于北方城市，增速分别为 4.28% 和 3.00%，增速差异致使南北地区的总指数差距也越来越大。

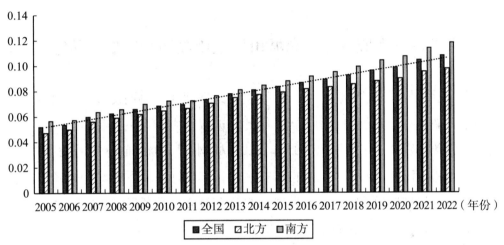

图 5-4 青年友好视域下城市高质量发展总指数时序变化（南北方向）

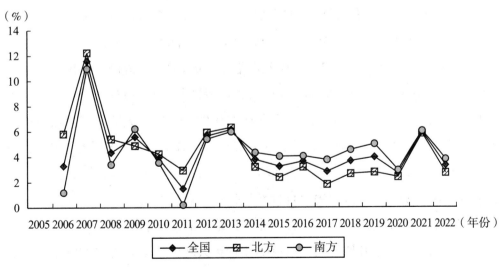

图 5-5 青年友好视域下城市高质量发展总指数增速（南北方向）

总体来看，青年友好视域下城市高质量发展总指数的地域分布呈现出东西及南北方向上的不均衡特点。存在差距的原因是多方面的，例如，政策与制度环境差异，各个地区发展的力度和时间上都有差距。东部地区一向走在改革开放的最前沿，无论是在经济发展或是文化教育方面，都具有显著优势，而这些因素对于青年群体的吸引力无疑是巨大的。南北分化的形成原因与东西差距有着相似之处，特别是经济发展方面，南方和东部地区相同，有着政策、地理等方面的优势，因而发展势头相对迅猛。

二、青年友好视域下珠三角城市群城市高质量发展一骑绝尘

随着区域协同日益紧密，城市群日益成为推动区域协调发展、引领中国经济增长的新型空间组织和关键节点。因此，选取《中华人民共和国国民经济和社会发展第十四个五年规划和2035年远景目标纲要》中布局的具有代表性的15个城市群进行研究，考察不同城市群在建设青年友好视域下的城市的经济吸引力，并进一步依据国务院、国家发展和改革委员会以及各省级政府印发的相关文件，确定各城市群包含的城市见附录1。

2022年15个城市群高质量发展总指数排名如图5-6所示，珠三角城市群以超过0.22的指数均值位列第1名，是总指数唯一超过0.2的城市群，也是我国当前对青年群体吸引力最强的城市群，其后是长三角城市群（0.1702）位列第2名，紧随其后的是山东半岛（0.1387）、京津冀（0.1239）、呼包鄂榆（0.1137）、长江中游（0.1129）、粤闽浙沿海（0.1085）、成渝（0.1014）和宁夏沿黄（0.1001），以上几个城市群总指数均超过了0.1，占据9个席位。位于最后1名的关中平原（0.0829）指数则跌破0.09，与第1名的珠三角城市群指数相差2.7倍之多，可见城市群间青年友好视域下城市高质量发展差距较大，对于青年的吸引力也差距明显。珠三角城市群之所以能够成为城市群总指数排名的冠军，主要源于其多方面的综合优势。例如，珠三角经济繁荣，拥有众多世界知名企业和高新技术产业，同时，珠三角地区的文化底蕴深厚又兼具现代都市的时尚与活力，这种独特的文化氛围让青年人既能感受到历史的厚重，又能享受到现代生活的便捷与多彩。更重要的是，珠三角城市群对青年人才的需求

和重视体现在方方面面。政府和企业共同推出了一系列人才引进和培养政策，为青年人提供了良好的发展平台和成长机会。

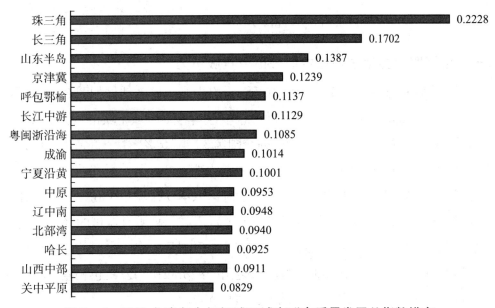

图 5 - 6　2022 年青年友好视域下城市群高质量发展总指数排名

第二节　青年友好视域下的城市经济吸引力

青年是城市人口中最为宝贵的有生力量，也是城市实现高质量发展的后劲所在。建设青年友好视域下城市的关键就是要从青年的普遍需求出发，综合考虑城市建设和发展如何助力于青年群体发展和成长。那么，城市经济发展水平必然位列城市是否吸引青年集聚因素的榜首。一般来说，经济发展水平高的城市对青年群体意味着丰富的就业机会、高竞争力的薪资水平、完备的基础设施建设、良好的创新创业环境、开放多样的社会氛围以及更有前景的未来。总之，城市的经济发展水平决定了城市在吸引和留住青年群体方面的核心能力，直接影响到建设青年友好视域下城市的成功与否。

一、城市经济吸引力总指数

（一）经济吸引力增速快且中心城市更具吸引力

　　青年友好视域下，2022 年的城市经济吸引力指数排名结果如图 5 – 7 所示。上海、北京均以超过 0.7 的指数得分位列全国青年友好视域下城市经济吸引力指数榜首、榜二，重庆、广州和深圳位列全国第 3、4、5 名，4 个直辖市内仅天津未上前 10 名榜单。综合来看，经济吸引力强的城市多为东部沿海城市和内陆区域发展的中心城市。后 10 名城市中，东北地区共有 5 个城市上榜，其余均分布在甘肃（3 个）、广西（1 个）和云南（1 个）三省，且所有城市的经济吸引力指数均未超过 0.1。前后相较而言，第 1 名上海和最后 1 名七台河的青年经济吸引力指数相差 10 倍之多，其他个体城市之间的经济吸引力差距也相差不小，这表明青年友好视域下我国城市间经济吸引力差距较大。

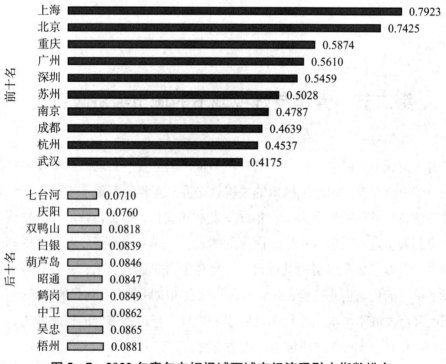

图 5 – 7　2022 年青年友好视域下城市经济吸引力指数排名

优越的地理位置和强大的政策支持是城市经济吸引力的核心驱动因素。北京是全国的政治中心，上海是经济中心，广州是南方地区的核心商贸枢纽，而深圳是中国第一片改革开放的试验田，以上城市凭借其优越的地理位置成为国家政策的重点支持对象，优惠的投资政策、稳定的财政支持、完善的基础设施等一步步造就了这些城市强大的经济基础，进一步吸引了人才、资金、技术等生产要素的集聚，为经济发展增添砝码，增强了城市对青年群体的经济吸引力。此外，重庆作为西部地区唯一一个上榜前10名的城市，2022年位列青年友好视域下城市经济吸引力指数第3名。近年来，在"一带一路"倡议和西部大开发等国家战略框架下，得益于优越的交通枢纽位置、稳固的制造业产业基础和强劲的市场内需，重庆市已获批专项支持资金，成为西部地区经济发展的核心增长极，经济吸引力进一步加强。

榜单后10名城市多为东北地区地级市，如七台河、双鸭山和葫芦岛等，经济吸引力普遍较低。一方面，由于这些城市面临着产业结构单一、转型艰难的困境，导致经济活力不高、经济增速缓慢，在此基础上，人口流失和老龄化问题进一步凸显，城市经济发展"雪上加霜"；另一方面，营商环境相对滞后、创新和科技水平相对落后、市场需求相对不足等问题为城市经济吸引力提高制造了重重阻碍。

我国城市经济吸引力指数的时序演变如图5-8和图5-9所示。从测度结果来看，2005~2022年，全国城市的经济吸引力指数呈稳步上升态势，总体经济吸引力指数由2005年的0.057提升至2022年的0.167，增幅为0.110，平均增长率为6.51%，表明全国各城市在考察期限内的经济发展情况总体向好，城市对青年的吸引力不断增大。从增长活力来看，我国城市经济吸引力指数的增长速度呈现出"增快—放慢—增快—放慢"的波动趋势。2009年全国城市经济吸引力指数的增长速度在研究期限内达到峰值（9.31%），随后在2010年降低至7.68%。2011~2017年总体经济吸引力指数的增长速度较为稳定，保持在7.95%左右。从2018年开始，城市经济吸引力指数的增长速度呈现"上升—下降"的周期变化趋势，数据波动剧烈、波动幅度显著增大。受公共卫生事件冲击，总体经济吸引力指数增速在2020年达到谷值（-1.12%），在全国人民的共同努力下，2021年经济发展迎来复苏，2020年后的指数增速始终保持在正区间，经济吸引力指数迎来增长。

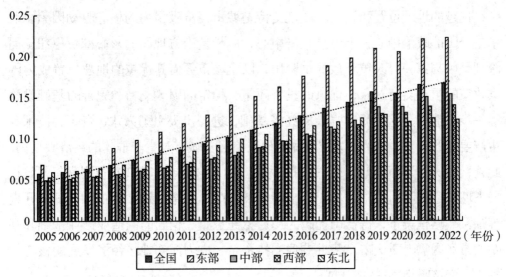

图 5 – 8　青年友好视域下城市经济吸引力指数时序变化（东西方向）

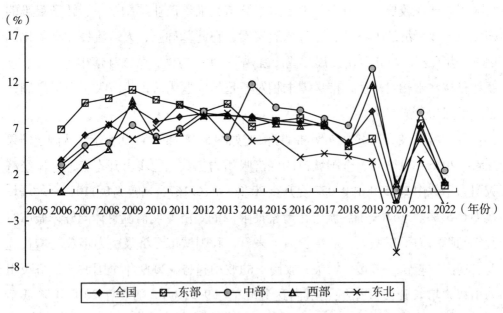

图 5 – 9　青年友好视域下城市经济吸引力指数增速（东西方向）

　　东西方向上四大区域的结果如图 5 – 8 和图 5 – 9 所示，除东北地区近年来指数出现下降，其余三大区域的城市经济吸引力指数均呈增长态势，且各区域之间的经济吸引力指数存在较大差异，呈现明显的梯度分布态势。东部、中部、西部和东北地区的城市经济吸引力在考察期内的指数均值分别为 0. 147、0. 093、

0.091 和 0.097，呈"东部—东北—中部—西部"梯度递减，其年均增长率依次为 7.23%、6.94%、5.95% 和 4.45%，呈"东部—中部—西部—东北"梯度递减，除东北地区外的三大区域其指数大小和增长速度均呈现出"东部—中部—西部"依次递减的格局，而东北地区是四大区域间经济吸引力指数增速最先出现下降的区域，2012～2022 年指数增速均值仅为 3.54%，且增长速度持续下降。

东北地区近年来经济吸引力指数增长缓慢，甚至出现下降的情况是多种因素共同作用的结果。首先，东北作为我国老工业基地，长期以来严重依赖传统重工业如钢铁、煤炭等产业发展，在经济发展初期这些行业有着强大的经济增长动能，东北地区因此在考察前期表现出较强的经济吸引力，但随着时代发展，传统重工业面临产能过剩、资源枯竭和环境污染等一系列问题，逐渐出现经济增长乏力、经济吸引力下滑严重的情况；其次，地区经济活力不足带来了人口流出问题，东北地区老龄化严重又进一步降低了地区经济发展活力，由此经济发展陷入了循环恶化的情况；最后，东北地区在新兴产业如高新技术产业、现代服务业等领域的布局和发展相对落后，难以吸引和留住年轻、高素质人才，这也进一步限制了经济发展的潜力。

从南北视角来看，南方和北方地区的评价结果如图 5-10 和图 5-11 所示。南方和北方地区城市经济吸引力指数分别介于 0.059～0.181 和 0.056～0.148 之间，考察期内南方地区的经济吸引力指数始终高于北方地区，其年均增长率分别为 6.94% 和 5.79%，增速差异致使南、北地区的经济吸引力指数差距也从 2005 年的 0.003 扩大到 2022 年的 0.033，增长了 10 倍。南方地区经济吸引力更强的原因是多方面的。首先，相比北方地区，南方地区拥有更加发达的经济体系和多元的产业结构，行业竞争激烈，因此经济发展动能更强、对青年人的经济吸引力也更高；其次，南方地区大部分城市市场化程度更高、营商环境更为优越，政府大力推行简政放权，创新创业活动蓬勃发展，吸引了大量投资；最后，经济政策和对外开放优势更明显，外资企业密集、对外贸易活跃，政策支持和发展潜力大，而这些都对青年群体充满了吸引力。

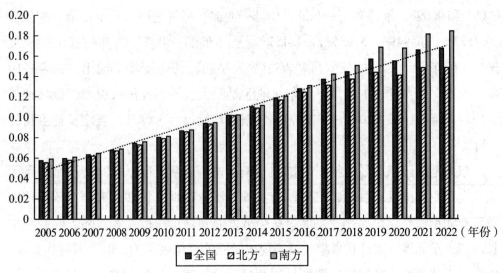

图 5-10　青年友好视域下城市经济吸引力指数时序变化（东西方向）

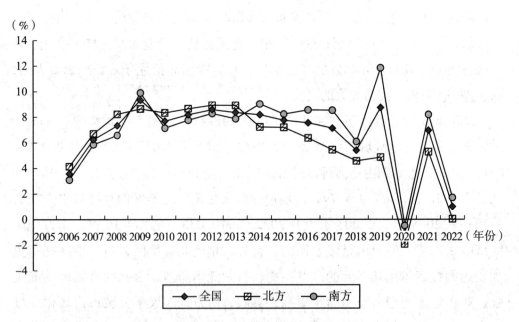

图 5-11　青年友好视域下城市经济吸引力指数增速（南北方向）

总体来看，中国各城市经济吸引力在区域层面上东西差异和南北差异并行交织。其中，东西差距的形成主要与改革开放初期"东部沿海—沿海腹地—内陆腹地"梯度推进的开发模式有关。优先发展政策为东部地区发展经济提供有力支撑，在循环累积因果效应的作用下，东部地区的经济先发优势得到不断的巩固与增强，使得东西部之间经济吸引力差距逐渐扩大。南北分化的形成原因较之东西差距更加多维，集中表现为南方地区在产业结构、市场发育程度、创新能力等方面的表现优于北方，进而导致城市经济吸引力的南北分化现象越发显著。

（二）珠三角和长三角经济吸引力更能促进青年群体集聚

2022 年 15 大城市群的经济吸引力指数排名如图 5 – 12 所示，珠三角和长三角城市群以超过 0.27 的指数均值位列第 1 名和第 2 名，京津冀城市群位列第 5 名（0.1988），居于山东半岛（0.2386）和呼包鄂榆（0.2055）两大城市群之后，长江中游（0.1740）和成渝城市群（0.1734）排在第 7、第 8 名（见图 5 – 12）。综合来看，前 5 名和后 5 名城市群之间的经济吸引力指数相差 2 倍左右，城市群间经济吸引力差距较大，南方和东部地区的城市群经济吸引力更强，而西部和北方地区的城市群经济吸引力较弱。

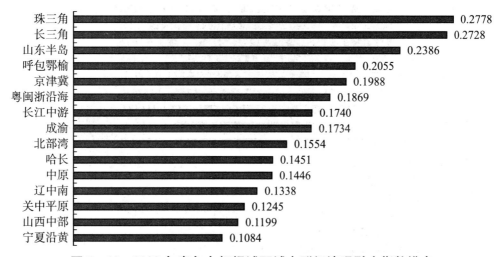

图 5 – 12　2022 年青年友好视域下城市群经济吸引力指数排名

珠三角和长三角作为中国最具代表性的两个城市群，拥有全国领先的产业集群和产业链基础，特别是在高科技、电子信息、新能源等领域，形成了完备的上下游产业生态，经济韧性高、创新性强、经济实力稳成为两大城市群的代名词，吸引了大量青年群体的集聚。

二、城市经济吸引力分指标

（一）吸引青年集聚：资源型城市领跑经济实力榜

经济实力大小是青年友好视域下城市建设中经济吸引力的核心要素。2022年城市经济实力指数排行榜如图 5-13 所示，鄂尔多斯和克拉玛依两座资源型城市占据了第 1 名和第 2 名，除此之外，榆林也挤入前 10 名，位列第 7 名，北京（0.16527）、深圳（0.15937）和上海（0.15613）依次位列第 4、6、8 名，江苏省城市经济实力较强，共有 4 座城市进入前 10 名。后 10 名城市多分布在西北、西南和东北地区，其中甘肃省共上榜 3 座城市，分别为定西、陇南和天水，且均排在倒数 3 名，城市经济实力较弱。

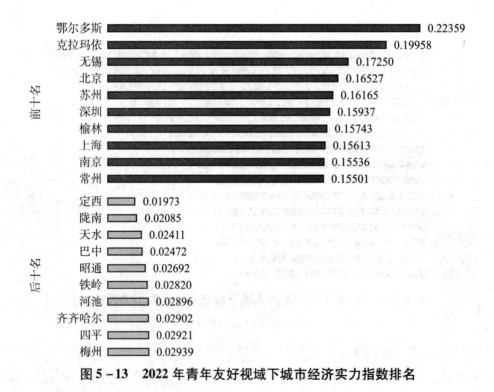

图 5-13　2022 年青年友好视域下城市经济实力指数排名

丰富的自然资源和特定的产业布局是资源型城市以经济实力强著称的主要原因。鄂尔多斯拥有丰富的煤炭资源，是我国重要的煤炭产地之一，克拉玛依则是重要的石油产业城市，被誉为"共和国石油长子"，丰富的矿产资源成为两座城市经济发展的核心支柱，经济实力表现十分出彩。同时，为进一步实现经济高质量发展，两座城市均在不断延伸和完善能源产业链，逐渐向智能化、数字化、一体化、绿色化和可持续发展转型来提高产品附加值，进一步增强了经济实力。

青年友好视域下，我国城市经济实力指数的时序变化如图 5－14 和图 5－15 所示。从测度结果来看，2005～2022 年，全国城市的经济实力指数呈稳步上升态势，总体经济实力指数由 2005 年的 0.015 提升至 2022 年的 0.067，增幅为 0.052，平均增长率为 9.59%，表明全国范围内各城市的经济实力在考察期内均迎来了较大幅度的增长。东西视角下四大区域的城市经济实力指数如图 5－14 所示，所有区域的城市经济实力均呈增长态势，东部地区与其他三大区域之间的经济实力差距正在逐步扩大，而三大区域间的差距逐渐缩小。考察期初东部、中部、西部和东北地区的城市经济实力指数依次为 0.021、0.011、0.011 和 0.015，考察期末依次为 0.086、0.064、0.061 和 0.067，增幅分别为 0.043、0.053、0.050 和 0.052，平均增长率依次为 8.76%、11.14%、10.52% 和 9.56%。2005 年，东部地区与中部、西部、东北地区间的差值依次为 0.010、0.010 和 0.006，而 2022 年时差距依次扩大为 0.022、0.025 和 0.019，与中西部之间的差值增长了 2 倍之多，区域经济发展不协调程度逐渐加深。

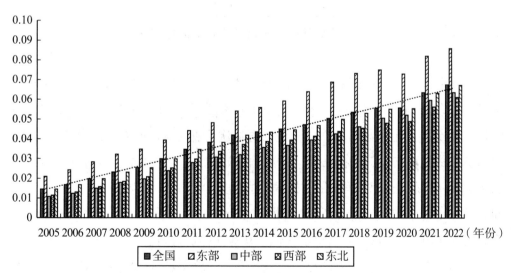

图 5－14 青年友好视域下城市经济实力指数时序变化（东西方向）

南北视角下，两大区域的城市经济实力指数如图5-15所示。南方和北方地区之间的经济实力差异正在逐渐变大，其城市经济实力指数依次介于0.014～0.073和0.015～0.062之间。2005～2014年北方地区的经济实力强于南方，而2015～2022年南方城市经济实力增长迅猛，指数水平逐渐超过了北方地区，并且这种差异还在进一步扩大，其年均增长率分别为10.27%和8.84%，增速差异使得南北区域之间的差值从期初的-0.001扩大到2022年的0.011，增幅达到了0.012。两相比较，无论是东西方向抑或是南北方向，区域间城市经济实力差异均在扩大，但现阶段东西差异要大于南北差异。

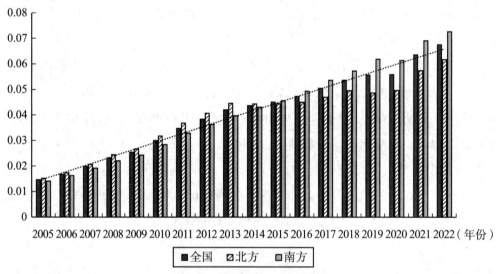

图5-15 青年友好视域下城市经济实力指数时序变化（南北方向）

城市群视角下，2022年城市群经济实力指数排名如图5-16所示，呼包鄂榆城市群以0.1457的指数水平排名第1位，指数水平高出第2名长三角城市群0.0328的分差。山东半岛和珠三角城市群依次排在第3、第4位，而长江中游、京津冀和成渝城市群仅排在第6、第9、第13位，这与城市群内部存在不少经济实力指数水平较低的城市相关，城市群内部城市间的经济实力相差过大，例如，京津冀城市群中的北京（0.165）和邢台（0.034），其经济实力指数相差3倍左右，且城市群13个城市中指数水平低于0.05的城市接近半数（6个），进而拉低了城市群的指数均值，侧面反映了我国各区域内部、城市群内部经济发展不平衡现象的存在。

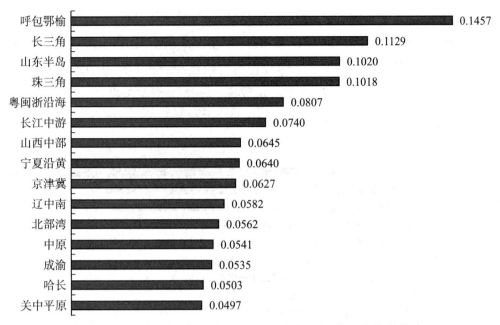

图 5 - 16 2022 年青年友好视域下城市群经济实力指数排名

呼包鄂榆城市群以 0.1457 的经济实力指数水平位列全国城市群首位，而该城市群最显著的特征即以煤炭、石油、天然气和矿产等自然资源丰富著称，通过开采、加工和销售自然资源，该城市群获得了巨大的经济收益，并且直接促进了当地的财政收入增长，带来了较高的经济产出，经济实力强盛。其次，资源开发进一步催生和带动了相关产业链延长，如能源产业、重工业、运输物流等，上下游产业为呼包鄂榆城市群的经济发展提供了更多的就业机会和税收来源，进而增强了城市群经济实力。此外，近年来该城市群一直在致力于产业转型，寻求优化经济结构、促进产业升级并进一步提高产品附加值的经济可持续发展之路，避免陷入资源枯竭、经济衰退的境地。

（二）青年消费天堂：上海消费活力领先全国

消费活力是城市发展的"晴雨表"，意味着多样化的生活方式和职业发展前景，是城市吸引年轻人、留住青年群体的重要因素。2022 年城市消费活力指数排行榜如图 5 - 17 所示，北上广深 4 座城市包揽前 5 名中的 4 位，其中，上海是283 个城市中唯一一个指数水平超过 0.5 的城市，位列第 1 名，重庆则以超出北京 0.0039 的分差位列第 2 名。后 10 名城市中，东北地区城市所占比重较大，共有 5 座城市上榜，而甘肃共有 4 座城市。值得注意的是，克拉玛依的消费活力指数为 0.00631，排在倒数第 8 名，然而在前节城市经济实力排行中则以 0.19958 的指数水平位列第 2 名，这种反差一定程度上与资源型城市经济和人口结构单一、消费观念趋于保守等多重因素相关，进而限制了城市消费活跃。

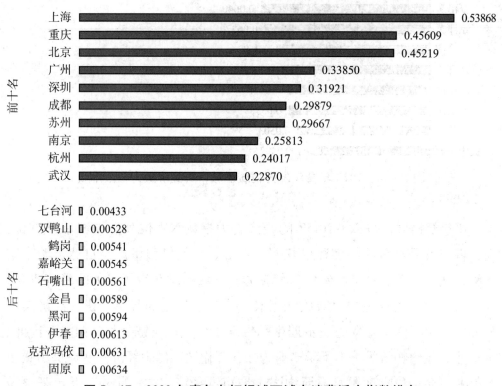

图 5 - 17　2022 年青年友好视域下城市消费活力指数排名

上海作为我国的经济中心，人均收入水平高于全国平均水平，居民可支配收入高，进而带动了消费需求的旺盛；其次，上海是我国人口最密集的城市之一，不仅吸引了国内大量青年群体集聚，国际外来人口常住比例也在不断上升，因此消费需求不仅旺盛而且多元，尤其在时尚、餐饮和娱乐等领域的消费活力充沛。此外，上海拥有世界级的商业基础设施和消费环境，为居民消费注入更大活力。值得注意的是，前 10 名榜单中有重庆和成都两座西部城市上榜，究其原因，主要包含以下几个方面。首先，重庆和成都的城市人口规模均在千万级别，人口基数大为城市消费市场奠定了良好的基础，近年来随着国家支持西部地区发展的政策倾斜成都和重庆经济发展迅速，生产总值增速位列全国前列，为消费活力提供了充足的支持；其次，重庆和成都两座西南城市有着独特的休闲和美食文化，青年群体也更加多元开放，以上也为城市消费贡献了不少力量。最后，重庆和成都还是著名的旅游城市，丰富的旅游资源吸引了国内外大量游客，直接带动了住宿、餐饮、购物等消费需求，也间接促进了城市的消费氛围和商业活力。

青年友好视域下，我国城市消费活力指数的时序演变如图 5 - 18 和图 5 - 19 所示。从测度结果来看，2005 ~ 2022 年，全国城市消费活力指数整体上呈上升态势，总体消费活力指数从 2005 年的 0.009 提升至 2022 年的 0.051，增幅为 0.042，平均增长率为 10.82%，表明全国范围内各城市的消费活力在考察期限内均有较大幅度增长。东西视角下四大区域的城市消费活力指数如图 5 - 18 所示，除东北地区经历了先上升、后下降的发展趋势以外，其他三大区域消费活力指数均总体上保持上升态势，但东部地区增长尤其迅猛，与其他三大区域之间的差距不断扩大，从 2019 年开始就逐渐形成了消费活力指数沿"东部—中部—西部—东北"梯度递减的发展格局。2005 年，东中西和东北地区的城市消费活力指数依次为 0.016、0.007、0.006 和 0.007，2022 年则依次为 0.086、0.045、0.033 和 0.020，增幅依次为 0.070、0.038、0.027 和 0.013，平均增长率依次为 10.79%、11.96%、11.24% 和 6.74%。考察初期，东部地区与西部、中部和东北地区之间的差值依次为 0.009、0.010 和 0.009，而到考察期末时，该差值依次扩大至 0.041、0.053 和 0.066，考察期限内东部与其他三大区域的差距增长较快。

南北视角下，两大区域的城市消费活力指数如图 5 - 19 所示。考察期限内，南方地区的消费活力指数始终大于北方地区，2005 ~ 2015 年，两地间其指数差距相对较小，2016 年后差距正在变得越来越大，其指数水平依次介于 0.010 ~ 0.062 和 0.008 ~ 0.038 之间，年均增长率依次为 11.71% 和 9.50%，增速差异致使南、北地区的消费活力指数差距从考察期初的 0.002 增长至 0.024，增长了 10 倍之多。

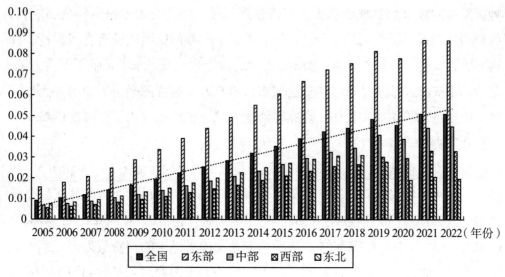

图 5-18　青年友好视域下城市消费活力指数时序变化（东西方向）

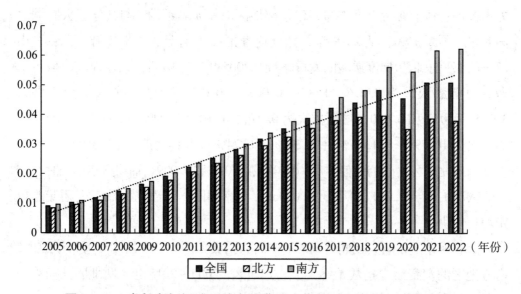

图 5-19　青年友好视域下城市消费活力指数时序变化（南北方向）

分城市群来看，2022 年城市群消费活力指数排名如图 5-20 所示，珠三角和长三角城市群以超过 0.1 的指数水平位列榜首、榜二，高出最后 1 名宁夏沿黄城市群 0.1172 和 0.1030 的分差，山东半岛（0.0872）、京津冀（0.0804）和成渝城市群（0.0688）依次位列第 3、4、5 名；而后 5 名依次为宁夏沿黄（0.0121）、山西中部（0.0263）、辽中南（0.0295）、哈长（0.0299）和呼包鄂榆城市群（0.0301），多分布在东北和中部地区。通过排名可知，东西视角下，东部城市群消费更加活跃；南北视角下，南方城市群指数水平更高。珠三角和长三角作为全国最具代表性的城市群，无论是在人口规模、经济实力、商业氛围和基础设施等方面都优于全国其他城市群，因此城市群消费活力也更加充沛。西北和东北地区的城市群消费活力相对较低，可能原因在于人口流失、经济增长缓慢、商业环境相对滞后等多个方面。

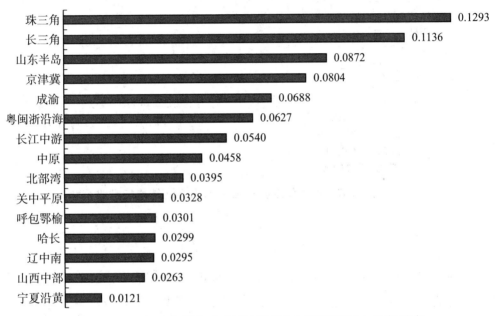

图 5－20　2022 年青年友好视域下城市群消费活力指数排名

（三）阻碍青年集聚：资源型城市垫底经济结构榜

城市经济结构多元在很大程度上意味着广泛的就业机会、开放的创新环境和高竞争力的工资水平，在吸引和留住年轻人上存在很大优势。2022 年城市经济结构指数排行榜如图 5－21 所示，张家界（0.1641）、三亚（0.1580）和海口（0.1270）位列前 3 名，北京（0.1250）、上海（0.0974）和广州（0.0891）依次位列全国第 4、6、9 名，而后 10 名中多为资源型城市，经济结构较为单一，以榆林（0.0122）、鄂尔多斯（0.0146）和克拉玛依（0.0191）等城市为代表。

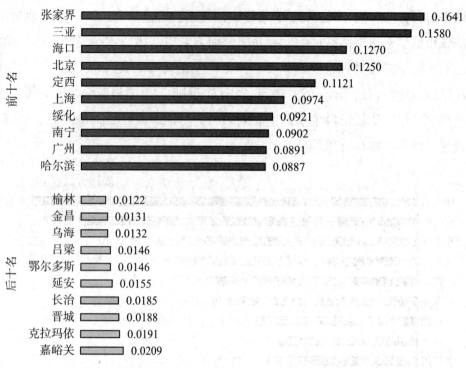

图 5-21　2022 年青年友好视域下城市经济结构指数排名

　　总体来看，排在后 10 名榜单的大多为资源型城市。首先，资源型城市因丰富的自然资源而发展，因此经济增长高度依赖资源的开采和加工，资源产业的产业链相对有限，较难形成多元化的产业链；其次，资源型城市的产业需求集中在资源采掘、加工及运输等领域，城市劳动者的劳动力技能也相对集中，技能单一性进一步限制了城市其他产业的发展；再次，长期资源开发的城市历史形成了较强的路径依赖，当地的基础设施、政策环境等都围绕资源产业布局，产业升级和转型的难度相对较大。最后，资源型城市的产品大多属于原材料范畴，主要依赖外部市场消化，因此缺乏面向本地或区域市场的其他经济支柱。这种外部依赖导致资源型城市经济难以实现内生增长和多样化，进一步加剧了经济结构的单一性。

　　我国城市经济结构指数的时序演变如图 5-22 和图 5-23 所示。从测度结果来看，考察期限内指数水平呈"下降—上升—下降"的波动趋势。2005～2011年，指数水平整体呈下降趋势，降幅为 0.005，平均下降速度为 2.21%；2012～2020 年，城市经济结构指数水平呈上升趋势，增幅为 0.023，平均增长率为6.90%，2021～2022 年，指数水平出现小幅下降，降幅为 0.002，下降率为

0.53%。东西视角下四大区域的城市经济结构指数如图5－22所示，四大区域的指数水平时序演变趋势均与全国平均指数水平发展趋势相一致，呈现"下降—上升—下降"的波动趋势。东部地区经济结构指数整体上更高，而2016年后东北地区的指数水平超过了东部地区，且中部地区经济结构指数水平在考察期限内始终处于最低位。2005年，东部、中部、西部和东北地区的经济结构指数依次为0.0319、0.0321、0.0360和0.0370，2022年则依次为0.0500、0.0460、0.0470和0.0570，区域增幅依次为0.0181、0.0139、0.0110和0.0200，平均增长率依次为2.78%、2.31%、1.79%和2.95%。

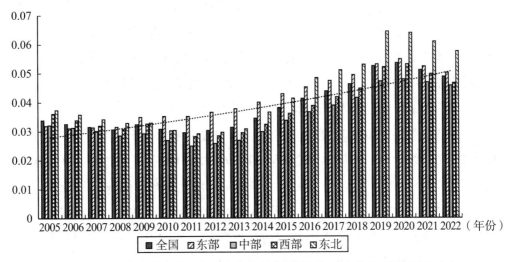

图5－22 青年友好视域下城市经济结构指数时序变化（东西方向）

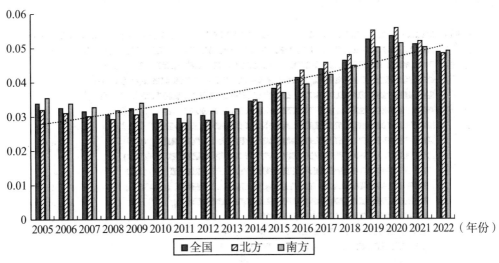

图5－23 青年友好视域下城市经济结构指数时序变化（南北方向）

东部地区相比其他区域来说，凭借地理位置、政策支持、人力资源和市场等优势，形成了较为完善的产业链条和多元化的经济结构。改革开放以来，东部地区凭借优越的地理位置和政策环境吸引了大量外资、先进技术和管理经验，为经济多元化发展奠定基础。随着经济发展，当前东部地区已经形成了多个成熟的产业集群，在提高生产效率的同时还促进了上下游企业联动，产业链、价值链进一步延长。与此同时，城市基础设施不断完善，高素质劳动力资源持续集聚，经济结构多样化持续发展。此外，开放的政策和商业环境为东部地区企业提供了国际视野和合作机会，东部经济结构多元化进程进一步加快。

南北视角下，两大区域的城市经济结构指数如图 5-23 所示。2005～2022 年，南方和北方地区的经济结构指数依次介于 0.031～0.051 和 0.028～0.056，2005～2013 年，北方地区的经济结构指数低于南方地区，而 2014～2021 年，南方地区的经济结构指数低于南方地区，但 2022 年北方地区指数水平略低于南方地区，且两大区域的指数水平基本与全国平均水平持平。

城市群视角下，2022 年城市群经济结构指数排名如图 5-24 所示，京津冀（0.05571）、成渝（0.0510）、珠三角（0.04674）和长三角城市群（0.04637）依次位列第 3、4、6、7 名，而哈长（0.06484）和北部湾城市群（0.05967）依次位列第 1 名和第 2 名，此外，呼包鄂榆（0.02969）和山西中部城市群（0.02905）依次排在倒数第 2 名和倒数第 1 名，这与城市群内部多资源型城市紧密相关，经济结构较为单一。通过排名可知，西北地区的城市群经济结构指数相较其他区域的指数水平略低。

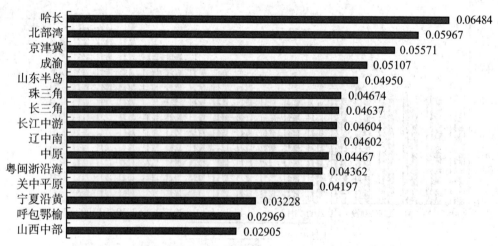

图 5-24 2022 年青年友好视域下城市群经济结构指数排名

第三节　青年友好视域下的城市职业发展

城市青年的职业发展对个人和社会都具有重要意义。对于个人而言，良好的职业发展能够提供稳定的收入来源，增强自我价值感，促进心理健康，并为个人提供实现梦想的机会。城市青年的职业成长同时也直接关系到社会经济的活力与创新力，青年群体是推动科技进步、产业升级的重要力量。通过培养和发展青年的职业技能，不但可以有效减少失业率、提高劳动生产率，进而也促进了整个城市的经济发展与社会稳定。因此，关注和支持城市青年的职业发展不仅是对他们个人未来的投资，也是对社会长远发展的贡献。

一、城市职业发展总指数

（一）深圳职业发展总指数领跑全国，东北地区城市有待提升

本报告对全国 283 个城市的青年职业发展状况进行了评估，并得出了 2023 年的城市职业发展排名（见图 5-25）。结果显示，深圳以 0.4815 的高分领先，形成明显的得分差距，位居榜首；上海、苏州及北京紧随其后，分别占据第 2 至第 4 的位置。在青年眼中最具职业发展潜力的城市排名中，除了传统的北上广深之外，还包括了长三角城市群的苏州、杭州、宁波与合肥，以及珠三角城市群的东莞和佛山，这表明这两个区域对青年人才有着显著的吸引力。反观排名榜的另一端，最后 10 名中有 9 个城市位于东北地区，而另外一个则是广西的来宾市。值得注意的是，得分最低的伊春市的职业发展评分仅相当于深圳的 7.48%，伊春市位于东北地区，相较于东南沿海地区，其地理位置相对偏远，这在一定程度上限制了与外界的经济交流，同时，伊春作为一座以林业资源为主的城市，经济结构相对单一，随着传统产业的转型升级，新兴产业的发展相对滞后，导致高质量

就业岗位不足，难以满足青年人多样化的职业需求。同时伊春市在吸引和留住青年人才方面的政策力度和机制创新不足，缺乏具有竞争力的薪酬福利体系、职业发展通道和创新创业支持，难以激发青年人的积极性和创造力。

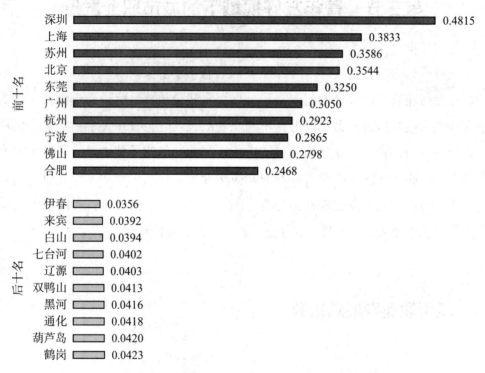

图 5-25　2022 年青年友好视域下城市职业发展指数排名

青年友好视域下，我国城市职业发展指数的时序演变情况如图 5-26 至图 5-29 所示。根据测算数据可以看出，自 2005 年起至 2010 年，全国城市职业发展指数呈现出明显的上升趋势。这一阶段的增长反映了当时宏观经济的良好运行状况以及政府对于城市职业发展的重视和支持。然而，在 2011 年全国城市职业发展指数出现了一个小幅度的回落，是由于当年国内外经济形势的变化以及内部结构调整所带来的短期影响。自 2011 年以后直到 2022 年，这一指数又重新回到了稳步增长的轨道上，显示出一种长期向好的发展态势。从指数的具体数值上看，全国城市职业发展指数从最初的 0.035 提升至接近 0.087 的水平，增幅超过了 100%，年均增长率达到了 5.90%。这样的增长不仅反映了城市职业发展环境的整体改善，也意味着更多青年能够享受到更好的职业发展机遇。特别是在2007年，这一年见证了指数增长的最高峰，增长率高达23.91%。从2012年开始，指数的增长趋于稳定，每年的增长率能够维持在3%~7%。这种稳定增长的背后，是国家层面不断完善的职业发展政策体系的支持，以及地方政府积极响应中央号召，加大投入力度，优化营商环境的结果。这不仅为城市提供了更加健康的发展动力，也为广大青年创造了更多的就业与创业机会，使得他们能够在更加友好的环境中追求个人职业成长，进而为国家的长远发展贡献力量。

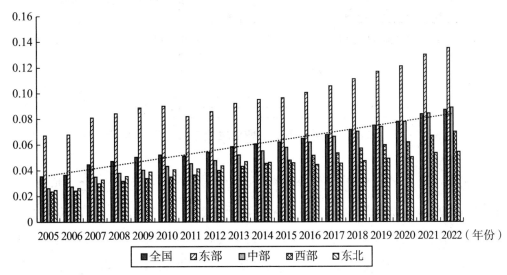

图 5-26 青年友好视域下城市职业发展指数时序变化（东西方向）

从东西视角下的四大区域看城市职业发展指数变化趋势：东部地区在大部分年份中表现较为稳定，增长率波动较小。东部地区在2006年增长率为1.08%，到2022年增长至3.89%。峰值出现在2007年，达到了19.27%，谷值为2011年的-9.02%。中部地区则呈现出明显的上升趋势，在2007年达到了27.74%，整体增长率达到了7.58%，最低增长值出现在2006年，虽然仅有4.60%，但仍是正增长。西部地区整体上也呈现增长态势，平均增长达到了6.74%，最高增长率为2007年的23.12%，最低的增长率为2006年的3.03%。然而，东北地区则表现较差，平均增长率仅有4.94%，且在2014~2016年是唯一一个连续多年出现负增长的区域，最低增长率为-2.83%。2006年的增长率为5.85%，到2022年下降至1.80%，其间最高值出现在2007年，为25.51%，可见我国城市职业发展指数中，东西中部以及东北的差距随着发展进一步扩大。

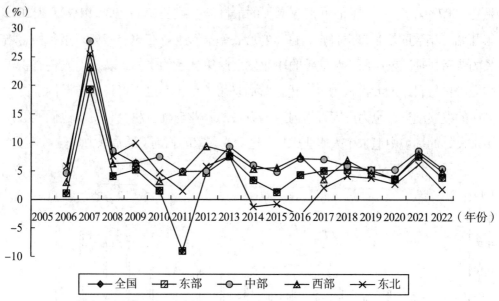

图 5 – 27　青年友好视域下城市职业发展指数增速（东西方向）

从南北视角来看，南方和北方地区的评价结果如图 5 – 28 和图 5 – 29 所示。南方和北方地区城市职业发展指数分别介于 0.044 ~ 0.108 和 0.030 ~ 0.076 之间，考察期限内南方地区的职业发展指数始终高于北方地区，其年均增长率分别为 5.50% 和 5.74%，增速差异致使南、北地区的职业发展指数差距也从 2005 年的 0.014 扩大到 2022 年的 0.032，增长了 1 倍多。

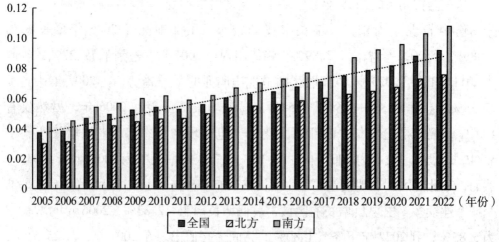

图 5 – 28　青年友好视域下城市职业发展指数时序变化（南北方向）

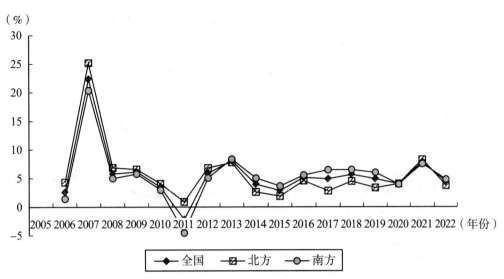

图 5 - 29　青年友好视域下城市职业发展指数增速（南北方向）

　　总体而言，中国各城市在职业发展的地域分布上，展现出东西差异与南北方向上的二元分化特征，形成了双重不均衡的发展格局。东西差距的形成主要与改革开放初期推行的"东部沿海—沿海腹地—内陆腹地"梯度推进的开发模式密切相关。这一模式下的优先发展政策为东部地区的经济增长提供了强有力的支撑，在循环累积因果效应的作用下，东部地区的经济先发优势得以不断巩固与增强，进而为青年职业发展提供了更有力的支持，从而导致东西部之间的青年发展吸引力差距逐渐拉大。同时，南北分化的成因更为复杂多元。南方地区在产业结构、市场发育程度、创新能力等方面的表现普遍优于北方，这不仅体现在高新技术产业和服务业的发展上，还反映在人才吸引、资本流动等多个方面。这些差异进一步加剧了城市职业发展的南北分化现象，使得南北之间的差距日益显著。这种区域发展不平衡的格局不仅影响了城市职业发展的整体布局，也对人才流动、资源配置以及区域协调发展提出了新的挑战。为了缩小这种差距，需要在政策制定和实施上采取更加精准有效的措施，以促进区域间的协调发展。

（二）珠三角与长三角职业发展指数位居前列，但区域差异明显

　　2022 年 15 个城市群职业发展指数排名如图 5 - 30 所示，珠三角和长三角城市群分别以 0.236 和 0.182 的指数均值位列第 1 名和第 2 名，是我国当前对青年

职业发展吸引力最强的两个城市群，京津冀城市群位列第4名（0.109），居于山东半岛城市群（0.118）之后，长江中游城市群（0.095）和成渝城市群（0.083）位列第6、第8名。综合来看，前5名和后5名城市群之间的经济吸引力指数相差2倍甚至更多，城市群间青年职业发展差距较大，南方和东部地区的城市群职业发展更好，而西部和北方地区的城市群城市发展较差。

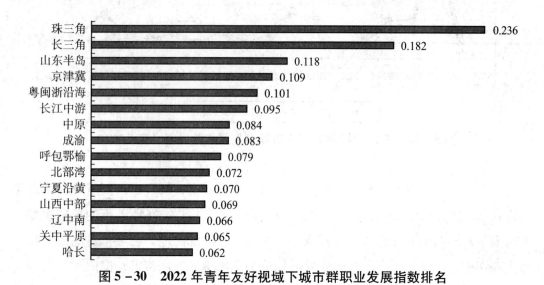

图5-30　2022年青年友好视域下城市群职业发展指数排名

二、城市职业发展分指标

（一）创新海岸：青年群体创新创业的梦想港湾

城市创新创业是城市高质量发展过程中青年发展的核心要素，其不但为青年提供了多元化的就业渠道，还能使青年在创新创业的实践中积累经验并持续成长，从而有助于培养出更加多元化的人才。2022年城市创新创业指数排名榜如图5-31所示，深圳和苏州两座走在改革开放前线的城市分别占据了第1名和第2名，除此之外，前10名是东莞、佛山、宁波等珠三角以及长三角城市。其中，长三角城市群城市在前10中共占据6个名次，位列第2名的苏州地处长三角核心区域，与上海等一线城市紧密相连，形成了便捷的交通网络和紧密的经济联系。这样的地理位置为苏州吸引了大量的资金、人才和技术资源，为创新创业提供了肥沃的土壤。同时，苏州作为传统制造业强市，已经积累了坚实的产业基础，这为创新创业提供了广阔的市场空间和产业链支持。同时，珠三角城市群城市则占据 4 个名次，后 10 名城市多分布在西北、西南和东北地区，其中东北地区共上榜 5 座城市，城市创新创业氛围相对薄弱。

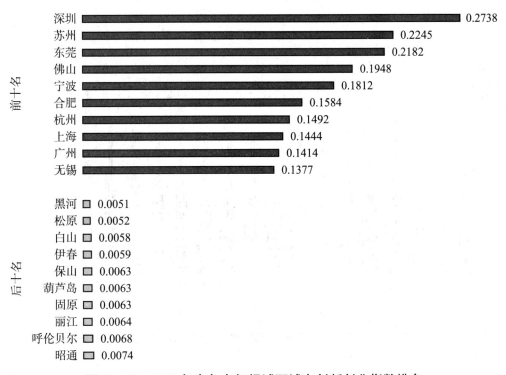

图 5 - 31 2022 年青年友好视域下城市创新创业指数排名

我国城市创新创业指数的时序演变如图 5 - 32 和图 5 - 33 所示。从测度结果来看，2005～2022 年，全国城市的创新创业指数呈稳步上升态势，总体创新创业指数由 2005 年的 0.023 提升至 2022 年的 0.037，增幅为 0.015，平均增长率为 3.12%，表明全国范围内各城市的创新创业能力在考察期限内均迎来了不错的增长。

东西视角下四大区域的城市创新创业指数如图 5 - 32 所示，所有区域的城市创新创业指数基本呈增长态势，东部地区与其他三大区域之间的创新创业差距正在逐步扩大，而三大区域间的差距逐渐缩小。考察期初东部、中部、西部和东北地区的城市创新创业指数依次为 0.047、0.015、0.013 和 0.012，考察期末依次为 0.064、0.040、0.020 和 0.013，增幅分别为 0.017、0.025、0.007 和 0.001，平均增长率依次为 2.13%、6.47%、2.85% 和 1.20%。2005 年，东部地区与中部、西部、东北地区间的差值依次为 0.032、0.034 和 0.035，而 2022 年时差距依次变为 0.024、0.044 和 0.051，与中部差距在不断缩小，但与西部以及东北地区之间的差值在不断扩大，区域经济发展不协调程度逐渐加深。

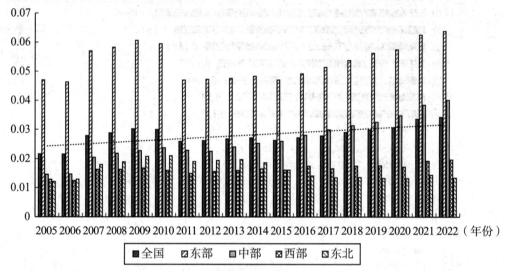

图 5−32　青年友好视域下城市创新创业指数时序变化（东西方向）

从南北视角分析，如图 5−33 所示，可以看出两大区域的城市创新创业指数存在明显差异。随着时间推移，南方与北方地区的创新创业指数差距有增大的趋势。具体而言，在创新创业指数上南方城市的数据分布在 0.030～0.049，而北方城市则在 0.016～0.026 区间内。从整体上看，南方城市的创新创业能力显著优于北方城市，年均增长率分别达到了 3.74% 和 2.21%。由于增长速度的不同，南北区域之间的差异从初始的 0.014 扩大到了 2022 年的 0.023，增加了 0.009。值得注意的是，不论是东西方向还是南北方向，区域间的城市经济实力差异都在增加，不过目前东西方向的差异仍然大于南北方向的差距。

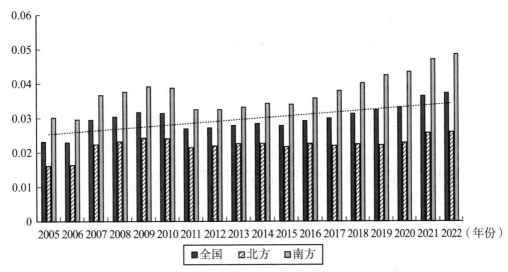

图 5－33　青年友好视域下城市创新创业指数时序变化（南北方向）

从城市群的角度来看，2022 年的创新创业指数排名如图 5－34 所示，珠三角城市群以 0.1365 的指数值遥遥领先，比排名第 2 位的长三角城市群高出 0.0387。山东半岛和长江中游城市群分别占据第 3 和第 4 的位置。相比之下，京津冀和成渝城市群的排名相对靠后，分别位于第 7 和第 8。这种情况部分归因于这些城市群内部存在一些创新创业指数较低的城市，导致整体排名受到影响。

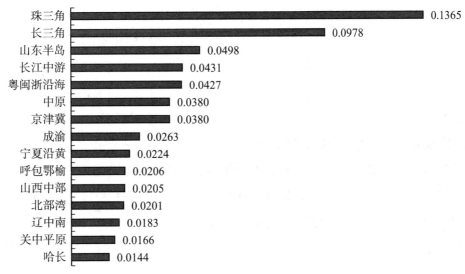

图 5－34　2022 年青年友好视域下城市群创新创业指数排名

然而，在京津冀城市群中，不同城市之间的创新创业指数存在较大差异，比如，北京的指数为 0.0981 而秦皇岛仅为 0.0140，两者相差约 6 倍。在京津冀城市群的 13 个城市中，除了北京、天津和石家庄之外，其他城市的指数都低于该城市群的平均值 0.0380，从而拖累了整个城市群的平均指数。这种情况反映了我国不同区域以及城市群内部经济发展不平衡的问题依然存在。

（二）城市就业选择：内陆与沿海城市发展两极分化

就业状况是城市吸引青年群体的关键考量因素之一。良好的就业环境不仅体现了城市的经济发展水平和职业发展的潜力，也是吸引并留住青年群体的重要条件。根据 2022 年城市就业情况榜（见图 5 - 35），北上广深四大一线城市占据了前 5 名中的 4 个席位，其中，北京、上海和深圳在 283 个城市中成为仅有的 3 个指数超过 0.1 的城市，并分别位列第 1、第 2 和第 3 名。紧随其后的是广州和重庆，分别位居第 4 和第 5 名。排名接下来的城市依次为杭州、苏州、东莞、成都和天津。由此可见，除了北上广深之外，就业情况表现突出的城市大多位于珠三角和长三角地区，同时，川渝地区的成都和重庆也在榜单上表现优异。在排名后 10 位的城市中，西北地区城市占据了较大的比重，共有 4 座城市入列，其余城市则分布于东北地区、江苏、福建、内蒙古以及云南等地。值得注意的是，除了东北地区有 2 个城市上榜外，其他区域各有 1 个城市上榜。东北、西南以及内蒙古地区的城市排名较为落后，这反映了东南沿海地区与内陆地区之间的发展差异。然而，江苏省和福建省的部分城市排名靠后，则凸显了同一地区内部的发展不平衡性。例如，苏州的就业情况几乎是江苏省内另一城市镇江的 46 倍，这种差距揭示了区域内发展的严重不平衡现象。

我国城市就业情况指数的时序变化如图 5 - 36 和图 5 - 37 所示。根据测量结果，从 2005 ~ 2022 年，全国城市就业情况指数整体呈现上升趋势。就业情况指数从 2005 年的 0.008 上升至 2022 年的 0.011，期间增幅为 0.003，年均增长率为 2.20%。这一数据表明，在考察的时间段内，全国各地城市的就业情况呈现出持续改善的趋势。

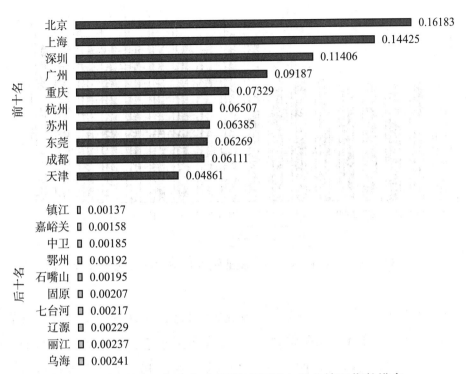

图 5 – 35　2022 年青年友好视域下城市就业情况指数排名

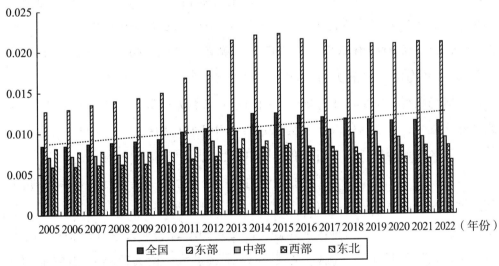

图 5 – 36　青年友好视域下城市就业情况指数时序变化（东西方向）

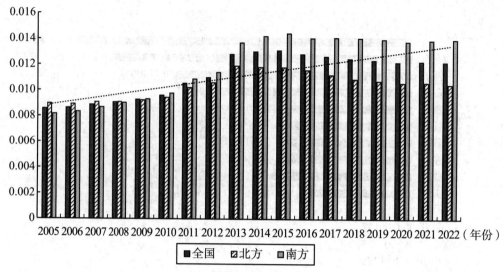

图 5 - 37　青年友好视域下城市就业情况指数时序变化（南北方向）

东西视角下四大区域的城市就业情况指数如图 5 - 36 所示，整体呈现先上升、后下降，之后基本保持稳定的趋势。全国各区域基本由 2005 年至 2015 年经历了大幅度增长。其中东部地区增长尤其迅猛，在这 10 年间增长接近 70%，与其他三大区域之间的差距不断扩大，从 2019 年开始就逐渐形成了就业情况指数沿"东部—中部—西部—东北"梯度递减的发展格局。2005 年，东中西部和东北地区的城市就业情况指数依次为 0.013、0.007、0.006 和 0.008，2022 年则依次为 0.021、0.009、0.008 和 0.007，增幅依次为 0.008、0.002、0.002 和 -0.001，平均增长率依次为 3.60%、1.68%、1.96% 和 -0.74%。考察初期，东部地区与西部、中部和东北地区之间的差值依次为 0.006、0.007 和 0.005，而到考察末期时，该差值依次扩大至 0.012、0.013 和 0.014，考察期限内东部与其他三大地区的差距增长了 2 倍左右，其中东北地区更是接近 3 倍。

从南北视角来看，两大区域的就业情况指数如图 5 - 37 所示。在考察期内，南方地区的就业情况指数在 2009 年之前一直低于北方地区，但从 2009 年开始反超，并逐渐拉大了与北方地区的差距。2005 ~ 2010 年，两地之间的指数差距相对较小，但在 2011 年之后这一差距开始显著扩大。南方地区的指数范围在 0.008 ~ 0.014 之间，而北方地区则在 0.009 ~ 0.012。南方地区的年均增长率为 4.41%，而北方地区仅为 0.65%。这种增长速度上的差异导致了南北地区在考察期初的就业情况指数差距从 0.001 扩大到了 0.002。

从城市群的角度来看，2022 年城市群就业情况指数排名如图 5 – 38 所示。珠三角城市群以超过 0.4 的指数值稳居榜首，这一成绩是排名末位的宁夏沿黄城市群的 10 倍以上。紧随其后的分别是京津冀城市群（0.02577）、长三角城市群（0.02487）和山东半岛城市群（0.01771），它们分别占据了第 2、3、4 位。同时，排名后 5 位的城市群依次为宁夏沿黄（0.00384）、辽中南（0.00872）、呼包鄂榆（0.00879）、哈长（0.00977）和北部湾城市群（0.00987），这些城市群多数位于东北和西北地区。从排名中可以观察到，在东西方向上，东部城市群的就业情况更为优越；而在南北方向上，南方城市群的就业情况指数普遍较高。

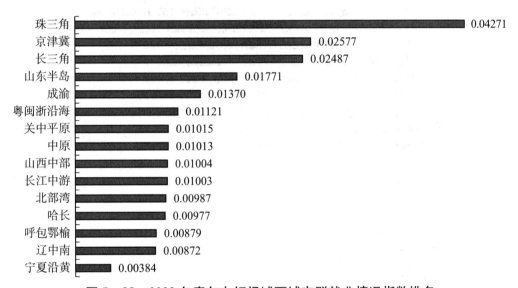

图 5 – 38　2022 年青年友好视域下城市群就业情况指数排名

（三）青年薪酬高地：北上深"钱"途无量

城市收入水平的提高不仅能显著提升居民的生活质量，还能吸引更多的人才，并且能够支持更完善、更优质的公共服务和基础设施建设。这在吸引和留住年轻人方面具有显著优势。根据 2022 年城市收入水平指数排名榜（如图 5 – 39 所示），上海（0.0946）、北京（0.0944）和深圳（0.0936）位列前三名，而广州（0.0718）则排名第 6。排名前 10 的城市中，绝大多数是来自长三角地区的城市。相比之下，排名后 10 位的城市大多位于东北和中部地区，这些城市的经济发展状况相对较弱，这也直接导致了收入水平较低的问题。例如，来宾、周口和随州,这些城市大多位于中西部或东北地区,经济发展水平相对较低,收入有限。伊春、七台河和双鸭山,这些城市多为资源型城市或内陆城市,受地理位置、资源条件等因素限制,经济发展相对滞后,居民的收入水平也较低。这一现象表明,不同区域之间的经济发展差异直接影响到了居民的收入水平和生活质量。对于低收入城市,应加大政策支持力度,促进产业升级和经济发展,提高居民的就业机会和收入水平。同时加强区域合作与交流,推动资源共享和优势互补,缩小不同城市之间的收入差距。

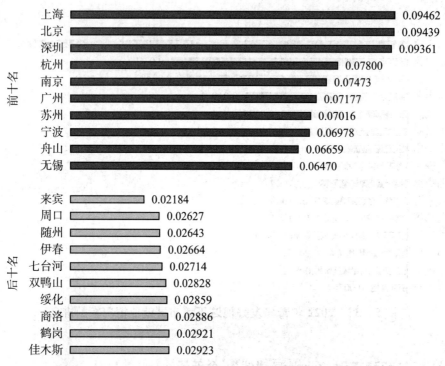

图 5-39 2022 年青年友好视域下城市收入水平指数排名

我国城市收入水平指数的时序演变如图 5-40 和图 5-41 所示。根据测度结果,在考察期内,指数水平整体呈现上升趋势。从 2005 年至 2022 年,全国城市收入水平指数从 0.005 提升至 0.042,增幅达到了 7 倍,其间的平均增长率为 43.50%。这一数据表明,在考察期间,全国各城市的收入水平均得到了不同程度的提升。

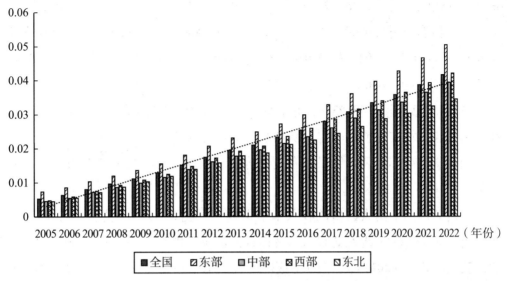

图 5 - 40 青年友好视域下城市收入水平指数时序变化（东西方向）

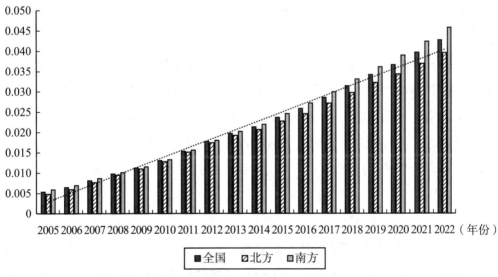

图 5 - 41 青年友好视域下城市收入水平指数时序变化（南北方向）

从东西视角下四大区域的城市收入水平指数（见图 5 - 40）可以看出，各区域的指数水平随时间的演变趋势与全国平均水平的发展趋势一致，均呈现出稳定且显著的增长态势。东部地区的收入水平指数总体上处于领先地位，其次是西部、中部和东北地区。其中，东北地区的收入水平指数水平自 2007 年以来一直保持在最低位置。具体数据显示，2005 年，东部、中部、西部和东北地区的收入水平指数分别为 0.007、0.004、0.005 和 0.004；到了 2022 年，则分别增长至 0.050、0.039、0.042 和 0.034。在此期间，各区域的增幅分别为 0.043、0.035、0.037 和 0.030。平均增长率方面，东部地区为 36.13%，中部地区为 51.47%，西部地区为 43.53%，东北地区为 44.11%。数据反映，尽管所有区域在过去几年里均实现了显著的经济增长，但各区域之间仍然存在着一定的发展不平衡现象。东部地区继续保持领先优势，而东北地区尽管增速较快，但在绝对值上仍落后于其他区域。

从南北视角下两大区域的收入水平指数（见图 5 - 41）可以看出，2005 ~ 2022 年，南方和北方地区的收入水平指数分别在 0.006 ~ 0.046 和 0.005 ~ 0.040 之间变化。2005 ~ 2011 年，南北方之间的收入水平差异尚不明显，但从 2012 年开始，南北收入水平指数的绝对值差距逐渐扩大，到 2022 年时，这一差距达到了最大。在整个考察期间，南方地区的收入水平始终高于北方地区。这一趋势反映了南方地区在经济发展上的持续优势，同时也揭示了南北方之间在经济发展和收入水平上不断扩大的差距。

从城市群的视角来看，2022 年城市群收入水平指数排名（见图 5 - 42）显示，长三角（0.0590）、珠三角（0.0570）和山东半岛城市群（0.0507）分别占据了前 3 名的位置。相比之下，京津冀（0.0455）和成渝城市群（0.0432）则分别位列第 6 名和第 8 名。长三角城市群作为中国经济最为发达的区域之一，其收入水平指数高居榜首。这里不仅拥有上海这样的国际大都市，还有杭州、南京、苏州等经济实力强劲的城市。这些城市在高科技产业、金融业、制造业等多个领域都取得了显著成就，为居民提供了丰富的就业机会和高水平的薪资待遇。珠三角城市群同样表现出色，其收入水平指数紧随长三角之后。广州和深圳作为珠三角的两大核心城市，不仅在经济总量上遥遥领先，更在产业结构优化、创新能力提升等方面取得了显著成果。这些成果直接带动了整个珠三角城市群的经济发展和居民收入水平的提高。然而，与这些高收入城市群相比，京津冀和成渝城市群在收入水平指数上的表现则相对逊色。京津冀城市群虽然拥有北京和天津这样的直辖市，但整体收入水平却未能进入前 3 名，位列第 6。成渝城市群则位列第 8，同样面临着收入水平提升的挑战。值得注意的是，中原城市群（0.0356）和哈长城市群（0.0374）排名垫底，分别居于倒数第

1名和第2名。这种情况与各自的城市产业结构密切相关：东北地区经济过度依赖重工业和国有企业，而中原地区则主要依靠农业。前者因面临产业转型而遭遇衰落，后者则因为农业单位产值较低，导致整体收入水平不高。由此可见，中部及东北地区的城市在收入水平方面普遍低于其他区域。这不仅反映了不同区域间经济发展的不平衡性，也凸显了产业结构调整和转型升级的重要性。

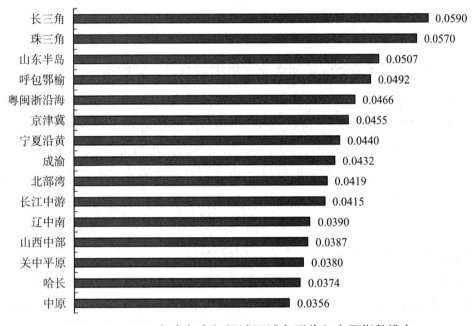

图5-42　2022年青年友好视域下城市群收入水平指数排名

第四节　青年友好视域下的城市优质生活

　　青年是城市建设的生力军和中坚力量，青年的发展状况直接关系到城市的发展前景，建设青年友好型城市是推动城市建设的重要基石。同时，城市也是保障青年生存发展权益的重地，城市生活品质是现代青年选择城市的重要因素，要留得下青年、留得住人才，从而实现青年群体发展与城市发展的"双向奔赴",就需要不断提高城市生活质量。一般来说,优质的生活条件意味着良好的住房条件、适中的生活成本、便利的城市交通和优美的生态环境。总之,城市生活质量是实现城市与青年共荣相生的重要条件,是建设青年友好型城市的前提和基础。

一、城市优质生活总指数

(一)青年友好视域下区域间优质生活指数差距逐渐缩小

2022 年青年友好视域下的城市优质生活指数排名如图 5 – 43 所示。深圳以 0. 3940 的指数水平断层时领先位列榜首,东莞、克拉玛依、金昌分别位列第 2、3、4 名,嘉峪关、鄂尔多斯、乌海和石嘴山以超过 0. 21 的指数水平占据第 5、6、7、8 名,乌鲁木齐和珠海也位列前 10 名,综合来看,生活质量较高的城市除了深圳、东莞和珠海位于广东,其余均为西部城市。深圳的优质生活指数之所以较高,一方面由于近年来深圳不断提升住房保障,加大住房货币补贴力度,加快构建人才住房和保障性住房双轨并行的全层次、广覆盖的住房保障体系,解决城市青年群体广泛关注的住房问题;另一方面在于深圳不断加快建设现代化综合立体交通网,从而提高了居民出行满意度。同时,深圳作为国内首个"花园城市",其不断优化和完善的绿化策略让青年群体得以共赏绿美深圳,提高青年群体的生活幸福感。然而,西部地区部分城市生活成本相对较低、生活压力小且交通拥堵状况较东部地区少发,出行效率相对较高。从这个角度来说,西部地区部分城市的青年群体优质生活指数更高。在后 10 名中,东北地区有 3 个城市,陕西省有 2 个城市上榜,其余城市分布在甘肃、云南、广西、湖南和广东等省份且所有城市的优质生活指数均未超过 0. 01。前后相较而言,第 1 名深圳和最后 1 名陇南的青年优质生活指数相差 5 倍之多,其他个体城市之间的优质生活指数差距也相差不小,表明在青年友好视域下我国城市间的优质生活指数差距较大。

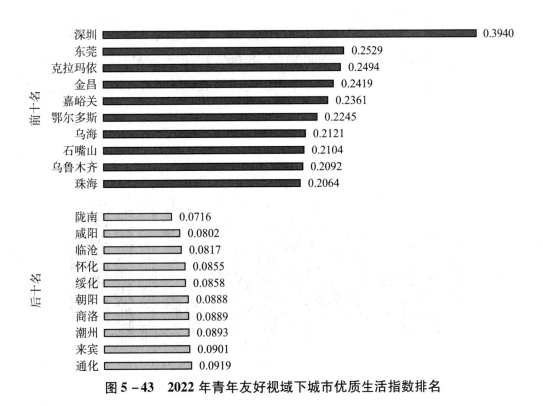

图 5 - 43　2022 年青年友好视域下城市优质生活指数排名

　　我国青年友好视域下城市优质生活的测度结果如图 5 - 44 至图 5 - 47 所示。从测度结果来看，2005 ~ 2022 年，我国城市优质生活指数呈稳步上升态势，总体优质生活指数由考察初期的 0.080 提升至考察末期的 0.133，增幅为 0.053，平均增长率为 3.06%，表明全国各城市在考察期限内的生活质量总体向好，城市对青年的吸引力不断增大。从增长活力来看，我国城市优质生活指数的增长速度呈现出"增快—放慢—增快—放慢—增快"的波动趋势。2012 年全国城市优质生活指数的增长速度在研究期限内达到峰值（4.98%），随后在 2014 年降低至 2.99%。2016 ~ 2018 年，总体生活质量的增长速度保持在 1.30% 左右。2020 年增长速度有所回落，但 2021 年增速显著提高，达 4.38%。

　　东西方向上，青年友好视域下城市优质生活指数的测度结果如图 5 - 44 和图 5 - 45 所示，四大区域的城市优质生活指数均呈增长态势，虽然东部地区城市优质生活指数一直高于其他三大区域，但是各区域之间的优质生活指数差异呈现缩小趋势。东部、中部、西部和东北地区的城市生活质量在考察期内的指数均值分别为 0.119、0.100、0.103 和 0.099，呈"东部—西部—中部—东北"梯度递减态势，其年均增长率依次为 2.30%、3.18%、3.80% 和 3.30%，呈

"西部—东北—中部—东部"梯度递减态势，各区域增速均呈现较大的波动，其中，最高增速为 2009 年的东部地区增速（8.06%），最低增速为 2016 年的西部地区增速（－1.36%），整体来看，西部地区增速波动幅度最大，其他区域相对较小。

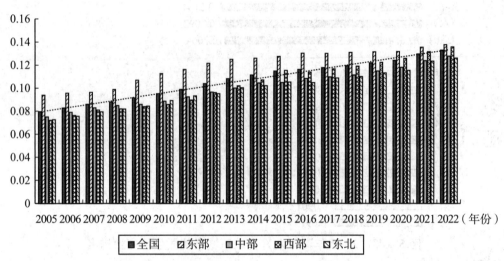

图 5 － 44　青年友好视域下城市优质生活指数时序变化（东西方向）

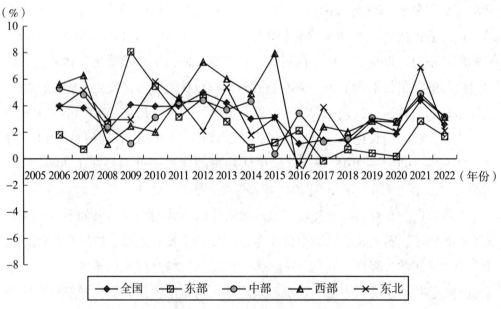

图 5 － 45　青年友好视域下城市优质生活指数增速（东西方向）

从南北视角来看，青年友好视域下城市优质生活指数测度结果如图5－46和图5－47所示。南方和北方地区城市经济吸引力指数分别介于0.083～0.133和0.076～0.132，考察期限内南北方地区的优质生活指数差距较小，且都逐渐趋近于全国平均水平，其年均增长率分别为2.86%和3.31%，考察初期，南北方优质生活指数增速差距较大，北方地区为8.88%，南方地区为－0.02%，考察期内增速的差距逐渐缩小，到2021年，南北方地区优质生活指数增速均为4%左右。

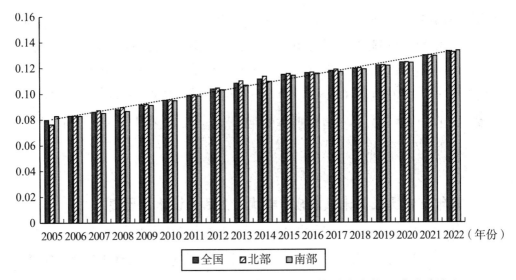

图5－46　青年友好视域下城市优质生活指数时序变化（南北方向）

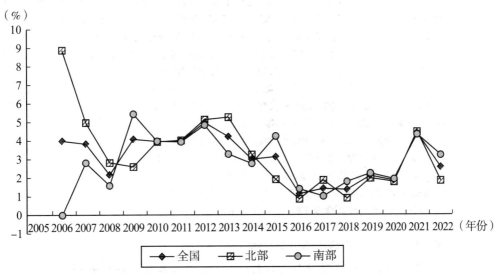

图5－47　青年友好视域下城市优质生活指数增速（南北方向）

总体来看，中国各城市优质生活质量在区域层面上呈现东西方向、南北方向差距逐渐缩小的发展趋势，东部地区城市生活品质仍优于其他三大区域，南北地区城市优质生活指数差距较小，2005～2021 年，北方地区略优于南方地区，2022 年，南方城市优质生活指数超过北方。究其原因，随着改革开放战略的实施，东部地区经济发展起步早、发展快，与之相应的城市各项基础设施相对完备，以转变城市发展模式和改善人居环境质量为着力点进行了相关城市建设改革，城市生活更加宜居，城市生活品质处于四大区域前列。但随着全国范围内新型城镇化建设的不断推进，其他三大区域城市现代化建设取得一定丰硕成果，城市生活质量得以追赶东部地区城市。然而对于南北方地区来说，虽然南北方城市的生产总值等经济指标存在一定的差距，可能会对城市青年群体的优质生活指数产生一定的影响，但除此之外的房价、生活成本、生活压力、气候环境和城市文化等因素都会影响青年群体的生活质量，因此在青年友好视域下南北方城市优质生活指数相差不大。

（二）青年友好视域下珠三角城市群优质生活建设水平更高

2022 年青年友好视域下城市群优质生活指数排名如图 5 - 48 所示，珠三角和宁夏沿黄城市群位列第 1 名和第 2 名，是我国当前对青年群体来说生活质量较

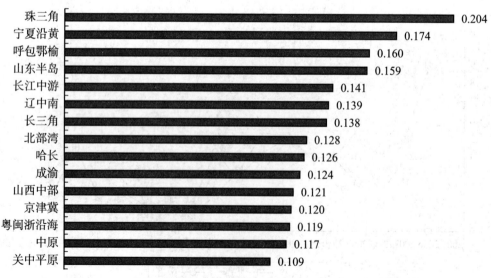

图 5 - 48 2022 年青年友好视域下城市群优质生活指数排名

高的两个城市群，呼包鄂榆和山东半岛城市群以接近 0.16 的指数水平位列第 3、4 名，长三角城市群位列第 7 名（0.138），居于长江中游（0.141）和辽中南（0.139）两大城市群之后，粤闽浙沿海（0.119）和京津冀城市群（0.120）位列倒数第 3、4 名，关中平原城市群和中原城市群的指数水平较低，位列倒数第 1 名和倒数第 2 名。综合来看，第一名和最后一名城市群之间的优质生活指数相差近 2 倍，各城市群间城市生活质量存在一定的差距。

二、城市优质生活分指标

（一）西部地区生活成本对青年群体更友好

　　城市生活成本将直接影响生活质量，过高的生活成本会让青年群体的生活品质产生折损，不利于留住青年人才。2022 年青年友好视域下城市生活成本排名如图 5 - 49 所示，鹤岗以超过 0.065 的指数水平位列排行榜榜首，石嘴山（0.0609）和朔州（0.0597）也位居前 3 名，盘锦（0.0581）、嘉峪关（0.0572）和金昌（0.0558）紧随其后，分别位列第 4、5、6 名，克拉玛依、乌海、钦州和双鸭山也以较为相近的指数水平位列前 10，综合来看，排在前 10 名的城市多来自北方经济发展洼地，住房成本等生活成本较低。后 10 名城市中，北京的生活成本指数最低，为 0.0059，厦门和上海分别位列倒数第 2 名和倒数第 3 名，来宾和深圳分别以 0.0085 和 0.0092 的指数水平位列倒数第 4 名和倒数第 5 名，三亚、广州、杭州、东莞和福州的生活成本指数较低，分别为倒数第 6 ~ 10 名，较低的指数水平对应较高的城市生活成本。由此可知，生活成本较低的城市大多位于东北和西北地区，除北京外，生活成本较高的城市均位于南方沿海地区。这主要是由于沿海地区，尤其是北上广城市经济发展水平较高，城市物价及房价水平较高，导致青年生活成本偏高，而西北及东北地区经济发展水平相对偏低，城市物价尤其是房价和房租水平较低，使其城市生活成本较低。

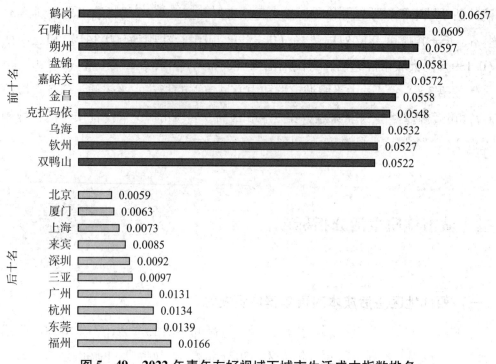

图 5 - 49　2022 年青年友好视域下城市生活成本指数排名

我国青年友好视域下城市生活成本指数的时序变化如图 5 - 50 和图 5 - 51 所示。从测度结果来看，考察期限内指数水平呈"上升—下降—上升—下降—上升"的"W"型波动趋势。2005 ~ 2006 年，指数水平整体呈上升趋势，涨幅为 0.003，增长速度为 3.98%；2009 年城市生活成本指数水平有所下降，降幅为 0.001，下降 4.28%；2010 ~ 2016 年，指数水平再次上升，增幅为 0.006，平均增长率为 3.72%；2016 年之后，城市成本指数呈下降趋势，降幅为 0.003，平均下降速度为 4.29%；2018 年后，城市生活成本指数持续上升，到 2022 年，城市生活成本指数达 0.034。生活成本指数水平的上升意味着城市生活成本的下降，这可能与全球卫生事件导致的物价波动以及我国房价政策的调整等因素有关。东西视角下，青年友好型城市生活成本指数时序变化如图 5 - 50 所示，四大区域的指数水平时序演变趋势均与全国平均指数水平发展趋势相一致，呈现"上升—下降—上升—下降—上升"的波动趋势。考察期内，东北部地区生活成本指数整体上更高，表明其实际城市生活成本较低。2009 年及以前，中部地区城市生活成本指数得分相对最高，即其生活成本在四大区域中最低，2009 年之后中部地区生活成本指数逐渐与西部和东北地区持平并在 2013 年超过西部和东北地区。2005 年，东部、中部、西部和东北地区的生活成本指数依次为 0.024、0.029、0.028 和 0.026，2022 年时则依次为 0.026、0.035、0.038 和 0.041，平均增长率依次为 0.60%、1.34%、2.02% 和 2.77%。

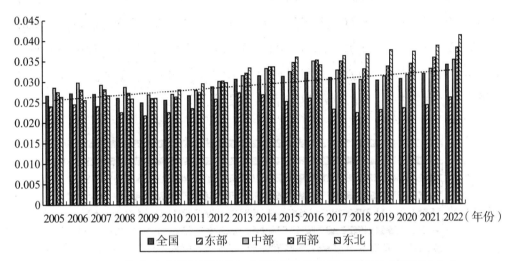

图 5-50 青年友好视域下城市生活成本指数时序变化（东西方向）

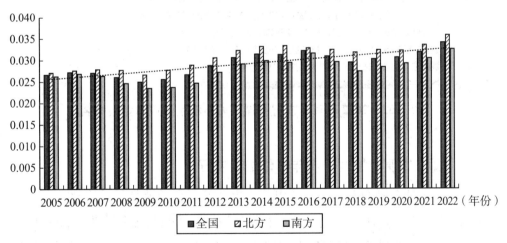

图 5-51 青年友好视域下城市生活成本指数时序变化（南北方向）

南北视角下，青年友好视域下城市生活成本指数时序变化如图 5-51 所示。考察期内，南北方地区的城市生活成本指数变化趋势一致，大致呈"上升—下降—上升—下降—上升"的增减变化，2005~2022 年，南方和北方地区的生活成本指数依次介于 0.026~0.033 和 0.027~0.036 之间。考察期内，北方地区城市生活成本指数均高于南方地区城市，表明北方地区城市生活成本偏低。

分城市群来看，2022 年青年友好视域下城市群生活成本排名如图 5 - 52 所示，宁夏沿黄城市群以 0.044900 的指数水平位列榜首，辽中南（0.042474）、哈长（0.038473）和成渝城市群（0.038468）依次位列第 2、3、4 名；后 5 名依次为粤闽浙沿海城市群（0.023071）、珠三角城市群（0.023539）、京津冀城市群（0.024653）、长三角城市群（0.027133）和中原城市群（0.032148），城市群间生活成本指数差异较小。通过排名可知，东西视角下，东部城市群生活成本更高；南北视角下，南方城市群生活成本更高。

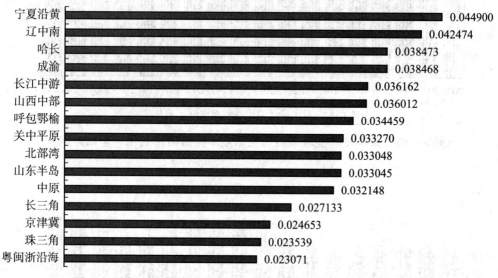

图 5 - 52　2022 年青年友好视域下城市群生活成本指数排名

（二）深圳交通便利性对于青年群体最为友好

青年群体拥有更加丰富多样的出行需求，城市交通便利程度在极大程度上会影响其生活品质。2022 年青年友好视域下城市交通便利排名如图 5 - 53 所示。深圳以 0.35782 的指数水平断层占据榜首，东莞以超过 0.2 的指数水平占据第 2 名，克拉玛依、珠海和乌鲁木齐分列第 3、第 4、第 5 位，金昌、佛山、三亚、厦门和鄂尔多斯以较为相近的指数水平也处于前 10 名，前 10 名中，有 6 座城市位于南方，尤其是广东省城市则占据 4 个席位，原因在于广东作为国家新发展格局的战略支点，不断加大现代化交通基础设施建设，立足全域安全快捷连通，加强道路的网络结合和通道强化，提高居民出行便利度。后 10 名中，咸阳、通化、怀化、陇南、商洛、绥化、朝阳、渭南、铁岭和信阳交通便利指数水平较低。总体来看，排名第 1 的城市与排名最后的城市指数水平相差 10 倍以上，表明当前我国城市交通便利程度存在较大的水平差异。

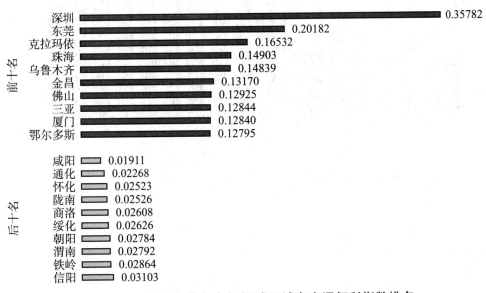

图 5 - 53　2022 年青年友好视域下城市交通便利指数排名

　　青年友好视域下城市交通便利指数时序变化如图 5 - 54 和图 5 - 55 所示。从测度结果来看，2005 ~ 2022 年，全国城市交通便利指数整体上呈上升态势，总体交通便利指数从 2005 年的 0.035 提升至 2022 年的 0.067，增幅为 0.032，平均增长率为 3.83%，表明全国范围内各城市的交通便利程度在考察期限内均有一定幅度的增长。东西视角下，青年友好视域下城市交通便利指数时序变化如图 5 - 54 所示，四大区域交通便利指数总体上均保持上升态势，且东部地区交通便利指数水平显著高于其他三大区域，2012 年之后逐渐形成了城市交通便利指数水平沿"东部—西部—中部—东北"的梯度递减格局。2005 年，东中西和东北地区的城市交通便利指数依次为 0.0491、0.0289、0.0303 和 0.0293，2022 年则依次为 0.079、0.061、0.065 和 0.056，增幅依次为 0.030、0.032、0.035 和 0.027，平均增长率依次为 2.89%、4.51%、4.69% 和 3.87%。考察期内，东部地区与西部、中部和东北地区之间的平均差值依次为 0.022、0.020 和 0.024，即在东西方向上我国交通便利程度存在明显的区域差异。

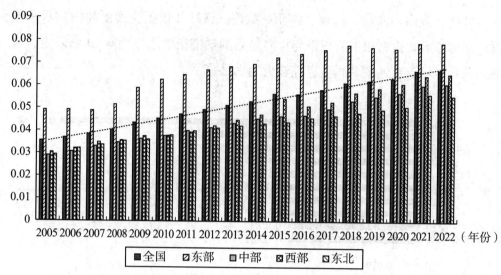

图 5 - 54　青年友好视域下城市交通便利指数时序变化（东西方向）

南北视角下，青年友好视域下城市交通便利指数时序变化如图 5 - 55 所示。2005 ~ 2022 年，南方和北方地区的交通便利指数依次介于 0.037 ~ 0.070 和 0.032 ~ 0.065 之间，考察期内，北方地区的交通便利指数低于南方地区，且北方地区的指数水平低于全国平均水平。

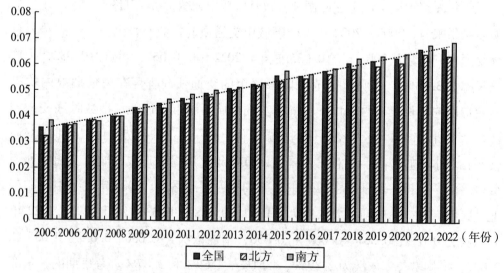

图 5 - 55　青年友好视域下城市交通便利指数时序变化（南北方向）

2022 年青年友好视域下城市群交通便利指数排名如图 5 – 56 所示，珠三角城市群以 0.14445 的指数水平仍断层排在第 1 位，山东半岛（0.08986）、呼包鄂榆（0.08820）、宁夏沿黄城市群（0.08614）依次位列第 2、3、4 名，长三角城市群（0.07907）位列第 5 名，京津冀城市群（0.06423）位列第 10 名，此外，中原城市群（0.05342）和关中平原城市群（0.04675）依次位列倒数第 2 名和倒数第 1 名。通过排名可知，中部地区城市交通建设水平的提升空间较大，其原因可能在于密集的人口与有限的交通道路之间的矛盾，中部地区城市应继续科学规划和建设城市快速道路系统和轨道交通系统，构建现代化的城市交通体系。

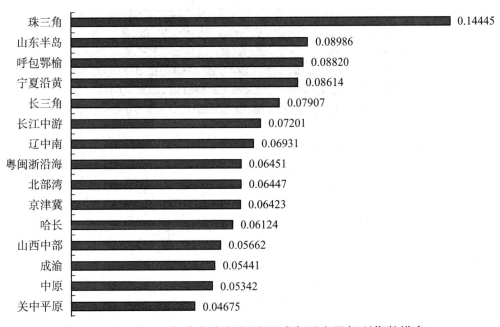

图 5 – 56 2022 年青年友好视域下城市群交通便利指数排名

（三）西北地区青年群体能拥有更大的绿地面积

绿色是新时代城市建设的底色，党的十八大以来，在习近平生态文明思想的科学指引下，我国把绿色发展理念融入城乡规划建设管理之中。良好的城市绿化环境会极大提高青年在城市生活中的幸福感。2022 年青年友好视域下城市绿化水平指数排名如图 5 – 57 所示，伊春（0.06179）、鄂尔多斯（0.05652）和嘉峪关（0.05510）位列前 3 名，金昌（0.05445）、乌兰察布（0.05344）紧随其后，依次位列全国第 4、第 5 名，排名前 10 位的城市还有吴忠（0.05073）、固原（0.05068）、石嘴山（0.04822）、防城港（0.04804）和滨州（0.04623），后 10 名中，南宁（0.01713）和临沧（0.02124）城市绿化水平指数较低，分列倒数第 1 名和倒数第 2 名，哈尔滨和上海分别以 0.02138 和 0.02144 的指数水平位列倒数第 3 名和倒数第 4 名，陇南以 0.02225 的指数水平位于倒数第 5 位。

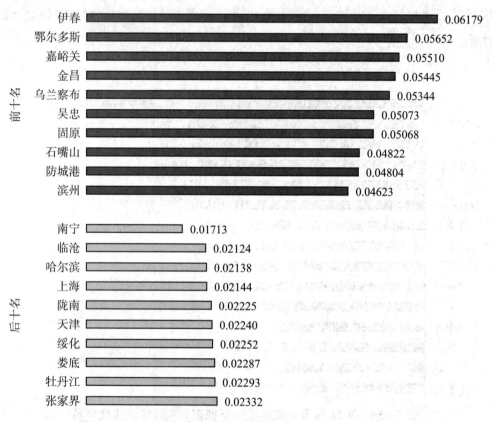

图 5 −57　2022 年青年友好视域下城市绿化水平指数排名

青年友好视域下城市绿化水平指数的时序变化如图 5 − 58 和图 5 − 59 所示。从测度结果来看，考察期限内指数水平呈不断上升的趋势。总体绿化水平指数从 2005 年的 0.018 提升至 2022 年的 0.032，增幅为 0.014，平均增长率为3.58%，表明全国范围内各城市的绿化水平在考察期限内均有一定的改善。东西视角下，青年友好视域下城市绿化水平指数如图 5 − 58 所示，所有区域的城市绿化水平指数均呈增长态势。东部地区与其他三大区域之间的城市绿化水平状况差距呈现出先扩大后缩小的发展趋势，西部地区的城市绿化水平指数在 2013 年后增速较快，并逐渐超过东北地区和中部地区。考察期初东部、中部、西部和东北地区的城市绿化水平指数依次为 0.0207、0.0176、0.0144 和 0.0171，考察末期依次为 0.0327、0.0316、0.0322 和 0.0292，增幅分别为 0.0120、0.0140、0.0178 和 0.0121，平均增长率依次为 2.73%、3.51%、4.90% 和 3.22%。2005年，东部地区与中部、西部、东北地区间的差值依次为 0.0031、0.0064 和 0.0036，而 2022 年时差距依次缩小为 0.0011、0.0005 和 0.0034，与西部地区之间的差值最小，与东北地区之间的差值最大，表明西部地区城市绿化水平提高作用显著。

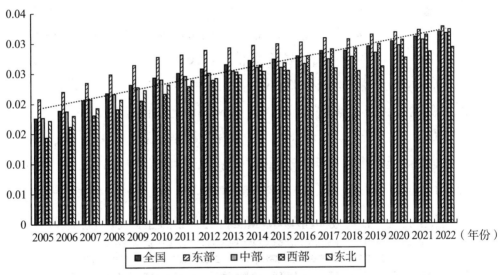

图 5 - 58 青年友好视域下城市绿化水平指数时序变化（东西方向）

南北视角下，青年友好视域下城市绿化水平指数时序变化如图 5 - 59 所示。考察期限内，除 2005 年南方地区城市绿化水平指数高于北方地区城市外，其他年份南方地区的城市绿化水平指数始终低于北方地区，2005～2014 年两个区域间的指数差距不断扩大，2014 年后差距逐渐缩小，其指数水平依次介于 0.018～0.031 和 0.017～0.032 之间，年均增长率依次为 3.96% 和 3.27%，增速差异致使北方地区城市绿化水平指数在 2006 年后一直优于南方地区。

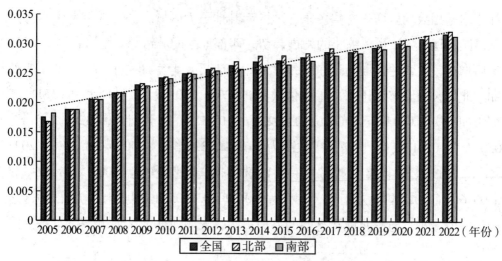

图 5 – 59　青年友好视域下城市绿化水平指数时序变化（南北方向）

　　分城市群来看，2022 年青年友好视域下城市群绿化水平排名如图 5 – 60 所示，宁夏沿黄（0.04340）和呼包鄂榆城市群（0.03771）位列第 1、第 2 名，山东半岛（0.03629）、珠三角（0.03608）和长江中游城市群（0.03314）依次位列第 3、4、5 名；后 5 名依次为哈长（0.02663）、辽中南（0.02731）、山西中部（0.02804）、关中平原（0.02880）和北部湾城市群（0.03014），多分布在东北和中部地区。通过排名可知，东西视角下，东部城市群绿化水平表现更优；南北视角下，北方城市群绿化水平指数更高。

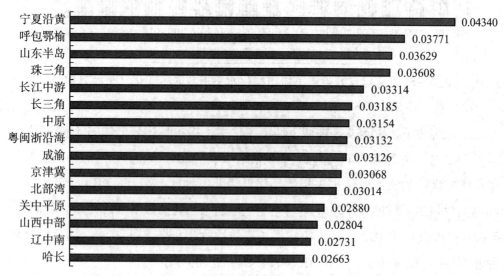

图 5 – 60　2022 年青年友好视域下城市群绿化水平排名

第五节　青年友好视域下城市服务共享

　　青年是城市活力的源泉，也是推动城市建设服务共享的重要力量。实现城市建设服务共享，核心在于从青年的实际需求出发，探索如何通过城市的服务体系和创新机制，更好地促进青年的成长与发展。因此，城市建设服务的共享水平无疑成为衡量城市是否对青年具有吸引力的关键因素。一个服务共享水平高的城市，意味着为青年提供了便捷的生活服务、丰富的文化体验、高效的信息交流平台以及广泛的社交机会。这样的城市环境，有助于青年拓宽视野、提升能力，享受更加多元和包容的城市生活。总之，城市建设服务的共享程度，是城市吸引和留住青年、构建青年友好视域下城市的重要基石，直接关系到城市未来的发展与竞争力。

一、城市服务共享总指数

（一）青年友好视域下省会城市的服务共享水平更高

　　青年友好视域下，2022 年的城市服务共享指数排名结果如图 5 - 61 所示。北京、广州、武汉、天津均以超过 0.5 的得分位列前 4 名，上海、郑州、重庆排在第 5、第 6 和第 7 名，四个直辖市均处于前 10 名榜单中。其中，北京市在城市建设服务共享方面领先，这得益于其丰富的教育资源、完善的就业创业支持、多元的文化氛围及政府的有力政策。综合来看，服务共享水平强的城市多为东部沿海城市和内陆区域发展的中心城市。后 10 名则分布在中西部的一些省份中，且所有城市的吸引力指数均未超过 0.1。前后相较而言，第 1 名北京和最后 1 名贺州的青年服务共享指数相差 20 倍之多。贺州的表现可能归因于经济发展水平相对滞后，导致对青年服务的投入有限，同时，青年服务体系尚不完善，缺乏针对青年的多样化、专业化服务，青年组织活跃度较低，缺乏有效的交流和展示平台，限制了青年服务共享水平的提升。同时，其他城市之间的服务共享指数差距也不小，表明青年友好视域下，我国城市服务共享水平差距较大。

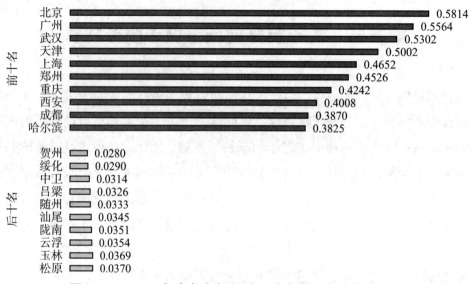

图 5 - 61   2022 年青年友好视域下城市服务共享指数排名

我国城市服务共享指数的时序演变如图 5 - 62 和图 5 - 63 所示。从测度结果来看，2005 ~ 2022 年，我国城市的服务共享指数呈稳步上升态势，总体服务共享指数由考察初期的 0.059 提升至考察末期的 0.100，增幅为 0.41，平均增长率为 4.10%，表明全国各城市在考察期内的公共设施发展情况总体向好，城市的服务共享能力不断增强。从增长活力来看，我国城市服务共享指数的增长速度呈现出"增快—放慢—增快—放慢"的波动趋势。2009 年全国城市服务共享指数的增长速度在研究期限内达到峰值（6.82%），随后在 2010 年降低至 3.33%。2007 ~ 2016 年，总体服务共享指数的增长速度较为稳定，保持在 3% 以上。从 2017 年开始，城市服务共享指数的增长速度呈现"下降—上升"的周期变化趋势，数据波动幅度显著增大。东西方向上四大区域的结果如图 5 - 62 所示，除东北地区 2018 年以来指数出现下降，其余三大区域的城市服务共享指数均呈增长态势，且各区域之间的服务共享指数存在较大差异，呈现明显的梯度分布态势。东部、中部、西部和东北地区的城市服务共享在考察期内的指数均值分别为 0.101、0.072、0.070 和 0.076，呈"东部—东北—中部—西部"梯度递减，其年均增长率依次为 2.80%、3.37%、3.78% 和 2.85%。

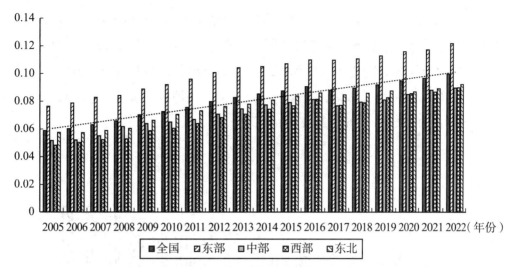

图 5 - 62　青年友好视域下城市服务共享指数时序变化（东西方向）

如图 5 - 63 所示，全国及四大区域的服务共享指数增速在整体上呈现较为稳定的态势，并且四大区域的服务共享指数增长速度与均值呈反比关系，即服务共享指数均值越大的，增长速度越慢。西部地区是四大区域间服务共享指数增速最快的区域，2009~2016 年，服务共享指数增速均值为 5.61%，且增长速度持续下降。

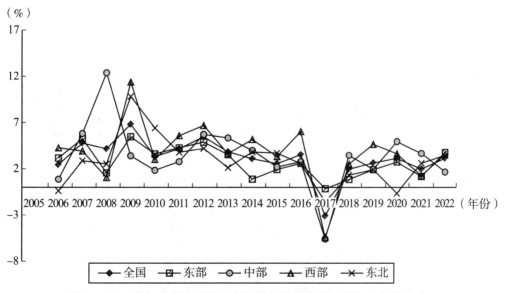

图 5 - 63　青年友好视域下城市服务共享指数增速（东西方向）

从南北视角来看，南方和北方地区的评价结果如图 5-64 和图 5-65 所示。南方和北方地区城市服务共享指数分别介于 0.056~0.099 和 0.061~0.101，考察期限内北方地区的服务共享指数始终高于南方地区，但北方及南方的年均增长率分别为 2.97% 和 3.39%，增速差异致使南、北地区的服务共享指数差距也从 2005 年的 0.005 缩小到了 2022 年的 0.002。

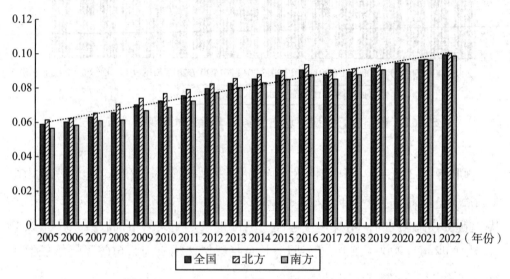

图 5-64 青年友好视域下城市服务共享指数时序变化（南北方向）

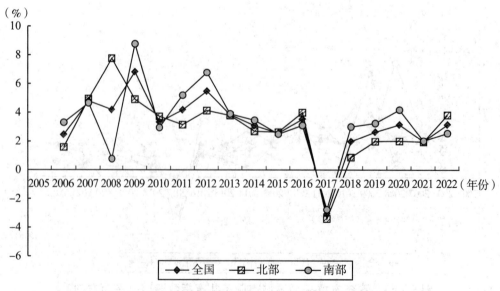

图 5-65 青年友好视域下城市服务共享指数增速（南北方向）

总体来看，中国城市服务共享指数在地域层面展现出了东西差异与南北融合共存的双重不平衡状态。具体而言，东西差距源于改革开放初期采取的"东部沿海至内陆腹地"的梯度开发战略。该战略通过优先发展政策，为东部地区的经济崛起提供了坚实基础，并在循环累积效应下，不断强化其先发优势，进而拉大了与西部地区的服务共享差距。至于南北融合的趋势，则体现在北方地区受政策激励、文化观念、制度条件及地理历史等多重因素影响，初期表现超越南方。然而，随着南方在社会构造和经济基础上的不断进步，城市服务共享领域中的南北差异逐渐缩小，呈现出更为接近的趋势。以南方城市中增幅较大的南京为例，南京都市圈内城市间的交通联系日益紧密，如宁句城际线的开通，使得南京与镇江句容市之间的通勤时间大幅缩短，为居民提供了更加便捷的出行服务。这种交通服务的无缝对接，不仅提升了居民的生活质量，也促进了城市间的经济交流和人员往来。

（二）东部城市群服务共享对青年更具吸引力

青年友好视域下，2022 年我国 15 个城市群服务共享指数排名如图 5 - 66 所示，珠三角和京津冀城市群以超过 0.16 的指数均值位列第 1 名和第 2 名，是我国当前对青年群体服务共享能力最强的两个城市群，长三角城市群位列第 5 名（0.139），

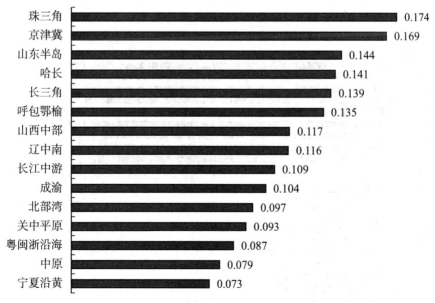

珠三角	0.174
京津冀	0.169
山东半岛	0.144
哈长	0.141
长三角	0.139
呼包鄂榆	0.135
山西中部	0.117
辽中南	0.116
长江中游	0.109
成渝	0.104
北部湾	0.097
关中平原	0.093
粤闽浙沿海	0.087
中原	0.079
宁夏沿黄	0.073

图 5 - 66　2022 年青年友好视域下城市群服务共享指数排名

居于山东半岛（0.144）和哈长（0.141）两大城市群之后，其中，宁夏沿黄
（0.073）和中原城市群（0.079）排在最后两名。综合来看，前 5 名和后 5 名城
市群之间的服务共享指数相差 2 倍左右，城市群间服务共享水平差距较大，南
方和东部地区的城市群服务共享水平更强，而西部和北方地区的城市群服务共
享水平较弱。

二、城市服务共享分指标

（一）健康护航：资源型城市医疗环境领先

　　城市医疗环境是保障青年群体健康成长、及时获得医疗服务和心理支持的
关键因素。2022 年城市医疗环境指数排名榜如图 5 – 67 所示，乌鲁木齐位居第 1
名，该市居民对健康的重视程度较高，对医疗服务的需求较大，这推动了乌鲁
木齐的医疗事业的快速发展。整体来看，前 10 名分别分布在不同的省级行政区。
后 10 名城市则均来自南方城市，其中，有 6 座城市来自广东省，2 座城市来自
广西壮族自治区，这表明两广地区的城市医疗环境较弱，可能由于这两个省份
经济发展不均衡，导致医疗资源分配不均，特别是粤东西北地区和广西的基层
医疗机构服务能力薄弱。

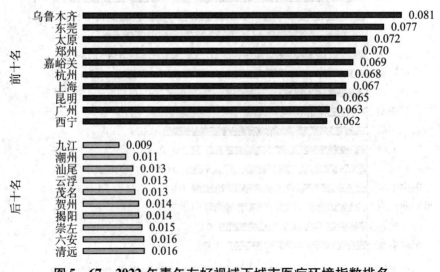

图 5 – 67　2022 年青年友好视域下城市医疗环境指数排名

　　我国城市医疗环境指数的时序演变如图 5 – 68 所示。从测度结果来看，2005 ~
2022 年，全国城市的医疗环境指数呈稳步上升态势，总体医疗环境指数由 2005 年
的 0. 015 提升至 2022 年的 0. 033，增幅为 0. 018，平均增长率为 7. 06%，表明全国
范围内各城市的医疗环境在考察期内均迎来了较大幅度的提高。东西视角下四大
区域的城市医疗环境指数如图 5 – 40 所示，所有区域的城市医疗环境均呈增长态
势，四大区域之间的医疗环境差距几乎未发生改变。考察期初东部、中部、西部
和东北地区的城市医疗环境指数依次为 0. 016、0. 012、0. 014 和 0. 021，考察期末
依次为 0. 034、0. 030、0. 034 和 0. 038，增幅分别为 0. 018、0. 018、0. 020 和 0. 018，
平均增长率依次为 2. 6%、2. 2%、2. 5% 和 3. 0%。2005 年，中部地区与东部、西
部、东北地区间的差值依次为 0. 004、0. 002 和 0. 009，而 2022 年时差距为
0. 004、0. 004 和 0. 008，这表明所有区域的医疗环境指数呈现协调增加的趋势。

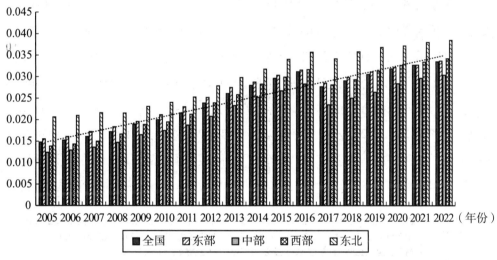

图 5 – 68　青年友好视域下城市医疗环境指数时序变化（东西方向）

　　南北视角下，两大区域的城市医疗环境指数如图 5 – 69 所示。南方和北方地
区之间的医疗环境差异正在逐渐缩小，其城市医疗环境指数依次介于 0. 013 ~
0. 032 和 0. 017 ~ 0. 035。整体来看，北方的城市医疗环境指数整体高于南方城
市，但南方城市增速相对北方更快，使得与北方城市的差距缩小了 25%。无论
是东西方向抑或是南北方向，区域间城市医疗环境差异均保持不变，但现阶段
东西差异与南北差异接近。

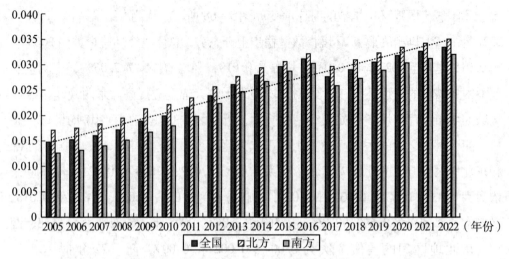

图 5-69　青年友好视域下城市医疗环境指数时序变化（南北方向）

　　青年友好视域下，2022 年我国城市群医疗环境指数排名如图 5-70 所示，珠三角、呼包鄂榆、辽中南城市群以高于 0.040 的指数水平排名前 3 位。哈长、长三角城市群依次位列第 4 名和第 5 名，而成渝、京津冀和长江中游城市群仅排在第 8、第 10 和第 12 位，这与城市群内部存在不少医疗环境指数水平较低的城市相关，城市群内部城市间的医疗环境相差过大，例如，京津冀城市群中的北京（0.057）和衡水（0.023），其医疗环境指数相差 2 倍多，且城市群 13 个城市中指数水平低于 0.03 的城市接近半数（6 个），进而拉低了京津冀城市群的医疗环境指数均值，侧面反映了我国各区域内部、城市群内部医疗环境发展不平衡现象的存在。

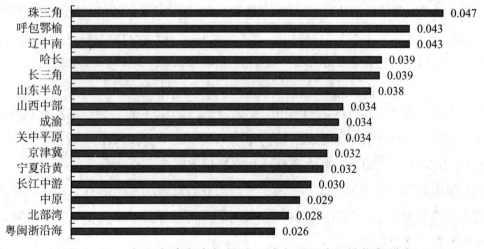

图 5-70　2022 年青年友好视域下城市群医疗环境指数排名

（二）文娱怡情：深圳文娱环境更吸引青年

健康的文娱环境能够引导青年群体形成正确的价值观，增强社会认同感，促进其身心健康全面发展。2022 年城市文娱环境指数排名榜如图 5 – 71 所示，深圳以 0.0810 的指数断层排名第 1 位，相比第 2 名克拉玛依的 0.0525 高出了 54%，上海（0.0482）、东莞（0.0369）和广州（0.0326）分别位列第 3、第 4 和第 5 名。值得注意的是，克拉玛依的文娱环境指数为 0.0525，位列第 2 名，这与克拉玛依高度重视青年发展，通过出台一系列政策来营造良好的青年文娱环境，如推出高品质艺术大餐和文化旅游精品项目有关，这些措施吸引了大量青年游客和青年市民参与。前 10 名中，广东省共有 4 座城市上榜，表明广东省在文娱环境方面表现较好。后 10 名城市中，中西部地区城市所占比重较大，共有 9 座城市上榜。其中，河南省的信阳、商丘、周口占据了 3 个席位，表明河南省在文娱领域仍需不断提高。

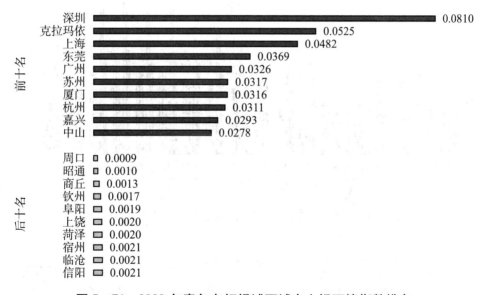

图 5 – 71　2022 年青年友好视域下城市文娱环境指数排名

我国城市文娱环境指数的时序演变如图 5 – 72 所示。从测度结果来看，2005～2022 年，全国城市文娱环境指数整体呈上升态势，总体文娱环境指数从 2005 年的 0.003 提升至 2022 年的 0.008，增幅为 0.005，平均增长率为 9.80%，表明全国范围内各城市的文娱环境在考察期内均有较大幅度增长。东西视角下四大区域的城市文娱环境指数中，除中部地区经历了较明显的"上升—下降—上升"的发展趋势以外，其他三大区域文娱环境指数均总体上保持上升态势，但东部地区增长尤其迅猛，与其他三大区域之间的差距不断扩大，从 2011 年开始就逐渐形成了文娱环境指数沿"东部—西部—东北—中部"梯度递减的发展格局。2005 年，东中西和东北地区的城市文娱环境指数依次为 0.0045、0.0020、0.0030 和 0.0032，2022 年则依次为 0.0125、0.0058、0.0068 和 0.0067，增幅依次为 0.008、0.004、0.004 和 0.004，平均增长率依次为 4.8%、5%、1.8% 和 0.7%。考察初期，东部地区与西部、中部和东北地区之间的差值依次为 0.0025、0.0015 和 0.0013，而到考察期末时，该差值依次扩大至 0.0029、0.0019 和 0.0017，考察期限内东部与其他三大地区的差距扩大。

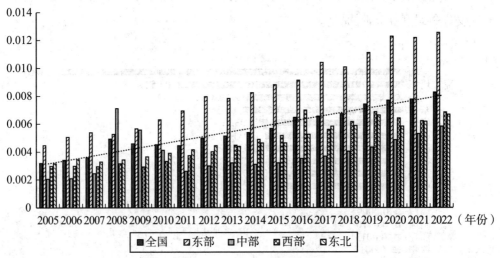

图 5 -72　青年友好视域下城市文娱环境指数时序变化（东西方向）

南北视角下，两大区域的城市文娱环境指数如图 5 -73 所示。考察期内，全国的文娱环境呈现先上升后下降的趋势。南方地区的文娱环境指数整体上大于北方地区，2008 年北方的文娱环境指数快速增加，随后开始降低。2020 年后差距在逐渐扩大，南方城市的文娱指数以年均 6% 的速度增加，北方则以 3% 的速度增加。增速差异致使南、北地区的文娱环境指数差距从考察期初的 0.0002 增长至 0.0025，增长了 10 倍之多。

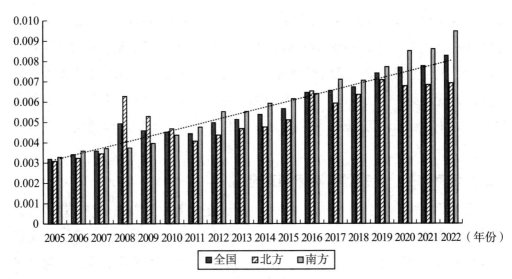

图5－73　青年友好视域下城市文娱环境指数时序变化（南北方向）

分城市群来看，2022年城市群文娱环境指数排名如图5－74所示，珠三角和长三角城市群分别以0.027和0.016的指数水平占据榜首和第2名，珠三角高出最后一名关中平原城市群0.022的分差，长三角则高出0.011。粤闽浙沿海、山东半岛、宁夏沿黄城市群以相近的指数（均为0.011）位于其后，形成竞争态势。京津冀城市群紧随其后，指数为0.007。随后是辽中南、长江中游、山西中部

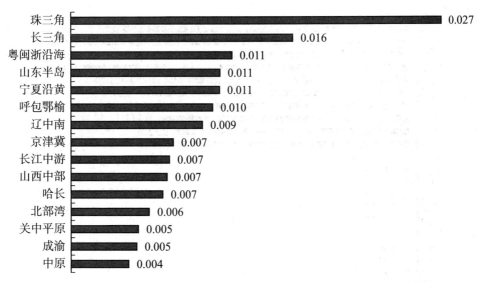

图5－74　2022年青年友好视域下城市群文娱环境指数排名

和哈长城市群，其指数均处于较低水平，分别为 0.009、0.007 和 0.007。北部湾和关中平原城市群则以 0.006 和 0.005 的指数排在末位。这些城市群多分布在中部和西部地区。通过排名可以明显看出，从东西视角分析，东部城市群在文娱环境上展现出更高的活跃度；而从南北视角观察，南方城市群则普遍拥有更高的指数水平。这一趋势反映了不同区域在文娱环境建设上的差异与特点。

（三）教育奠基：北京教育环境领跑全国

优质的教育环境是青年群体成长的基石，能够激发他们的潜能，培养全面素质，为未来发展奠定坚实基础，进而推动城市创新，增强城市竞争力，实现可持续发展。2022 年城市教育环境指数排行榜如图 5-75 所示，北京以显著优势 0.5027 分位居榜首。北京作为国际化大都市，交通便利，信息畅通，便于国内外教育资源的交流与融合。同时，北京汇聚了众多顶尖高校和科研机构，为青年群体提供了广阔的学术交流和学习提升的平台。在榜单的另一端，黑河和伊春以 0.007 的教育环境指数垫底，显示出其在该指标上相对薄弱。紧随其后的是鸡西、鹤岗、七台河、双鸭山、绥化和铜川，均以 0.008 得分排在倒数第 3 名至第 8 名。这些城市的教育环境指数均较低，反映了这些城市在教育环境建设上的挑战。值得注意的是，教育环境指数较高的城市多集中在经济较为发达的区域。这一现象可能表明，教育环境的优劣与城市经济发展水平及多元化程度存在一定的关联。

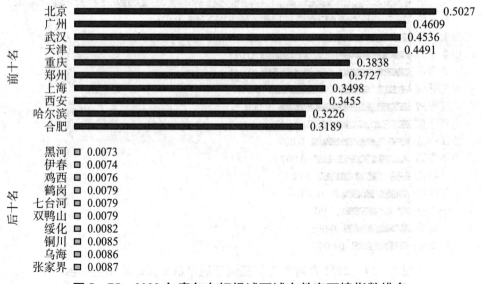

图 5-75 2022 年青年友好视域下城市教育环境指数排名

我国城市教育环境指数的时序演变如图5－76所示。从测度结果来看，考察期限内指数水平呈"下降—上升—下降"的波动趋势。2005～2011年，指数水平整体呈下降趋势，降幅为0.005，平均下降速度为2.21%；2012～2020年，城市教育环境指数水平呈上升趋势，增幅为0.023，平均增长率为6.9%，2021～2022年，指数水平出现小幅下降，降幅为0.002，下降率为0.53%。东西视角下四大区域的城市教育环境指数如图5－76所示，四大区域的指数水平时序演变趋势均与全国平均指数水平发展趋势相一致，整体上呈现稳步上升的趋势。东部地区教育环境指数整体上远高于其他三个地区，并且整体上呈现出东部＞中部＞东北＞西部的排名顺序，其中西部地区在2019年超越了东北地区。2005年，东部、中部、西部和东北地区的教育环境指数依次为0.056、0.037、0.031和0.034，2022年时则依次为0.076、0.053、0.049和0.047，区域增幅依次为0.019、0.016、0.017和0.013，平均增长率依次为2.0%、2.6%、3.3%和2.3%。

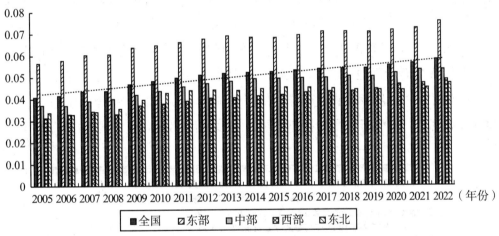

图5－76 青年友好视域下城市教育环境指数时序变化（东西方向）

南北视角下，两大区域的城市教育环境指数如图5－77所示。2005～2022年，南方和北方地区的教育环境指数依次介于0.041～0.059和0.041～0.058，整体来看，北方地区的教育环境指数高于南方地区，仅在2019～2021年，南方地区的教育环境指数高于北方地区，但2022年北方地区指数水平又高于南方地区，且两大地区的指数水平基本与全国平均水平持平。

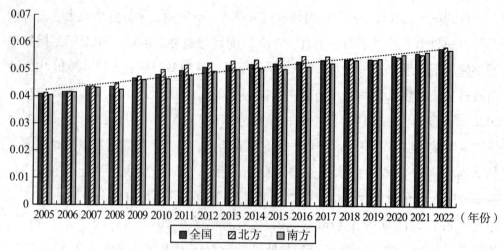

图5-77 青年友好视域下城市教育环境指数时序变化（南北方向）

青年友好视域下，2022年城市群教育环境指数排名如图5-78所示，长三角（2.266）高居榜首，京津冀（1.677）紧随其后位列第2名，长江中游（1.568）和成渝（1.176）则分别占据第3名和第4名的位置。关中平原（0.547）和北部湾（0.446）城市群排名较为靠后，而山西中部（0.377）、呼包鄂榆（0.328）以及宁夏沿黄（0.124）城市群则排在最后几位，这反映出这些区域的城市群教育环境指数相较于其他地区明显偏低。特别是西北地区的城市群，其教育环境指数普遍较低，可能与该区域城市群内部多资源型城市、教育环境较为单一有关。通过此排名，可以清晰地看到中国不同城市群之间在教育环境发展上的显著差异。

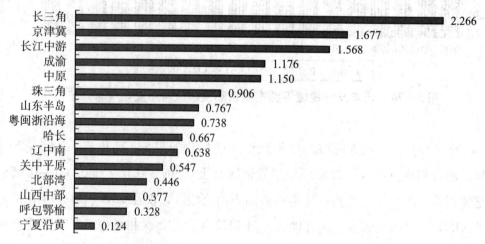

图5-78 2022年青年友好视域下城市群教育环境指数排名

第六章　老年友好视域下的城市高质量发展评价结果

第一节　总　体　评　价

随着我国人口老龄化进程的不断加快，城市老龄人口规模也不断扩大。联合国对老龄化社会的标准进行了更新，原先标准是 60 岁及以上老人达到总人口的 10%，新标准则是 65 岁老人占总人口的 7%。根据第七次全国人口普查主要数据结果，我国城镇 60 周岁及以上、65 周岁及以上老年人口占城镇总人口的比重分别高达 15.82% 和 11.11%。[①] 从我国老龄化的发展态势来看，老龄人口比重将持续增加，据国家卫健委测算，2035 年左右，我国 60 岁及以上老年人口将突破 4 亿，在总人口中的占比将超过 30%，进入重度老龄化阶段，[②] 我国城市老龄化自然也会进一步加剧，对城市养老服务体系建设、老年社会参与等提出了新挑战，因此，老年友好型城市建设势在必行。

同时，随着医疗水平和生活条件的大幅提高，城市老龄人口数量显著增长，

[①] 国家统计局. 第七次人口普查数据 [EB/OL]. (2021 - 05 - 11) [2025 - 02 - 15]. https://www. stats. gov. cn/sj/pcsj/rkpc/7rp/indexch. htm.

[②] 国家卫生健康委. 国家卫生健康委员会 2022 年 9 月 20 日新闻发布会文字实录 [EB/OL]. (2022 - 09 - 20) [2025 - 02 - 15]. http://www. nhc. gov. cn/xcs/s3574/202209/ee4dc20368b440a49d270a228f5b0ac1. shtml.

而日益庞大的老龄人口因身体机能的下降，需要更加便捷完善的生活设施、健康医疗服务及综合性的社会支持，因而适合老龄人口需求的基础设施及服务配套供给在城市的可持续发展规划中越来越重要。世界卫生组织发布的《全球老龄友好型城市建设指南》指出，城市环境影响老年生活中的健康、参与和安全，促进城市向老龄友好型发展以充分发掘老年人的潜能，将促进人类社会更加和谐，使城市更具有老龄友好性，对促进城市老年人生活幸福和保持城市繁荣都是必需的。2017 年党的十九大报告首次提出"积极应对人口老龄化"[1]。2020 年国家卫健委提出要推进老年友好社会建设，并在全国范围内逐步推广示范性老年友好型社区。[2] 2022 年党的二十大报告提出，"加快转变超大特大城市发展方式"，"打造宜居、韧性、智慧城市"，"实施积极应对人口老龄化国家战略，发展养老事业和养老产业"，"推动实现全体老年人享有基本养老服务"。[3] 2023 年政府工作报告进一步强调要积极应对人口老龄化，加强养老服务保障。[4] 老年友好型城市建设是贯彻落实积极应对人口老龄化国家战略的重要举措，是提高老年人生活质量与生命质量的重要途径，是增进社会和谐发展的重要保障，是国家治理体系和治理能力现代化的重要内容，不仅能够体现中国政府与社会应对人口老龄化的决心与信心，更能够通过老年友好的举措向世界展现中国的现代文明水平。

一、东部沿海城市评价指数领先全国

老年友好视域下，2022 年我国城市高质量发展总指数排名结果如图 6 - 1 所示。综合来看，老年友好型城市高质量发展评价高的城市多为东部沿海城市，

---

[1] 习近平. 决胜全面建成小康社会夺取新时代中国特色社会主义伟大胜利——在中国共产党第十九次全国代表大会上的报告 [EB/OL]. (2017 - 10 - 18) [2025 - 02 - 15]. 中国政府网, https://www.gov.cn/zhuanti/2017 - 10/27/content_5234876. htm.

[2] 国家卫生健康委. 关于开展示范性全国老年友好型社区创建工作的通知 [EB/OL]. (2020 - 12 - 11) [2025 - 02 - 15]. http://www.nhc.gov.cn/lljks/zcwj2/202012/d011766c5dae4f9ea9f28ca012461045. shtml.

[3] 习近平. 高举中国特色社会主义伟大旗帜为全面建设社会主义现代化国家而团结奋斗——在中国共产党第二十次全国代表大会上的报告 [EB/OL]. 中国政府网, (2022 - 10 - 16) [2025 - 02 - 15]. https://www.gov.cn/xinwen/2022 - 10/25/content_5721685. htm.

[4] 李强. 政府工作报告——2024 年 3 月 5 日在第十四届全国人民代表大会第二次会议上 [EB/OL]. (2024 - 03 - 05) [2025 - 02 - 15]. 中国政府网, https://www.gov.cn/yaowen/liebiao/202403/content_6939153. htm? menuid = 104.

一方面可能是北上广深等一线城市拥有较高的经济发展水平和城市化水平；另一方面可能是杭州、苏州、宁波等城市具有悠久的历史和深厚的文化底蕴，气候比较温和适合老年人居住。然而后 10 名城市主要集中在西南、西北和东北等经济发展水平相对较低的地区，一方面可能是这些城市经济发展较差，不能为老年人提供可靠的医疗保障等服务；另一方面可能是这些城市地理环境较偏远，气候较差不适宜老年人居住。

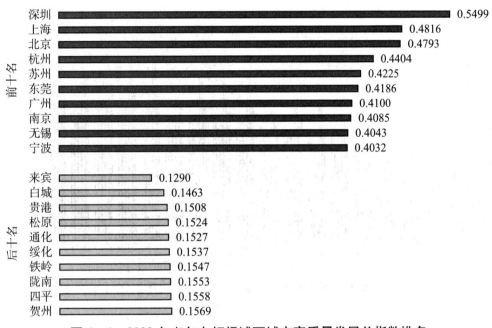

图 6 - 1　2022 年老年友好视域下城市高质量发展总指数排名

我国老年友好视域下城市高质量发展总指数的时序演变如图 6 - 2 和图 6 - 3 所示。从测度结果来看，2005～2022 年，全国城市的老年友好视域下城市高质量发展总指数呈稳步上升态势，总体发展指数由考察初期的 0.098 提升至考察末期的 0.230，指数增长了 0.132，平均增长率为 7.48%，表明全国各城市在时间段内的老年友好型城市建设情况总体向好，城市对老年人的吸引力不断增大。从增长活力来看，我国老年友好型城市高质量发展指数的增长速度呈现出"增快—放慢—增快"的波动趋势。2014 年老年友好视域下城市高质量发展总指数的增长速度在研究期限内达到峰值（12.34%），随后在 2015 年降低至 -2.82%。2016～2022 年，总指数的增长速度较为稳定，保持在 4.16% 左右。

东西方向上四大区域的结果如图 6-2 和图 6-3 所示，老年友好型城市高质量发展评价指数均呈增长态势，且各区域之间的经济吸引力指数存在较大差异，呈现明显的梯度分布格局。东部、中部、西部和东北地区的城市经济吸引力在考察期内的指数均值分别为 0.199、0.146、0.146 和 0.150，呈"东部—东北—中部—西部"梯度递减，其年均增长率依次为 5.11%、5.26%、5.73% 和 4.36%，呈"西部—中部—东部—东北"梯度递减，四大区域其增长速度均呈现出"东部—中部—西部—东北"依次递减的局面。

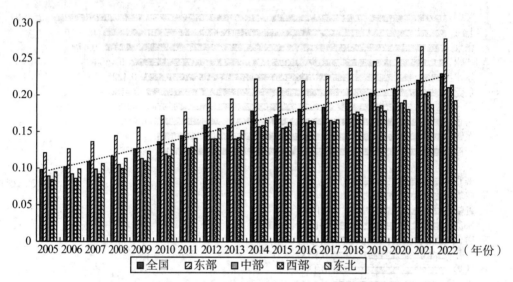

图 6-2　老年友好视域下城市高质量发展总指数时序变化（东西方向）

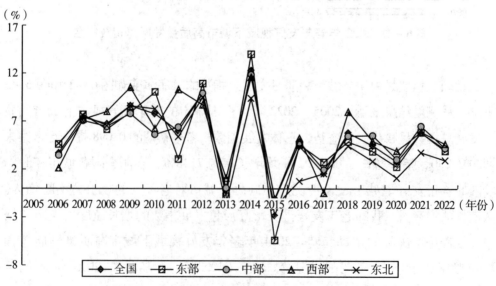

图 6-3　老年友好视域下城市高质量发展总指数时序变化（东西方向）

从南北视角来看，南方和北方地区的评价结果如图6－4和图6－5所示。南方和北方地区老年友好型城市高质量发展评价指数分别介于0.094～0.237和0.103～0.223，2015年前北方地区的老年友好型城市高质量发展评价指数始终高于南方地区，其年均增长率分别为13.99%和13.33%，2015年后，南方地区的老年友好型城市高质量发展评价指数高于北方地区，其年均增长率分别为20.75%和19.88%。

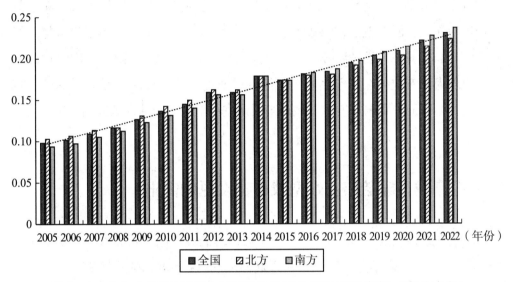

图6－4 老年友好视域下城市高质量发展总指数时序变化（南北方向）

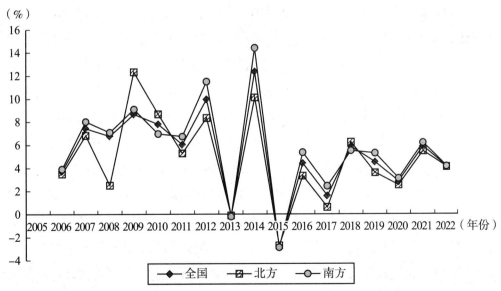

图6－5 老年友好视域下城市高质量发展总指数增速（南北方向）

总体来看，中国老年友好型城市发展在区域层面上形成了东高西低和南北分化并存的双重失衡格局。其中东西差距的形成主要与经济发展状况有关，东部地区由于改革开放较早，经济基础较为雄厚，拥有更多的资源和资金投入老年友好型城市的建设中。相比之下，西部地区经济发展相对滞后，资金和资源相对匮乏，难以全面支持老年友好型城市的发展。在政策支持与投入方面，东部地区在政策支持、资金投入等方面享有更多优势，能够更快地推进老年友好型城市的建设。西部地区则可能面临政策支持不足、资金投入有限等问题，导致老年友好型城市建设进展缓慢。南北分化的形成原因较之东西差距更加多维，集中表现为南方地区在产业结构、经济发展速度、社会保障体系等方面的表现优于北方，进而导致老年友好型城市高质量发展的南北分化现象越发显著。

二、沿海城市群老年友好型城市建设更加突出

老年友好视域下，2022 年我国 15 个城市群的城市高质量发展评价指数排名如图 6-6 所示，珠三角和山东半岛以超过 0.33 的指数均值位列第 1 名和第 2 名，是我国当前对老年群体最友好的两个城市群，长三角城市群位列第 3 名（0.3193），居于珠三角和山东半岛两大城市群之后。珠江三角洲城市群依托其经济发达、科技创新能力强劲的优势，不断探索适合老年人需求的新型养老服务模式，为老年友好型城市建设树立了标杆。山东半岛城市群以其丰富的历史文化底蕴、良好的生态环境以及完善的公共服务设施，为老年人创造了宜居宜养的优质生活环境；而长三角沿海城市群，以 0.3193 的指数值位列第 3 名，虽然略低于前两位，但其在老年友好型城市建设上的努力同样值得肯定。该城市群凭借其独特的地理位置、开放的经济环境和丰富的自然资源，积极推进养老服务业与旅游、文化等产业的融合发展，为老年人提供了多元化的休闲养老选择。综合来看，前 5 名和后 5 名城市群之间的老年友好型城市高质量发展评价指数相差 1.5 倍左右，城市群间老年友好型差距较大。从地域分布来看，南方和东部地区的城市群在老年友好型城市建设上表现出了更强的实力和更高的水平。这些地区凭借较好的经济基础、先进的科技支撑以及开放的社会观念，为老年人提供了更加便捷、舒适、安全的生活环境。相比之下，西部和北方地区的城市群在这一领域则相对较弱，

面临着更多的挑战和困难。因此，未来在推进老年友好型城市建设的过程中，需要充分考虑地域差异，因地制宜地制定发展策略，以实现全国范围内的协调发展。

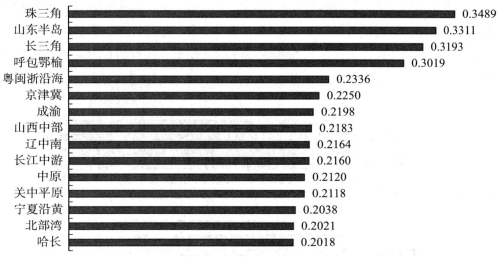

图 6 - 6　2022 年老年友好视域下城市群高质量发展总指数排名

第二节　城市老有所养水平

老年友好型城市的建设对于提升老年人生活质量、促进社会和谐稳定、推动老龄事业和产业协同发展、应对人口老龄化挑战以及推动社会现代化进程等方面都具有重要意义。同时，老有所养是建设老年友好型城市的第一要求，通过保障老年人的基本生活需求、提升老年人的生活质量、促进社会和谐与稳定以及推动老龄事业和产业协同发展。城市的老有所养建设水平，不但直接关系到老年人基本生活权益的保障，还将影响老年友好型城市建设的成功与否。

一、城市老有所养水平总指数

（一）沿海地区和资源型城市为老年人提供更加坚实保障

2022 年的城市老有所养指数排行结果如图 6 - 7 所示。北京、深圳、上海均以超过 0.25 的得分位列全国老年友好型城市建设老有所养指数第 1、第 2 和第 3，鄂尔多斯、南京和克拉玛依位列全国第 4、5、6 名，综合来看，老有所养指数较高的城市多为东部沿海城市和内陆的资源型城市。后 10 名中，东北地区共有 6 个城市上榜，其余均分布在甘肃（2 个）、广西（1 个）和河南（1 个）三省，且所有城市的老有所养指数均未超过 0.1。前后相较而言，第 1 名北京的老有所养指数为最后 1 名来宾的四倍之多，其他个体城市之间的老有所养指数差距也相对较大。

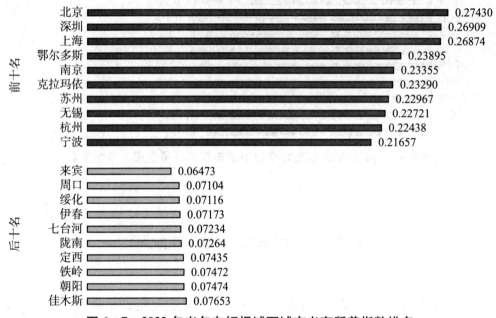

图 6 – 7 2022 年老年友好视域下城市老有所养指数排名

我国城市老有所养指数的时序演变如图 6 – 8 和图 6 – 9 所示。从测度结果来看，2005 ～ 2022 年，全国城市的老有所养指数呈稳步上升态势，总体老有所养指数由考察初期的 0.021 提升至考察末期的 0.121，指数增长了 0.1，平均增长率为 10.95%，表明全国各城市在期限内的老有所养发展情况总体向好，城市对老年人的保障不断增强。从增长活力来看，我国城市老有所养指数的增长速度呈现出"增快—放慢—增快"的波动趋势。2007 年全国老有所养指数的增长速度在研究期限内达到峰值（20.83%），随后在 2008 年降低至 17.24%。2008 ～ 2013 年，总体老有所养指数的增长速度较为稳定，保持在 14.12% 左右。从 2014 年开始，城市老有所养指数的增长速度呈现"上升—下降—上升"的周期变化趋势，数据波动剧烈、波动幅度显著增大。

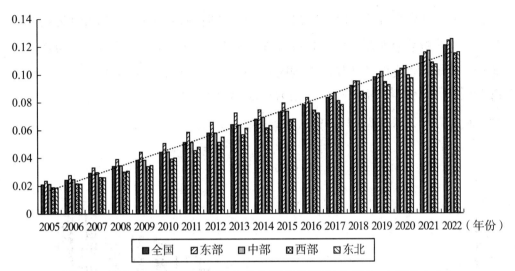

图 6-8 老年友好视域下城市老有所养指数时序变化（东西方向）

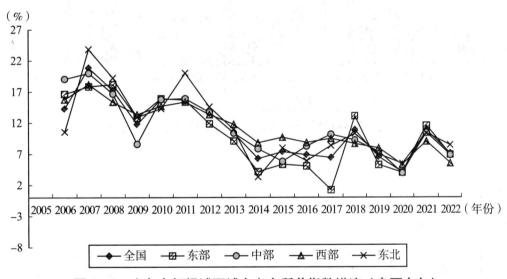

图 6-9 老年友好视域下城市老有所养指数增速（东西方向）

东西方向上四大区域的结果如图 6-8 和图 6-9 所示，全国四大区域的城市老有所养指数均呈增长态势，且各区域之间的经济吸引力指数存在较大差异，呈现明显的梯度分布态势。东部、中部、西部和东北地区的城市经济吸引力在考察期内的指数均值分别为 0.071、0.068、0.062 和 0.062，呈 "东部—中部—西部—东北" 梯度递减，其年均增长率依次为 10.27%、11.16%、11.23%、11.36%，呈 "东北—西部—中部—东部" 梯度递减。

从南北视角来看的评价结果如图 6 – 10 和图 6 – 11 所示。南方和北方地区城市老有所养指数分别介于 0.021 ~ 0.129 和 0.021 ~ 0.111，2014 年前北方地区的老有所养指数始终维持在与南方地区持平或略高的状态，其年均增长率分别为 14.17% 和 13.78%，2014 年后，南方地区的老有所养指数高于北方地区，其年均增长率分别为 8.29% 和 6.59%。

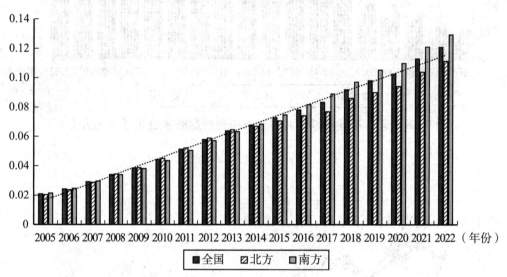

图 6 – 10　老年友好视域下城市老有所养指数时序变化（南北方向）

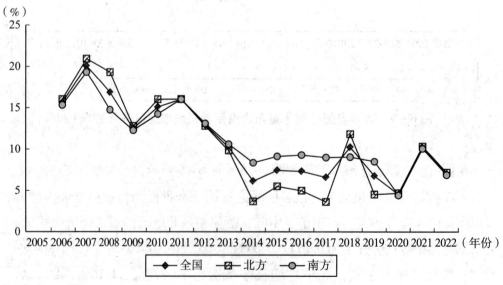

图 6 – 11　老年友好视域下城市老有所养指数增速（南北方向）

总体来看，中国各城市在老有所养指数方面的表现，在区域层面上展现出了鲜明的特征，形成了东部与中部地区领先于西部地区及东北部，同时南部高于北部的并存格局。东部与中部地区之所以能够在老有所养指数上占据领先地位，主要原因在于与西部地区及东北部相比，其在经济发展水平上存在显著的差异。具体来说，东部沿海地区凭借其深厚的历史积淀、得天独厚的地理位置优势，以及改革开放初期作为政策试验田的先行先试机遇，实现了经济的快速发展。这一过程中，不仅生产总值总量持续攀升，财政收入也随之水涨船高，为构建和完善老年人社会保障体系提供了坚实的物质基础。因此，这些地区的老年人能够享受到更为丰富多样的物质保障，包括但不限于养老金、医疗保健、社区服务等方面，从而显著提升了他们的生活质量。相比之下，中西部地区虽然近年来也在经济发展上取得了长足进步，但相较于东部与中部，其发展速度仍相对滞后，财政支持力度也有限。这直接导致了中西部地区老年人在收入水平、社会保障覆盖度以及养老服务可及性等方面的相对劣势，使得他们在老有所养方面面临更多挑战。

至于南高北低格局的形成，其背后的原因相较于东西差距而言更加多元化和复杂。一方面，南方地区在地区发育程度上普遍领先于北方，这体现在城市化进程更快、产业结构更优、经济发展水平更高等多个方面。另一方面，南方地区在社会支持系统方面的表现也优于北方，包括家庭养老功能的强化、社区养老服务的普及、志愿者服务的活跃等，这些都有力地促进了老年人福祉的提升。此外，气候、文化传统、政策导向等因素也在一定程度上影响了南北地区在老有所养方面的差异，使得城市老有所养的南北分化现象越发显著。

（二）呼包鄂榆城市群老有所养指数排名靠前

2022 年 15 个城市群老有所养指数排名如图 6 - 12 所示，呼包鄂榆和长三角城市群以超过 0.17 的指数均值位列第 1 名和第 2 名，是我国当前老有所养实力最强的两个城市群，珠三角城市群（0.168）和山东半岛（0.157）、粤闽浙沿海（0.136），位列第 3、第 4 名和第 5 名。其中，呼包鄂榆城市群在排名中位列第 1 名，这得益于其多方面的优势。首先，该城市群在政策支持上具有较强的力度，政府高度重视老年人的生活质量和养老服务体系建设。其次，呼包鄂榆城市群在经济发展上也取得了一定的成就，为老年人提供了较为充裕的物质保障。此外，该城市群在养老服务资源配置上也表现出色，如养老机构数量、服务质量、医疗设施等方面均达到了较高水平。长三角地区不仅经济实力雄厚，而且社会保障体系完善，为老年人提供了坚实的后盾。该城市群在养老服务体系建设上投入巨大，包括养老机构的建设、社区养老服务的推广、医疗服务的完善等方面。此外，长三角地区还积极推动智慧养老、居家养老等新型养老模式的发展，为老年人提供了更加便捷、高效的养老服务。珠三角城市群在老有所养指数排名中位列第 3 名，这与其经济实力和社会保障制度的完善密不可分。珠三角地区作为中国经济的重要引擎之一，其经济发展水平较高，为老年人提供了良好的物质基础。同时，该城市群在社会保障制度建设上也取得了显著成效，包括养老保险、医疗保险等方面的完善。此外，珠三角地区还积极推动养老产业的发展，如养老旅游、养老地产等，为老年人提供了更多的养老选择。综合来看，前 3 名和后 3 名城市群之间的老有所养指数相差较大，但中部城市群间老有所养指数差距较小。

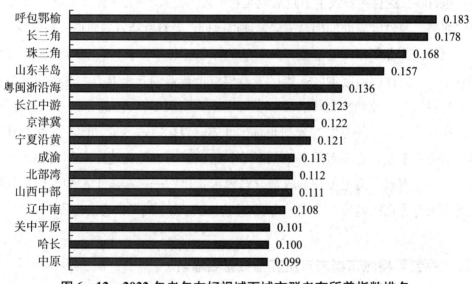

图 6 - 12　2022 年老年友好视域下城市群老有所养指数排名

二、城市老有所养水平分指标

（一）资源型城市社会发展对老年人更加友好

2022 年城市社会发展排行榜如图 6 - 13 所示，鄂尔多斯，这座位于内蒙古自治区的资源型城市，凭借其丰富的煤炭、天然气等资源，以及近年来在产业结构优化、生态环境改善、社会保障体系建设等方面的显著成效，成功跻身榜首。克拉玛依，作为新疆维吾尔自治区的石油之城，同样在经济发展、社会进步、民生改善等方面取得了令人瞩目的成绩，特别是在养老服务体系建设、医疗保障提升、社区环境优化等方面，为老年人提供了更加舒适、便捷的生活环境，赢得了广泛赞誉。除了鄂尔多斯和克拉玛依，榆林这座同样以资源型经济为主导的城市也挤入了前 10 名，位列第 7 名，这进一步证明了资源型城市在社会发展方面的强大潜力。榆林在经济发展、城市建设、社会保障等方面均取得了显著进步，特别是在养老服务领域，通过加大投入、完善设施、提升服务等方式，为老年人提供了更加全面、优质的养老服务。

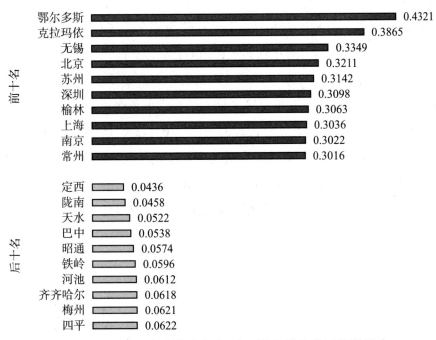

图 6 – 13　2022 年老年友好视域下城市社会发展指数排名

与此同时，北京（0.3211）、深圳（0.3098）和上海（0.3036）这三座经济发达城市也分别位列第 4、6、8 名，展现了其在社会发展方面的综合实力。这三座城市不仅在经济总量、科技创新、文化繁荣等方面处于全国领先地位，还在社会保障、养老服务、医疗卫生等方面构建了较为完善的服务体系，为老年人提供了更加优质、便捷的生活服务。值得注意的是，江苏省在此次排行榜中表现抢眼，共有 4 座城市进入前 10 名，这充分展示了江苏省在社会发展方面的整体实力和均衡性。江苏省在经济发展、城市建设、社会保障、养老服务等方面均取得了显著成效，特别是在推动城乡一体化发展、提升老年人生活质量方面，做出了积极探索和有益尝试。然而，排行榜的后 10 名城市则多分布在西北、西南和东北地区，其中，甘肃省共有 3 座城市上榜，且城市社会发展实力相对较弱。这一结果反映了这些地区在经济发展、社会保障、养老服务等方面存在的短板和挑战，需要进一步加强政策支持和资金投入，提升社会发展水平，为老年人提供更加友好、宜居的生活环境。

我国城市社会发展指数的时序演变如图 6 – 14 所示。从测度结果来看，2005 ~ 2022 年，全国城市的社会发展指数呈稳步上升态势，总体社会发展指数由 2005 年的 0.034 提升至 2022 年的 0.135，指数增长了 0.101，平均增长率为 16.5%，表明全国范围内各城市的社会发展在考察期限内均迎来了较大幅度的增长。东西视角下四大区域的社会发展指数如图 6 – 14 所示，所有区域的城市社会发展均呈增长态势，东部地区与其他三大区域之间的社会发展差距正在逐步扩大。考察期初东部、中部、西部和东北地区的城市社会发展指数依次为 0.046、0.027、0.028 和 0.034，考察期末依次为 0.170、0127、0.123 和 0.094，指数依次增长了 0.124、0.1、0.095 和 0.06，平均增长率依次为 14.9%、20.6%、19.2% 和 9.8%。2005 年，东部地区与中部、西部、东北地区间的差值依次为 0.019、0.018 和 0.012，而 2022 年时差距依次扩大为 0.043、0.047 和 0.076，区域社会发展不协调程度逐渐加深。

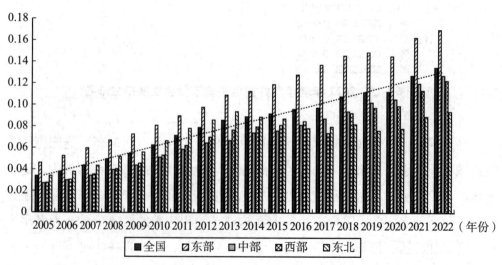

图 6 – 14　老年友好视域下城市社会发展指数时序变化（东西方向）

南北视角下，两大区域的城市社会发展指数如图6-15所示。南方和北方地区之间的社会差异正在逐渐变大，其城市社会发展指数依次介于0.033~0.145和0.035~0.124。2005~2014年北方地区的社会发展强于南方，而2015~2022年南方城市社会发展增长迅猛，指数水平逐渐超过了北方地区，并且这种差异还在进一步扩大，其年均增长率分别为9.22%和7.91%，增速差异使得南北区域之间的差值从期初的-0.002扩大到了2022年的0.021，差值增长了0.023。

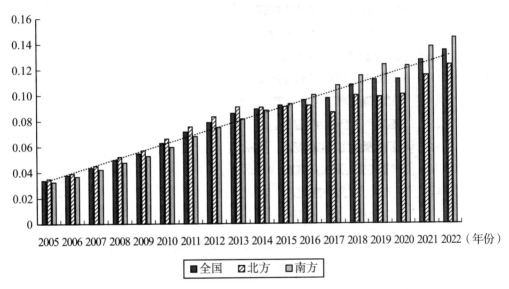

图6-15 老年友好视域下城市社会发展指数时序变化（南北方向）

城市群视角下，2022年城市群社会发展排名如图6-16所示，呼包鄂榆城市群以0.2838的指数水平高居榜首，这一成绩不仅彰显了其在社会发展方面的卓越成就，也凸显了其在推动区域协调发展、提升老年人生活质量等方面的积极努力。与第2名的长三角城市群相比，呼包鄂榆城市群的优势尤为明显，两者之间的指数分差达到了0.0625，这在一定程度上反映了呼包鄂榆城市群在社会发展方面的独特优势和领先地位。山东半岛城市群和珠三角城市群分别位列第3名和第4名，这两大城市群在经济发展、社会保障、养老服务等方面均取得了显著成效。山东半岛城市群凭借其优越的地理位置、丰富的资源和强大的经济实力，在推动社会发展方面展现出了强劲的动力。珠三角城市群则以其开放包容的文化氛围、先进的科技创新能力以及完善的公共服务体系，为老年人提供了更加优质、便捷的生活环境。

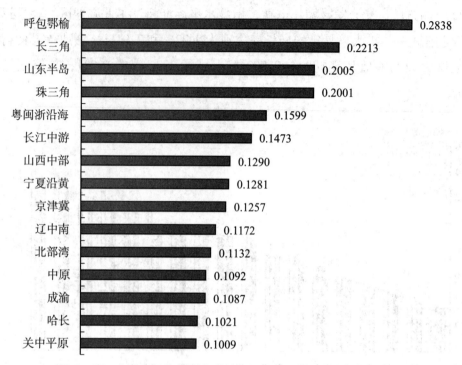

图 6-16   2022 年老年友好视域下城市群社会发展指数排名

然而，与这些表现突出的城市群相比，长江中游、京津冀和成渝城市群在排名上则显得相对落后，分别位列第 6、9、13 位。这三大城市群内部存在不少社会发展指数水平较低的城市，导致城市群整体的社会发展水平受到了一定程度的影响。以成渝城市群为例，成都和巴中这两座城市的社会发展指数相差高达 3 倍左右，这种巨大的差距不仅反映了城市群内部城市间社会发展的不平衡性，也揭示了我国在推动区域协调发展方面所面临的挑战。更值得关注的是，成渝城市群中指数水平低于 0.1 的城市接近半数（8 个），这一数据无疑进一步加剧了城市群内部社会发展的不平衡性。这些城市在经济发展、社会保障、公共服务等方面存在明显的短板，需要加大政策支持和资金投入，以提升其社会发展水平，缩小与城市群内部其他城市的差距。

（二）一线发达城市老年群体可拥有更高的可支配收入

2022 年城市收入水平排行榜如图 6 - 17 所示，北上广深四座城市包揽前 6 名中的 4 位，其中，上海、北京、深圳更是以卓越的表现，成为 283 个城市中仅有的三座指数水平超过 0.4 的城市，这一数据不仅彰显了这三座城市在经济发展方面的领先地位，也反映了其居民，尤其是老年人在收入水平上的显著优势。

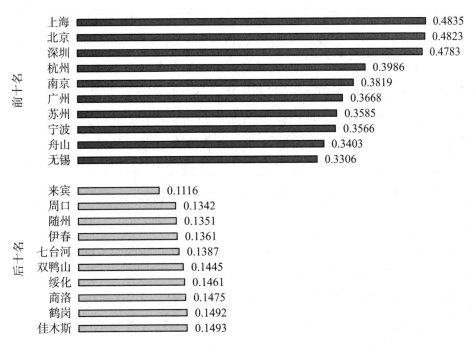

图 6 - 17 2022 年老年友好视域下城市收入水平指数排名

上海，作为中国的经济、金融、贸易和航运中心，其居民收入水平一直位居全国前列。上海凭借其强大的经济实力、完善的产业体系和丰富的就业机会，为居民提供了广阔的收入增长空间。同时，上海在社会保障、养老服务等方面的完善体系，也为老年人提供了更加稳定、可靠的收入来源。北京作为中国的首都和政治、文化中心，其经济发展同样迅猛。北京拥有众多世界 500 强企业、高新技术企业和金融机构，为居民提供了丰富的就业机会和高薪岗位。此外，北京在社会保障、医疗保障等方面的优惠政策，也为老年人提供了更加全面的收入保障。深圳作为中国的经济特区和创新之都，其经济发展速度之快、创新能力之强，在全国乃至全球都享有盛誉。深圳的产业结构以高新技术产业、金融服务业和现代制造业为主，这些行业的高薪岗位为居民提供了丰厚的收入。同时，深圳在推动创新创业、吸引人才等方面的优惠政策，也为老年人提供了更多的收入来源。

除了北上广深，江苏省的南京、苏州和无锡也跻身了前10名榜单。这三座城市在经济发展、产业结构优化、就业机会创造等方面同样取得了显著成效，为居民提供了较为充裕的收入来源。特别是苏州和无锡，作为长三角地区的重要城市，其经济发展与上海、南京等城市形成了良好的互补效应，共同推动了区域经济的繁荣。然而，与这些发达城市相比，后10名城市的情况则显得较为严峻。东北地区城市所占比重较大，共有6座城市上榜，这反映了东北地区在经济发展方面所面临的挑战和困境。这些城市在产业结构、就业机会、收入水平等方面存在明显的短板，需要加大政策支持和资金投入，以提升其经济发展水平和居民收入水平。此外，后10名榜单中的其余城市分别来自陕西省、湖北省、河南省和广西壮族自治区。这些城市在经济发展方面同样存在一定的困难，需要政府和社会各界共同努力，推动其经济转型升级和居民收入增长。

我国城市收入水平指数的时序演变如图6-18所示。从测度结果来看，2005~2022年，全国城市收入水平指数整体呈上升态势，总体收入水平指数从2005年的0.028提升至2022年的0.219，指数增长了0.191，平均增长率为37.9%，表明全国范围内各城市的收入水平在考察期限内均有较大幅度增长。东西视角下四大区域的城市消费活力指数如图6-18所示，全国四大区域收入水平指数均总体上保持上升态势，但东部地区增长尤其迅猛，与其他三大区域之间的差距不断扩大，逐渐形成了收入水平指数沿"东部—西部—中部—东北"梯度递减的发展格局。2005年，东中西部和东北地区的城市收入水平指数依次为0.038、0.023、0.024和0.023，2022年则依次为0.257、0.201、0.215和0.176，指数依次增长了0.219、0.178、0.192和0.153，平均增长率依次为32.48%、43.06%、43.60%和37.35%。考察期初，东部地区与西部、中部和东北地区之间的差值依次为0.015、0.014和0.015，而到考察期末时，该差值依次扩大至0.056、0.046和0.081。

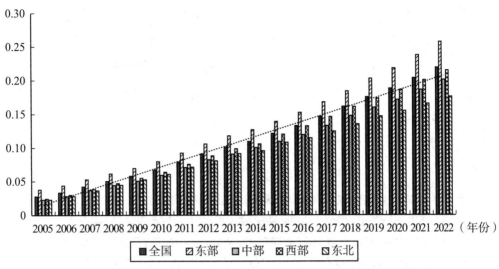

图 6 - 18　老年友好视域下收入水平指数时序变化（东西方向）

南北视角下，两大区域的城市收入水平指数如图 6 - 19 所示。考察期限内，南方地区的收入水平指数始终大于北方地区，2005 ~ 2014 年两地间其指数差距相对较小，2015 年后差距正在变得越来越大，其指数水平依次介于 0.03 ~ 0.234 和 0.025 ~ 0.202，年均增长率依次为 12.86% 和 13.28%，增速差异致使南、北地区的收入水平指数差距从考察期初的 0.005 增长至 0.032。

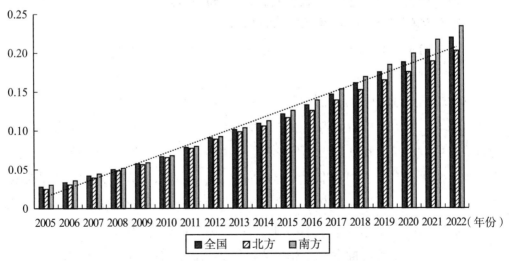

图 6 - 19　老年友好视域下城市收入水平指数时序变化（南北方向）

分城市群来看，2022 年城市群收入水平指数排名如图 6-20 所示，长三角城市群以超过 0.3 的指数水平位列榜首，其指数水平不仅彰显了长三角地区在经济发展方面的卓越成就，也反映了该地区居民，特别是老年人在收入水平上的显著优势。与最后一名中原城市群相比，长三角城市群的指数水平高出了 0.120 的分差，这一差距不仅体现了城市群之间在经济发展水平上的显著差异，也揭示了不同地区在居民收入增长方面所面临的挑战和机遇。

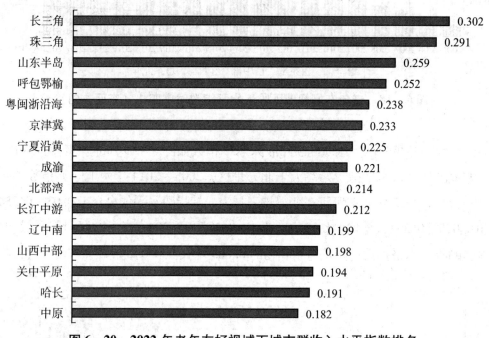

图 6-20　2022 年老年友好视域下城市群收入水平指数排名

紧随长三角城市群之后的是珠三角城市群，其指数水平达到了 0.291，位列第 2 名。珠三角地区凭借其得天独厚的地理位置、丰富的资源和强大的经济实力，成为中国经济发展的重要引擎之一。该地区在产业结构优化、就业机会创造、收入水平提升等方面均取得了显著成效，为居民提供了更加充裕的收入来源。山东半岛城市群以 0.259 的指数水平位列第 3 名，同样展现出了强劲的经济实力和居民收入水平。山东半岛地区在推动产业转型升级、加强区域合作、提升居民生活质量等方面取得了积极进展，为居民提供了更加广阔的发展空间和收入来源。呼包鄂榆城市群和粤闽浙沿海城市群分别以 0.252 和 0.238 的指数水平位列第 4 名和第 5 名。这两个城市群在经济发展方面同样展现出了不俗的实力和潜力。呼包鄂榆城市群作为内蒙古自治区的重要经济增长极,其能源、化工等产业的发展为居民提供了稳定的收入来源。粤闽浙沿海城市群则凭借其优越的地理位置、丰富的资源和强大的创新能力,成为中国经济发展的重要区域之一。然而,与这些表现突出的城市群相比,后 5 名的城市群在收入水平指数上则显得相对落后。辽中南、山西中部、关中平原、哈长和中原城市群分别以 0.199、0.198、0.194、0.191 和 0.182 的指数水平位列榜尾。这些城市群多分布在东北和中部地区,面临着产业结构单一、就业机会不足、收入水平偏低等挑战。特别是中原城市群,作为人口大省河南的重要经济增长极,其收入水平指数相对较低,需要加大政策支持和资金投入,推动经济发展和居民收入增长。

从东西视角来看,东部城市群在收入水平指数上普遍更高,这与其优越的地理位置、丰富的资源和强大的经济实力密切相关。从南北视角来看,南方城市群在指数水平上同样表现出更高的水平,这反映了南方地区在经济发展、产业结构优化、就业机会创造等方面的优势。

第三节　城市老有所依水平

老年群体是城市的重要组成部分,也是衡量城市高质量发展不可忽视的一环。构建老年友好型城市,关键在于从老年群体的实际需求出发,全面考虑城市的建设和发展如何更好地服务于老年群体的生活和福祉。因此,老有所依作为老年友好视域下城市高质量发展评价指标体系的核心,其重要性不言而喻。一个老有所依水平高的城市,意味着为老年群体提供了充足的养老保障、优质的医疗服务、便捷的社区支持、丰富的精神文化生活以及安全舒适的居住环境。这样的城市环境,有助于老年群体安享晚年,享受幸福安康的生活。总之,老有所依的实现程度,是衡量城市是否可以吸引和留住老年群体的重要标准。

一、城市老有所依总指数

（一）东部城市"老有所依"指数表现亮眼

为了深入了解各城市在老年友好视域下的城市高质量发展成效与潜力，本报告对全国范围内的 283 座地级及以上城市进行了全面评估。图 6-21 直观呈现了 2022 年这些城市的"老有所依"指数排名情况。东莞与深圳分别以 0.231 和 0.216 的得分高居榜首与次席，杭州则以 0.175 的得分紧随其后，位列全国第 3。苏州、济南、青岛等城市亦表现不俗，分别占据第 4 至第 6 的位置。在前 10 强中，广州与中山也分别以 0.152 的分数排在第 7 与第 8。总体来看，老年友好视域下城市建设成效显著的城市多集中于东部沿海及内陆发展核心区域。反观后 10 名，黑河与伊春以 0.007 的得分垫底，其余城市如鸡西、鹤岗等则主要分布在东北地区，这些城市的"老有所依"指数均未突破 0.010 的门槛。对比之下，榜首东莞与榜尾黑河的得分差距较大，这一显著差距凸显了我国不同城市在推进老年友好视域下城市建设方面的巨大差异，也揭示了未来工作中需重点关注的领域与挑战。

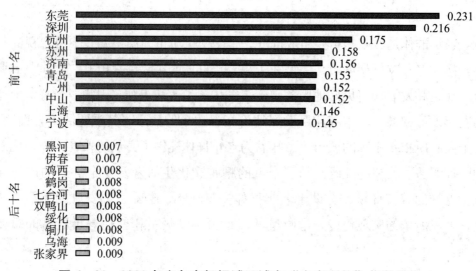

图 6-21　2022 年老年友好视域下城市"老有所依"指数排名

我国城市"老有所依"指数的时序演变如图 6 - 22 和图 6 - 23 所示。从测度结果来看，2005 ~ 2022 年，全国城市的"老有所依"指数呈"上升—下降—上升"态势，于 2014 年达到峰值，总体"老有所依"指数由考察初期的 0.055 提升至考察末期的 0.079，指数增长了 0.024，平均增长率为 2.41%，表明全国各城市在考察期限内的发展情况总体向好，城市对老年群体的支持和关注程度不断增大。2014 年全国城市"老有所依"指数的增长速度在研究期内达到峰值（20.94%），随后在 2015 年降低至 - 12.70%，再之后，2016 ~ 2022 年总体"老有所依"指数较为稳定，保持在 0.76 左右。

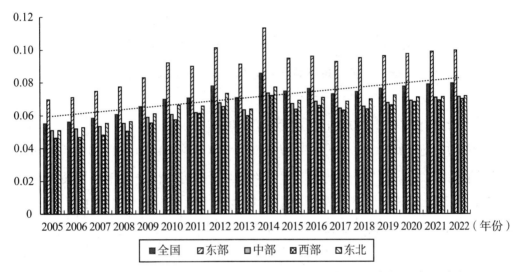

图 6 - 22　老年友好视域下城市"老有所依"指数时序变化（东西方向）

考虑到近年来我国的南北分异现象，因此考察了"东西"和"南北"两个视角下不同区域城市"老有所依"指数的变化趋势。东西方向上四大区域的结果如图 6 - 23 所示，整体来看，四大区域和全国的"老有所依"指数的增速几乎保持一致，在 2014 年前后出现较大幅度的增减幅度。东部、中部、西部和东北地区的城市"老有所依"指数均值在考察期内分别为 0.0907、0.0634、0.0607 和 0.0660，呈"东部—东北—中部—西部"梯度递减，其年均增长率依次为 2.48%、2.16%、2.70% 和 2.34%，呈"西部—东部—东北—中部"梯度递减态势。

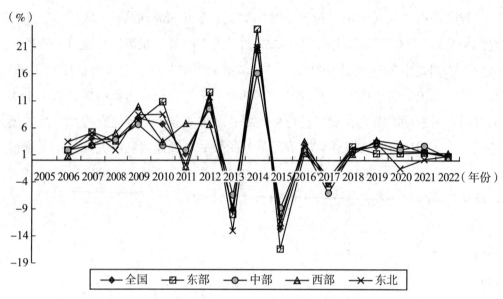

图 6 – 23 老年友好视域下城市"老有所依"指数增速（东西方向）

从南北视角来看，南方和北方地区的评价结果如图 6 – 24 和图 6 – 25 所示。南方和北方地区城市"老有所依"数分别介于 0.051 ~ 0.078 和 0.060 ~ 0.082，考察期内北方地区的"老有所依"指数始终高于南方地区，其年均增长率分别为 2.04% 和 2.81%，增速差异致使南、北地区的"老有所依"指数差距也从 2005 年的 0.026 缩小到了 2022 年的 0.022。

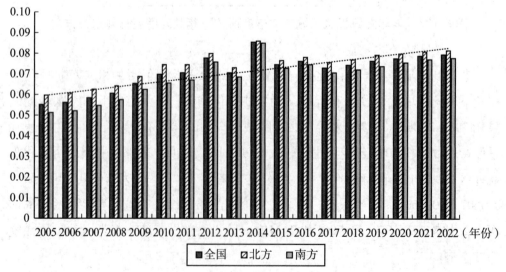

图 6 – 24 老年友好视域下城市"老有所依"指数时序变化（南北方向）

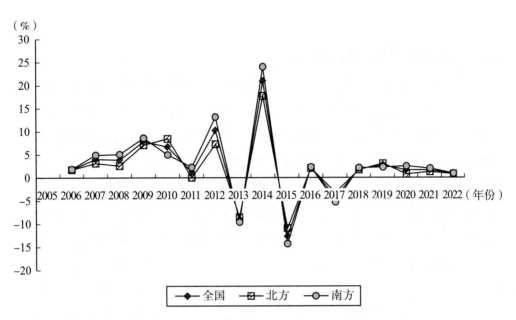

图 6 - 25 老年友好视域下城市"老有所依"指数增速（南北方向）

　　总体来看，中国各城市"老有所依"指数在区域层面上形成了东西差距和南北融合并存的格局。其中，东西差距的形成主要与不同地区的人口结构和老龄化程度有关。东部地区虽然经济发达，但人口老龄化程度也相对较高，不过由于经济支撑较强，养老问题相对可控。中部地区老龄化速度也在加快，但经济发展水平和养老保障能力相对不足，使得养老问题更为突出。并且，东部沿海地区经济发达，拥有更多的财政资源和经济保障来支持养老事业的发展。相比之下，中西部地区的经济发展相对滞后，财政资源有限，难以支撑高水平的养老保障。历年来全国城市在"老有所依"指数上表现为北高南低，可能与北方城市在经济发展、政策支持及社会服务体系方面的相对优势有关。北方的一些大城市，如北京、天津等，经济实力雄厚，政策落实到位，社会服务体系完善，能够为老年群体提供更好的照护服务。然而，随着南方城市的快速发展，这些城市在"老有所依"指数上正在逐渐接近北方城市。南方城市经济实力的提升、政策的逐步完善，以及社会服务体系的不断健全，都为老年群体提供了更好的照护条件。此外，南方城市在应对人口老龄化方面也做出了积极探索，推动了"老有所依"指数的不断提升。因此，全国城市在"老有所依"指数上的差异正在逐渐缩小，南方城市正在迎头赶上。

（二）长三角老年生活更有保障

老年友好视域下，2022 年我国 15 个城市群"老有所依"指数排名如图 6 – 26 所示，长三角城市群以 2.941 的分数高居榜首，中原城市群紧随其后，达到 2.097，两者远超其他区域，共同构成了我国老年群体保障最为坚实的两大支柱城市群。长江城市群以 1.463 位列第 3 名，"老有所依"力度强劲。成渝、珠三角和山东半岛城市群分别以 1.398、1.305 和 1.112 的指数值紧随其后，形成了较为稳固的中间梯队。从全局视角审视，前 5 名城市群与后 5 名之间的"老有所依"指数差距显著，凸显了城市群间在老年群体保障方面的巨大差异。南方与东部地区的城市群凭借较强的经济吸引力和资源优化配置能力，占据了排名的前列。相比之下，西部与北方地区的城市群，如关中平原、辽中南、哈长等，因经济实力相对较弱，排名较为靠后，需在未来发展中加强相关领域的投入与政策支持，以缩小与先进地区的差距。

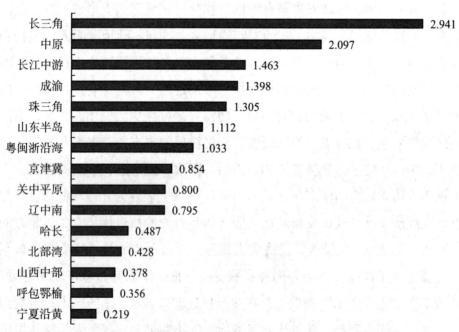

图 6 – 26　2022 年老年友好视域下城市群"老有所依"指数排名

二、城市"老有所依"分指标

（一）东北地区老年群体生活更有经济保障

经济保障是老年友好视域下城市建设中实现"老有所依"的核心要素，是实现老年群体生活安定、幸福和尊严的基石。2022 年城市经济保障指数排行榜如图 6 - 27 所示，乌鲁木齐和嘉峪关两座西北城市占据了第 1 名和第 5 名，北上广深中仅上海（0.141）和广州（0.133）位列前 10，除此之外，许多中部城市如太原（0.153）、郑州（0.146）也入围前 10。后 10 名城市中，共有 6 座城市来自广东省，2 座城市来自广西壮族自治区。

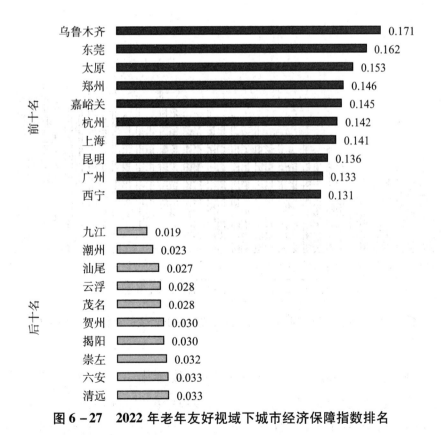

图 6 - 27 2022 年老年友好视域下城市经济保障指数排名

我国城市经济保障指数的时序演变如图 6 – 28 所示。从测度结果来看，2005 ~ 2022 年，全国城市的经济保障指数呈稳步上升态势，总体经济保障指数由 2005 年的 0.031 提升至 2022 年的 0.070，指数增长了 0.039，平均增长率为 5.04%，表明全国范围内各城市的经济保障水平在考察期限内均迎来了较大幅度的提高。东西视角下四大区域的城市经济保障指数如图 6 – 28 所示，所有区域的城市经济保障指数均呈增长态势，从整体上看，东北地区的经济保障指数最高，其次是东部、西部，最后是中部，四大区域间的差距逐渐缩小。考察期初东部、中部、西部和东北地区的城市经济保障指数依次为 0.033、0.026、0.029 和 0.043，考察期末依次为 0.071、0.064、0.072 和 0.081，指数依次增长了 0.038、0.038、0.043 和 0.038，平均增长率依次为 6.9%、8.5%、8.6% 和 5.1%。2005 年，中部地区与东部、西部、东北地区间的差值依次为 0.007、0.003 和 0.017，而 2022 年时差距依次为 0.007、0.008 和 0.017，除与西部之间差距扩大外，与其他地区差距几乎不变。

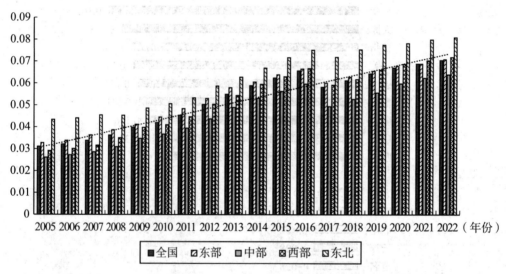

图 6 – 28　老年友好视域下城市经济保障指数时序变化（东西方向）

南北视角下，两大区域的城市经济保障指数如图 6 – 29 所示。南方和北方地区之间的经济保障差异正在逐渐缩小，其城市经济保障指数依次介于 0.027 ~ 0.068 和 0.036 ~ 0.074 之间。2005 ~ 2022 年，北方地区的经济保障水平强于南方，但南方地区增长速度较快，指数水平逐渐接近了北方地区，增速差异使得南北区域之间的差值从期初的 0.009 缩小到了 2022 年的 0.006，缩小了 0.03。两相比较，无论是东西方向抑或是南北方向，区域间城市经济保障差异均存在，但现阶段东西差异要大于南北差距。

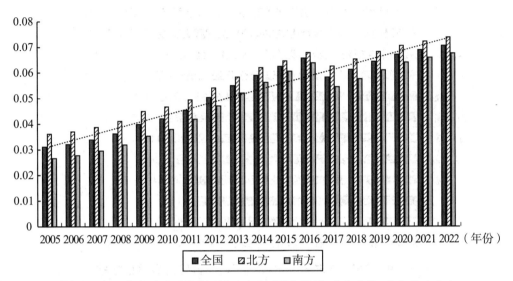

图 6 - 29　老年友好视域下城市经济保障指数时序变化（南北方向）

老年友好视域下，2022 年我国城市群经济保障指数排名如图 6 - 30 所示，珠三角城市群以 0.099 的指数水平稳居榜首，展现出强劲的经济保障能力。紧随其后的是呼包鄂榆城市群，其指数水平达到 0.090，与珠三角的差距非常细微，仅为 0.009，形成激烈竞争态势。宁夏沿黄、长江中游和中原城市群则位列第 11 至第 13，指数水平分别为 0.067、0.064 和 0.061，反映出这些地区在经济保障方面面临的挑战。北部湾和粤闽浙沿海城市群则分别位于第 14 和第 15，指数水平较低，为 0.058 和 0.055，需进一步加强经济保障措施。值得注意的是，尽管部分城市群如长三角等经济发达，但城市群内部仍存在显著的经济保障差异。以京津冀城市群为例，北京的经济保障指数高达 0.120，而邢台仅为 0.049，两者相差较大，且该城市群中近半数城市（6 个）的指数水平低于 0.06，这直接影响了整个城市群的平均指数，凸显了我国城市群内部经济保障水平的不平衡性。这一现象不仅存在于京津冀，也广泛存在于其他城市群中，是我国区域经济发展需要重点关注和解决的问题。

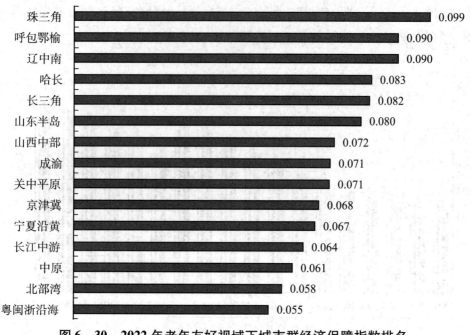

图 6 – 30　2022 年老年友好视域下城市群经济保障指数排名

（二）南方城市老年群体医疗卫生更有保障

医疗保障是建设"老有所依"城市的基石，确保老年群体在生病时能够得到及时有效的治疗，减轻经济负担。完善的医疗保障体系能够提升老年群体的生活质量，让他们在面对健康问题时更有安全感，从而安心享受晚年生活。医疗保障的健全有助于构建和谐社会，体现城市对老年群体的关怀与尊重，是实现"老有所依"目标的重要保障。2022 年城市医疗保障指数排行榜如图 6 – 31 所示，深圳以 0.2677 的指数水平脱颖而出，位居榜首，东莞紧随其后，以 0.2651 的指数水平位列第 2。厦门则以 0.1488 的指数水平排在第 3 名，上海和北京分别以 0.1445 和 0.1416 的指数位列第 4 和第 5，北上广深四座城市在前 5 中占据三席。苏州（0.1412）和中山（0.1399）作为江苏省与广东省的代表，也跻身前 10。在后 10 名城市中，揭阳以 0.0100 的指数排在倒数第 1，表明这些城市需要加大对医疗保障的投入力度。

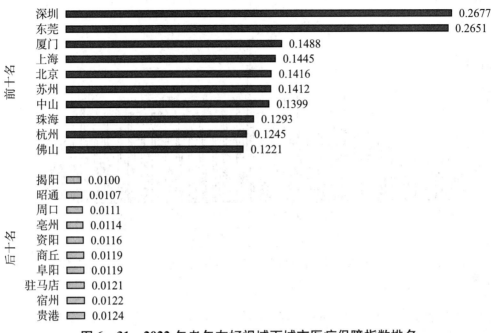

图 6 – 31　2022 年老年友好视域下城市医疗保障指数排名

　　我国城市医疗保障指数的时序演变如图 6 – 32 所示。从测度结果来看，2005 ~ 2022 年，全国城市医疗保障指数整体上呈 "上升—下降" 态势，并在 2014 年达到最高值，随后出现了较大幅度的下滑。总体医疗保障指数从 2005 年的 0. 021 提升至 2014 年的 0. 061，指数增长了 0. 04，随后下降至 2022 年的 0. 036。从 2005 年至 2022 年以来，平均增长率为 6. 91%，表明全国范围内各城市的医疗保障水平在考察期内均有较大幅度提高。东西视角下四大区域的城市医疗保障指数如图 6 – 32 所示，整体来看，东部地区最高，其次是东北、西部，最后是中部。形成了医疗保障指数沿 "东部—东北—西部—中部" 梯度递减的发展格局。2005 年，东中西部和东北地区的城市医疗保障指数依次为 0. 026、0. 016、0. 018 和 0. 027，2022 年则依次为 0. 055、0. 025、0. 029 和 0. 036，指数依次增长了 0. 029、0. 009、0. 011 和 0. 009，平均增长率依次为 8. 62%、5. 81%、6. 86% 和 4. 64%。考察初期，东部地区与西部、中部和东北地区之间的差值依次为 0. 01、0. 008 和 – 0. 001，而到考察期末时，该差值依次扩大至 0. 03、0. 026 和 0. 019，考察期限内东部与其他三大地区的差距扩大。

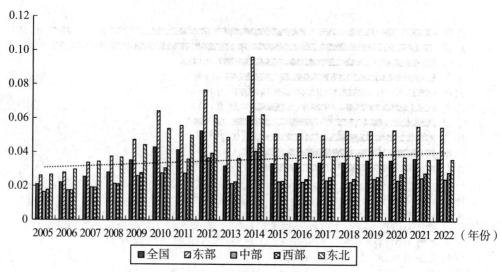

图 6-32　老年友好视域下城市医疗保障指数时序变化（东西方向）

南北视角下，两大区域的城市医疗保障指数如图 6-33 所示。考察期限内，2006~2006 年，南方地区的医疗保障指数小于北方地区，2007~2022 年，南方地区的医疗保障指数则反超北方，2014 年南北差距达到最大。2006~2022 年，南北方医疗保障指数依次介于 0.021~0.040 和 0.021~0.033 之间，年均增长率依次为 5.99% 和 7.90%，增速差异致使南、北地区的医疗保障指数差距从考察期初的几乎一致逐渐拉大为 0.007。

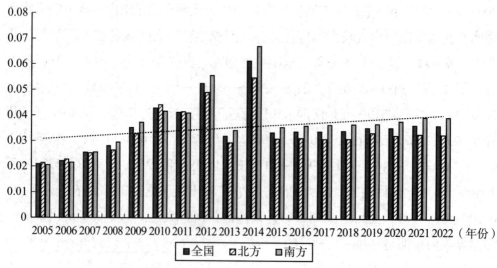

图 6-33　老年友好视域下城市医疗保障指数时序变化（南北方向）

分城市群来看，2022 年城市群医疗保障指数排名如图 6 – 34 所示，珠三角以 0.135 的显著指数位列前茅，珠三角高出最后一名中原城市群 0.114，排在第 2 的长三角则高出中原城市群 0.045。紧随其后的是辽中南城市群（0.054）和山东半岛城市群（0.051），分别占据第 3、第 4 名的位置。然而，哈长、长江中游、北部湾、关中平原和中原城市群则排在后 5 位，这些城市群多集中在东北和中部地区。从东西视角分析，东部地区的城市群在医疗保障消费上展现出更高的活跃度；而从南北视角观察，南方城市群的整体指数水平则更为突出。

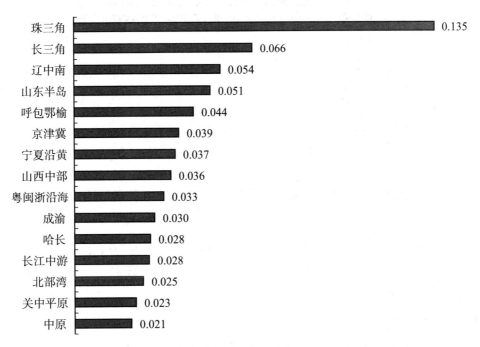

图 6 – 34　2022 年老年友好视域下城市群医疗保障指数排名

（三）山东省社会保障指数全国领先

城市社会保障为老年群体提供基本生活保障，是建设老年友好型城市的基石。完善的社会保障体系能减轻老年群体经济压力，提升其生活质量和幸福感。社会保障促进老年服务产业发展，为老年友好视域下的城市高质量发展提供有力支撑。2022 年城市社会保障指数排行榜如图 6 – 35 所示，可以看见，前 10 名中各个城市的得分十分接近，且这些城市均位于山东省，表明老年友好视域下，山东省在社会保障领域起到了示范作用。然而，后 10 名城市中，重庆、天津作为直辖市也位列其中，宁夏以及海南省有两座城市上榜，表明这些城市的社会保障能力较为单一。

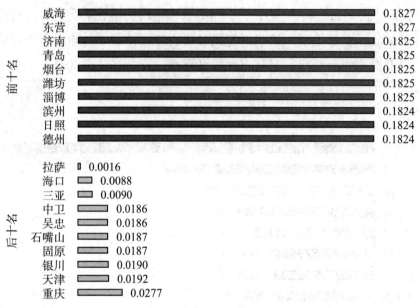

图 6 - 35　2022 年老年友好视域下城市社会保障指数排名

我国城市社会保障指数的时序演变情况如图 6 - 36 所示。在考察的整个时间范围内，该指数的表现呈现出一种相对稳定的状态，其水平几乎未发生较大幅度的波动。具体而言，指数值维持在约 0.072 的基准线上下进行微小的波动，这一稳定性表明了我国城市社会保障体系在考察期内保持了相对持续和平稳的发展态势。这种稳定的社会保障指数水平，不仅反映了我国在社会保障政策制定和执行上的连贯性与稳健性，也体现了国家对民生福祉的高度重视和持续投入。东西视角下四大区域的城市社会保障指数如图 6 - 36 所示，四大区域的指数水平于 2005～2022 年几乎未发生变化。整体看来，东部地区社会保障指数整体上更高，呈现"东部＞中部＞西部＞东北"的格局。考察期内，东部、中部、西部和东北地区的社会保障指数平均值依次为 0.0983、0.0721、0.0575 和 0.0446。

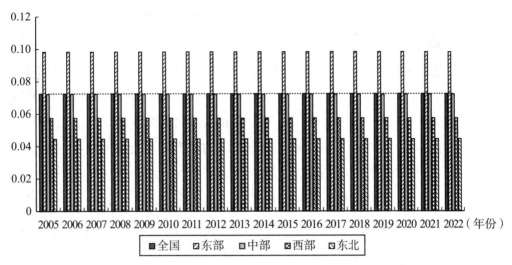

图 6 - 36 老年友好视域下城市社会保障指数时序变化（东西方向）

南北视角下的城市社会保障指数如图 6 - 37 所示。北方地区整体优于南方地区，2005 ~ 2022 年，南方和北方地区的社会保障指数平均值分别为 0.68 和 0.77，北方地区以 0.09 的优势领先，且两大区域的指数水平基本与全国平均水平持平。并且在整个发展过程中，南北城市的社会保障指数几乎未发生较明显的变化，在继续推进社会保障体系建设的过程中，应充分考虑地区间的差异性和不平衡性，采取有针对性的政策措施，以促进南北地区社会保障体系的均衡发展。

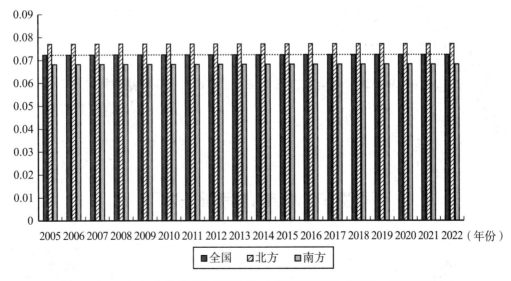

图 6 - 37 老年友好视域下城市社会保障指数时序变化（南北方向）

老年友好视域下，2022 年城市群社会保障指数排名如图 6 - 38 所示，山东半岛（0.183）高居榜首，中原（0.107）紧随其后位列第 2 名，长三角（0.097）则占据第 3 位。靠后的地区中，北部湾（0.054）城市群排名第 11 位，哈长（0.046）排在第 12 位。相比之下，京津冀（0.041）和辽中南（0.035）城市群排名较为靠后，分别位于倒数第 2 名和倒数第 3 名，而宁夏沿黄城市群（0.019）垫底。从排名中可观察到，西北地区的城市群社会保障指数普遍低于其他地区，这可能与人口结构和就业状况等因素有关。西北地区的人口老龄化程度较高，这增加了养老保险等社会保障的支付压力。同时，就业状况的好坏也会影响到社会保险的缴纳和领取情况，进而影响到社会保障指数的表现。这一数据反映了不同城市群在社会保障体系建设上的差异与特点。

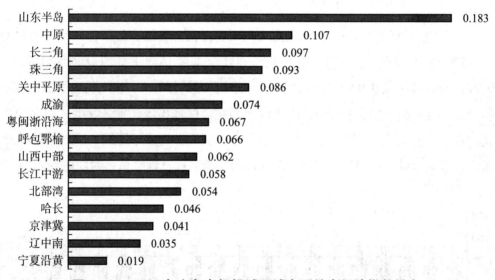

图 6 - 38　2022 年老年友好视域下城市群社会保障指数排名

第四节　城市老有所乐水平

老有所乐已成为青年群体选择城市时的一大重要考量因素。中国传统文化历来重视孝道，因此青年群体自然希望在自己忙于工作养家的同时，父母能够在一个安心、愉快的环境中安享晚年，尽情享受生活的乐趣。青年人生阶段终将过去，未来他们也将面临如今父母所经历的养老问题，即老有所乐。因此，一个城市能否为老年群体提供多样化的娱乐项目，包括但不限于政府的康乐设施、社区养老服务以及城市及其周边的旅游资源等，都会成为青年群体选择城市发展时的重要参考。这样的配套设施能够让青年群体在该城市发展时减少后顾之忧。一个能够充分考虑到老年群体需求的城市，更能体现城市的人文关怀和社会责任感，从而提升城市的整体吸引力。

一、城市老有所乐总指数

（一）深圳、上海和北京的老有所乐指数领先全国

为了更客观、准确地衡量各城市现阶段老有所乐的能力和潜力，课题组对全国283个城市的青年老有所乐程度做了测算评价，2022年的城市老有所乐指数排名结果如图6-39所示。深圳、上海以接近0.05的得分排第1、第2名，这一卓越表现不仅反映了它们在经济发展上的领先地位，也彰显了其在养老服务体系构建上的前瞻性和执行力。政策因素方面，两地政府均出台了一系列鼓励社会资本投入养老服务业的政策，同时，加强了对老年群体的社会保障，如提供多样化的养老服务设施、优化医疗资源配置等，这些都是推动老有所乐指数提升的关键。历史因素上，作为改革开放的前沿阵地，深圳和上海较早地接触并吸收了国际化的养老服务理念，为后来的实践奠定了良好基础。地理优势同样不可忽视，两者均位于中国东部沿海经济带，便利的交通和开放的经济环境为养老服务的多元化发展创造了条件。相比之下，排名靠前的省会城市如北京、重庆、济南等，除了享有政策倾斜和地理优势外，还凭借其深厚的历史文化底蕴，构建了融合传统与现代的养老服务模式，既保留了尊老敬老的传统美德，又引入了智能化的养老手段，提升了老年群体的生活质量。

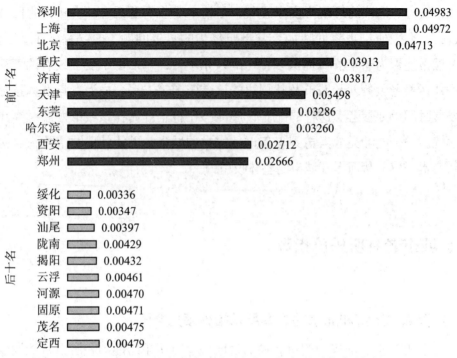

图6-39 2022年老年友好视域下老有所乐指数排名

对于排名后10位的城市，则需细致分析。东北地区部分城市受产业结构调整和经济增速放缓的影响，加之人口外流，导致养老服务资源相对匮乏，老有所乐指数偏低。四川省内部分城市虽有一定的经济基础，但在养老服务均等化方面仍有待加强。广东省内经济极度不平衡的问题尤为突出，珠三角地区的高度繁荣与粤东西北地区的相对落后形成了鲜明对比，后者因缺乏足够的经济支撑，难以在养老服务上实现与珠三角地区的同步发展。

我国老有所乐指数演变如图6-40和图6-41所示。总的来说，全国老有所乐指数自2005年以来呈现稳步上升趋势。从2005年的0.005增长至2022年的0.011，增长超过一倍，年均增长率达到7.06%。具体来看，2005~2019年整体的老有所乐指数都在上升，直至2020年受到国际关注的突发公共卫生事件冲击导致经济发展停滞，进而间接影响了城市老有所乐指数。2021~2022年，伴随着经济的复苏，老有所乐指数不但有所恢复，也超越了2019年的0.010。由此可见，经济发展与老有所乐指数高度相关，强而有力的经济发展为老有所乐提供了稳定的支持。

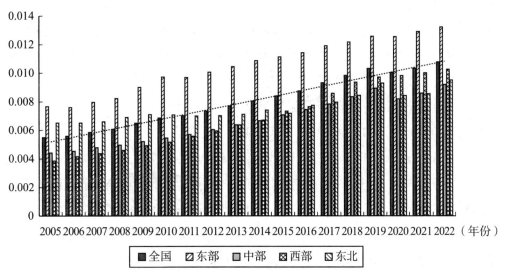

图 6-40 老年友好视域下老有所乐指数时序变化（东西方向）

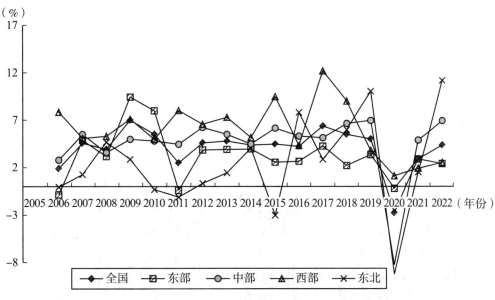

图 6-41 老年友好视域下老有所乐指数增速（东西方向）

鉴于近年来我国南北发展差异显著，本报告从"东西"与"南北"两个角度分析了不同区域老有所乐指数的变化趋势。在东西方向上，东部、中部、西部以及东北地区的城市老年群体生活质量指数总体呈上升趋势。然而，值得注意的是，东北地区在 2011 年至 2015 年经历了指数的波动，并且在这一时期内几乎没有显著的增长。尤其引人关注的是，在 2017 年，西部地区的"老有所乐"指数首次超过了东北地区，并且两者之间的差距逐渐扩大。数据显示，2005 年东北地区的"老有所乐"指数比西部高出 0.003，而到了 2022 年，这一优势转变为劣势，西部反超了 0.0007。

考察初期，东部、中部、西部及东北四个地区的"老有所乐"指数平均值分别为 0.0076、0.0044、0.0038 和 0.0065，呈现出"东部—东北—中部—西部"的分布格局。这些地区的年均增长率分别为 4.27%、6.38%、9.81% 和 2.71%。从中可以看出，在整个考察期间，中西部地区的发展速度非常快，而东北地区的增长则相对疲软，甚至出现了增长放缓乃至负增长的现象。

从南北视角来看，南方和北方地区的评估结果如图 6 - 42 和图 6 - 43 所示。南方和北方老有所乐指数分别处于 0.0054 ~ 0.0110 和 0.0055 ~ 0.0105 之间。2005 ~ 2008 年，北方地区的"老有所乐"指数略高于南方地区，但从 2009 年开始，南方地区实现了反超，并且此后差距持续扩大。南方和北方地区的年均增长率分别为 6.04% 和 5.26%。2005 年，南北两地区"老有所乐"指数的差距为 0.001，而到了考察期末，这一差距扩大到了 0.005，增幅达到了 5 倍之多。

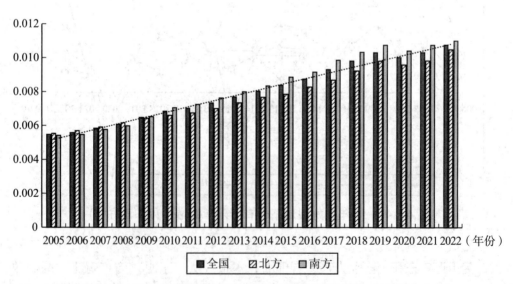

图 6 - 42　老年友好视域下老有所乐指数时序变化（南北方向）

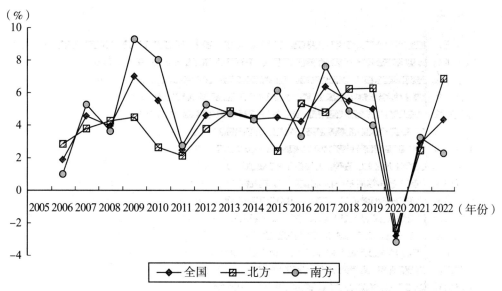

图 6 - 43　老年友好视域下老有所乐指数增速（南北方向）

总体而言，中国各城市的"老有所乐"指数在区域层面呈现出了东西差距与南北分化的双重不平衡现象。东西部之间的差异显然与改革开放政策密切相关，"先富带动后富"的策略使得东南沿海地区借助改革开放和全球化机遇实现了经济的迅速崛起。经济繁荣带来了充裕的财政收入，这有利于地方政府实施更加完善的"老有所乐"政策。此外，更强的经济实力还带来了更高的教育和医疗水平，这不仅有助于培养更多优秀的人才，也使老年群体能够享受到更为完善的生活保障。

（二）东部沿海地区城市群老有所乐指数显著领先

2022 年 15 个城市群老有所乐指数排名如图 6 - 44 所示，珠三角以 0.01922 的指数均值遥遥领先，随后的是山东半岛、京津冀以及长三角，分别位列第 2、3、4 名，前 4 名也是我国最能吸引青年群体的四大城市群。最后 5 名中，倒数第 5 名的成渝城市群属于刚起步的新兴发展城市群，经济刚刚发展起来，养老政策仍待进一步完善，而其他 4 个地区经济实力相对较弱，缺乏必要的财政支撑，养老政策难以优化。值得注意的是，粤闽浙沿海地区在老有所乐的排名中位列倒数第 6 名，表现不佳，这主要是因为该省内部经济发展水平存在巨大差异。总的来看，北方和东部地区的老有所乐表现更好。

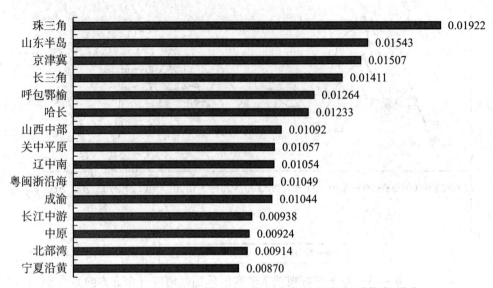

图6-44 2022年老年友好视域下城市群老有所乐指数排名

二、城市老有所乐分指标

（一）老年群体在深圳能获得最优质的文化服务供给

城市文化服务作为"老有所乐"城市建设中不可或缺的一环，其发展水平直接关系到老年群体的精神文化生活质量。如图6-45所示，2022年的城市文化服务排行榜揭示了不同城市在这一领域的表现及其背后的深层次原因。

乌鲁木齐和克拉玛依在榜单中的亮眼表现，无疑得益于其独特的多民族文化背景。这两座城市不仅是新疆维吾尔自治区的重要城市，更是多民族共融共生的典范。在这里，不同民族的文化传统相互交织、相互影响，孕育出了丰富多彩的文化服务。无论是传统的民族歌舞、手工艺，还是现代的文化展览、文艺演出，都成为老年群体精神文化生活中的重要组成部分。这种多元文化的交融与碰撞，不仅提升了城市的文化内涵，也为老年群体提供了更多元、更丰富的文化享受。

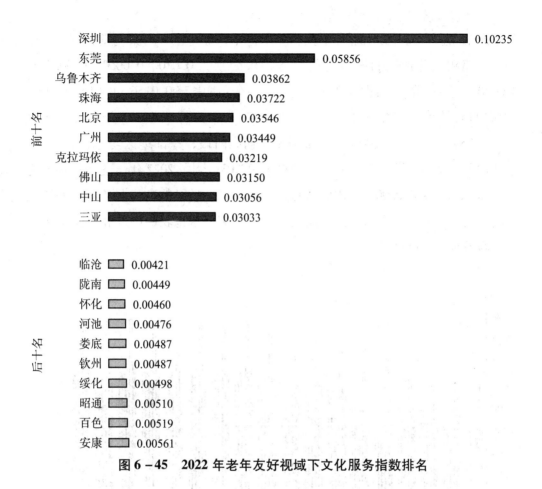

图 6 – 45 2022 年老年友好视域下文化服务指数排名

值得注意的是，在排名前 10 的城市中，除了北京这座拥有悠久历史的古都外，其他多数城市均位于沿海地区。这一现象并非偶然，而是与沿海城市的地理优势和经济实力密切相关。沿海地区凭借便捷的交通条件和开放的经济环境，不仅吸引了大量的国内外投资，也促进了文化的交流与融合。这种优势使得沿海城市在文化服务的提供上更具多样性和创新性。以海口和深圳为例，这两座城市每年都吸引着众多国内外知名艺术家前来举办演唱会、音乐节等文化活动。这些活动的举办不仅提升了城市的国际知名度，也为当地居民带来了丰富多彩的文化体验。对于老年群体而言，这些文化活动不仅丰富了他们的精神生活，也让他们感受到了城市的活力与魅力。

从东西视角来看，四大区域的城市文化服务指数变化如图 6 – 46 所示。所有区域的城市文化服务指数均呈现出上升趋势。东部地区与其他三大区域之间的差距在逐步扩大，而中部、西部和东北地区之间的差距则在不断缩小，到 2022

年，西部地区的城市文化服务指数已基本追平东北地区。考察初期，东部、中部、西部和东北地区的城市文化服务指数分别为 0.010、0.0053、0.0057 和 0.0070。到考察期末，即 2022 年，这些指数分别增长至 0.0156、0.010、0.0113 和 0.0114，指数分别增长了 0.0056、0.0047、0.0056 和 0.0044，平均增长率分别为 3.35%、5.11%、5.84% 和 3.83%。初始阶段，东部地区与中部、西部、东北地区的差距分别为 0.0047、0.0043 和 0.003。到了 2022 年，这些差距变为 0.0056、0.0043 和 0.0042。由此可见，东部与东北地区的文化服务指数差距在不断扩大，而中部和西部地区的差距则相对稳定，这也表明中部和西部地区的文化服务水平在持续提升。

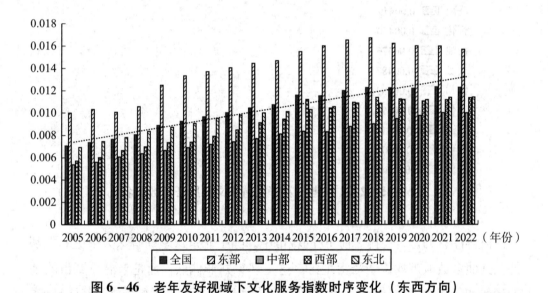

图 6-46　老年友好视域下文化服务指数时序变化（东西方向）

从南北视角来看，两大区域的城市文化服务指数变化如图 6-47 所示。南方和北方地区之间的城市文化服务发展差异不大，其城市文化服务指数分别介于 0.074 ~ 0.123 和 0.066 ~ 0.122 之间。南方和北方地区的年均增长率分别为 3.89% 和 5%，虽然增速略有差异，但这使得原本南方地区在早期的领先优势在后来被北方地区赶上。到 2022 年，两者的差距已经从 2005 年的 0.008 减少至 0.001，几乎达到持平状态。由此可见，南北方城市的文化服务指数差异并不显著，两地的文化服务发展状况均较为良好。

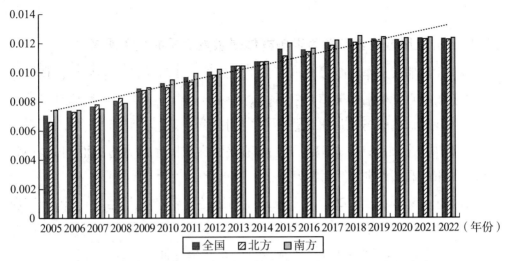

图6-47 老年友好视域下文化服务指数时序变化（南北方向）

从城市群的视角来看，2022年城市群文化服务指数排名如图6-48所示。珠三角以0.03710的指数水平遥遥领先，这一成绩几乎是排名第2的呼包鄂榆城市群的两倍。值得注意的是，排名第2、第3和第4位的呼包鄂榆、山东半岛以及宁夏沿黄城市群，得益于自身丰富的文化遗产、古迹等先天优势，在文化服务指数上表现优异。相比之下，京津冀和成渝地区在此次排名中分别位列第7名和第15名，表现相对较弱。这种差异部分归因于城市群内部某些城市的文化服务水平较低。这种情况侧面反映了我国不同区域之间以及城市群内部文化服务发展存在不平衡的现象。

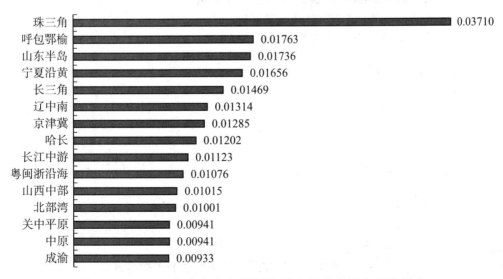

图6-48 2022年老年友好视域下城市群文化服务指数排名

（二）经济发展好的城市能为老年群体提供更优质的生活服务

城市生活服务，作为衡量城市居民生活质量与幸福感的核心标尺，其完善程度不仅关乎日常生活的便捷与舒适，更是城市综合竞争力与可持续发展潜力的重要体现。这些服务，从水电燃气供应到公共交通、医疗卫生、教育文化、环境绿化等多个维度，共同编织了一张覆盖城市居民生活方方面面的保障网，确保了城市的和谐稳定与活力四射。

如图 6 - 49 所示，在 2022 年的城市生活服务排名榜中，北京、上海和深圳的突出表现不仅彰显了它们作为国家级中心城市的经济实力和治理水平，更揭示了背后多元因素的支撑作用。上海以微弱优势领先北京，这背后既有其作为国际大都市的政策优势——如开放的前沿政策吸引全球资源汇聚，也有其深厚的历史积淀——近代以来的快速发展积累了丰富的城市管理经验与资源调度能力。

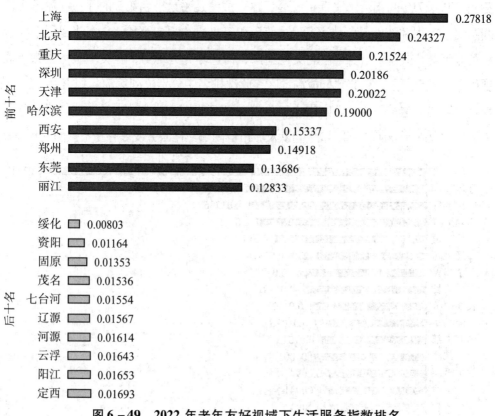

图 6 - 49　2022 年老年友好视域下生活服务指数排名

同时，上海独特的地理位置，位于长江入海口，便于国际贸易与区域合作，进一步促进了其城市服务的国际化与多元化。在人文方面，上海以其"海纳百川"的精神，积极鼓励创新和优化服务，为提升城市生活品质注入了源源不断的动力。深圳作为改革开放的窗口，其快速发展同样离不开政策的强力推动，如经济特区的设立、创新驱动发展战略的实施等，这些都为深圳构建高效、智能的城市生活服务体系奠定了坚实基础。此外，深圳的年轻人口结构与创新创业氛围，也是其城市生活服务持续升级的重要人文因素。

相比之下，排名靠后的城市，尤其是东北地区与广东省内的部分城市，其发展面临的挑战则显得更为复杂。东北地区历史上作为老工业基地，曾为国家工业化进程作出巨大贡献，但随着产业结构调整与经济转型的滞后，部分城市如绥化，面临着人口流失、产业单一、资金匮乏等问题，直接影响了城市生活服务的投入与升级。历史惯性与政策调整的滞后性，在一定程度上加剧了这种分化现象。广东省内部的经济差异，则更多地反映了区域发展不平衡的问题。河源、云浮等城市，虽然拥有得天独厚的自然资源，但在全球产业链中的位置相对边缘，加之人才流失、创新能力不足，难以形成强有力的经济支撑体系，从而限制了城市生活服务的全面提升。对此，加强区域协调发展、优化资源配置、激发内生动力，成为破解这些城市发展难题的关键。

东西视角下四大区域的城市生活服务指数如图6-50所示，除东北地区增长较少，甚至在2010~2013年出现负增长以外，其他三大区域生活服务指数均总体上呈现上升趋势，但东部地区显著增长更大，与其他三大区域差距不断扩大，从2015年开始基本呈现"东—西—中—东北"的梯度递减发展格局。2005年，东中西和东北地区的城市生活服务指数依次为0.032、0.016、0.015和0.027，2022年则依次为0.060、0.042、0.049和0.042，指数依次增长了0.028、0.026、0.034和0.015，平均增长率分别为4.97%、8.74%、13.34%和3%。考察初期，东部地区与中部、西部、东北地区之间差值依次为0.016、0.017和0.005，而到考察期末时该差值扩大至0.018、0.011和0.018。可以看出，西部城市在生活服务方面的发展势头强劲，与东部地区的差距正在逐步缩小。与此同时，中部和东北地区与东部地区之间的差距却在不断扩大。

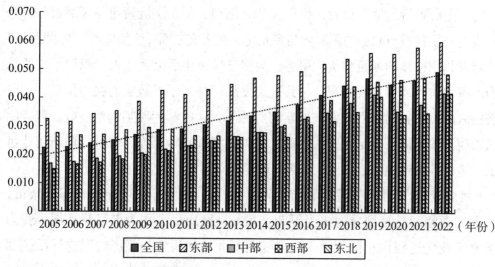

图 6 –50 老年友好视域下生活服务指数时序变化（东西方向）

南北视角下，两大区域的城市生活服务指数如图 6 – 51 所示。考察期限内，南方地区的城市生活服务指数在 2005～2006 年基本与北方城市持平，在 2007 年开始超越北方城市，并不断扩大差距。其指数水平依次介于 0.022～0.051 和 0.022～0.047 之间，年均增长率依次为 7.67% 和 6.54%，增速差异导致南、北地区的城市生活服务指数从一开始的持平逐步变成南方地区超越北方地区约 10% 的结果。

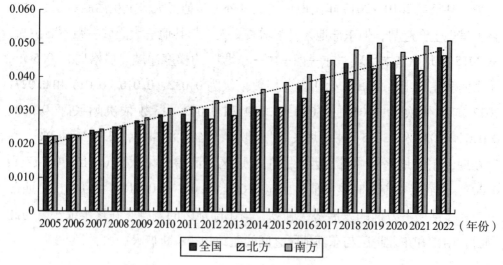

图 6 –51 老年友好视域下生活服务指数时序变化（南北方向）

分城市群来看，2022 年城市群生活服务指数排名如图 6 – 52 所示，京津冀、珠三角和长三角分别以 0.07644、0.07541 和 0.06665 的指数水平位列第 1、2 和 3 名，哈长及呼包鄂榆地区紧随其后，分别排名第 4、5 名。这三个领先的城市群均具备较强的经济实力，为城市生活服务的发展提供了有力支撑。哈长城市群得益于新中国成立初期积累的强大工业基础，并在此基础上建立了较为完善的生活服务体系；而呼包鄂榆城市群凭借丰富的能源等自然资源，在开发资源的过程中也相应地积累了较高的生活服务水平。反观排名后 5 位的城市群，除了辽中南城市群因其传统的重工业逐渐衰落外，其他几个城市群的经济活动主要依赖初级产业，如农业和渔业等，这种单一的经济结构导致资本积累有限，进而影响了城市生活服务的进一步发展。总体而言，东部沿海地区以及北部的部分城市群在城市生活服务指数上的表现更为优异。

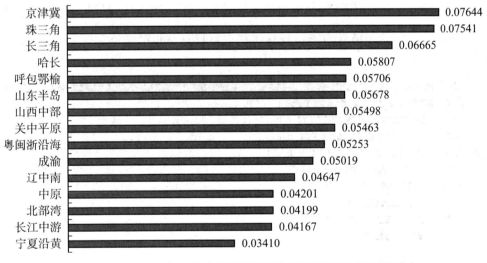

图 6 – 52　2022 年老年友好视域下城市群生活服务指数排名

（三）老年群体在济南能够获得最好的旅游服务

城市旅游服务的发展如同一股温暖的春风，为老年群体带来了丰富多彩的文娱活动，不仅极大地充实了他们退休后的闲暇时光，还精准地满足了他们对于精神文化生活的深切渴望。这些活动，从园艺讲座到书法班，从戏曲欣赏到历史遗迹探访，不仅促进了老年群体的身心健康，还增强了他们的社会参与感和归属感。同时，高质量的城市旅游服务如同一块磁铁，以其独特的魅力吸引着年青一代的目光，促使他们选择在这些城市扎根发展，为城市的活力与创新注入源源不断的动力。

深入分析 2022 年城市旅游服务指数排名榜（见图 6 - 53），济南以 0.17372 的卓越指数水平傲视群雄，这一成绩不仅彰显了其作为"泉城"的独特魅力，更是其政策引导、历史底蕴、地理优势及人文情怀共同作用的结晶。政策方面，济南市政府近年来大力推动旅游业与文化产业的融合发展，出台了一系列扶持政策，优化了旅游服务环境；历史因素上，济南拥有丰富的历史文化遗产，如趵突泉、大明湖等，为游客提供了丰富的文化体验；地理上，它位于华北平原，交通便利，是连接南北、贯通东西的重要枢纽；人文方面，济南人热情好客，城市文化氛围浓厚，这些都为济南的旅游服务发展奠定了坚实基础。上海、重庆、广州、成都和南京等城市之所以能紧随其后，分别占据第 3、5、8、9、10 名的位置，同样离不开各自在政策制定、历史文化挖掘、地理区位优势利用以及人文环境营造上的不懈努力。这些城市通过打造特色旅游品牌、提升公共服务质量、完善交通网络等措施，有效提升了旅游服务的整体水平。

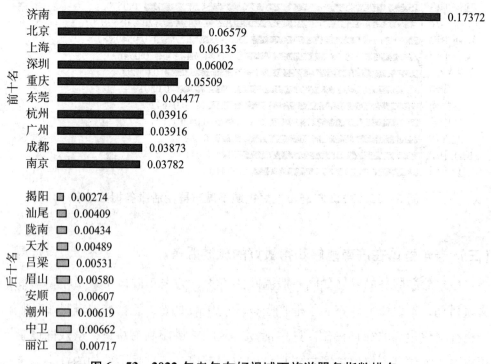

图 6 - 53　2022 年老年友好视域下旅游服务指数排名

　　相比之下，排名后 10 位的城市，尽管在知名度上稍显逊色，但其发展困境并非单一因素所致。一方面，这些城市可能缺乏显著的历史文化遗迹，难以形成独特的旅游吸引力；另一方面，交通设施的不完善，尤其是缺乏地铁系统和发达的高速铁路网络，限制了游客的便捷到达，影响了旅游业的快速发展。此外，部分城市在旅游服务规划、宣传推广以及旅游产品开发等方面可能存在不足，未能充分展现自身特色，难以在激烈的市场竞争中脱颖而出。

　　从东西视角下四大区域的城市旅游服务指数（见图 6-54）可以看出，四大区域的指数水平时序演变趋势与全国平均水平的发展趋势相一致，整体上呈现出上升的趋势。然而，在 2014~2018 年，这一上升趋势出现了暂时性的停滞，之后又缓慢恢复发展。东部地区的旅游服务指数始终显著高于其他三个区域。西部地区的旅游服务指数发展速度相对较快，到 2022 年时已经与中部地区非常接近。具体数据如下：2005 年时，东部、中部、西部和东北地区的旅游服务指数分别为 0.014、0.010、0.007 和 0.013；到 2022 年，这些地区的指数分别升至 0.021、0.015、0.015 和 0.017。2005~2022 年，各区域的指数分别增长了 0.007、0.005、0.008 和 0.004，相应的平均增长率分别为 3.24%、3.08%、5.82% 和 1.42%。

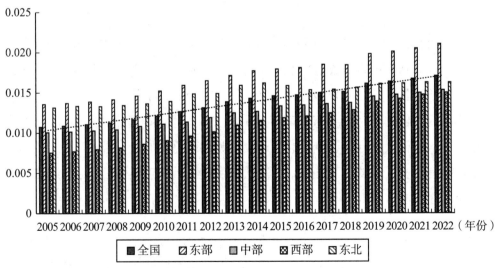

图 6-54　老年友好视域下旅游服务指数时序变化（东西方向）

从南北视角下两大区域的城市旅游服务指数（见图6－55）可以看出，2005～2022年，南方和北方地区的城市旅游服务指数分别介于0.010～0.017和0.011～0.018之间。北方地区的城市旅游服务指数始终高于南方地区，但从数据中可以明显看到，两者的差距在逐年缩小。这一变化趋势表明南方地区在城市旅游服务方面正在迎头赶上北方地区。

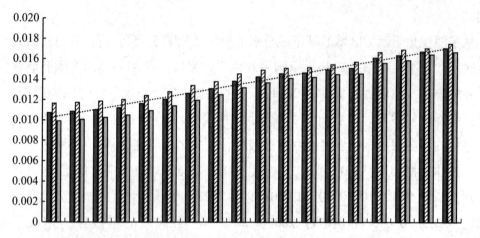

图6－55　老年友好视域下旅游服务指数时序变化（南北方向）

从城市群的视角来看，2022年城市群旅游服务指数排名如图6－56所示，山东半岛以0.03474的指数水平遥遥领先，这一成绩约为排名第2的珠三角地区的1.6倍。哈长、长三角以及京津冀城市群则分别位列第3、4、5名。可以看出，排名前5位的城市群不仅拥有丰富的历史文化资源，还配备了较为完善的交通设施，这极大地方便了游客的往来。与此形成对比的是，排名后5位的城市群虽然拥有不少优秀的文化古迹，但在基础设施建设方面存在不足，这在一定程度上对吸引游客造成了限制。

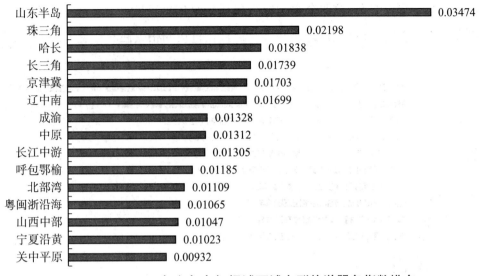

图 6 - 56　2022 年老年友好视域下城市群旅游服务指数排名

第五节　城市老有所安水平

（一）城市生活环境指数呈现差异化分布态势

城市生活环境对老年群体至关重要，它不仅关乎他们的身体健康，还深刻影响着他们的心理健康、社会交往以及生活质量。随着年龄的增长，老年人对于居住环境的需求逐渐发生变化，他们更加倾向于选择那些能够提供安全、便利和舒适生活的城市区域。根据 2022 年城市生活环境指数排名（见图 6 - 57），黑龙江省和河北省分别有 5 个和 2 个城市进入前 10 名，其余 3 个城市分别位于云南省、重庆市和新疆维吾尔自治区。在排名后 10 位的城市中，主要来自吉林省（3 个）、浙江省（3 个）和广东省（2 个），另外两座城市（廊坊和黄石）分别位于河北省和湖北省。值得注意的是，尽管黑龙江省和河北省在 2022 年的经济表现上并不突出，但它们在生活环境方面却表现出色。与此同时，广东省的深圳市虽然在其他榜单上表现优异，但在城市生活环境指数中却排名靠后。尤其值得一提的是，秦皇岛和邢台两座城市以超过 0.3 的指数水平分别位列第 1 名和第 2 名,而北上深广这四个中国经济总量最高的城市无一进入前 10 名,这表明经济实力与生活环境质量之间并不一定存在直接的相关性。

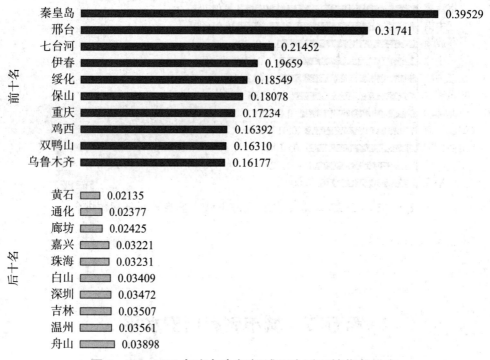

图 6 – 57　2022 年老年友好视域下生活环境指数排名

东西视角下四大区域的城市生活环境指数如图 6 – 58 所示,2005 ~ 2022 年,除了东部地区出现正增长外,其他三大区域都在不断下降。在考察初期,东部地区的生活环境指数明显低于其他三大区域。然而,随着时间的推移,其他三大区域的生活环境指数波动下降,而东部地区的指数则稳步上升。到了 2022 年,东部地区不仅超越了中部地区,而且与西部和东北地区的差距也在不断缩小。2005 年,东中西和东北地区的城市生活环境指数依次为 0.060、0.095、0.100 和 0.110,2022 年依次为 0.083、0.079、0.087 和 0.096,指数依次变化了 0.023、– 0.016、– 0.013 和 – 0.014,平均增长率分别为 2.26%、– 1.04%、– 0.9% 和 – 0.72%。考察初期,东部地区与中、西部和东北地区之间差值依次为 – 0.035、– 0.04 和 – 0.05,而到考察期末时,不但超过了中部地区 0.004,与西部、东北地区差异也缩小至 – 0.004 和 – 0.013。

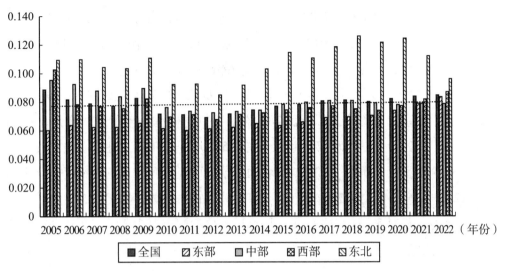

图 6－58　老年友好视域下生活环境指数时序变化（东西方向）

从南北视角下观察两大区域的城市生活环境指数变化（见图 6－59），在考察期间，南方地区的生活环境指数一直低于北方地区，并且到考察期末，这种差异有所扩大。2005 年，北方地区的城市生活环境指数相较于南方地区有较大的领先优势，但在 2006～2012 年，这一差距逐渐缩小。然而，自 2013 年起，两大区域之间的差异再次拉大。数据显示，2005～2022 年，南方地区的城市生活环境指数范围在 0.076～0.083 之间，而北方地区则在 0.094～0.095 之间。年均

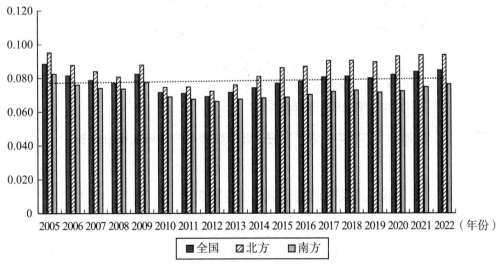

图 6－59　老年友好视域下生活环境指数时序变化（南北方向）

增长率分别为 −0.43% 和 −0.09%。由于增速的不同，南方与北方地区的城市生活环境指数从考察期初的 0.012 的差距扩大到了 0.018，增幅达到了 50%。这表明随着时间推移，南北之间的生活环境指数差距呈现扩大的趋势。

从城市群的角度分析，2022 年城市群生活环境指数排名如图 6−60 所示。在前 5 名中，京津冀城市群以 0.11787 的指数位居榜首，接下来依次是山西中部、关中平原、哈长以及北部湾地区。在后 5 名中，辽中南、呼包鄂榆和长江中游城市群分别占据了第 11、13 和 14 名的位置，而长三角和珠三角地区则分别排在第 12 和 15 名。值得注意的是，除了京津冀城市群之外，排名前 5 位的城市群在经济实力上相对薄弱；相比之下，排名后 5 位的城市群中，长三角和珠三角地区展现了强劲的经济发展势头，但它们的生活环境指数却明显低于经济表现较弱的山西中部等地区。

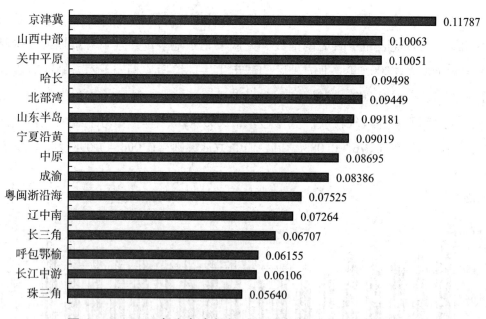

图 6−60 2022 年老年友好视域下城市群生活环境指数排名

（二）老年友好视域下政策支持的区域差异极小

城市政策在构建养老服务体系、强化老年群体医疗保障以及优化老年群体居住环境等多个维度上，无疑扮演着举足轻重的角色。政府的积极介入与支持，是实现"老有所安"社会愿景的基石，它不仅关乎老年群体的福祉，也是衡量一个城市社会发展水平的重要指标。深入探讨那些在 2022 年城市政策支持指数排名榜中名列前茅（见图 6 - 61）的城市，不难发现，其发展背后的驱动力是多方面的。

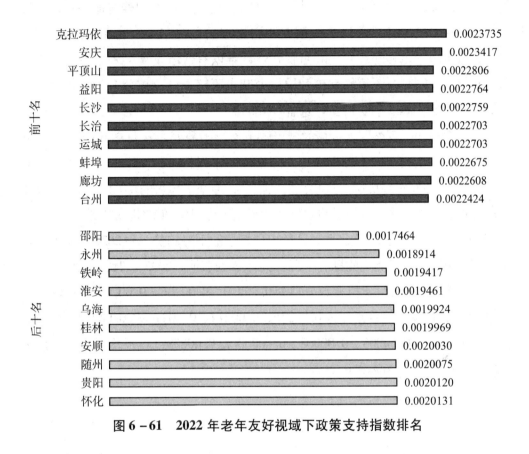

图 6 - 61　2022 年老年友好视域下政策支持指数排名

首先，克拉玛依之所以在政策支持方面表现出色，主要得益于其独特的经济结构和战略定位。作为新疆的一个重要城市，克拉玛依拥有丰富的石油资源，这为城市的经济发展提供了坚实的基础。在此基础上，克拉玛依市政府能够投入更多的资源和精力来完善养老服务体系，提升老年群体的生活质量。同时，克拉玛依还注重引进外部资源和技术，推动养老服务向专业化、智能化方向发展。此外，克拉玛依市政府还积极响应国家号召，出台了一系列支持养老服务的政策措施，如提供税收优惠、资金补贴等，这些措施有效激发了社会资本参与养老服务的积极性，进一步推动了养老服务的发展。

相比之下，桂林在政策支持方面表现欠佳的原因则相对复杂。首先，桂林作为一个旅游城市，其经济发展主要依赖旅游业和相关产业。然而，随着旅游市场的竞争加剧和游客需求的多样化，桂林的旅游业面临着越来越大的挑战。这在一定程度上影响了桂林市政府对养老服务的投入和支持力度。其次，桂林的公共服务体系和医疗资源相对薄弱，难以满足日益增长的养老服务需求。此外，桂林在养老服务方面的政策制定和实施方面也存在一定的滞后性和不足。例如，政策缺乏足够的针对性和可操作性，难以有效激发社会资本参与养老服务的积极性；同时，政策的宣传和推广力度也不够，导致部分老年群体对相关政策了解不足，难以享受到应有的福利和保障。

从东西视角下观察四大区域的城市政策支持指数变化（见图 6-62），东部和西部地区的指数变化趋势基本与全国平均水平保持一致。中部地区的情况有所不同，在 2006 年经历了一次较大的跌幅后，迎来了显著的增长，并在 2010 年首次超越了西部地区，此后两者之间的差距逐渐扩大。东北地区则是在 2005 年至 2013 年经历了显著增长之后，开始出现持续的下降趋势。到 2022 年基本形成了"东—中—西—东北"的排名格局。具体数据表明，2005 年时，东部、中部、西部和东北地区的政策支持指数分别为 0.00210、0.00206、0.00208 和 0.00202。到 2022 年，这些数值分别变为 0.00215、0.00214、0.00211 和 0.00210。相应的指数依次增长了 0.00005、0.00008、0.00003 和 0.00008，年平均增长率分别为 0.13%、0.2%、0.06% 和 0.21%。

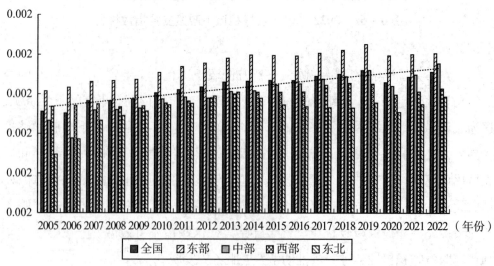

图 6-62 老年友好视域下政策支持指数时序变化（东西方向）

从南北视角下观察两大区域的城市政策支持指数变化（见图 6 - 63），2005～2022 年，南方和北方地区的政策支持指数分别波动在 0.00208～0.00213 和 0.00207～0.00212 之间。总体来看，北方地区的政策支持指数略低于南方地区，并且与全国平均水平的趋势相似，显示出增长速度相对较慢的特点。

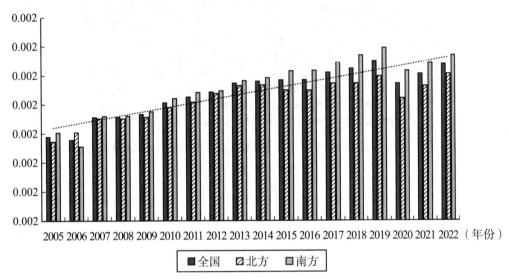

图 6 - 63　老年友好视域下政策支持指数时序变化（南北方向）

从城市群的视角来看，2022 年城市群政策支持指数排名如图 6 - 64 所示。长三角、山东半岛、珠三角分别位列第 1、第 2、第 3 名，这表明强劲的经济发展为实现"老有所安"的政策提供了有力的支撑。相比之下，京津冀城市群仅排名第 8 位，其中天津与北京在这项指数中的表现均不尽如人意，均未进入前 10 名。京津冀区域内的其他城市中，除了廊坊的城市政策支持指数排名较为靠前外，其余城市的表现普遍不佳，这也导致了整个京津冀城市群的整体排名较低。值得注意的是，排名第 4、第 5 和第 7 位的长江中游、北部湾以及粤闽浙沿海三大城市群，虽然这些地区的部分劳动力人口被邻近的长三角和珠三角城市群所吸引，导致本地人口结构老龄化问题日益突出，但这些城市群仍制定了相对较好的养老政策，因此在城市群政策支持指数排名中表现良好。

图 6 - 64　2022 年老年友好视域下城市群政策支持指数排名

第三篇
主　观　篇

第七章　整体性视域下城市高质量发展居民主观感受评价

第一节　总体评价

  城市是一个复杂的有机整体，其发展直接关系到亿万城乡居民的生活质量。当代城市的发展，不能只是简单地追求城市规模、生产总值增长等硬性指标的发展，更要关注城市与人民之间的内在联系，体现城市发展为人民服务的根本宗旨。城市发展必须坚持以"人民为中心"的重要原则。城市建设的出发点和落脚点，应当是提高人民生活水平、增进人民福祉。城市规划、建设、管理等各个环节，都要坚持人民利益至上，充分考虑居民的需求和期望，让城市发展成果惠及全体人民。城市发展还要注重提升人民的主观感受。城市建设的最终目的，是让居民充分感受到城市发展给生活带来的切实改善。以居民主观感受为导向的城市高质量发展评价迫在眉睫，尤其应把居民在对城市"获得感、满足感和幸福感"等方面的满意度，作为城市高质量发展的重要标准。城市发展也要实现整体性协调。城市的各项建设和管理，要体现系统性、整体性，协调好经济发展、社会进步、生态环境等各方面的关系，让城市呈现出良性互动、和谐共生的局面，让居民切实感受到城市发展的整体性成就。

基于此，为科学全面评判人民城市理念下我国城市高质量发展情况，依托 2020 年教育部重大课题攻关项目（20JZD012）、国家社科基金青年项目（23CTJ008）、全国统计科学研究项目（2023LY029）、陕西省经济高质量发展软科学研究基地，课题组在 2022 年"居民对城市高质量发展主观感受"调研问卷的基础上，深挖人民群众最关心的核心问题，同时结合党的二十大报告提出的"深入贯彻以'人民为中心'的发展思想，在幼有所育、学有所教、劳有所得、病有所医、老有所养、住有所居、弱有所扶上持续用力，人民生活全方位改善"。更具针对性地开展了"居民对城市高质量发展主观感受"问卷调研（2023），从而评判人民心中的"城市高质量发展"。问卷从城市政府善治能力、城市乐居环境质量、居民宜业环境质量以及城市居民生活品质 4 个方面，涵盖就业收入、生活压力、消费活跃、公共基础设施、政府善治能力、城市环境与氛围以及城市发展整体感受 7 个维度，对全国 47 个地级及以上城市进行城市高质量发展居民主观感受的整体性评价，持续跟踪调查居民对中国城市的获得感、满足感和幸福感。

本次调研通过问卷星平台进行了线上问卷发放，共回收有效问卷 46 653 份。其中，从年龄分布看，受访者年龄大多在 18～24 岁（占比 33.78%），30～44 岁以及 45～54 岁受访者人数分别占比 17.74% 和 17.68%；从文化程度看，受访者整体文化程度较高，本科学历受访者占比 38.42%，初中及以下学历受访者较少，占比 9.47%；从职业构成来看，学生群体占比最高（33.31%），其次是企业员工/务工（17.38%）；从收入水平看，月收入 5 000 元以下受访者最多，占比 65.32%，其次为 0.5 万～1 万元收入群体（22.78%），月收入 3 万元以上受访者占比仅为 1.96%；从居住时长来看，48.05% 受访者的城市居住时长在 10 年以上，因此，受访者对城市发展主观感受的反馈信息具有极高可信度；此外，有 46.14% 受访者在其他城市有过半年以上居留史，这可以使受访者更加客观地对城市高质量发展进行横向对比。

一、居民整体上对城市高质量发展主观满意度不高

如图 7-1 所示，居民对我国城市政府善治能力、宜居环境质量、宜业环境

质量以及生活品质的评价得分均值分别为3.59、3.61、3.53和3.04。由此可见，居民对城市高质量发展的主观评价普遍不高，且对生活品质的满意度最低，在未来的城市建设发展中，我国城市应更加关注居民的幸福体验并从多维度进行改进，从而提升居民的生活幸福感。

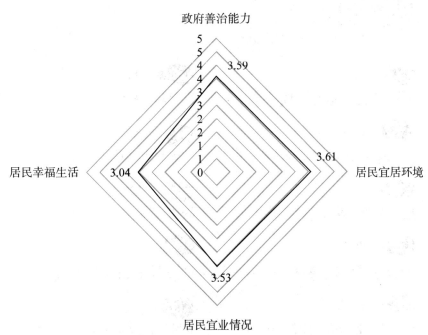

图7-1 2023年城市高质量发展居民满意度整体性得分

二、青岛城市高质量发展的居民主观满意度排名第一

2023年城市高质量发展居民满意度整体性得分排名如图7-2所示，一线城市中，除深圳以外，北上广全部跻身前10名，其中，广州、上海、北京分别居第2、3、6名。因此，整体而言，南方城市居民对城市高质量发展的满意度高于北方城市。其中，青岛在高质量发展方面表现非常优异，不仅是我国沿海的重要中心城市，更是北方的重要对外开放门户之一。此前，国务院批复了《青岛市国土空间总体规划（2021~2035年）》，要求强化其作为畅通国内国际双循环的重要节点作用，深度融入高质量共建"一带一路"，推进中国—上海合作组织

地方经贸合作示范区的建设。引领山东半岛城市群协同发展，加强青岛都市圈国土空间开发保护利用，促进形成主体功能明显、优势互补、高质量发展的国土空间开发保护新格局。

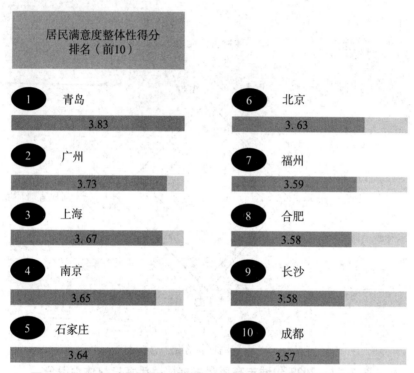

图 7 - 2 2023 年城市高质量发展居民满意度整体性得分排名

三、东部地区居民对城市高质量发展满意度更高

整体排名的区域分布如图 7 - 3 和图 7 - 4 所示。整体来看，东部地区的城市居民满意度相对更好，其次是中、西部地区。排位前 20 名的城市中，东部地区的城市占比为 70%，中部地区的城市占比为 20%、西部地区的城市占比为 10%；排位后 27 名的城市中，西部地区的城市占 15 席，中部地区的城市占 6 席，东部地区的城市占 3 席，东北地区的城市占 3 席。由此可见，居民对城市高质量发展主观感受基本与各区域经济发展水平相吻合。

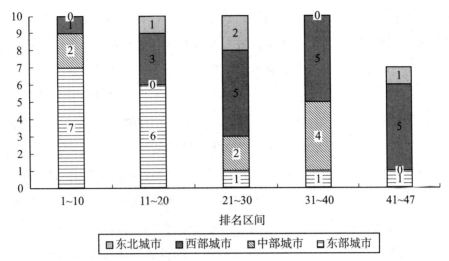

图 7 - 3 2023 年城市高质量发展居民满意度整体性得分空间分布（东西方向）

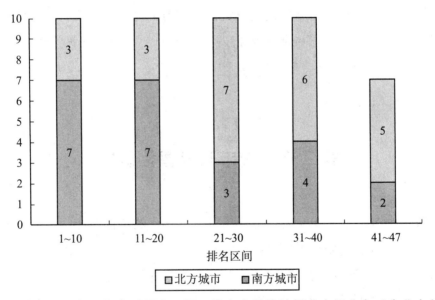

图 7 - 4 2023 年城市高质量发展居民满意度整体性得分空间分布（南北方向）

四、南方城市居民更认可城市高质量发展成果

在南北方向上，对城市高质量发展满意程度的比较中，一个显著的现象是南北城市之间的差异较为明显。具体来看，在满意程度排名前 20 的城市中，南方地区的城市占据了主导地位，占比高达 70%，显示出南方地区在推动城市高质量发

展方面取得了较为突出的成绩，居民的满意度相对较高。相比之下，北方地区的城市在这一区间内的占比仅为 30%，表明北方地区在提升城市高质量发展及居民满意度上还有较大的提升空间；排位后 17 名的城市中，南方地区的城市占比为 35%，北方地区的城市占比为 65%，这意味着在城市高质量发展及居民满意度的低分区，北方地区的城市的数量相对较多，反映出北方地区的部分城市在推动高质量发展和提升居民生活满意度方面面临更大的挑战，居民对城市高质量发展满意程度南北差异明显。然而，石家庄等的例子也表明，经济虽然是建设高质量城市的一大要素，但并非唯一因素。石家庄在产业结构优化、交通基础设施改善、营商环境优化、教育与人才培养以及生态文明建设等方面均取得了显著成效，这些努力共同提升了居民的生活质量和幸福感，因此，石家庄的高满意度排名不仅反映了其经济实力的增强，更体现了城市在多个维度上的均衡发展，证明了高质量城市发展是一个综合性的过程，需要多方面的努力和投入。其他北方地区的城市仍能从其中学习并改进自身方针，以达到更高的居民满意度。

第二节　城市政府善治能力

良好的城市政府善治能力是提升居民主观感受的关键所在。政府作为城市发展的核心引擎，其施政水平直接决定着居民的生活质量和满意度。政府应当具备有效的公共管理能力。这包括完善的公共服务供给体系、高效的城市基础设施建设、科学的资源配置等，以满足居民在教育、医疗、交通等方面的现实需求。只有政府能够以居民需求为导向，不断优化公共服务质量，居民的主观感受才能得到有效改善。政府还应当具有强大的风险管控能力，在面对日益复杂的城市发展环境时，政府需要提升对安全、环境、经济等领域风险的预防和应对能力，最大限度地减少各类危机事件对居民生活的负面影响。只有政府能够为居民营造安全稳定的生活环境，居民的主观幸福感才能得到增强。同时，政府也应当具备良好的公众参与机制。通过畅通的民意表达渠道、透明的决策过程、有效的民主监督等，使居民充分参与城市治理，充分表达自身需求和诉求。只有城市政府能够真正倾听和回应居民的声音，居民的主观认同感才能得到提升。本问卷主要从政府业务办理高效、投诉反馈及时、治安环境维护以及生态环境保护 4 个方面，进行居民对政府善治能力的评价调查。

一、城市善治能力总指数

（一）居民对城市高质量发展满意度的区域差异较小

如图 7 - 5 所示，居民对我国城市政府善治能力的评价中，排名前 10 的城市分别是青岛、北京、上海、深圳、合肥、广州、杭州、宁波、济南和石家庄。其中，青岛位列榜首，显示了该城市在管理效率和服务质量上的优秀表现；北京与上海紧随其后，这两座超大城市因其综合优势和强大的资源聚集效应，在居民满意度方面也取得了较高的评价。在排名后 10 位的城市中，包括哈尔滨、厦门、渭南、汉中、咸阳、重庆、延安、沈阳、榆林和呼和浩特。值得注意的是，哈尔滨、厦门和渭南分别位于倒数第 1、第 2 和第 3 的位置。对于这些城市的低评分，分析发现，西部地区的城市如渭南等，由于经济基础相对较弱以及地理条件的限制，政府在推动城市发展过程中面临较大的挑战；对于东北地区的城市如哈尔滨等，则主要是因为老工业基地转型缓慢，经济发展动力不足，导致政府从根本上缺乏提升效能的空间。厦门虽然以其得天独厚的自然环境和丰富的旅游资源而闻名，经济和社会发展取得了显著成就。但是，居民对政府治理能力的主观感受却相对较低，背后反映了厦门特有的多方面挑战，比如随着旅游业的迅猛发展，厦门面临着巨大的游客流量压力，这对城市的交通管理、环境卫生维护以及文化遗迹保护提出了更高要求。尽管政府采取了一系列措施，如增设公交线路、加强景区管理等，但面对快速增加的游客量，这些措施的效果有限，导致交通拥堵、环境污染等问题依然突出，影响了居民的生活质量和对政府治理效率的满意度。在公共服务方面，厦门居民的需求日益增长且多样化，特别是在教育和医疗领域。其中，教育资源分配不均的现象尤为明显，优质的教育资源集中于少数学校，例如，有限的高中资源基本分布在厦门的十大高中，来自非这些学校的学生则更难考上相对好的大学，这就逐渐加剧了教育资源的竞争和不平等。医疗资源方面，随着人口老龄化的加速，医疗服务的需求持续上升，但医疗资源的供给却未能同步跟上，尤其是在基层医疗服务方面，存在设施落后、专业人才短缺等问题，导致居民对医疗服务难以满意，直接影响了居民对政府提供公共服务能力的信任度。居民对政府治理能力和公共服务水平的评价，很大程度上取决于个人的实际体验和期望值，所以厦门居民的期望随着社会经济的发展而不断提高，他们希望享受到更加高效、便捷、公平的公共服务。当政府提供的服务与居民的期望存在差距时，这种落差会进一步降低居民的满意度。不同群体基于自身的利益诉求和生活经历，对政府治理能力的看法也存在差异，这增加了提升居民满意度的复杂性。

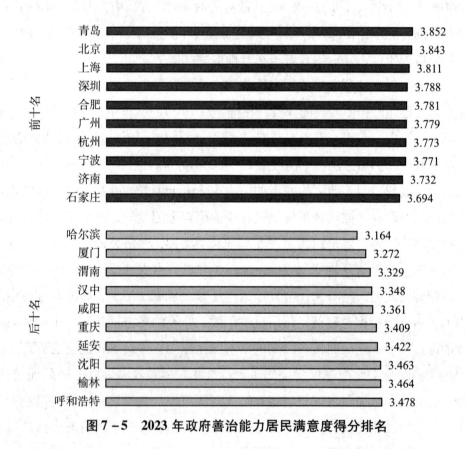

图 7-5　2023 年政府善治能力居民满意度得分排名

如图 7-6、图 7-7 所示，城市政府善治能力评价排名前 20 的东部地区的城市有 12 个，中部地区的城市有 2 个，西部地区的城市有 5 个，东北地区的城市有 1 个，南方地区的城市有 13 个，北方地区的城市有 7 个。相比之下，排名后 27 的东部地区的城市有 4 个，中部地区的城市有 6 个，西部地区的城市有 14 个，东北地区的城市有 3 个，南方地区的城市有 10 个，北方地区的城市有 17 个。从数据可以看出，东部地区的城市和南方地区的城市在政府治理能力方面表现较好，中西部及北方地区的城市在这方面还有待改进。这是因为东部和南方地区的城市通常具有更好的经济发展水平和社会基础设施建设，使得这些区域的城市能够更好地提供公共服务并实施有效的政策。此外，这些城市还受益于地理位置的优势，例如靠近海洋或主要交通路线，从而吸引了更多的投资和人才。相反，中西部和北方地区的城市往往面临着更大的发展压力，常见问题有资源匮乏、人口流失等，这些问题将阻碍政府治理能力的提升，并且不断恶性循环。

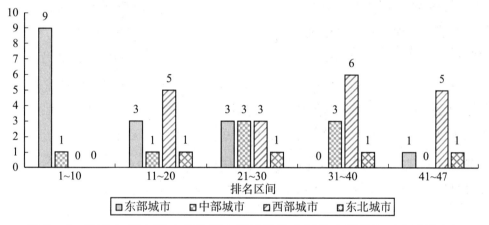

图 7-6　2023 年城市政府善治能力居民满意度得分空间分布（东西方向）

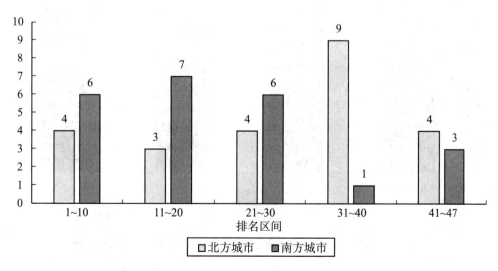

图 7-7　2023 年城市政府善治能力居民满意度得分空间分布（南北方向）

（二）城市治安环境更令居民感到满意

具体来说，图 7-8 显示了受访者对城市善治四个方面的满意度。其中，在对城市环境的满意度调查中，受访者对"城市治安环境"的评价较为积极，满意度达到了 64.36%，具体来讲，约 19.67% 的人表示"非常同意"，44.69% 的人则表示"同意"。这一结果表明，居民普遍认为城市在安全和环保方面的表现良好，反映了城市管理和社会治理的有效性。然而，当调查转向"投诉回应速度"和"业务办理"时，结果却相对不尽如人意。这两个方面的满意度分别为48.40% 和 45.54%。特别是在"业务办理"方面，有 16.46% 的居民表示不满意，且这是所有调查项目中不满意率最高的。这显示出不少居民对政府在处理投诉和业务办理的效率与便利性表示失望。此外，针对"投诉回馈"，同样有12.21% 的受访者表示不满，这进一步表明市民与政府之间的反馈机制仍有待完善。虽然对治安和生态环境的满意度有所提高，但少量居民仍对这两个方面持保留态度，分别为 6.53% 和 9.18%。这表明，尽管整体满意度较高，但在个别细节上仍需关注和改善。总的来说，提升居民对"投诉回馈"和"业务办理"的满意度成为迫在眉睫的任务。但同时，城市管理者还需持续努力改善治安和生态环境，以进一步提升居民的总体满意度，实现更好的城市生活质量。

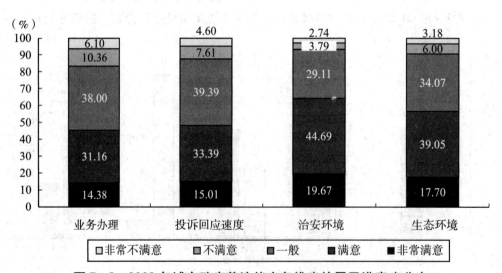

图 7-8 2023 年城市政府善治能力各维度的居民满意度分布

二、城市政府善治能力分指标

（一）东部地区和南方城市居民对政府业务办理效率认可度更高

政府业务办理的效率和服务质量是衡量城市政府善治能力的重要指标之一。高效的业务办理流程不仅能够提升市民的生活便利性，还能够增强公众对政府的信任和支持。在现代社会，随着信息技术的发展，数字化和智能化服务已成为提升政府服务水平的关键手段。一个能够提供快速响应、便捷操作且透明公开的服务平台，可以极大地简化市民办理业务的过程，减少不必要的等待时间和往返次数，从而提高整体满意度。政府业务办理的高效运作还体现了政府机构的组织能力和执行效率，当政府能够及时有效地回应民众的需求时，它就能够更好地履行其职责，促进社会和谐稳定。反之，如果业务办理流程复杂烦琐、响应迟缓，会导致公众产生不满情绪，进而影响政府的形象和公信力。因此，优化政府业务办理流程不仅是提高行政效率的需要，也是构建和谐社会的重要组成部分。通过简化手续、推行电子政务、提供一站式服务等方式，不仅可以减轻市民负担，还能促进政府职能转变，使政府更加贴近民众，更好地服务于民。综上所述，政府业务办理的优化对提升政府善治能力至关重要。

如图7-9所示，居民对我国城市政府业务办理效率的评价存在明显差异。杭州、宁波、深圳、北京、合肥、上海、济南、长沙、拉萨和海口被评为前10名，汉中、重庆、厦门、哈尔滨、渭南、榆林、长春、咸阳、乌鲁木齐和铜川则被评为后10名。在非一线城市中，杭州与宁波的表现尤为亮眼，尤其是杭州，凭借其繁荣的互联网产业，显著推动了政府服务的数字化进程，极大提升了行政效率。相比之下，汉中、重庆及厦门在这方面稍显不足。总体而言，深圳、北京和上海等一线城市的互联网产业发展强劲，不仅提高了办事效率，还增强了政策的透明度。然而，排名靠后的城市多面临经济发展水平较低的问题，导致地方政府在优化服务流程和改进政策方面资源有限。其中，重庆市政府业务办理效率居民满意度较低的原因，可能涉及政务新媒体和网站管理不规范，如自查整改不彻底、内容建设不到位、监管责任不落实等，导致服务质量和效率未能满足公众期待。厦门作为一座美丽的海滨城市，旅游业发达，但在政府业务办理高效性方面却表现不佳，原因可能是多方面的，包括但不限于作为一个旅游城市，游客众多，这对政府的公共服务提出了更高的要求。同时，厦门作为一个岛城，地理条件有限，可能会影响政府的办事效率。

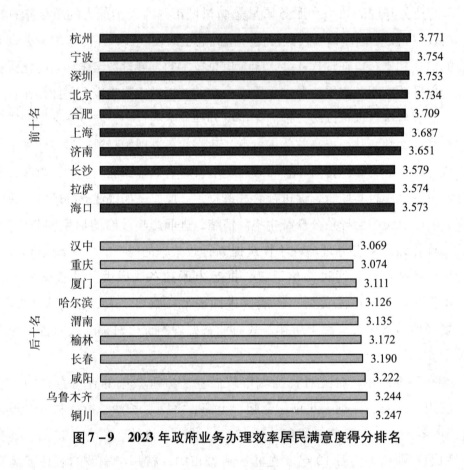

图 7 - 9　2023 年政府业务办理效率居民满意度得分排名

　　如图 7 - 10 所示，对回收的有效问卷进行了详细的分析。在这些问卷中，有 45.54% 的受访者明确表示他们认同城市政府的业务办理是高效的，这个比例接近一半，表明大部分受访者对于城市政府的工作效率持肯定态度。其中，有 38.00% 的受访者认为城市政府的业务办理是一般的，这个比例超过了 1/3。此外，有 16.47% 的受访者表示他们并不认同城市政府的业务办理是高效的，这个比例虽然相对较小，但也意味着有相当一部分的人对于城市政府的工作效率存在质疑和不满。我国城市政府的业务办理水平总体上得到了不到半数人的认可，表明在业务办理这方面还有待提升，政府需要更多去倾听民众的声音并结合现有条件，如互联网等手段去提升业务的办理能力，以让居民满意度更高。

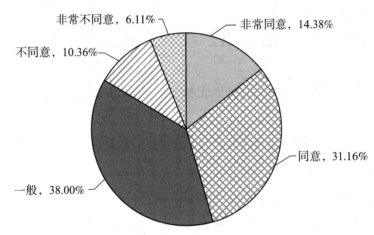

图 7-10　2023 年城市政府业务办理效率居民满意度分布

　　如图 7-11 所示，对全国各城市政府业务办理效率进行了综合评估并进行排名。结果显示，排位前 20 名的城市中，东部地区的城市占据了"半壁江山"，达到了 10 个，中部地区的城市也有 4 个城市位列其中，西部地区的城市有 5 个，东北地区的城市有 1 个，南方地区的城市更是占据了 16 个席位，北方地区的城市则有 4 个。然而，对于后 27 名时，东部地区的城市有 6 个，中部地区的城市同样有 4 个，西部地区的城市却增至了 14 个，东北地区的城市有 3 个，南方地区的城市有 7 个，北方地区的城市则有 20 个。这种对比鲜明的结果显示出，东部和南方地区的城市在政府业务办理效率方面表现比西部和北方地区的城市更出色。由此可见，东部和南方地区的城市在政府业务办理效率方面具有显著优势，但中西部和北方地区的城市在这方面还需加强改进。这与各个区域的经济发展状况、人口密度、基础设施建设等因素有关。为了提高整个国家的政府服务质量和效率，需要关注到这些差异，制定出针对性的策略，以便在全国范围内推动政府业务办理效率的整体提升。

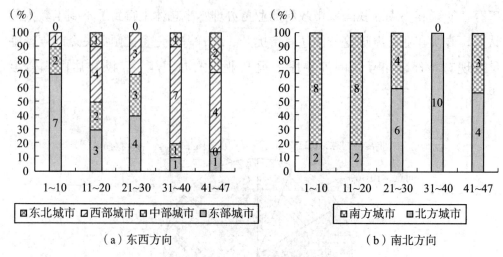

（a）东西方向　　　　　　　　　　（b）南北方向

图 7 - 11　2023 年城市政府业务办理居民满意度得分空间分布

（二）近半数居民对市政投诉回应速度感到满意

政府对于投诉回应的及时性是衡量其善治能力的重要指标之一。及时响应并妥善处理公众的投诉不仅能提升政府的服务效率，还能增强公众对政府的信任感和满意度。当政府能够迅速回应民众关切并解决实际问题时，它不仅展现了高效运作的能力，还体现了对公民权利的尊重和保护。从善治的角度看，政府对待投诉的态度和处理方式直接关系到政府与公民之间的互动质量。一个能够积极听取意见并迅速采取行动的政府，更容易获得公众的支持和合作。反之，如果投诉长时间得不到处理或反馈，会导致民众对政府产生不信任感，甚至可能导致社会矛盾的积累。因此，建立一套高效、透明的投诉处理机制对于政府来说至关重要。这包括设立专门的投诉渠道，确保信息传递畅通无阻；建立明确的处理流程和时限，确保每一份投诉都能得到及时响应；以及定期公布处理结果，让公众了解自己的声音被认真对待。如图 7 - 12 所示，居民对我国内地城市市政投诉回应及时性进行了一次全面的评价。在这份榜单中，青岛作为北方重要的工业城市再次脱颖而出，荣登榜首。这座城市不仅拥有强大的经济实力，还能够高效、专业地处理居民投诉，这得益于其完善的制度和健全的法律体系。青岛市政府通过多种手段不断提升公共服务质量，确保市民的诉求得到及时响应和有效解决，从而进一步增强了市民的满意度和幸福感。紧跟其后的分别是广州和石家庄，这两个城市也在处理投诉反馈方面表现出了良好的服务质量和响应速度。然而在这份榜单的后半部分，哈尔滨、汉中、渭南、厦门、延安、沈阳、咸阳、铜川、乌鲁木齐和榆林处于倒数 10 名。其中，哈尔滨、汉中和渭南更是位于最后 3 名的位置。这意味着这些城市在处理居民投诉的问题上明显存在不足，需要进一步改进和完善。

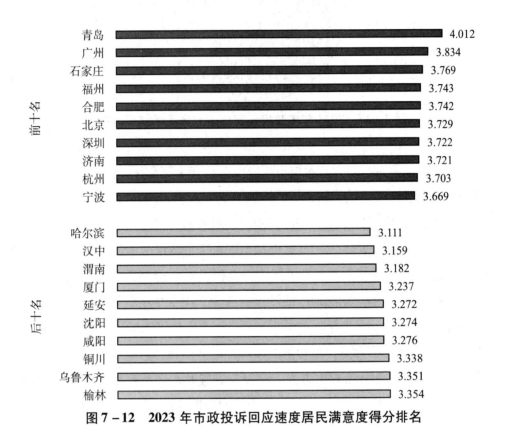

图 7 - 12　2023 年市政投诉回应速度居民满意度得分排名

　　如图 7 - 13 所示，从回收的有效问卷来看，大约有一半（48.40%）的受访者认为他们所在的城市政府在回应投诉是及时的，这意味着大部分居民对于政府的服务效率持肯定态度，一部分人（39.39%）表示，他们觉得城市政府在回应投诉时的效率只是一般，这个比例超过了 1/3，少数人（12.22%）明确表示他们不认同城市政府在回应投诉时的及时性。虽然我国半数城市政府在回应投诉方面得到了居民的认可，但是仍然存在很大的上升空间，各城市政府应该通过设立一些监督部门以保证各机关能及时跟进、回应市民的诉求。

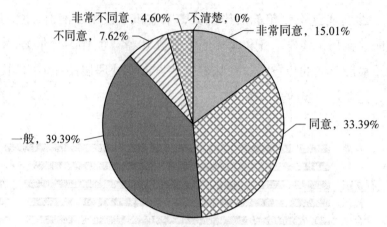

图 7 – 13 2023 年市政投诉回应速度居民满意度分布

如图 7 – 14 所示，通过对比城市政府投诉回应速度及时评价的排名情况，可以发现一些趋势。从地域分布来看，排位前 20 名的城市中，有 12 个东部地区的城市、2 个中部地区的城市、4 个西部地区的城市和 2 个东北地区的城市，南方地区的城市占据了 13 席，北方地区的城市则有 7 个城市进入前 20 名。可见东部地区和南方地区的城市政府在投诉回应方面很及时，能够迅速有效地解决居民的问题。在后 27 名中，东部地区的城市有 4 个，中部地区的城市有 6 个，西部地区的城市有 15 个，东北地区的城市有 2 个，南方地区的城市有 10 个，北方地区的城市则有 17 个。可见，尽管东部和南方地区的城市在整体上表现较好，但仍有一些城市在投诉反馈效率方面有待提高。同时，中西部和北方地区的城市在这一领域的表现相对较弱，需要更多的努力来提升投诉回应的效率。

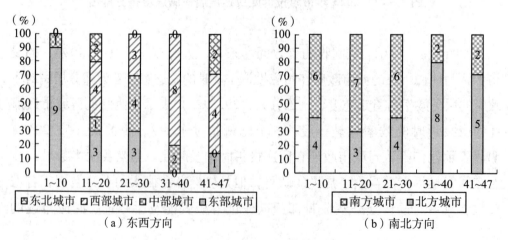

图 7 – 14 2023 年市政投诉回应速度居民满意度得分空间分布

（三）城市治安环境维护的居民主观满意度较高

图 7 - 15 的调查数据显示，我国城市政府在治安环境维护方面的居民满意度呈现明显差异。北京、乌鲁木齐和青岛凭借其卓越的治安维护工作，获得了居民的高度评价，分别位列前 3 名。作为国家首都，北京在治安维护方面不仅投入了大量资源，并且得到了从中央到地方各级政府的高度重视。城市中遍布先进的监控系统，这些高科技设备覆盖了城市的每一个角落，为警方提供了实时的信息支持，大幅提升了犯罪预防和侦破的能力。此外，北京的警务系统高效运转，警员训练有素，响应迅速，确保了对各类治安事件的快速处置。更重要的是，无数市民积极参与到治安维护中，与警方密切配合，形成了警民携手共进的良好氛围。这种全方位、多层次的努力，共同造就了北京治安维护效果的突出表现，为居民和游客提供了安全、和谐的生活环境。乌鲁木齐和青岛则因高效的治安管理和先进的安全措施也表现良好。上海、天津、广州、合肥、宁波、深圳和杭州等城市也在满意度评价中名列前茅，展现了他们在经济发展的同时，

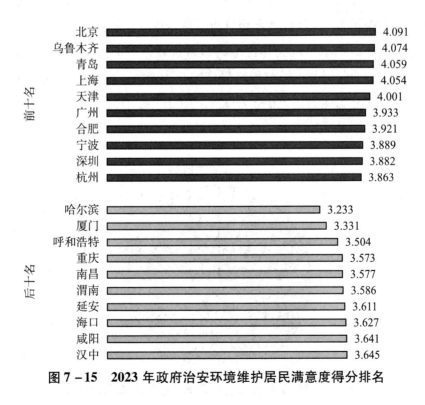

图 7 - 15　2023 年政府治安环境维护居民满意度得分排名

对治安维护的重视和投入。然而，哈尔滨、厦门、呼和浩特、重庆、南昌、渭南、延安、海口、咸阳和汉中等城市在治安环境维护方面的满意度较低，尤以哈尔滨、厦门和呼和浩特得分最低，需要引起当地政府更多的关注和改进。

数据反映了我国城市在治安环境维护上的差异，也揭示了不同城市在治安管理上存在的挑战和改进空间。领先的城市应保持高标准的治安管理，而落后城市则需加大投入，改善安全防范体系，提升居民安全感和满意度。政府和相关部门还需加强治安维护工作的监管和评估，确保措施的有效实施，并通过与居民的沟通，了解需求，调整治安政策，创建和谐、安全的社区环境。治安环境维护是城市发展的重要环节，直接影响居民生活质量和社会稳定。通过不断努力和改进，期待我国的城市能在治安环境维护上取得更大进展，为居民创造一个更加安全、和谐的生活环境，以支撑城市实现高质量发展。

如图 7 - 16 所示，在回收的有效问卷中，有 64.36% 的受访者表示同意城市治安环境维护较好，占比接近 2/3；有 29.11% 的受访者表示城市政府治安维护一般，占比接近 30%；仅有 6.52% 的受访者表示不同意城市政府治安维护良好，占比不到 10%。由此可见，我国的城市政府在维护治安环境方面表现得较为出色，这一努力得到了广大居民的积极认可。调查中表达不满的受访者仅占少数，这表明城市政府的治安管理工作已取得显著成效，但仍需关注这些负面反馈，以求全面优化，确保每位市民都能感受到安全和谐的生活环境。这不仅彰显了政府在治安治理上的能力，也提示在未来的工作中，应继续精益求精，全面系统地提升城市安全水平。

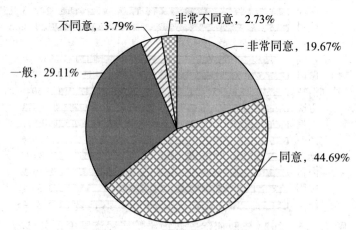

图 7 - 16 2023 年城市治安环境维护居民满意度分布

如图 7 - 17 所示，在排位前 20 名的城市中，东部地区的城市占了 11 席，中部地区的城市有 1 个，西部地区的城市有 7 个，东北地区的城市有 1 个，南方地区的城市有 8 个，北方地区的城市则有 12 个。这表明东部和北方地区的城市在治安环境维护方面表现良好，得到了居民的较高评价。排位后 27 名的城市中，东部地区的城市有 5 个，中部地区的城市有 7 个，西部地区的城市有 12 个，东北地区的城市有 3 个，南方地区的城市有 15 个，北方地区的城市有 12 个。这表明尽管东部和北方地区的城市在整体上表现较好，但在某些地方仍然存在治安环境维护方面的问题。相较之下，中西部及南方的部分城市在该领域尚有较大发展潜力，具有更多的改进与优化机会。

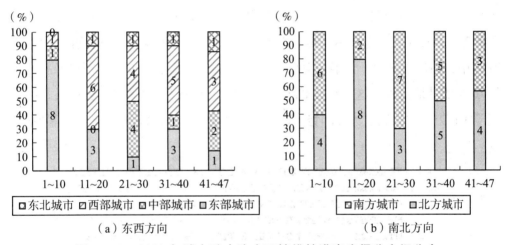

图 7 - 17　2023 年城市政府治安环境维护满意度得分空间分布

（四）东部地区城市生态环境令居民感到更舒适

政府生态环境保护的重要性不仅体现在维护自然生态系统的健康和稳定上，也是实现可持续发展目标的关键要素。良好的生态环境是人类生存和发展的基础，它关系到空气和水质的质量、生物多样性的保护以及应对气候变化的能力。政府在生态环境保护方面扮演着至关重要的角色，其作用包括但不限于制定环境保护法律和政策、监测环境质量、实施生态保护项目以及促进绿色经济的发展。政府善治能力与生态环境保护紧密相关。一方面，政府需要具备强大的执行力来确保环保法律法规得到有效实施，这包括对污染行为的严格监管和处罚。另一方面，政府还需要具备前瞻性的规划能力，通过制订长期的战略计划来引导社会和经济活动向更加环保的方向发展。此外，政府还需要具备良好的协调能力，能够平衡经济发展与环境保护之间的关系，在促进绿色低碳经济的发展之余保障人民的福祉和社会的可持续发展。

如图 7-18 所示，通过对居民对我国城市政府生态环境保护满意度的调查结果进行分析，可以发现，青岛、广州和上海这三个城市在生态环境保护方面获得了最高的评价，分别位列前 3 名。其中，青岛以其优秀的环保工作和美丽的自然景观赢得了居民的高度赞赏，居于首位，其不但有完善的环保法规，如《青岛市生态环境保护责任清单》明确了各部门的环保职责，确保环境保护工作得到有效落实，更在环保技术方面进行了大量投入，建设了先进的污水处理厂、垃圾处理设施和空气净化系统，这些设施有效减少了污染物的排放，改善了城市的生态环境。广州和上海凭借其在环保政策和实践方面的积极行动，分别位列第 2 名和第 3 名，也展示了他们在环保方面的杰出表现。在满意度评价的前 10 名中，福州、深圳、安康、南京、石家庄、北京和合肥也表现不错，占据了前 10 名的其他位置。这些城市不仅在经济发展上取得了显著成绩，而且在生态环境保护方面也做出了大量的努力，确保了居民的居住环境质量和生活幸福感。

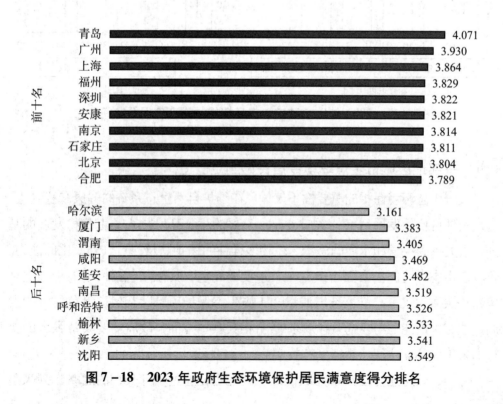

图 7-18　2023 年政府生态环境保护居民满意度得分排名

在排名的末尾，哈尔滨、厦门、渭南、咸阳、延安、南昌、呼和浩特、榆林、新乡和沈阳等城市在生态环境保护方面的满意度评价较低，被列入后10名之列。尤其是哈尔滨、厦门和渭南，在满意度评价中得分最低，位列最后3名。这无疑与这些城市面临的环境污染问题、环保措施的落实程度等因素有关，当地政府部门需要更加密切地关注并加以改善。

从图7-19的数据可以看出，我国城市政府在生态环境治理方面得到了大部分受访者的肯定，这表明政府在环境保护方面所做的努力已经初见成效。然而，仍有部分受访者认为城市政府在环境保护方面有待提高，可能由于政府在处理环境问题时即使有完善的法规，却缺乏有力的执行，这造成了不环保的成本比环保的成本低得多，因而无法保护环境。各城市政府应借鉴国内外先进经验，结合本地实际情况，探索出适合自己的环保模式和策略，不断提高环保工作的科学性和有效性，只有这样，才能真正实现可持续发展，为市民提供更好的生活环境和更高的生活质量。

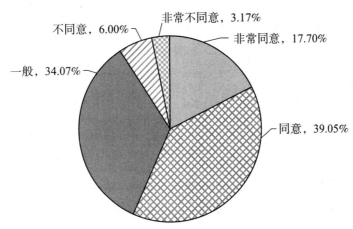

图 7-19　2023 年城市政府生态治理居民满意度分布

根据图7-20的调查结果显示，我国不同地区城市在生态环境保护方面的表现存在差异。在排位前20名的城市中，东部地区的城市数量最多，达到11个，其次是南方地区的城市，共有13个，中部地区的城市有2个，西部地区的城市有6个，东北地区的城市有1个。在排位后27名的城市中，北方地区的城市数量最多，达到了17个，其次是西部地区的城市有13个，东部地区的城市有5个，中部地区的城市有6个，南方地区的城市有10个。

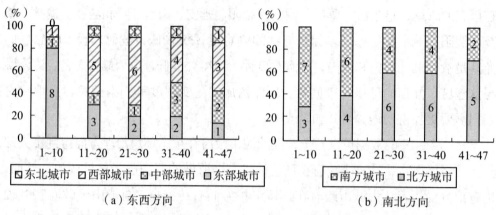

图 7-20 2023 年城市政府生态环境保护居民满意度空间分布

数据表明，东南沿海城市居民对生态治理满意度较高。造成这种差异的原因有很多，除了经济发展水平、产业结构以外，环保意识和政策执行力度也起到至关重要的作用。东部地区由于经济较发达，更注重环保投入和技术创新，因此在生态环境保护方面取得了较好的成果，青岛就是其中最好的例子。然而中西部地区则因为资源和资金有限，在环保方面的投入和建设相对较弱。为了提升生态环境保护水平，各地区可以根据自身的具体情况采取有效的措施。例如，中西部地区可以加大对环保资金的投入，推动绿色产业的发展，增强公众的环保意识等。政府也可以通过立法和政策引导，鼓励环保技术和应用的创新，提高生态环境保护的效果和效率。除了政府的努力外，生态环境保护还需要社会各界的共同参与。公众、企业、非政府组织等都可以发挥作用，形成全社会共同推进生态环境保护的良好氛围。通过大家的共同努力，相信我国的城市可以在生态环境保护方面取得更大的进步，为建设新时代美丽新中国作出贡献。

第三节　城市乐居环境质量

城市作为经济社会发展的重要平台和人民群众生产生活的主要空间，其环境质量直接关系到居民的幸福感和社会的可持续发展。党的二十大报告进一步指出，要深入实施以人为核心的新型城镇化战略，推进以县城为重要载体的城镇化建设，促进大中小城市和小城镇协调发展，使人民获得感、幸福感、安全感更加充实、更有保障、更可持续。在此背景下，城市乐居环境质量的提升，不仅是满足人民日益增长的美好生活需要的必然要求，也是推动城市高质量发展的关键所在。

本节将从"城市教育环境""城市医疗环境""城市 15 分钟生活圈建设"以及"城市市政建设"四个角度，综合评估我国城市居民对城市乐居环境质量的主观感受与评价。通过收集并分析大量数据，本节将揭示哪些城市在这四个关键领域表现卓越，是居民向往的宜居之地；同时，也将关注那些存在不足与挑战的城市，探讨其改进方向与策略。本报告通过本节的评价与分析，旨在为政府决策提供科学依据，推动各地政府以人民为中心的发展思想为指导，进一步加强城市乐居环境建设，提升居民的幸福感和获得感。同时，也希望通过本节的研究，唤起社会各界对城市乐居环境质量的关注与重视，共同推动我国城市向更加宜居、宜业、宜游的方向发展。

一、城市乐居环境质量总指数

（一）排名前 10 城市居民对乐居环境满意度的差异较小

2023 年城市乐居环境质量的居民满意度得分排名如图 7-21 所示。排名前 10 位的城市分别为青岛、广州、上海、北京、石家庄、长沙、南京、合肥、成都和福州。排名后 10 位的城市分别为汉中、哈尔滨、厦门、渭南、延安、西宁、宝鸡、铜川、新乡和榆林。究其原因，城市乐居环境质量的居民满意度得分排名差异显著，其原因可以从城市教育环境、城市医疗环境、城市 15 分钟生活圈建设以及城市市政建设四个角度进行综合分析。首先，从城市教育环境来看，排名靠前的城市如青岛、广州、上海和北京，通常拥有较为丰富的教育资源和较高的教育质量。这些城市的教育资源配置较为均衡，能够满足居民对高质量教育的需求，从而提升了居民的教育满意度。排名靠后的城市如汉中、哈尔滨等，在教育资源的分配和质量上存在不足，影响了居民的教育满意度。其次，城市医疗环境对居民满意度同样至关重要。排名靠前的城市如北京、南京，其医疗服务满意度较高，与这些城市较为完善的医疗资源和政策环境有关。排名靠后的城市则面临医疗资源不足、医疗服务质量不高等问题，导致居民就医满意度较低。再次，城市 15 分钟生活圈建设对居民日常生活的便利性有着直接影响。例如，上海市在 15 分钟社区生活圈规划研究与实践方面取得了显著成效，居民能够在 15 分钟内便捷地获取日常生活所需服务，如购物、餐饮和娱乐等，这显著提升了居民的满意度。然而，排名靠后的城市在生活圈建设上存在不足，导致居民在日常生活中感到不便。最后，城市市政建设包括基础设施和公共服务设施的建设，对居民的生活质量有着基础性影响。排名靠前的城市往往在市政建设上投入较多，基础设施完善，公共服务设施覆盖广泛，从而提高了居民的满意度。然而排名靠后的城市在市政建设上存在短板，如基础设施老化、公共服务设施不足，这些因素都将降低居民的满意度。总之，城市乐居环境质量的居民满意度得分排名是城市教育环境、城市医疗环境、城市 15 分钟生活圈建设以及城市市政建设四个关键因素共同作用的结果，政府更应该重点关注这四个方面的建设，从而全面提高城市乐居环境质量。

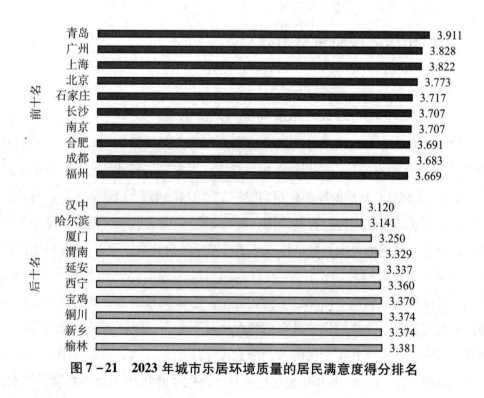

图 7-21　2023 年城市乐居环境质量的居民满意度得分排名

　　2023 年城市乐居环境质量的居民满意度得分空间分布情况如图 7 – 22 所示。东西方向上，居民对于城市宜业环境质量的评价展现出显著的"东强西弱"趋势。具体而言，排名前 20 位的城市中，东部城市占据了 13 个席位，这些城市包括青岛、广州、南京等新一线城市，以及石家庄等重要的省会城市。值得注意的是，东北地区的长春和大连也表现突出，成功跻身前 20 名，分别位列第 15 名和第 19 名。然而在排名后 17 位的城市中，西部城市占据了 12 个位置，显示出其在该方面的相对劣势。其中，东北的哈尔滨排在第 46 名。相比之下，中部城市在各个排名区间内的分布则显得较为均衡。

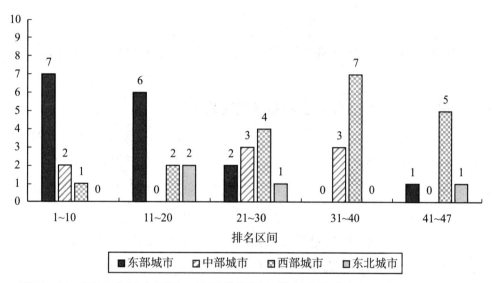

图 7 – 22　2023 年城市乐居环境质量的居民满意度得分空间分布（东西方向）

　　如图 7 – 23 所示，南北方向上，居民对城市乐居环境质量的主观感受同样展现出显著的"南高北低"趋势。排位前 20 名的城市中，南方城市占据了 13 个席位，而北方城市则占据了 7 席；排位后 17 名的城市中，南方城市占据 6 席，北方城市则占据了 11 席。这一分布格局清晰地揭示了当前居民对城市乐居环境质量主观感受中的"南北分化"现象，南方城市乐居环境质量整体上表现优于北方城市，北方城市应努力提高城市乐居环境质量以使居民对城市更加满意。

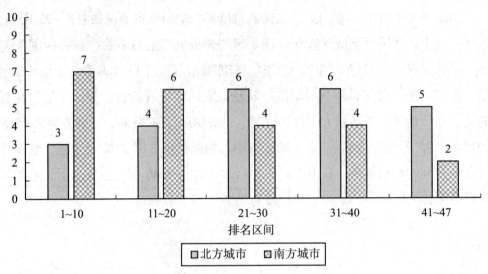

图 7 – 23　2023 年城市宜业环境质量的居民满意度得分空间分布（南北方向）

（二）居民对城市教育环境的满意度相对最高

具体来看城市乐居环境质量的四个方面，如图 7 – 24 所示，受访者对"15 分钟生活圈"建设的满意度最为显著，占比高达 55.08%，其中，16.59% 的受访者表示非常同意"城市的居住地步行 15 分钟范围内，教育、医疗、商场等生活基础服务设施齐全"，同意的受访者占比 38.49%，由此显示出"15 分钟生活圈"建设在城市发展中的核心地位。紧随其后的是公共医疗便捷和基础教育质优，分别占比 53.44% 和 52.67%。相比之下，城市市政建设的满意度则相对较低，占比为 47.88%。此外，居民对城市基础教育质优、公共医疗便捷、15 分钟生活圈和市政建设表示为一般的占比分别为 36.03%、35.53%、32.94% 和 34.78%。由此可见，受访者对"15 分钟生活圈"建设的满意度最高，这一现象源于以下几个关键因素。首先，"15 分钟生活圈"的概念直接关系到居民日常生活的便捷性，涵盖了教育、医疗、商场等基本服务设施，这些设施的可达性和多样性直接影响居民的生活质量。其次，随着城市化进程的加快，居民对于高效、便捷的生活环境的需求日益增长，"15 分钟生活圈"的建设恰好满足了这一需求，因此得到了较高的满意度。公共医疗便捷和基础教育质优的满意度紧随其后，这是因为健康和教育是居民最为关注的两个基本需求。优质的医疗资源和基础教育设施能够为居民提供更好的健康保障和教育机会，从而提升居民的生活满意度。然而，城市市政建设的满意度相对较低，这与市政建设的覆盖面广、投资大、见效慢有关，居民对市政建设的直接感受不如生活圈建设那样直观和迅速。此外，居民对各项指标表示为一般的占比相对较高，这反映出居民对城市乐居环境质量的整体期望较高，但实际体验与期望之间存在一定差距。这种差距源于城市基础设施建设的不均衡、服务设施分布的不均匀，或是居民对城市服务的个性化需求未能得到充分满足。因此，城市在推进乐居环境建设时，需要更加关注居民的实际需求，优化资源配置，提高服务效率，以缩小居民期望与实际体验之间的差距。

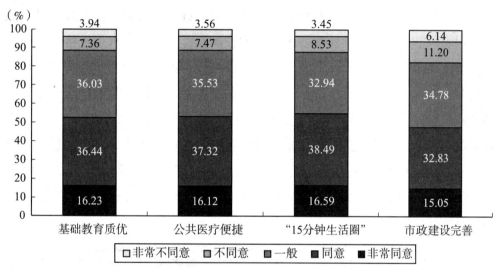

图 7-24　2023 年城市乐居环境质量各维度的居民满意度分布

二、城市乐居环境质量分指标

（一）居民对东部和南方城市教育环境满意度更高

教育是国之大计、党之大计，具有重要的里程碑意义。城市教育作为国家教育体系的重要组成部分，其重要性不言而喻。教育是民族振兴、社会进步的基石，是提升国民素质、促进人的全面发展的关键途径。在城市发展中，优质的教育环境不仅能够为居民提供公平而有质量的学习机会，还是吸引和培养人才的重要法宝。一个拥有良好教育环境的城市，能够更有效地促进知识创新、技术进步和经济发展，为城市的可持续繁荣奠定坚实基础。因此，优化城市教育环境，提升教育质量，应当作为城市发展战略的核心内容，通过持续投入和改革创新，确保教育成为推动城市高质量发展的强大引擎。

2023 年城市教育环境的居民主观满意度得分排名如图 7 – 25 所示。排位前 10 名的城市中，青岛以 4.023 分高居榜首，广州和上海分别以 3.883 分和 3.871 分紧随其后，排在第 2 名和第 3 名，福州、合肥、天津、石家庄和长沙等城市也跻身前 10 名。排位后 10 名的城市中，汉中、铜川和哈尔滨则排在倒数 3 名，延安、厦门、宝鸡、乌鲁木齐、渭南、榆林、咸阳等城市得分较低，由此显示出这些城市在教育环境方面仍有较大的提升空间。进一步分析，城市教育环境居民主观满意度的排名差异受到多种因素的影响。首先，教育水平直接影响居民的满意度。如青岛、广州和上海，因为较高的教育投入、优质的教育资源和较为均衡的教育机会分配，获得了较高的居民满意度。这些城市也拥有更多的高等教育机构、更丰富的教育资源以及更先进的教育理念，从而提升了居民的教育满意度。此外，教师支持也是影响教育满意度的重要因素，城市中教师与学生之间的良好互动提高了居民对教育环境的满意度。排名靠后的城市如汉中、铜川和哈尔滨，则面临着教育资源分配不均、教育质量不高和教育投入不足的问题。

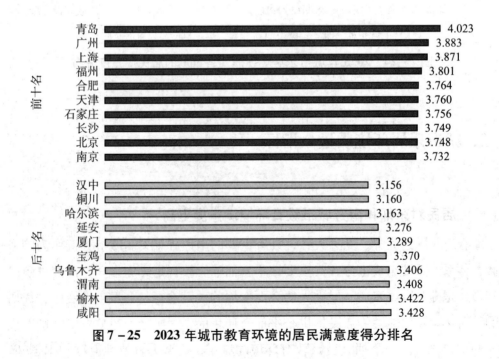

图 7 – 25　2023 年城市教育环境的居民满意度得分排名

这些因素导致居民对教育环境的满意度较低。同时，教育水平的区域差异也影响居民的满意度，城乡比例和人均可支配收入等经济因素对教育水平有正向影响，这间接影响居民的教育满意度。总之，城市教育环境居民主观满意度的差异与教育资源的分配、教育质量、经济水平以及教师支持等因素密切相关。这些因素共同作用，导致了不同城市居民对教育环境的满意度差异。

如图 7-26 所示，在回收的有效问卷中，16.23% 的受访者对"城市教育环境居民满意度"表示非常同意，另有 36.44% 的受访者表示同意，由此显示出较多居民对城市教育环境持有积极评价的态度。同时，36.03% 的受访者表示一般，而不同意和非常不同意的比例分别为 7.36% 和 3.94%，表明仍有一部分居民对教育环境存在不满。尽管如此，从总体上看，居民对城市教育环境的满意度较高，这反映了城市在教育资源配置和环境营造方面的成效，以及城市作为教育资源集聚地的吸引力。这一结果不仅体现了城市教育环境的竞争优势，也为未来城市教育政策的制定和优化提供了重要参考。

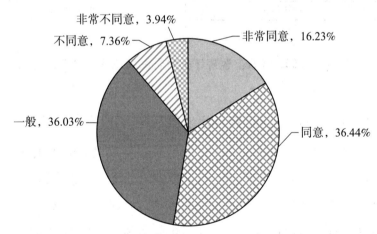

图 7-26　2023 年城市教育环境的居民满意度分布

如图 7-27 所示，分别展示了不同方向上居民对城市教育环境满意度的区间分布情况。从东西方向来看，居民普遍认为东部城市教育环境优越、资源丰富，优势显著，中部城市紧随其后，西部城市则稍显薄弱，而东北城市较为居中。具体而言，排位前 10 名的城市中，东部城市独占鳌头，占据 8 个席位；排位后 17 名的城市中，西部城市占据了 13 个席位。南北方向上，排位前 10 名的城市中，南方占比高于北方，呈现鲜明的"南高北低"分布格局。这一现象深刻揭示了不同地区城市居民对城市教育环境满意度的显著差异，东部与南方地区因教育资源更为丰富、学校设施更为完善，吸引了大量优质教育资源和人才聚集，从而提升了教育环境的整体满意度。这一结果不仅映射出地区间教育资源配置的不均衡现状，也为政府及相关部门在推动教育均衡发展、优化资源配置方面提供了重要参考与启示。

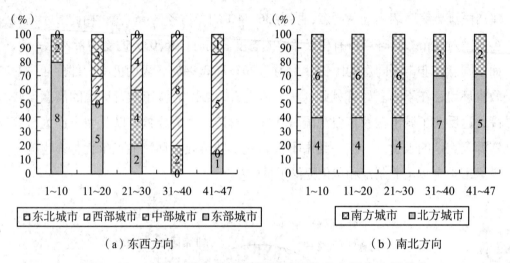

（a）东西方向　　　　　　　　（b）南北方向

图 7-27　2023 年城市教育环境的居民满意度得分空间分布

（二）半数以上居民对城市医疗环境感到满意

健康是人民群众的基本需求，医疗卫生事业是重大的民生工程，对于提升国民健康水平、促进社会和谐稳定具有重要意义。《"健康中国 2030"规划纲要》明确提出，要把人民健康放在优先发展的战略地位，努力全方位、全周期保障人民健康。城市医疗环境作为医疗卫生服务体系的关键组成部分，其质量和效率直接影响着城市居民的健康福祉和生活质量。良好的医疗环境不仅关乎居民"病有所医"的基本需求，更是城市吸引人口、留住人才的重要因素。一个医疗资源丰富、服务优质的城市，能够更有效地应对公共卫生挑战，保障居民健康，同时促进医疗健康产业的创新发展，为城市的全面可持续发展提供有力支撑。因此，优化城市医疗环境，提升医疗服务质量，应当成为城市发展战略的重要组成部分，通过加大投入、深化改革、创新机制，确保医疗卫生事业成为守护城市居民健康、推动城市高质量发展的坚实屏障。

2023 年城市医疗环境的居民主观满意度得分排名如图 7－28 所示。排位前 10 名的城市中，青岛以 3.927 分高居榜首，上海和北京分别以 3.899 分和 3.893 分紧随其后，排在第 2 名和第 3 名。广州、天津、长沙、福州、南京等城市也跻身在前 10 位，得分在 3.752～3.888 分。排位后 10 名的城市中，哈尔滨、汉中和铜川排在倒数 3 名，厦门、延安、西宁、商洛、渭南、新乡、咸阳等城市得分较低，由此显示出这些城市在医疗环境方面仍有较大的提升空间。进一步分析，这一结果受到多种因素的影响。首先，居民个人的户籍地、年龄、文化程度、身体健康、工作状态以及社会地位会显著影响医疗服务满意度。其次，医疗保险参保情况、医疗资源的便利性和可及程度对公众满意度产生重要影响。此外，就医体验方面，患者就医效率和质量直接影响居民公共卫生服务评价。这些因素共同作用，导致了不同城市居民在医疗环境满意度上的差异。因此，城市在提升医疗服务满意度方面需要综合考虑个体特征、政策环境以及就医服务等多个维度，以实现更全面和有效的改进。

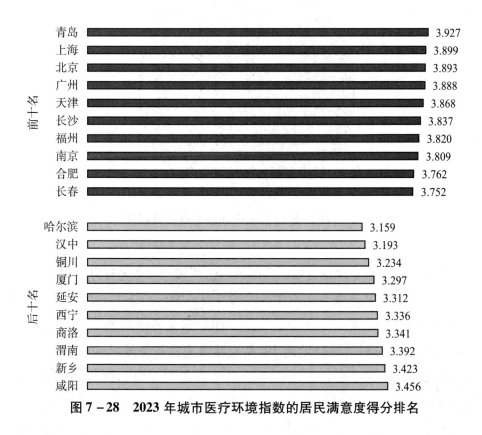

图 7－28　2023 年城市医疗环境指数的居民满意度得分排名

如图 7 - 29 所示，在回收的有效问卷中，对"您或您的家人在该城市能享受到公平、便捷、高水平的公共医疗"表示同意的受访者占比 53.44%，表示一般的受访者占比 35.53%，11.03% 的受访者对此表示不同意。由此可见，在当前经济环境下，大多数人对于城市的医疗环境保持较好的满意度，表明城市能够提供较为公平、便捷、高水平的公共医疗。但仍有超过 10% 的居民对城市医疗环境表示不满意，不仅源于医疗费用的持续上涨，还与区域内的医疗卫生情况密切相关。因此，政府需要关注这一反馈，深入研究基本医疗保障，以期制定出更具针对性的支持措施，减轻大众的就医经济负担，提升医疗质量。同时，也提示社会在关注经济增长的同时，应重视社会医疗保障体系的健全，以提高城市居民的身体健康水平。

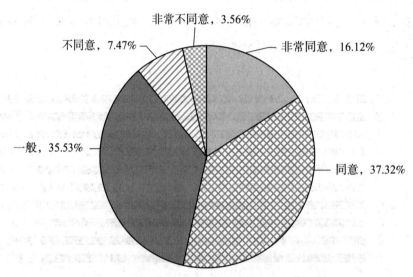

图 7 - 29　2023 年城市医疗环境的居民满意度分布

如图 7 - 30 所示，分别展示了不同方向上居民对城市医疗环境满意度的排名区间占比情况。从东西方向来看，居民普遍认为东部城市"医疗资源丰富，服务优质，满足就医需求"优势显著，中部和东北地区的城市表现均衡，西部地区的城市相对较弱。排位前 10 名的城市中，东部地区的城市占比高达 70%，中部城市紧随其后，占比 20%，其中青岛和上海名列前茅。排位后 7 名的城市中，东部、西部和东北地区的城市占比分别为 14%、72% 和 14%，中部城市未排在后 7 名。从南北方向分析，南方地区的城市在排位前 10 名的城市中占比 60%，北方地区的城市则占 40%；排位后 7 名的城市中，北方地区的城市则占据 4 个席位，显示出南方地区的城市在医疗环境上的整体优势。

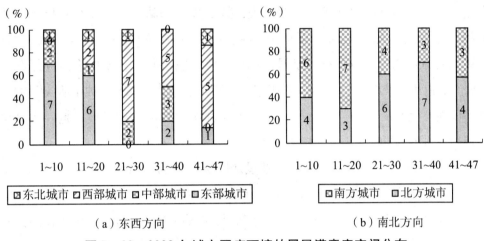

（a）东西方向 　　　　　　　　（b）南北方向

图 7－30　2023 年城市医疗环境的居民满意度空间分布

这一分布表明东部地区医疗水平领先，居民能够享受到高质量的医疗服务，这得益于区域内医疗资源的丰富、医疗技术的先进以及医疗体系的完善。中部地区的城市在医疗资源分布上展现出一定的平衡性，体现了区域发展的协调性。西部地区的城市整体面临医疗资源不足的挑战。然而北方地区的城市在医疗环境满意度上相对落后，反映出医疗资源分布不均、技术水平和就医便捷性上的不足。南方地区的城市在医疗环境上保持领先，但同样面临居民医疗负担加重的问题，这与区域经济发展、医疗资源分配及居民健康需求增长等因素有关。综上所述，不同区域在医疗环境建设上存在差异，需根据各自特点制定针对性策略，以提升整体医疗水平，满足居民日益增长的健康需求。

（三）城市"15 分钟生活圈"建设整体上令居民感到舒适

"15 分钟生活圈"作为一种城市规划理念，强调居民在步行或骑行 15 分钟内能够到达基本公共服务设施和日常所需服务，这种规划方式是城市乐居环境质量的重要组成部分。一方面，其可以提高居民生活便利性，居民可以在较短的距离内满足购物、就医、教育、休闲等基本生活需求，减少了通勤时间和交通成本，提高了生活的便捷性。另一方面，可以增强街道凝聚力，"15分钟生活圈"的建设通常伴随着街道公园、绿地和文化设施的增加，这些空间成为居民社交互动的场所，增强了邻里关系和街道凝聚力。此外，"15分钟生活圈"建设也是促进居民健康生活方式的重要手段，鼓励步行和骑行可以减少对机动车的依赖，有助于提高居民的身体活动量，减少慢性病的风险，促进公共健康。"15分钟生活圈"的理念与可持续发展目标相契合，它鼓励了资源的有效利用和环境保护，有助于构建绿色、低碳的城市生活环境。总之，"15分钟生活圈"的建设不仅能够提升居民的生活质量，还能够促进城市的可持续发展，是现代城市规划中不可或缺的一部分。

2023年城市"15分钟生活圈"建设居民满意度的排名如图7-31所示。对于"您在该城市的居住地步行15分钟范围内，教育、医疗、商场等生活基础服务设施齐全"的满意度调查中，排位前10名的城市中，上海、广州和长沙分别排在前3名，得分分别为3.810、3.798和3.757。紧随其后的是青岛、北京和合肥，分别占据第4、第5和第6的位置。由此可见，上海、广州和长沙的高排名体现出这些城市在"15分钟生活圈"建设方面的卓越表现。上海作为国内"15分钟生活圈"理念的首倡地，其背后的推动力离不开一系列前瞻性的政策规划和政府支持。上海市政府在近年来积极倡导并践行这一理念，通过出台相关政策文件，明确了构建"15分钟生活圈"的目标、任务和实施路径。这些政策不仅强调了公共服务设施的均衡布局，还注重提升居民的生活质量和幸福感，为"15分钟生活圈"的建设提供了坚实的政策保障；广州和长沙则凭借快速的城市化进程和政府对"15分钟生活圈"建设的重视，赢得了居民的广泛好评；特别的是，安康作为非一线城市也跻身前10名，表明其在"15分钟生活圈"的建设上做出了努力。相反，排位后10名的城市中，哈尔滨、厦门和汉中的得分偏低，揭示了这些城市在"15分钟生活圈"建设上的不足，与公共服务设施不完善、社区管理有待加强以及居民需求未得到充分满足等问题紧密相关。这些城市需加大力度推进"15分钟生活圈"建设，以提升居民的生活品质，推动社会的和谐进步。

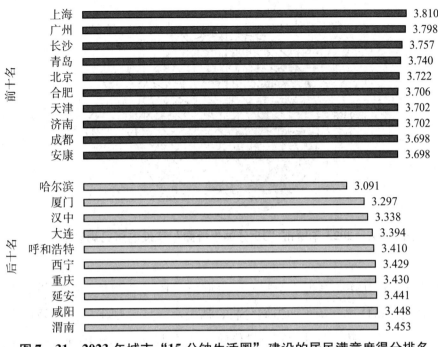

图 7 – 31　2023 年城市"15 分钟生活圈"建设的居民满意度得分排名

如图 7 – 32 所示，在回收的有效问卷中，关于"您在该城市的居住地步行 15 分钟范围内，教育、医疗、商场等生活基础服务设施齐全"的问题，55.08% 的受访者对城市"15 分钟生活圈"建设表示满意，其中，16.59% 的受访者非常满意，38.49% 的受访者满意，这表明社区在服务提供方面取得了一定的成效，得到了多数居民的认可。然而，评价"一般"的受访者占比也高达 32.94%，城市的"15 分钟生活圈"建设在某些方面还存在一定的提升空间。同时，不满意的受访者占比 11.98%，由此反映出城市"15 分钟生活圈"建设在某些环节上存在问题或不足，需要引起关注。为了进一步提升城市居民对"15 分钟生活圈"建设的满意度，需加强公共服务设施建设，确保居民在步行或骑行 15 分钟内能轻松到达各类基本服务设施。同时，完善交通网络，提高道路通行能力和公共交通服务水平，鼓励绿色出行。促进商业发展，引入多样化的商业业态，满足居民不同消费需求。增强街道凝聚力，举办各类活动，建立志愿者团队。注重环境保护与绿化，提高城市绿地率。强化政策引导与监督，确保规划和政策有效落实。提升居民参与度，广泛听取意见，鼓励居民参与规划过程，共同营造和谐宜居的生活环境。

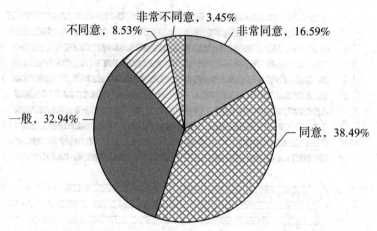

图 7 – 32　2023 年城市"15 分钟生活圈"建设的居民满意度分布

如图 7 – 33 所示，展现了不同方向上城市"15 分钟生活圈"建设的居民满意度的区间分布情况。从东西方向分析，居民满意度呈现出"东高西低中部东北平稳"的分布态势。具体而言，排位前 10 名的城市中，东部地区的城市占比 60%，中部和西部地区的城市分别占比 20%，东北地区的城市未排进前 10 名，在"15 分钟生活圈"建设方面表现出不尽满意的结果。从南北方向来看，南北方地区的城市在不同排名区间的占比上展现出明显的差异，南方地区的城市占比较高，而北方地区的城市则相对较低。这一分布格局反映了不同区域城市在"15 分钟生活圈"建设方面的不同表现。同时，南北地区城市的差异也揭示了区域间发展策略的不同。

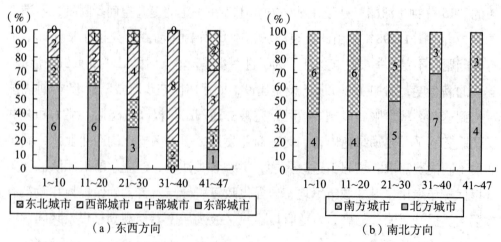

（a）东西方向　　　　　　　　　（b）南北方向

图 7 – 33　2023 年城市"15 分钟生活圈"建设的居民满意度得分空间分布

（四）青岛排水设施最健全，上海交通更便利

城市市政建设的多样性对城市宜业环境质量同样具有深远的影响。多样化的市政建设涵盖了交通、公共设施、绿化景观等多个领域，能够满足不同居民和企业的需求，促进城市功能的全面完善。一个布局合理、设施完善的市政环境，能够吸引更多的人才和企业入驻，从而提升城市的竞争力和经济活力。市政建设的多样性还体现了城市的社会包容性和文化多样性。例如，公共空间的多样化设计能够适应不同年龄、不同兴趣爱好的人群，促进社区居民之间的互动与交流，增强社区的凝聚力和归属感。此外，市政建设中的环保和可持续发展理念，如绿色建筑、节能设施等，不仅提升了城市的生态环境质量，也引导着其他领域向更加绿色、可持续的方向发展。因此，城市市政建设的多样性不仅是城市功能完善的基础，更是提升城市宜业环境质量、促进城市全面发展的重要因素。通过不断优化和创新市政建设，可以进一步推动城市的繁荣与可持续发展。本次调研对市政建设从排水设施建设、交通基础设施建设两个角度进行调研。2023 年城市市政建设的居民满意度得分排名如图 7 - 34 所示。排名前 10 位的城市中，青岛、广州和上海分别位于第 1、第 2 和第 3 名。排名倒数 3 名的城市依次为汉中、哈尔滨和厦门。基于此，在城市发展过程中，政府应当增加对市政基础设施建设的财政支持，同时有效动员社会资源，解决存在的瓶颈问题，确保市政设施建设的连续性和有效性，以持续推动其向前发展。

如图 7 - 35 所示，2023 年城市市政建设的居民满意度呈现如下分布：15.05% 的受访者非常同意城市排水与交通基础设施等市政建设的高水平；另有32.83% 的受访者表示同意。然而，34.78% 的受访者认为当前市政建设水平仅属一般，17.34% 的受访者则持反对意见，指出城市排水与交通系统尚不完善，其中是更有 6.14% 的受访者强烈反对现有市政建设水平高。与教育环境、医疗环境和15 分钟生活圈建设相比，城市居民对于市政建设的满意度最低，由此反映出市政建设是制约城市乐居环境质量的一个薄弱环节。因此，政府及相关部门在城市规划与设计中，需更加重视并改进市政建设。

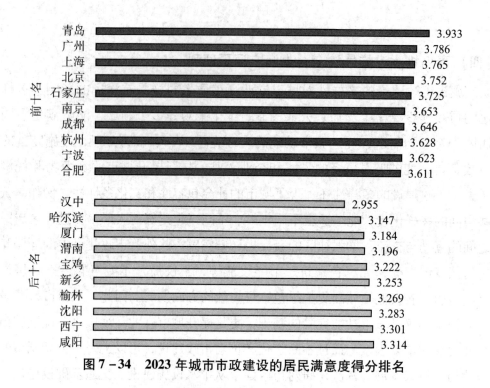

图7-34　2023年城市市政建设的居民满意度得分排名

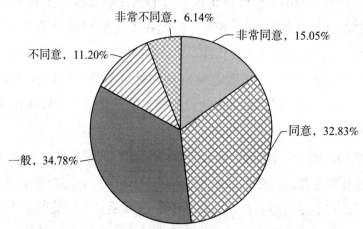

图7-35　2023年城市市政建设的居民满意度分布

图7-36展示了2023年城市市政建设的居民满意度在不同方向上的空间分布。东西方向上，城市市政建设的居民满意度得分空间分布呈现"东部最优、中部西部和东北部均衡"的格局：排位前10名的城市中，东部地区的城市占比为70%，中部、西部及东北部地区的城市则分别占10%；排位后7名的城市中，西部地区的城市占比58%，东部、中部及东北地区的城市分别占14%、14%和

14%，表明东部城市的市政建设居民满意度领先，中部、西部和东北部城市尚需提升。南北方向上，排位前 10 名的城市中，南北方地区的城市各占比 50%；排位后 7 名的城市中，南北方地区的城市占比分别为 43% 和 57%。这反映出南方城市的市政建设居民满意度普遍较高，而北方城市则需加大力度，提升市政基础设施的建设水平。

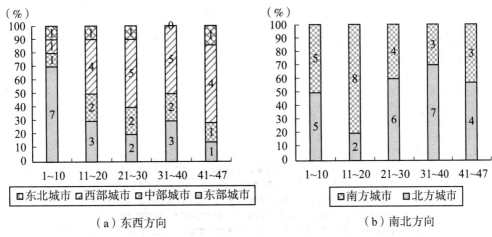

图 7－36　2023 年城市市政建设的居民满意度得分空间分布

1. 居民对城市排水设施建设满意度表现一般

城市排水系统的多样性对城市宜业环境质量同样具有深远的影响。多样化的排水系统能够满足不同区域、不同气候条件下的排水需求，保障城市水资源的有效管理和利用，进而促进城市的可持续发展。城市排水系统涵盖了雨水排放、污水处理、防洪排涝等多个领域，其科学规划与建设能够应对各种水文挑战，提高城市应对自然灾害的能力，从而增强城市的经济韧性。排水系统的多样性还体现了城市在环境保护和社会责任方面的担当。采用先进的雨水收集、污水处理和再利用技术，不仅可以减轻城市对自然水体的压力，还能促进水资源的循环利用，提升城市的生态环境质量。此外，多样化的排水系统还有助于增强社区的社会包容性和居民的生活质量。例如，通过建设绿色基础设施，如生态滞留池和雨水花园，可以为社区居民提供休闲空间，增强社区的宜居性和居民的幸福感。因此，城市排水系统的多样性不仅是城市基础设施建设的重要组成部分，更是提升城市宜业环境质量、实现城市可持续发展的重要基石。

2023 年城市排水设施建设的居民满意度得分排名如图 7‑37 所示。排位前 10 名的城市中，青岛、广州和石家庄分别位列前 3 名，紧随其后的是北京、南京和呼和浩特，分别排在第 4、第 5 和第 6 的位置。排位后 10 名的城市中，汉中、宝鸡和渭南的得分较低，位于倒数 3 名。这一排名表明，青岛、广州和石家庄在排水设施建设方面表现突出，赢得了居民的高度评价，青岛作为沿海城市，其经济实力和城市规划的先进性为居民满意度奠定了坚实基础；广州和石家庄则通过持续的基础设施投入和有效的城市管理，提升了居民的满意度。相反，汉中、渭南和宝鸡的得分较低，反映出这些城市在排水设施建设上存在明显短板，与城市规划、设施维护、政府投入以及非省会城市等因素有关。因此，这些城市需加大力度改善排水设施，提升城市管理水平，以增强居民的满意度，推动城市的可持续发展。

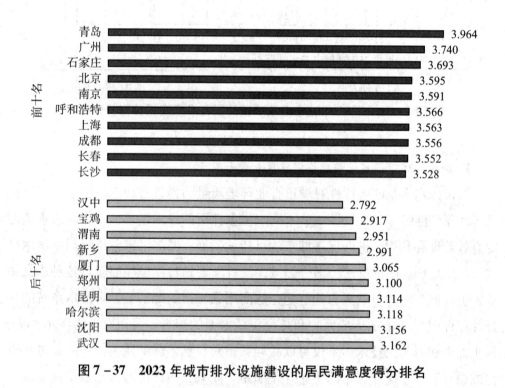

图 7‑37　2023 年城市排水设施建设的居民满意度得分排名

如图 7‑38 所示，在回收的有效问卷中，关于城市排水系统完善程度的评价，13.25% 的受访者非常同意城市排水系统完善，认为即便暴雨也不会引发内涝；27.13% 的受访者表示同意；35.81% 的受访者认为其表现一般；15.38% 的受访者则持不同意的观点；另有 8.43% 的受访者非常不同意。这一结果是多重因素共同作用所造成的。首先，不同地区的城市规划、建设和维护水平存在差异，导致居民对排水系统的评价不一。一些城市由于更先进的排水技术和更完善的基础设施，使得居民在暴雨期间的体验较好，从而对排水系统的评价较高。其次，居民的个人经历和期望值也会影响其评价，那些经历过严重内涝问题的居民对排水系统持有更负面的看法。此外，城市化进程中河网密度的降低以及调蓄功能的衰减，都会导致排水系统的效率下降，进而影响居民的满意度。最后，降雨时空特征对内涝的影响也是一个重要因素，不同地区降雨特征的差异导致居民对排水系统的评价不同。因此，城市排水系统的完善程度受到城市规划、建设、维护、居民个人经历以及降雨特征等多方面因素的影响。

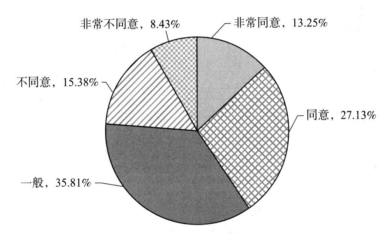

图 7 - 38　2023 年城市排水设施建设的居民满意度分布

如图 7 - 39 所示，从东西方向来看，东部地区的城市在排水设施建设方面的表现最为突出，西部城市紧随其后，而中部与东北城市则相对较弱。具体而言，排位前 10 名的城市中，东部城市占据显著优势；排位后 7 名的城市中，中部与西部城市占比较大。这种差异与多个因素有关。首先，东部地区由于经济发展水平较高，城市基础设施投资更为充足，导致排水系统的建设和维护更为完善。此外，东部地区城市化进程较早，城市规划和排水系统设计方面积累了更多经验，这有助于提高排水效率。相比之下，中部、西部和东北地区由于经济发展水平和财政投入相对较低，导致排水系统建设滞后。南北方向上，南北方地区的城市在空间分布上亦呈现出明显差异。排位前 10 名的城市中，南北方城市平分秋色；然而，在排位后7名的城市中，北方城市占比明显高于南方，形成了"南强北弱"的格局。这与南方地区降水量较大、对排水系统的要求更高有关，南方地区的城市因此更加重视排水系统的建设和升级，以应对频繁的降雨和内涝风险。然而北方地区的城市由于降水量相对较少，对排水系统的投资和重视程度不如南方地区的城市，导致其排水系统完善程度相对较低。这些因素共同作用，导致了不同地区城市在排水系统完善程度上的差异。

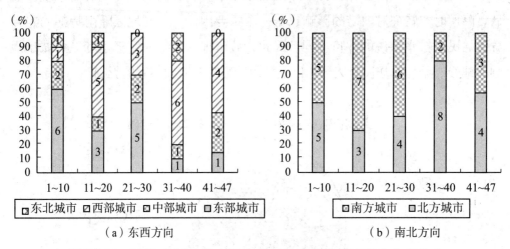

（a）东西方向　　　　　　　　　　（b）南北方向

图7-39　2023年城市排水设施建设的居民满意度得分空间分布

2. 居民对上海交通基础设施建设最满意

多样化的交通基础设施能够满足不同居民和企业的出行需求，促进城市交通网络的全面完善，进而推动经济的全面发展。城市交通基础设施涵盖了道路、桥梁、公共交通、非机动车道等多个领域，其科学合理的规划与建设能够提升城市交通的便捷性和效率，吸引更多的人才和企业入驻，从而增强城市的经济活力。交通基础设施的多样性还体现了城市的社会包容性和文化多样性。一个多元化、便捷的交通环境能够促进不同社会群体之间的交流与融合，使人们在出行过程中产生互动，增强社区的归属感与认同感。同时，交通基础设施的多样性也对城市的可持续发展具有积极作用。不同交通方式在环保和节能方面的表现，可以促使城市交通向更加绿色、可持续的方向发展，引导其他领域也采取更加环保的行动。因此，城市交通基础设施的多样性不仅是城市交通发展的基石，更是提升城市宜业环境质量、实现城市全面可持续发展的重要因素。

2023 年城市交通基础设施建设的居民满意度得分排名如图 7 - 40 所示。排位前 10 名的城市中，上海、北京和青岛分别位列前 3 名，广州、宁波、石家庄、杭州和成都紧随其后，分别排在第 4、第 5、第 6、第 7 和第 8 名。排位后 10 名的城市中，汉中、哈尔滨和厦门的得分较低，排在倒数 3 名。由此可见，上海、北京和青岛等城市的居民在交通基础设施建设方面满意度较高，上海以其完善的交通网络和高效的公共交通系统赢得了居民的广泛好评；北京和青岛则凭借出色的城市规划和优质的交通服务，提升了居民的满意度。相反，汉中、哈尔滨的得分明显偏低，反映出这些城市在交通基础设施方面存在不足，与建设投入不足、交通规划不合理等因素有关。这些城市需要加大交通基础设施建设的力度，优化交通网络，以提升居民出行的便利性和满意度，推动城市的全面发展。

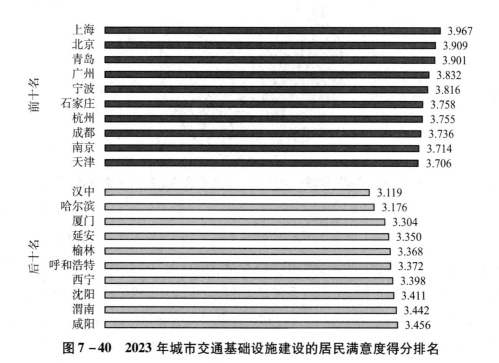

图 7 - 40　2023 年城市交通基础设施建设的居民满意度得分排名

如图 7 - 41 所示，在回收的有效问卷中，对"您认为该城市交通系统完善、便利、友好，包括公共交通、非机动车道和人行通道等"表示非常同意的受访者占比 16.85%，表示同意的受访者占比 38.52%，反映出大多数受访者的积极态度，这一结果归因于城市交通基础设施的持续投资和改善，以及公共交通服务的优化。城市交通规划中对非机动车道和人行通道的重视，提高了交通系统的可达性和安全性，从而获得了居民的认可。同时，33.75%的受访者表示一般，持中立观点，这反映了交通系统在某些方面仍有提升空间，如交通拥堵、服务覆盖不均等问题。然而表示不同意的受访者占比 7.01%，非常不同意的仅占3.87%，这表明尽管存在一些负面评价，但整体上城市交通系统得到了较多居民的认可。这些负面评价与特定区域的交通问题有关，如某些地区的交通设施不足或交通管理不善。总体而言，城市交通系统的满意度受到多种因素的影响，包括基础设施建设、交通管理效率以及居民的个人出行体验。

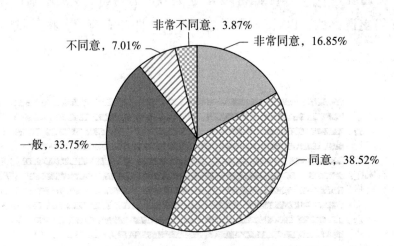

图 7-41　2023 年城市交通基础设施建设的居民满意度分布

如图 7-42 所示，展示了不同区域的城市交通基础设施排名中的空间分布情况。从东西方向来看，东部城市在城市交通基础设施方面表现尤为突出，而西部、中部及东北城市则相对均衡且稍显逊色。具体而言，排位前 10 名的城市中，东部城市占比 90%，西部城市占比 10%，中部和东北地区的城市未排进前 10名；排位后 7 名的城市中，东部、中部、西部和东北地区的城市占比分别为14%、14%、58% 和 14%。这种差异取决于多个因素。首先，东部地区由于经济发展水平较高，城市化进程较早，因此在城市规划和交通基础设施建设方面积累了更多经验，这有助于提高交通基础设施的完善度。此外，东部地区的人均生产总值较高，交通基础设施条件普遍较好，这为推动区域经济增长提供了坚实的交通基础设施保障。相比之下，中西部地区由于经济发展水平相对较低，财政投入较为有限，交通基础设施建设相对滞后。南北方向上，南北方城市在交通基础设施排名上的差异较小，这与不同地区的人口流动、产业集聚和技术创新等因素有关。交通基础设施在资源要素的空间分布演化过程中起到了重要作用，其所产生的"时空压缩效应"能够有效引导人口向高资本集聚水平地区流动，从而影响交通基础设施的建设和完善。总之，城市交通基础设施的完善程度受到地区经济发展水平、财政投入、人口流动和产业集聚等多种因素的影响，这些因素共同作用导致了不同区域城市在交通基础设施建设上的差异。

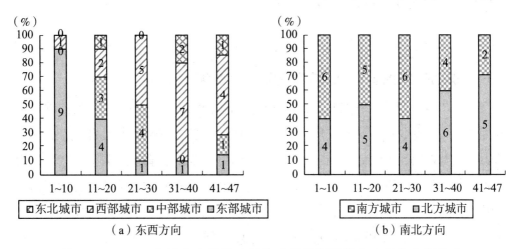

图 7-42　2023 年城市交通基础设施建设的居民满意度得分空间分布

第四节　城市宜业环境质量

在现代城市发展中，城市宜业环境质量的重要性正日益凸显。一个良好的城市宜业环境可以吸引人才集聚和企业投资，从而激发城市内部的创新活力并促进企业的发展与壮大。同时，城市宜业环境质量不仅关乎企业的生存与发展，更关系到整个城市的经济繁荣和社会稳定。优质的宜业环境应该为居民提供充足的就业机会、合理的收入支出比、多样的消费品牌等条件，从而全面激发居民的消费活力并赋予居民更多的城市文化消费机会。通过提高宜业环境质量，不仅可以提升城市竞争力，还可以提高居民生活品质。因此，研究和评价城市宜业环境质量对于城市规划和政策制定提供了重要参考，对城市可持续发展和经济增长具有重要意义。因此，本问卷从"城市就业机会""城市收入支出比""居民消费频率""消费品牌多样性"以及"城市文化消费"5 个方面出发考察居民对城市宜业环境质量的主观感受满意度情况。

一、城市宜业环境质量总指数

（一）排名前 10 的城市中，东部地区占据 8 席

如图 7 - 43 所示，我国城市宜业环境质量居民满意度排位前 10 名的城市分别为青岛、广州、南京、石家庄、上海、福州、北京、长春、长沙和成都；排位后 10 名的城市分别为汉中、铜川、宝鸡、商洛、厦门、榆林、渭南、咸阳、银川和新乡。由此可见，我国城市宜业环境质量居民满意度排名存在显著差异，其原因复杂多元，涉及经济、环境、文化和政策等多方面因素。以青岛、广州、南京为代表的排名前 10 的城市，其高满意度主要归因于以下几点：首先，这些城市经济发展水平高，就业机会丰富，薪资水平相对优越，为居民提供了良好的职业发展空间。以青岛为例，其作为海滨城市，不仅拥有强大的制造业基础，还积极发展旅游业和现代服务业，吸引了大量人才。其次，这些城市注重生态环境保护，城市绿化率高，空气质量良好，为居民创造了宜居的生活环境。在城市建设过程中，广州和南京尤为重视公园绿地建设和河流水质改善，从而显著提升了居民的生活品质。再次，这些城市文化底蕴深厚，教育、医疗等公共服务设施完善，进一步增强了居民的幸福感。相比之下，汉中、铜川和宝鸡等排名后 10 位的城市，由于地理位置偏远、经济基础薄弱和产业结构单一等因素，就业机会有限，居民收入水平相对较低。同时，这些城市在环境改善和公共服务供给方面也存在不足，影响了居民的整体满意度。因此，城市需综合考虑经济发展、环境保护和社会服务等多方面因素，以提升宜业环境质量并实现可持续发展。

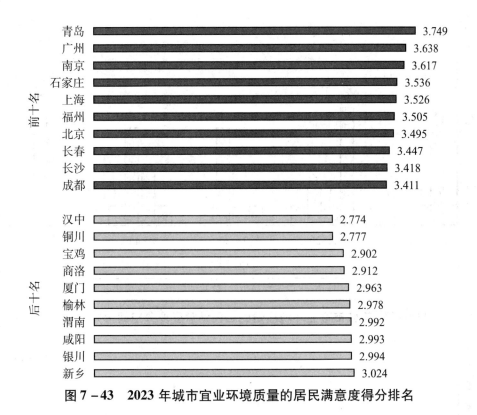

图7-43　2023年城市宜业环境质量的居民满意度得分排名

2023年城市宜业环境质量居民满意度排名的空间分布情况如图7-44所示。东西方向上，居民对城市宜业环境质量的主观感受呈现明显的"东高西低"格局，排名前20位的城市中，东部地区的城市共占13席，包括青岛、广州和南京等新一线城市①以及石家庄等省会城市，其中，东北地区的城市长春和沈阳表现优异，均位于前20名，分别位列第8名和第20名；排名后17位的城市中，西部地区的城市占11席，东北地区的城市哈尔滨位列第36名，中部地区的城市在各排名区间的空间分布相对平均。

如图7-45所示，南北方向上，居民对城市宜业环境质量的主观感受呈现明显的"南高北低"格局，排名前20位的城市中，北方城市占7席，而南方城市占13席；排名后17位的城市中，南方城市占6席，而北方城市则占11席。综上所述，当前居民对城市宜业环境质量的主观感受"东西分异"和"南北分化"的不均衡格局仍较为明显。

---

① 本报告采用2023年新一线城市研究所发布的《城市商业魅力排行榜》研究成果，新一线城市包含成都、重庆、杭州、武汉、苏州、西安、南京、长沙、天津、郑州、东莞、青岛、昆明、宁波、合肥。

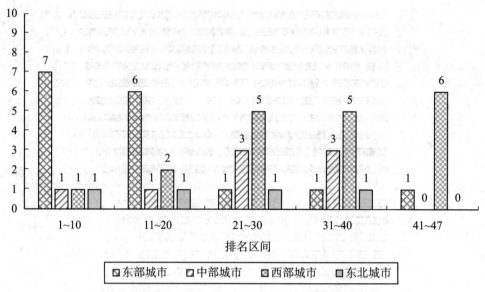

图7-44 2023年城市宜业环境质量的居民满意度得分空间分布（东西方向）

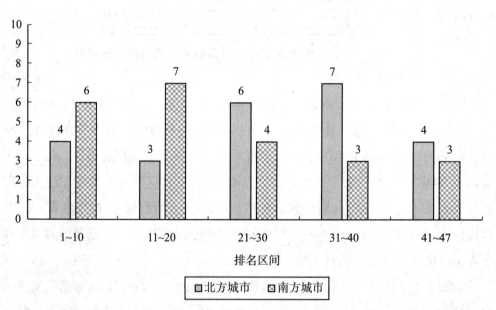

图7-45 2023年城市宜业环境质量的居民满意度得分空间分布（南北方向）

进一步分析，这种"东高西低"与"南高北低"的城市宜业环境质量居民主观感受格局，与胡焕庸线所揭示的中国人口地理分布规律及七大地理区域的经济发展水平高度相关。胡焕庸线以东以南区域，包括东部沿海经济带与南方湿润区，经济发达，基础设施完善，教育资源丰富，吸引了大量人才与资本，从而提升了城市宜业环境质量的主观评价。相比之下，胡焕庸线以西以北区域，尤其是西部与部分东北地区，受自然条件限制及历史发展因素影响，经济发展相对滞后，影响了居民对城市宜业环境的满意度。此外，七大地理区域内经济、文化、政策的差异也是造成这种不均衡格局的重要原因。

（二）城市消费品牌和文化消费更受居民认可

具体来看城市宜业环境质量的 5 个方面，如图 7-46 所示，在对城市消费品牌多样性的满意度调查中，居民对城市消费品牌多样性能够满足购物需求的满意度最高，达到了 60.36%，其中，18.73% 的受访者表示"非常同意"，41.63% 的受访者表示"同意"。紧随其后，关于城市文化消费的满意度次之，为 50.16%，其中，17.41% 的受访者表示非常同意城市中的艺术展览、演唱会和影剧表演等能满足文化消费需求，32.75% 的受访者则持同意的观点。此外，城市就业机会、收入支出比和消费频率的满意度均不足 50% 的受访者表示满意。其中，城市就业机会方面，46.78% 的受访者表示同意城市就业机会丰富、选择多样；城市收入支出比方面，仅有 28.40% 的受访者表示同意城市购房、教育、医疗和日常生活等各项支出，不会有太大压力；34.14% 的受访者表示不满，其中，20.49% 的受访者不同意，13.65% 的受访者非常不同意，显示出对收入能否满足生活支出的担忧；城市消费频率方面，发现受访者消费活跃程度较低，仅有 12.95% 的受访者表示会经常外出购物、用餐和娱乐消费，87.05% 的受访者表示很少消费。此外，对于城市宜业环境质量不同方面的"一般"评价也揭示了居民的心理状态，城市就业机会、收入压力、消费频率、消费品牌和文化消费的满意度评价中，评价一般的受访者分别占40.90%、32.71%、22.91%、31.37% 和 37.52%，由此显示出仍有较多的居民对城市宜业环境质量各方面表示不满。总体来看，针对"如何调整城市收入支出比以提高居民满意度"和"如何刺激居民消费需求促进城市消费活跃"这些问题，显得尤为紧迫。同时，城市需致力于引资办企为居民创造更多就业机会，丰富消费品牌种类和举办文化活动，从而全面提高居民的生活质量和满意度。

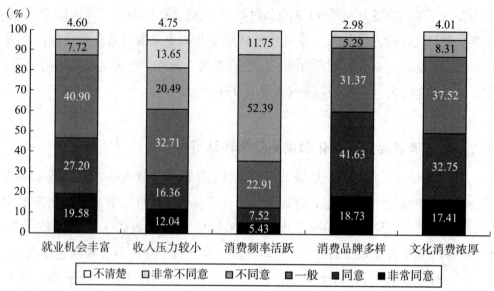

图 7 – 46　2023 年城市宜业环境质量各维度的居民满意度分布

二、城市宜业环境质量分指标

（一）一线城市就业机会丰富，更令居民向往

2017 年 10 月，习近平总书记在中国共产党第十九次全国代表大会上的报告中提道："就业是最大的民生。要坚持就业优先战略和积极就业政策，实现更高质量和更充分就业。"[①] 2024 年 5 月，习近平总书记在二十届中央政治局第十四次集体学习时强调："始终坚持就业优先。要坚定不移贯彻新发展理念，更加自觉地把高质量充分就业作为经济社会发展的优先目标，使高质量发展的过程成为就业提质扩容的过程，提高发展的就业带动力。"[②] 由此可见，城市就业是民生之基，促进高质量充分就业是经济社会发展的核心目标，以此提升就业质量，增强发展动能。

城市就业机会的居民满意度得分排名如图 7 – 47 所示。排位前 10 名的城市

① 中共中央党史和文献研究院编．习近平关于尊重和保障人权论述摘编［M］．北京：中央文献出版社，2021：109．
② 习近平．促进高质量充分就业［EB/OL］．（2024 – 10 – 31）［2024 – 11 – 23］．求是网，http：//www.qstheory.cn/dukan/qs/2024 – 10/31/c_1130214661.htm.

中，北京、上海和广州分别位列前 3 名，其后，青岛、南京和深圳分别位列第 4、第 5 和第 6 名。排位后 10 名的城市中，汉中、铜川和哈尔滨的得分最低，排在倒数后 3 名。前后对比，排位前 10 名的城市中，一线和新一线城市共占据 8 席，发展迅速为居民创造了更多的就业机会，如北京、上海、广州不仅是国家的政治、经济、文化中心，也是国际交往的重要窗口，凭借其强大的经济实力和地缘资源优势，一线城市北京、上海、广州吸引了大量的国内外企业和投资机构，推动了多元化的产业发展。尤其是服务业、高科技产业和金融业的快速发展，为居民提供了丰富的就业机会和高水平的薪酬待遇。同时，一线城市北京、上海、广州不断优化营商环境，加强人才引进和培养，为居民创造了更加广阔的发展空间和更多的职业晋升机会。此外，石家庄和福州也在排位前 10 名的城市中占据着一席之位，分别位于第 8 名和第 9 名，主要得益于两市政府在促进就业方面的积极努力，通过优化产业结构、加强职业技能培训、完善就业服务体系等措施，为居民提供了更多的就业机会和更好的就业环境。排位后 10 名的城市均为四线、五线城市，主要原因在于这些城市的经济基础相对薄弱，产业结构相对单一，缺乏高端产业和大型企业，导致就业机会有限，薪资待遇相对较低。

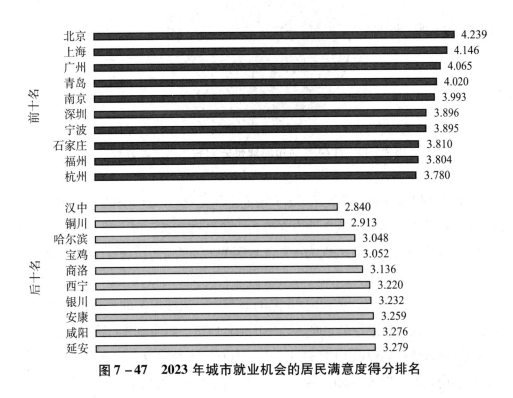

图 7 - 47　2023 年城市就业机会的居民满意度得分排名

同时，这些城市的就业服务体系还不够完善，难以满足居民多样化的就业需求。以汉中为例，尽管汉中近年来经济发展较快，但在产业结构上仍存在一定的局限性，缺乏足够的就业机会，导致居民在就业方面存在一定的困难，从而影响了居民对城市就业机会的满意度。

如图 7 – 48 所示，在回收的有效问卷中，46.78% 的受访者对"城市就业机会丰富、选择多样"表示同意，40.90% 的受访者表示一般，12.32% 的受访者表示不同意。由此可见，绝大多数受访者对城市就业市场持肯定态度，认为城市提供了丰富多样的就业机会，反映了城市作为经济中心和人才聚集地的吸引力，同时也表明了城市就业市场对于人才的吸引力和竞争优势。进一步，这也凸显了城市作为就业机会的集聚地的重要性，为城市发展战略和人才引进政策的制定提供了有力依据。

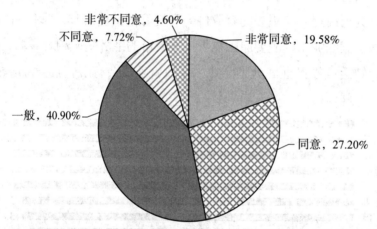

图 7 – 48　2023 年城市就业机会的居民满意度分布

如图 7 – 49 所示，分别展示了不同方向上居民对城市就业机会的满意度在不同排名区间的占比情况。从东西方向来看，居民对"城市就业机会丰富、选择多样"的满意度占比情况表现为：东部地区的城市占比优势显著，中部地区的城市占比次之，西部地区的城市占比较弱，东北地区的城市占比则在各排名区间较为均衡。具体而言，排位前 10 名的城市中，东部地区的城市占比 100%，而排位后 7 名的城市中，东北地区的城市占比 14%，西部地区的城市占比 86%；从南北方向来看，排位前 10 名的城市中，南方地区的城市占比 70%，排位后 7 名的城市中，北方地区的城市占比 71%，"南高北低"的分布格局明显。由此可见，不同区域城市就业机会的丰富程度差异依然明显，东部和南方地区经济发展水平较高，产业结构较为多样化，吸引人才和企业资源更加集中，从而为就业机会的丰富性提供了有利条件。这一结果不仅反映了区域经济发展的差异，也为政府和相关机构在促进地区均衡发展和优化就业布局方面提供了有益的启示。

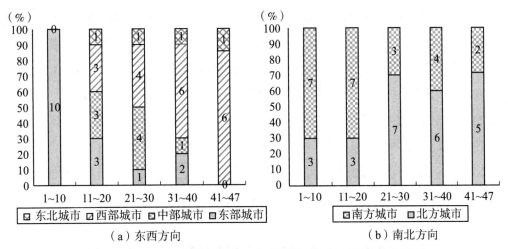

图 7 - 49　2023 年城市就业机会的居民满意度得分空间分布

（二）居民普遍认为城市收入支出比较低

城市收入支出比是衡量城市生活成本和消费水平的重要指标之一，直接影响着个体的生活和工作情况。较低的收入支出比意味着居民的购买力受到挤压，生活质量由此下降，对人才流动和留存造成一定影响。同时，收入支出比也反映了城市的整体经济状况和发展水平，对于企业投资和创业环境的吸引力具有重要意义。

城市收入支出比的居民满意度得分排名如图 7 - 50 所示。排位前 10 名的城市中，青岛、石家庄和长春分别位列前 3 名，南京、福州和广州分别位列第 4、第 5 和第 6 名。排位后 10 名的城市中，厦门、榆林和宝鸡的得分较低，排在倒数 3 名。前后对比，可以看出不同城市居民对于当地收入支出比的感受与评价存在明显差异，首先，青岛、石家庄和长春等城市在居民收入支出比主观满意度上排名靠前，得益于其相对均衡的经济发展与居民收入水平。这些城市拥有较为完善的产业结构，既能提供多样化的就业机会，又能保持较为稳定的收入增长，从而使居民在收入与支出之间找到较好的平衡点。其次，南京、福州和广州等城市位列中上游，同样反映出居民对于城市收入支出比的满意度较高。这些城市作为经济较为发达的区域中心，不仅收入水平较高，而且消费选择多样，居民在享受生活的同时，也能较好地控制支出，实现经济与生活的双重满足。相比之下，厦门、榆林和宝鸡等城市在收入支出比主观满意度上排名靠后，与较高的生活成本、有限的收入增长空间或特定的消费习惯有关。例如，厦门作为旅游城市，生活成本相对较高，对居民的收入支出比产生一定影响；而榆林和宝鸡等城市，受限于产业结构和地理位置，居民收入增长相对缓慢，导致收入支出比的主观感受不佳。此外，文化观念也是影响居民对城市收入支出比主观感受的重要因素。不同城市的文化背景、消费观念及储蓄习惯等，都对居民的收入支出比评价产生一定的影响。总之，城市收入支出比的居民满意度的排名差异，是多种因素共同作用的结果。未来，各城市应结合自身实际情况，优化产业结构，提高居民收入水平，同时合理控制生活成本，引导居民树立正确的消费观念，以实现更加均衡、可持续的经济发展。

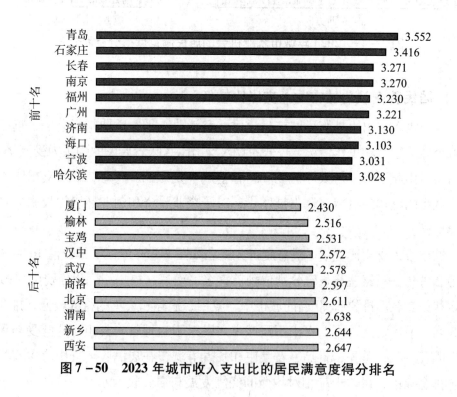

图7-50　2023年城市收入支出比的居民满意度得分排名

如图7-51所示，在回收的有效问卷中，对"收入能够满足该城市购房、教育、医疗和日常生活等各项支出，不会有太大压力"表示同意的受访者占28.40%，表示一般的受访者占32.71%，34.14%的受访者对此表示不同意；此外，还有部分受访者表示不清楚，占4.75%。究其原因，首先，城市生活成本不断上升，尤其是房价高涨使得许多居民感受到较大的经济压力，因此有34.14%的受访者表示收入难以覆盖购房、教育、医疗和日常生活等支出。其次，居民的收入水平存在差异，部分高收入或稳定就业者感到压力较小，因此有28.40%的受访者表示同意。然而32.71%的受访者持中立态度，源于他们的情况介于上述两者之间。4.75%表示不清楚的受访者，可归结为这部分居民对自身的财务状况缺乏明确认知。

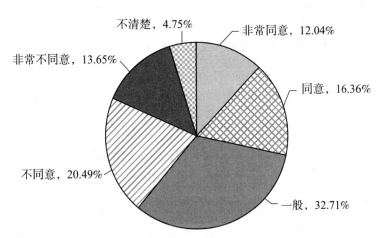

图7-51 2023年城市收入支出比的居民满意度分布

如图7-52所示，分别展示了不同方向上居民对城市收入支出比的满意度在不同排名区间的占比情况。从东西方向来看，居民对"收入能够满足该城市购房、教育、医疗和日常生活等各项支出，不会有太大压力"的满意度表现为：东部地区的城市占比优势显著，中部地区的城市在各区间占比较为均衡，西部地区的城市占比最弱。具体而言，排位前10名的城市中，东部地区的城市占比为80%，东北地区的城市表现优异，占比为20%，长春和哈尔滨分别位列第3名和第10名。排位后7名的城市中，东部、中部和西部地区的城市分别占比为29%、14%和57%，东北地区的城市未排位在后7名中；从南北方向来看，排位前10名的城市中，南北方地区的城市均占比为50%，排位后7名的城市中，南北方地区的城市占比分别为 57% 和 43%。

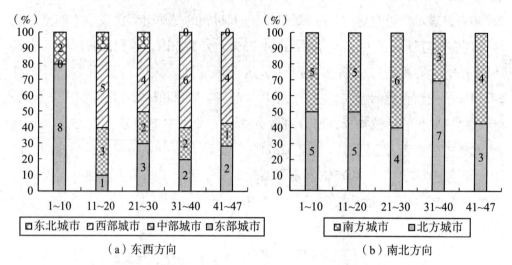

（a）东西方向　　　　　　　　　　（b）南北方向

图 7-52　2023 年城市收入支出比的居民满意度得分空间分布

由此可见，居民对城市收入支出比满意度在不同方向及排名区间的差异，究其原因，与经济发展、收入水平、生活成本、政策环境及地域文化等多重因素息息相关。从东西方向来看，东部地区的城市经济发达，居民收入水平较高，且教育资源、医疗资源相对丰富，因此居民对"收入能够满足该城市购房、教育、医疗和日常生活等各项支出"的满意度较高。以青岛为例，青岛政府坚持以人民为中心的发展理念，通过实施老旧小区和城中村改造、完善市政设施、建立价格补贴联动机制等措施，有效保障了居民的基本生活需求，使物价水平总体平稳，居民消费价格温和上涨。相比之下，西部地区的城市经济发展相对滞后，居民收入水平较低，生活成本因地理、交通等因素而偏高，导致满意度较低。中部地区的城市则介于两者之间，经济发展水平和居民收入相对均衡，因此居民满意度在各区间分布也较为均衡。东北地区的城市如长春和哈尔滨等表现优异，与当地政府的民生政策、经济发展策略及居民的消费习惯有关。从南北方向来看，南北方地区在排位前 10 名的城市中各占一半，表明南北方在经济发展、居民生活水平等方面相对均衡。然而，在排位后 7 名的城市中，南方地区的城市占比稍高，这与南方地区的城市近年来经济发展速度较快，但部分城市在民生保障、公共服务等方面存在短板有关。北方地区的城市则因产业结构、人口结构等因素，在居民收入、生活成本等方面面临一定的挑战。

（三）城市消费频次整体偏低

居民消费活力是城市经济发展的重要动力之一，其对城市宜业环境质量的影响不容忽视。首先，居民消费活力的增强能够直接促进商贸活动和服务行业的繁荣发展，从而提升城市的经济活力和就业机会，改善居民的生活水平。其次，当居民消费意愿高涨时，企业在创新和服务质量提升方面的投入也会相应加大，推动城市整体经济结构的优化和升级，增强城市的吸引力。此外，良好的宜业环境能够吸引更多的投资，形成良性循环，进一步激励居民消费，例如，便利的交通设施、安全的生活环境和丰富的文化娱乐活动，都是促进消费的关键因素。因此，提升居民消费活力与改善城市宜业环境质量之间形成了密切的互动关系，二者的协调发展对于推动城市可持续发展、增强城市竞争力具有重要意义。居民消费活力可以用消费频率进行表征，居民每周消费频率如图 7 - 53 所示。排位前 10 名的城市中，青岛、长春和南京分别位列前 3 名，其后，石家庄、广州和福州分别位列第 4、第 5 和第 6 名。排位后 10 名的城市中，宝鸡、新乡和铜川的得分较低，分别位列倒数第 1、第 2 和第 3 名。

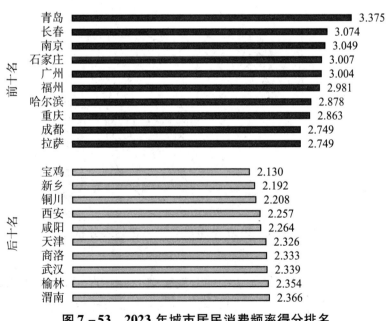

图 7 - 53　2023 年城市居民消费频率得分排名

由此可见，青岛、长春和南京位列前 3 名，反映出这些城市在居民消费体验和消费环境方面整体表现优异，青岛作为沿海城市，凭借其独特的海洋经济和旅游资源，吸引了大量消费者；长春和南京则由于其丰富的历史文化及较强的服务业发展，提升了居民的消费满意度；宝鸡、新乡和铜川的得分明显偏低，表明这些城市在居民消费活力方面存在较大不足，这与经济发展滞后、消费观念不足，以及市场环境不健全等因素直接相关。这些城市需要进一步改善消费环境，激发居民的消费潜力，以促进当地经济的可持续发展。

如图 7 - 54 所示，在回收的有效问卷中，每周消费频率为 1 ~ 2 次的最多，占比为 52.39%；消费频率为 3 ~ 5 次的次之，占比为 22.91%；消费频次为 0 次的占比为 11.75%；受访者表示消费频次为 6 ~ 9 次和 10 次及以上最少，分别占比为 7.52% 和 5.43%。由此可见，大部分居民的消费活动相对低频，这反映了当地居民更加注重消费的理性，或受到收入水平、生活习惯以及消费环境的影响；一部分居民愿意在较频繁的外出消费中获得更丰富的生活体验；此外，仍有部分居民表示外出消费次数为 0 次，反映了城市内不同经济层次和消费观念的分化；高频次消费人群在总体受访者中占比极小，表明频繁消费并不是普遍现象。

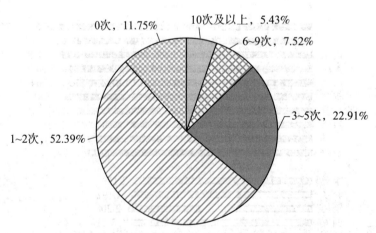

图 7 - 54　2023 年城市居民消费频率分布

如图 7 - 55 所示，分别展示了不同方向上城市居民消费频率在不同排名区间的占比情况。从东西方向来看，通过分析"居民在该城市平均每周外出购物、吃饭、娱乐消费频次"这一问题，可知不同区域的城市居民所表现出来的消费

频率呈现出"东强西弱中部均衡东北突出"的分布态势。具体而言，排位前 10
名的城市中，东部、西部和东北城市分别占 50%、30% 和 20%，中部城市未进
入前 10 名；排位后 7 名的城市中，东部、中部和西部城市分别占 14%、14% 和
72%。从南北方向来看，"南优北劣"的分布态势依然明显，排位前 10 名的城
市中，南北方城市占比分别为 60% 和 40%；排位后 7 名的城市中，南北方城市
分别占比为 14% 和 86%。

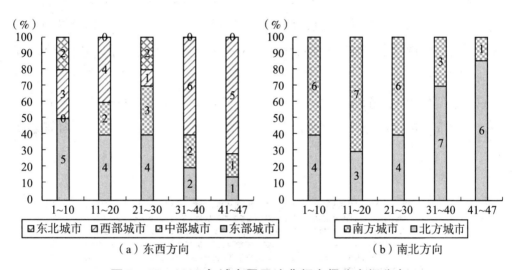

图 7 - 55　2023 年城市居民消费频率得分空间分布

　　由此可见，不同区域的城市居民的消费频率存在显著差异，体现了"东强
西弱中部均衡东北突出"和"南优北劣"的分布趋势。具体分析，东部地区的
城市居民的消费频率程度最高，反映出东部地区的城市经济发展相对成熟，由
此居民消费能力及消费意愿较高。相对而言，西部地区的城市居民消费频率较
低，主要受其经济基础、基础设施及公共服务不足等因素的制约。东北地区的
城市表现优异，均位于前 30 名中。同时，南北方地区的城市的居民消费频率存
在明显的差异，由此体现出南方地区企业的灵活性和创新能力促进了消费增长，
而北方地区的城市则需在消费环境和市场活力上进行改革和提升。

（四）城市消费品牌多样性能够满足居民多样化需求

　　城市消费品牌的多样性对城市宜业环境质量有着重要的影响。首先，消费

品牌的多样性能够满足不同消费者的需求，促进经济的全面发展。城市中的消费品牌涵盖了多个领域，如餐饮、零售、娱乐等，能够吸引来自不同社会经济背景的消费者，从而提高城市的经济活力。其次，消费品牌的多样性还增强了城市的社会包容性和文化多样性。一个集中的、多元化的消费环境能够促进不同文化的交流与融合，使人们在消费过程中产生互动，增强社区归属感与认同感。最后，消费品牌多样性也对城市的可持续发展具有积极作用。不同品牌在环保和社会责任方面的表现，可以促使其他企业采取更负责任的商业行为。总之，城市消费品牌的多样性不仅是城市经济发展的驱动力，更是提升城市宜业环境质量的关键因素。城市消费品牌的居民满意度得分排名如图 7 - 56 所示。排位前 10 名的城市中，上海、北京和长沙分别位列前 3 名，其后，天津、广州和南京分别位列第 4、第 5 和第 6 名，西安紧随其后排第 7 名。排位后 10 名的城市中，哈尔滨、铜川和厦门的得分较低，分别排在倒数第 1、倒数第 2 和倒数第 3 名。

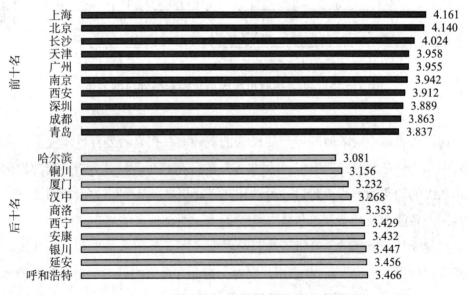

图 7 - 56 2023 年城市消费品牌多样性的居民满意度得分排名

由此分析，排名前列的城市如上海、北京和长沙，这些地区的消费者对品牌多样性的认知较为全面，反映出其市场环境的活跃性、经济发展水平以及文化消费的多样性。这些城市的高得分与其作为经济中心、贸易枢纽，以及所拥有的丰富的消费选择密切相关，能够吸引多元化的品牌入驻，从而提升消费者的品牌认知和偏好。排位后 10 名的城市中，如哈尔滨、铜川和厦门，得分较低，表示这些城市在品牌多样性方面的认知受到市场供应限制、消费者选择较少或品牌影响力不足等因素的制约。这种现象不仅反映了市场活力的不足，也与当地的经济条件、消费文化和人口流动有关。此外，西安的排位相对靠前，显示出其在品牌多样性方面的竞争力，得益于西安近年来在旅游和经济发展方面的投入增强了市场活力。

　　如图 7 - 57 所示，在回收的有效问卷中，60.36% 的受访者认为"该城市消费品牌多样性能够满足购物需求"，8.27% 的受访者认为城市消费品牌不能满足其购物需求。由此可见，多数消费者对城市消费环境中的品牌选择表示满意，认为现有的品牌多样性能够切实满足居民的购物需求。这一现象表明在消费市场中，品牌多样性提供了丰富的选择，能够引导消费者根据个人偏好、需求以及消费能力做出更为合适的决策，从而增强了购物的整体体验。但仍有相当一部分消费者对现有品牌的多样性持保留态度。这反映出他们在具体购物过程中，仍然渴望更多独特或特定类型的品牌选择，或者对某些品牌的品质、设计或服务标准有更高的期待。仅有 8.27% 的受访者不同意该城市的消费品牌多样性能够满足购物需求，表明在受访者中，极少数人对品牌多样性持负面看法。这意味着在购物过程中，大部分消费者的基本需求已经得到满足，只需要在品牌的深度和个性化方面进行不断优化。

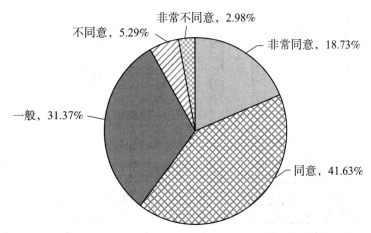

图 7 - 57　2023 年城市消费品牌多样性的居民满意度分布

如图 7-58 所示，分别展示了不同方向上居民对城市消费品牌多样性的满意度在不同排名区间的占比情况。从东西方向来看，居民对城市"消费品牌多样性能够满足购物需求"的满意度表现为：东部地区的城市占比最多，居民最为满意；中部地区的城市占比次之，西部和东北地区的城市占比最少，居民满意度逐次降低。具体而言，排位前 10 名的城市中，东部、中部和西部地区的城市分别占 70%、10% 和 20%，东北地区的城市则并未排进前 10 名；排位后 7 名的城市中，东部、西部和东北地区的城市分别占 14%、72% 和 14%，中部地区的城市未排位在后 7 名中；从南北方向来看，排位前 10 名的城市中，南北方地区的城市依然呈现"南优北劣"的分布态势，占比分别为 80% 和 20%，排位后 7 名的城市中，南北方地区的城市分别占 43% 和 57%。由此可见，我国城市消费品牌多样性在地域上呈现显著差异，东部地区的城市在满足居民购物需求方面的满意度明显高于中西部地区的城市，体现了城市发展水平与消费环境之间的关联性。具体而言，东部地区的城市占据满意度前列的绝大多数，表明其在品牌引进、市场竞争和消费服务等方面表现卓越。东北地区的城市排名多在前 30 名，仅有哈尔滨排名最后。中西部地区的城市的低满意度则反映出在消费品牌和服务质量上仍有较大提升空间，尤其是西部地区的城市消费品牌缺乏多样性，本土消费市场尚未得到充分开发。同时，南北方地区的城市的差异性表明，在推动区域经济平衡发展的过程中，需注重提升北方地区的城市的消费环境，以增强其市场活力。

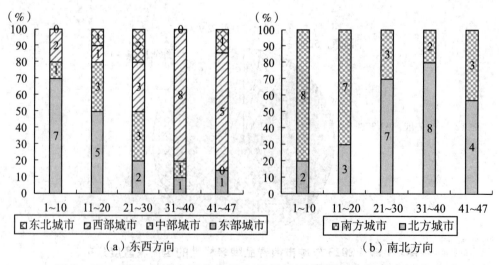

图 7-58　2023 年城市消费品牌多样性的居民满意度得分空间分布

（五）城市文化消费多样性呈现两极分化态势

城市文化消费在提升城市宜业环境质量方面具有重要的价值和意义。一方面，文化消费促进了文化产业的发展，增加了就业机会，提高了居民的生活质量。另一方面，文化消费还吸引了人才和投资，增强了城市的吸引力和竞争力。同时，丰富的文化活动与场所提升了城市的整体形象，增强了居民的归属感和幸福感。因此，积极推动文化消费不仅能促进经济发展，还能改善城市的宜业环境，形成良性循环。城市文化消费的居民满意度得分排名如图7-59所示。排位前10名的城市中，一线及新一线城市霸榜前列，上海、北京和长沙分别位列前3名，其后，青岛、广州和成都分别位列第4、第5和第6名，南京和西安紧随其后分别位列第7名和第8名。排名后10位的城市中，汉中、铜川和哈尔滨的得分最低，排在倒数3名。

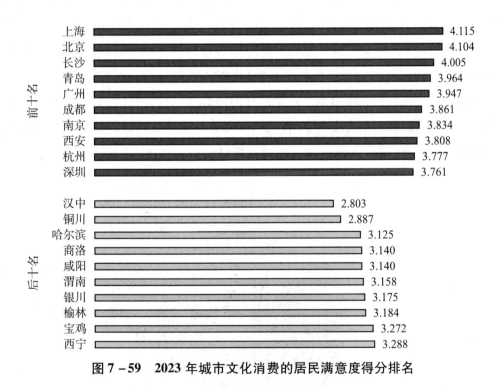

图7-59　2023年城市文化消费的居民满意度得分排名

由此可见，城市文化消费的居民满意度得分在一线及新一线城市中表现出明显的优势，反映这些城市在文化资源配置、消费习惯和居民文化认同感方面的综合实力。上海、北京和长沙城市文化消费排名靠前的原因在于其深厚的文化底蕴、创新的文化产业以及居民对高品质文化生活的追求。上海和北京作为国际化大都市，拥有丰富的历史文化遗产和多元开放的文化氛围，吸引了大量文化消费者。长沙则以独特的湖湘文化为底蕴，结合现代科技，打造出新颖的文化消费场景。三座城市均注重文化产业的发展，通过创新文化产品和服务，满足居民日益增长的多样化、多层次精神文化需求。同时，这些城市还利用互联网和信息技术，突破地域限制，实现文化资源的共享，进一步推动了文化消费的繁荣。汉中、铜川和哈尔滨城市文化消费落后的原因主要在于文化产业基础薄弱，缺乏竞争力强的文化企业和精品项目；同时，文化体制改革滞后，资金投入不足，市场开发不充分，导致文化消费供给不足，难以满足居民多样化的文化需求。

如图 7-60 所示，在回收的有效问卷中，认为"城市中的艺术展览、演唱会和影剧表演等能满足文化消费需求"的受访者占比为 50.16%；12.32% 的受访者认为城市不能满足其文化消费需求。由此可见，受访者对城市的文化消费供给水平持较为积极的态度，超过半数的受访者（50.16%）认为当地的艺术展览、演唱会和影剧表演能够有效满足他们的文化需求，从而反映了该城市在文化活动方面的丰富性和吸引力。同时，有 37.52% 的受访者认为文化消费需求得到了一定满足，表明仍有改进空间。仅 12.32% 的受访者对此表示不同意，侧面表明整体满意度较高，反映出文化活动在提升城市生活质量方面的重要性。

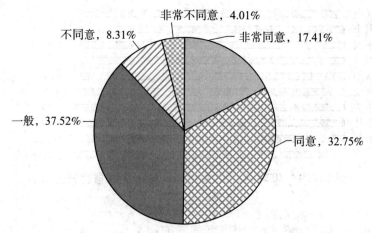

图 7-60　2023 年城市文化消费的居民满意度分布

如图 7-61 所示，分别展示了不同方向上居民对城市文化消费的满意度在不同排名区间的占比情况。从东西方向来看，居民对"城市中的艺术展览、演唱会和影剧表演等能满足文化消费需求"的满意度表现依然为：东部地区的城市占比最多，中部地区的城市占比次之，西部和东北地区的城市占比最少，居民满意度逐次降低。具体而言，排位前 10 名的城市中，东部、中部和西部地区的城市分别占比 70%、10% 和 20%，东北地区的城市则未排进前 10 名；排位后 7 名的城市中，东部和中部地区的城市未排位在后 7 名，西部和东北地区的城市分别占比 86% 和 14%。从南北方向来看，排位前 10 名的城市中，南北方地区的城市依然呈现"南优北劣"的分布态势，占比分别为 70% 和 30%，但居民对北方地区的城市的文化消费的满意度高于消费品牌多样性的满意度；排位后 7 名的城市中，南北方地区的城市分别占比为 29% 和 71%。

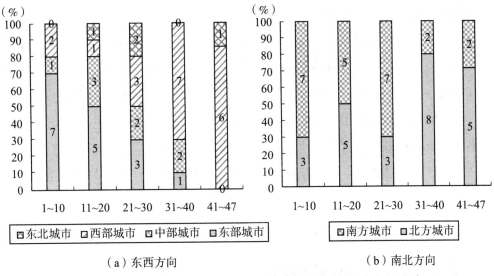

图 7-61　2023 年城市文化消费的居民满意度得分空间分布

由此可见，我国不同区域在文化消费满意度方面存在显著差异，东部地区的城市居民在艺术展览、演唱会和影剧表演等文化消费需求的满足上表现出优势，这与经济发展水平和文化资源配置密切相关。相较之下，西部地区的城市居民文化消费满意度亟待提升，显示出明显的文化供给不足。同时，南方地区的城市在文化消费的整体满意度上表现优异，而北方地区的城市在消费品牌多样性方面相对薄弱。政府在推广文化消费时应注重区域差异性策略，促进西部及北方地区的城市的文化活动和资源投入，以提升整体文化消费水平，提高居民的文化幸福感和参与度。

第五节　城市居民生活品质

城市居民生活品质的提高直接关系到城市居民的幸福感和满意度，从而影响整个城市社会的稳定与和谐。高品质的生活环境和公共服务能够提升居民的生活质量，增加居民对城市的归属感和认同感，进而推动城市的发展。同时，较高的生活品质吸引了优质人才的流入，提升了城市的人才素质和创新能力，为城市经济的高质量发展提供了有力支撑。另外，优质的生活环境和便利的公共服务也吸引了外部投资和企业落户，促进城市经济的蓬勃发展。总之，城市居民生活品质不仅关乎个体幸福感与生活满意度，更对城市的社会稳定、经济发展和城市形象的塑造产生深远影响。因此，城市应重视提升居民生活品质，将其作为城市高质量发展的重要支撑和目标之一。故而，本问卷从"居民运动频率""居民睡眠时长""城市气候环境""城市文化氛围""城市智慧生活"以及"城市整体发展效果"6 个方面出发考察居民对城市居民生活品质的主观感受满意度情况。

一、城市居民生活品质总指数

（一）区域间城市居民生活品质差异较小

如图 7-62 所示，城市居民生活品质满意度排位前 10 名的城市分别为青岛、广州、石家庄、南京、拉萨、长春、成都、商洛、合肥和上海；排位后 10 名的城市分别为哈尔滨、厦门、重庆、苏州、新乡、榆林、南昌、延安、渭南和咸阳。由此可见，排位前 10 名的城市多为一线及新一线城市，其发展水平和基础设施相对完善，提供更高质量的教育、医疗、交通等服务，有利于提升居民生活品质。这些城市经济发展较为成熟，人才聚集，就业机会较多，居民收入水平相对较高，生活质量自然更有保障。排位后 10 名的城市则受到经济发展相对滞后、基础设施建设不足、公共服务配备不足等因素的影响，导致居民生活品质满意度较低。这就需要相关城市政府和规划部门应更加重视基础设施建设和公共服务配套，在提升居民生活品质方面加大投入并实行一系列的改善措施。

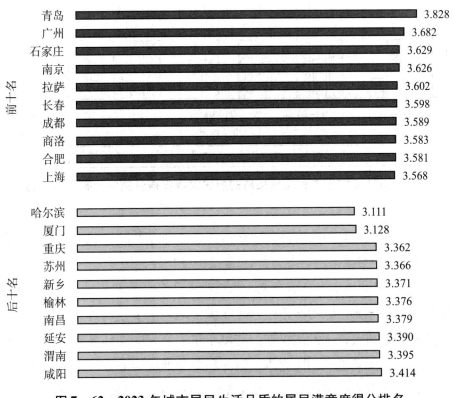

图 7-62　2023 年城市居民生活品质的居民满意度得分排名

2023 年城市居民生活品质满意度排名的空间分布情况如图 7-63 所示。东西方向上，居民对城市居民生活品质的主观感受满意度表现为：东部地区的城市占比最多，最为满意；西部地区的城市占比次之，满意度略低于东部；中部和东北地区的城市的占比最少，满意度有待进一步提升。具体来看，排位前 20

名的城市中，东部地区的城市共占8席，包括青岛、广州和南京等新一线城市以及石家庄等省会城市，其中，东北地区的城市长春表现优异，位列第6名；排位后17名的城市中，西部地区的城市占6席，东北地区的城市哈尔滨排位最后，中部地区的城市在各区间分布相对平均。

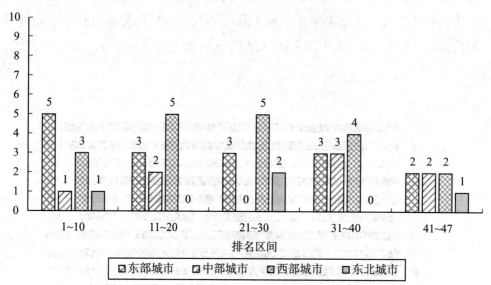

图7-63　2023年城市居民生活品质的居民满意度得分空间分布（东西方向）

如图7-64所示，南北方向上，城市居民生活品质的南北主观感受差距较小，排位前20名的城市中，北方地区的城市占9席，而南方地区的城市占11席；排位后17名的城市中，南方地区的城市占9席，而北方地区的城市则占8席。综上所述，东部地区的城市通常是我国发展较为发达的地区，拥有更多的经济资源和发展机会，因此居民在这些城市享有更好的生活条件，由此提升了其对生活品质的满意度。相比之下，西部和东北地区的部分城市经济发展相对滞后，生活水平普遍较低，居民生活品质的满意度相对较低。另外，东南沿海地区在国家发展战略中扮演着重要角色，拥有更好的外部资源和政策支持，对城市的发展具有积极贡献，因此居民对生活品质的评价更为积极。南北方向上较小的居民主观感受差距是因为我国南北地区的城市居民生活品质整体发展相对均衡，而且现代城市建设中愈加注重全面发展和公共服务均等化。综合而言，这些因素共同作用导致了这种主观感受的区域差异格局。

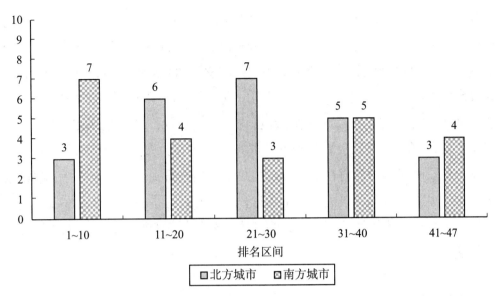

图 7 - 64 2023 年城市居民生活品质的居民满意度得分空间分布（南北方向）

（二）城市智慧生活建设和文化氛围广受居民好评

具体来看城市居民生活品质的 5 个方面，如图 7 - 65 所示，受访者对"城市生活正在变得更加智慧、便捷"的满意度最高，达到了 64.84%。其中，44.26% 的受访者表示"同意"，20.58% 的受访者表示"非常同意"。这一数据反映出城市智慧化发展的成果，智能交通系统、智能家居等技术的应用显著提升了居民的生活便利性和效率。其次，关于"城市文化氛围宽松、包容、多元、不歧视"的满意度也相对较高，达到 60.92%。在这部分受访者中，19.31% 的受访者表示"非常同意"，而 41.61% 的受访者表示"同意"。这表明城市在促进文化多样性和包容性方面取得了一定进展，营造了一个开放的文化氛围，减少了歧视现象，从而增强了居民的满足感。对于"城市发展使您的整体生活质量得到了提升"和"城市气候舒适，高温、暴雨、台风等极端天气罕见"，受访者的满意度同样超过了 50%。具体而言，对生活质量提升的认可为 59.70%，其中，18.07% 的受访者表示"非常同意"，41.63% 的受访者表示"同意"。对气候条件的满意度则为 54.31%，其中，表示非常同意的受访者占比为 17.12%，表示同意的受访者占比为 37.19%。这些结果表明城市的整体宜居性和气候改善得到了居民的广泛认可。然而，在健康方面的指标显示出一些不足。数据显示，57.60% 的受访者每周运动频次为 2 次及以下，显示出城市居民健康运动的不足。

具体来看，41.16% 的受访者对此表示"每周运动频次为 1 ~ 2 次"，16.44% 的受访者每周则缺乏运动。此外，关于睡眠时长充足的评估，只有 47.03% 的居民认可自己的睡眠状况为充足，其中 32.98% 的居民同意睡眠"充足"，14.05% 的居民表示"非常充足"。由此可见，许多居民的睡眠质量仍需改善，也反映出了现代城市生活的快节奏和压力。与此同时，居民对睡眠时长、气候环境、文化氛围、智慧生活和整体发展效果的不满意度相对较低，均在 12% 以下。这反映了当地政府在上述领域的政策和措施得到了居民的认可，政策效果良好；但仍有少部分居民表示不满意，这表明在这些领域仍有改进和提升的空间，需要进一步了解这部分居民的具体需求和不满的原因，以便采取针对性的措施。

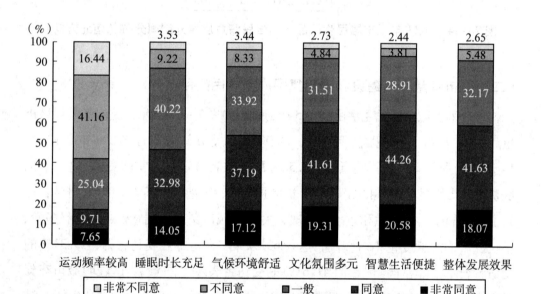

图 7 - 65　2023 年城市居民生活品质各维度的居民满意度分布

总的来说，受访者对城市生活的智慧化和便捷性以及文化氛围等方面高度满意，反映了城市在科技应用和文化建设上的积极成果。然而，与健康相关的问题不容忽视，尤其是在运动频率和睡眠时长方面。这提示城市管理者有必要重视这些健康问题，制定相关政策并进行相应健康宣传，强化居民的健康生活意识，进一步提高居民整体生活质量。

二、城市居民生活品质分指标

（一）多数居民每周运动频次小于 2 次

居民运动频率对于城市居民生活品质的影响是显著且深远的。居民频繁参与体育活动不仅能够增强身体素质，减少疾病发生率，从而提升身体健康水平，还能有效缓解城市生活带来的心理压力，增强心理健康。运动过程中释放的多巴胺等神经递质有助于改善情绪，减少焦虑和抑郁情绪，提升居民的幸福感。此外，运动频率的提升促进了社区间的互动与交流，增强了社会凝聚力，构建了更加和谐的邻里关系。从更宏观的角度看，居民运动习惯的养成也推动了城市体育设施的建设和完善，提升了城市公共服务水平，进一步优化了城市居民的生活环境。因此，鼓励居民提高运动频率，不仅是提升个人生活品质的有效途径，也是推动城市整体健康、和谐发展的重要举措。

城市居民运动频率的主观得分排名如图 7 – 66 所示。排位前 10 名的城市中，青岛、拉萨和南京分别位列前 3 名，其后，商洛、哈尔滨和长春分别位列第 4、第 5 和第 6 名。排位后 10 名的城市中，榆林、天津和西安的得分最低，排在倒数 3 名。前后对比，排位前 10 名和后 10 名的城市得分差异显著，反映出不同城市在居民运动频率表现上存在明显差异。排位前 10 名的城市如青岛、拉萨和南京获得较高排名，反映了这些城市对居民健康的关注程度较高，拥有更多促进健康发展的政策和资源，以及更完善的健康服务体系。排位后 10 名的城市如榆林、天津和西安则在居民主观得分中排名较低，受到环境污染、生活方式不健康等因素的影响，导致居民感受到的身体健康较差。这些结果的出现与城市的卫生环境、生活习惯、医疗资源等因素密切相关。因此，政府和社会应加强对排位后 10 名城市的关注，通过提升卫生环境、倡导健康生活方式、加强健康教育等措施，促进城市居民整体身体健康水平的提升。

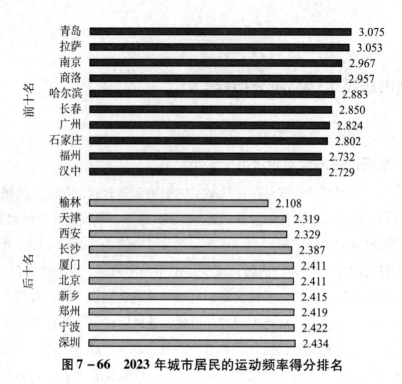

图7-66 2023年城市居民的运动频率得分排名

如图7-67所示，在回收的有效问卷中，17.36%的受访者表示在城市平均每周的运动次数为5次及以上，25.04%的受访者表示运动次数为3~4次，57.60%的受访者表示运动次数为2次及以下。这一结果受多种因素的影响，首先，社会发展情况是其重要的影响因素，城市生活节奏加快，工作压力较大，

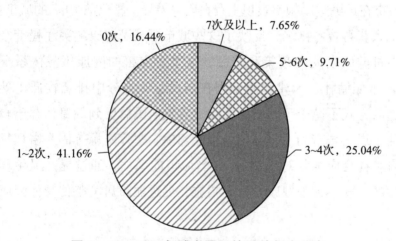

图7-67 2023年城市居民的运动频率分布

很多人没有足够的时间进行运动。其次，个人偏好和习惯也是影响因素之一，部分受访者认为每周较少次数的运动已经足够维持健康。最后，运动场所和设施的便利程度也导致了运动频率的不同，有些地区运动设施不够完善或不易到达，影响了居民的运动积极性。

如图7-68所示，分别展示了不同方向上城市居民身体健康在不同排名区间的占比情况。从东西方向来看，东部地区的城市居民更乐于运动，西部、东北地区的城市次之，中部地区的城市较弱，有待加强。具体来看，排位前10名的城市中，东部地区的城市占比50%；而排位后7名的城市中，中部地区的城市占比29%，西部地区的城市占比29%。从南北方向来看，排位前10名的城市中，南北方地区的城市分别占比60%和40%；排位后7名的城市中，南北方地区的城市分别占比29%和71%，"南高北低"的分布格局明显。

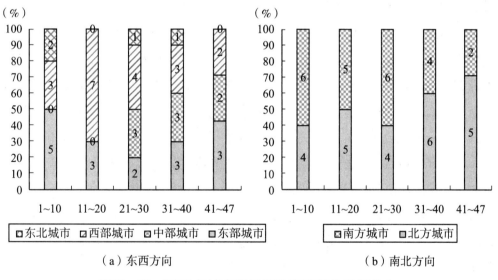

图7-68　2023年城市居民运动频率得分空间分布

据此分析，东部地区的城市居民更乐于通过运动锻炼身体，主要是由于东部地区经济和社会发展较早、基础设施较为完善，提供了更多的锻炼和休闲场所，同时东部地区的气候条件也更适宜户外活动，促进了居民的身体健康。西部和东北地区的城市次之，受到经济相对滞后、气候条件较苛刻等因素的影响，居民运动次数较低。中部地区的城市居民在运动次数排名中表现较弱，主要是由于一些中部地区的城市在经济和社会发展上相对滞后，对体育运动和健康生活方式的重视程度不足。南方地区的城市在运动次数排名中占据较大比例，得益于南方气候较为温暖，适合户外活动，以及南方地区经济较为发达，为居民提供了更好的运动条件和医疗保障。总之，城市居民身体健康排名的不同空间分布情况主要受区域经济发展水平、基础设施条件、气候环境、文化习惯等多种因素综合影响。为提高整体城市居民的身体健康水平，地方政府和社会应加强相关政策的制定，加大对中部、西部等相对薄弱地区的体育运动和健康教育投入，促进全民健身并提高生活质量。

（二）生活压力小的城市，居民睡眠更为充足

充足且高质量的睡眠是保障身体健康和心理健康的重要条件之一。良好的睡眠可以提高免疫力，促进身体各系统的修复和恢复，降低患疾病的风险。此外，充足的睡眠也有助于提升大脑功能、增强记忆力、提高思维敏捷度，从而有利于提高生活质量和工作效率。睡眠不良往往会导致情绪波动、精神压力增加，容易引发抑郁、焦虑等心理问题，影响生活品质和社交关系。对于城市居民而言，经常处于工作压力、交通拥堵等现代生活压力中，更需要良好的睡眠来恢复体力、平衡情绪。因此，城市居民的睡眠时长关乎其身心健康和生活幸福感。政府和社会应加强睡眠健康的宣传教育，营造良好的生活环境和作息习惯，以提升城市居民的睡眠质量，从而促进整体生活品质的提升。城市居民睡眠时长的居民满意度得分排名如图7-69所示。排位前10名的城市中，青岛、长春和呼和浩特分别位列前3名，其后，石家庄、兰州和广州分别位列第4、第5和第6名。排位后10名的城市中，哈尔滨、厦门和杭州的得分最低，排在倒数3名。

据此分析，青岛、长春和呼和浩特位列前3名，而石家庄、兰州和广州紧随其后，这是因为受到各城市气候条件、环境质量以及生活方式等因素的综合影响。青岛、长春和呼和浩特在天气条件上相对较为宜人，气候较为稳定，这有利于居民睡眠的舒适度和质量；同时，这些城市在环境保护和城市规划方面也做得较好，减少了环境噪声和污染对居民睡眠的干扰。相反，哈尔滨、厦门和杭州在调查中居民满意度得分较低，因为这些城市的气候变化较大，环境条件易受影响，也存在着更多的噪声和污染，这些因素都对居民的睡眠时长产生负

面影响。因此，城市居民睡眠时长的居民满意度得分排名是城市的气候、环境和生活方式等多方面因素的综合影响所导致的。

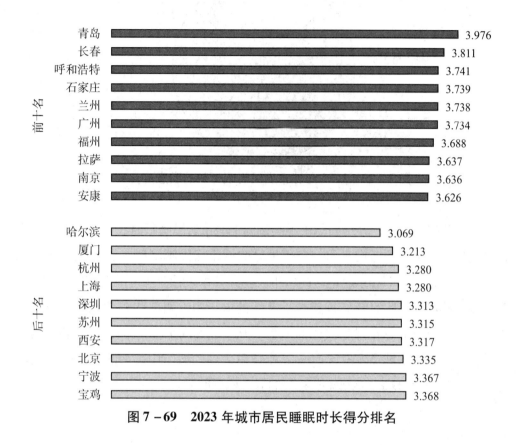

图 7-69　2023 年城市居民睡眠时长得分排名

如图 7-70 所示，在回收的有效问卷中，47.03% 的受访者表示在城市的睡眠时长充足，40.22% 的受访者表示一般，12.75% 的受访者表示不充足。这种分布与多种影响因素相关。首先，城市的快生活节奏和高工作压力导致睡眠时长减少，因为个体处于压力之下难以全身心放松。其次，城市环境的噪声、光污染等外部因素会干扰睡眠，使得一部分人难以获得高质量的睡眠。此外，居民个人的生活习惯、工作时间安排等因素也对睡眠时长造成影响。值得注意的是，城市的睡眠时长不仅受到个体因素的影响，还受到城市整体环境的影响，包括社会压力、交通状况等方面。因此，相关研究应进一步探讨城市环境对睡眠时长的影响，以制定更有效的改善措施。

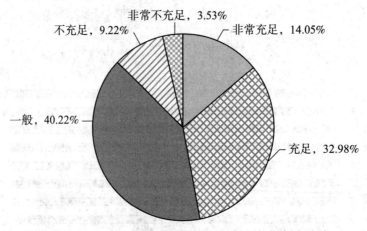

图 7 -70　2023 年城市居民睡眠时长的满意度分布

如图 7 -71 所示，分别展示了不同方向上城市居民睡眠时长在不同排名区间的占比情况。从东西方向来看，东部地区的城市居民睡眠时长更充足，西部地区的城市次之，中部和东北地区的城市较弱。具体来看，排位前 10 名的城市中，东部地区的城市占比 50%，而排位后 7 名的城市中，西部和东北地区的城市各占比 14%，东部地区的城市占比为 72%；从南北方向来看，排位前 10 名的城市中，南北方地区的城市各占比 50%，排位后 7 名的城市中，南北方地区的城市分别占比 71% 和 29%，"北优南劣"的分布格局明显。

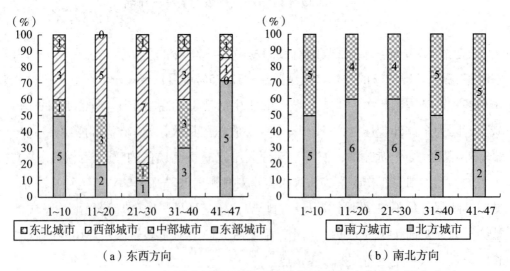

图 7 -71　2023 年城市居民睡眠时长的居民满意度得分空间分布

这一现象源于多种因素的综合影响。首先，东部地区的发达程度和经济水平相对较高，居民生活水平较高，拥有更好的居住环境和更多的休闲娱乐设施，有利于促进良好的睡眠习惯。其次，气候因素也在其中发挥着重要作用，东部地区气候温和湿润，更适宜人们的生活和休息，有助于增加睡眠时长。另外，文化差异及生活方式也对睡眠产生影响，东部地区的生活节奏更为平稳，人们更注重健康和生活品质，对睡眠有更好的重视。南北方向的差异与经济发展、气候等因素有关，南北城市在人口密度、经济发展等方面存在差异，直接影响到居民的生活和睡眠时长。总之，这种地域差异性的睡眠时长展现出各地区不同的社会经济发展水平、文化传统和生活氛围。

（三）西部城市气候环境更令居民感到满意

良好的气候环境可以直接影响居民的身心健康和生活舒适度。宜人的气候条件，如适宜的温度、湿度和空气质量，有助于减轻心理压力、提升情绪状态，改善睡眠质量，从而提高生活质量。同时，宜人的气候环境也有助于促进居民进行户外活动和运动，鼓励居民参与健康的生活方式，解决居民缺乏运动的问题，从而有效预防疾病，增强免疫力。另外，良好的气候环境也能促进城市的经济发展和社会稳定。宜人的气候条件有助于吸引人才流入，提升居民的工作效率和幸福感，促进创新和创业活动，从而推动城市经济发展。同时，稳定的气候环境也可以降低自然灾害的风险，提高城市的应对能力，有利于社会安定和可持续发展。因此，城市应重视气候环境的改善，通过制定政策和采取气候适应策略等方式，优化城市规划和建设，提高绿化覆盖率，减少污染物排放，不断改善城市气候环境，为居民提供更健康、舒适的生活环境，促进城市生活品质的全面提升。

城市气候环境的居民满意度得分排名如图 7 - 72 所示。排位前 10 名的城市中，铜川、商洛和昆明分别位列前 3 名，其后，青岛、贵阳和宝鸡分别位列第4、第 5 和第 6 名。排位后 10 名的城市中，厦门、哈尔滨和重庆的得分最低，排在倒数 3 名。这种分布受多种因素的影响。首先，地理位置和气候类型是其重要影响因素。铜川、商洛、昆明等城市天气宜人，气候舒适，居民主观感受更为积极。其次，环境治理和政府投入也影响居民对气候环境的满意度。如一些城市投入更多资金改善环境质量，使居民更满意气候环境。最后，城市规划和建设也会影响居民对气候环境的感知，较为开放和绿化良好的城市受到居民更高的评价。因此，城市气候环境的居民满意度得分排名受到地理气候因素、环境治理、政府投入和城市规划等多方面因素的影响。

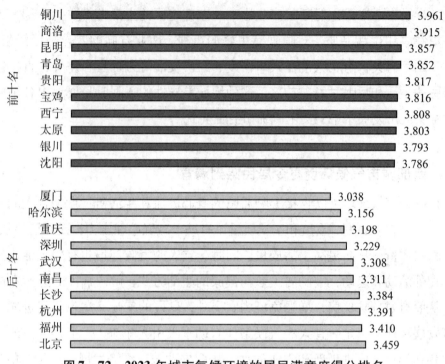

图 7-72　2023 年城市气候环境的居民满意度得分排名

如图 7-73 所示，在回收的有效问卷中，对"城市气候舒适，高温、暴雨、台风等极端天气罕见"表示同意的受访者占比为 54.31%，表示一般的受访者占比 33.92%，11.77% 的受访者对此表示不同意。这种结果源自城市地理位置和气候特征。首先，部分调研城市位于地势平坦、海洋气候环境下，得益于海风调节，确实较少受到高温、暴雨、台风等极端天气的影响。其次，部分调研城市的城市规划和基础设施建设水平较高，能有效地应对气候变化带来的极端天气挑战，从而让居民感受到更为舒适的气候环境。此外，居民对气候环境的感知受生活经验和心理因素等的综合影响，导致对城市气候环境存在不同的看法。总之，以上结果的出现是由城市的地理气候条件、基础设施建设以及个体感知等多方面因素共同作用的结果。

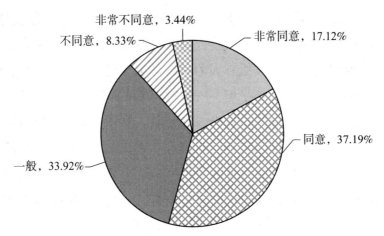

图7-73　2023年城市气候环境的居民满意度分布

如图7-74所示，分别展示了不同方向上城市气候环境在不同排名区间的占比情况。从东西方向来看，西部城市气候环境令居民满意的占比最多，东部、中部和东北城市在不同排名区间的占比较为均衡，且居民满意度较弱。具体来看，排位前10名的城市中，西部城市占比70%，东部、中部和东北城市各占比10%；而排位后7名的城市中，东部和中部城市分别占比29%和43%，西部和东北城市各占比14%；从南北方向来看，排位前10名的城市中，南北方城市分别占比30%和70%，排位后7名的城市中，南北方城市分别占比86%和14%，"北优南劣"的分布格局明显。

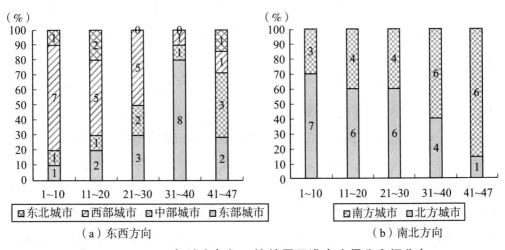

图7-74　2023年城市气候环境的居民满意度得分空间分布

这一现象源自西部地区的地理优势，如地势高低差异、气候类型等因素。西部地区往往拥有更为多样化的气候类型和自然资源，如多山地带、丰富的水资源等，这些条件有助于形成更宜人的气候环境。相比之下，东部、中部和东北地区的气候环境受制于地形平坦、气候较为单一等因素，造成城市气候环境整体较为一般。另外，南北方向上的城市气候环境分布也呈现出明显的"北优南劣"特点，南方城市在排位前 10 名的城市中占比较低，而在排位后 7 名的城市中较高，这是因为受制于南方地区常见的高温多湿气候，造成城市气候整体质量相对较低。总之，城市气候环境的差异受到地理、气候等多方面因素的综合影响。

（四）区域间文化氛围的居民满意度差异较小

城市文化氛围作为城市软实力的重要组成部分，对城市居民生活品质具有深远的影响。浓厚的文化氛围不仅能够丰富居民的精神世界，提升审美趣味，还能够增强城市的文化认同感和归属感，促进社区的和谐与稳定。艺术展览、音乐会、戏剧表演等文化活动的频繁举办，为居民提供了多样化的文化体验和学习机会，激发了创新思维和创造力，促进了个人全面发展。同时，城市文化氛围的营造也促进了文化遗产的保护和传承，使城市历史与现代文明交相辉映，形成了独特的城市风貌，提升了城市的吸引力和竞争力。此外，文化氛围浓厚的城市往往拥有更加开放包容的社会环境，促进了不同文化背景下的居民相互理解和尊重，减少了社会冲突，构建了更加和谐的社区生态。因此，强化城市文化氛围建设，不仅是提升居民生活品质的关键，也是推动城市可持续发展的重要动力。

城市文化氛围的居民满意度得分排名如图 7-75 所示。排位前 10 名的城市中，青岛、广州和长沙分别位列前 3 名，其后，成都、深圳和上海分别位列第 4、第 5 和第 6 名。排位后 10 名的城市中，哈尔滨、厦门和延安的得分最低，排在倒数 3 名。由此可见，城市文化氛围对居民的主观感受存在一定的差异。究其原因，首先，地理位置与自然环境对城市文化氛围的塑造起着基础性作用。青岛、广州和长沙等城市，得益于其独特的地理位置，不仅自然风光优美，而且历史上就是文化交流的重要节点，这为文化多样性的形成和积淀提供了有利条件。相比之下，哈尔滨、厦门和延安等城市，虽然各有其文化特色，但在文化多元性和开放性方面相对较弱，影响了居民对城市文化氛围的整体感知。其次，经济发展水平与产业结构差异也是影响城市文化氛围居民满意度得分的重要因素。青岛、广州等城市作为经济发达、产业多元化的城市，不仅吸引了大量人才和文化资源的流入，还具备更强的文化消费能力和文化创新能力，这直接促进了城市文化氛围的提升。一些经济相对落后的城市在文化设施建设、文化活动举办等方面投入有限，影响了文化氛围的营造。此外，城市历史底蕴、政策导向、居民文化素质和开放程度等因素，也对城市文化氛围的居民满意度得分产生直接或间接的影响。

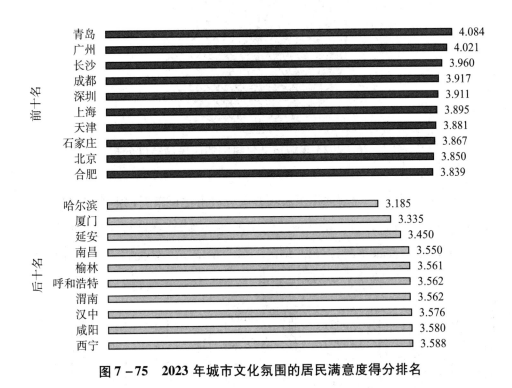

图 7-75　2023 年城市文化氛围的居民满意度得分排名

如图 7-76 所示，在回收的有效问卷中，对"城市文化氛围宽松、包容、多元、不歧视"表示同意的受访者占比为 60.92%，表示一般的受访者占比为 31.51%，7.57% 的受访者对此表示不同意。这一结果受到多方面因素的影响。首先，城市的文化背景、历史演变以及政府政策对于文化氛围的塑造起着重要的作用。若城市长期以来推行多元文化政策，注重促进包容和多元性，那么在民众心中形成的理解和认同度就会更高。其次，社会教育和传播媒体的作用也不可忽视，它们对于塑造、传播和弘扬包容与多元的理念有着重要的引导作用。最后，个人经历、家庭背景、社会阶层等因素也会影响个体对文化氛围的态度。值得注意的是，城市文化氛围的宽容程度对于社会和谐、个体幸福感等方面的影响，需要进一步深入研究并采取相应的政策措施以促进更为良好的文化氛围。

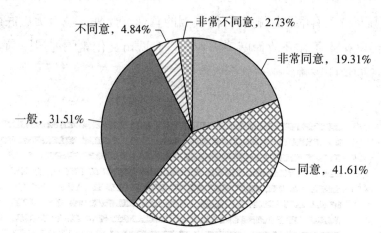

图 7 - 76　2023 年城市文化氛围的居民满意度分布

如图 7 - 77 所示，分别展示了不同方向上城市文化氛围在不同排名区间的占比情况。从东西方向来看，东部地区的城市文化氛围更优异，中部地区的城市次之，西部地区的城市较弱，东北地区的城市最弱。具体而言，排位前 10 名的

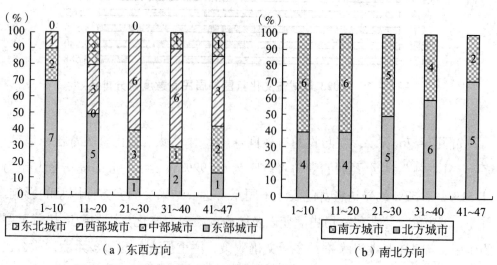

（a）东西方向　　　　　（b）南北方向

图 7 - 77　2023 年城市文化氛围的居民满意度得分空间分布

城市中，东部地区的城市占比为 70%，中部和西部地区的城市分别占比为 20% 和 10%；而排位后 7 名的城市中，东部、中部、西部和东北地区的城市分别占比为 14%、29%、43% 和 14%；从南北方向来看，排位前 10 名的城市中，南北方地区的城市分别占比 60% 和 40%，排位后 7 名的城市中，南北方地区的城市分别占比 29% 和 71%，"南优北劣"的分布格局明显。

这种情况背后的原因包括多方面因素。首先，东部地区因其历史积淀深厚，经济发达，吸引了大量文化资源与人才聚集，形成了较为丰富的文化生态，这直接促进了城市文化氛围的提升。相比之下，西部地区和东北地区，受地理位置、经济基础等因素的制约，文化资源的开发与利用相对滞后，影响了文化氛围的营造。其次，从南北方向看，南方地区的城市普遍具有较为开放的文化氛围，这得益于其历史上多次的文化交流与融合，以及改革开放以来经济的快速发展。北方地区的部分城市，受传统观念影响较深，文化创新活力相对不足，导致文化氛围相对较弱。此外，政策导向与人口结构也是影响城市文化氛围的重要因素。东部地区及南方城市在政策支持与文化产业发展方面更具优势，这为文化氛围的提升提供了有力保障。同时，人口流动与迁移也促进了文化的交流与传播，进一步增强了城市的文化活力。总之，城市文化氛围在不同地理方向上的排名区间占比差异，是多种因素共同作用的结果。未来，应针对不同区域的实际情况，制定差异化的文化发展战略，以促进全国城市文化氛围的均衡发展。

（五）多数居民认为城市智慧生活建设水平较高

城市的智慧生活建设利用信息和通信技术来提升城市管理与公共服务水平，从而改善居民生活质量。首先，智慧生活城市建设通过数字化、信息化手段提高城市基础设施的建设效率和智能化水平，优化城市交通、医疗、教育等公共服务，提升居民的生活便利性和舒适度。其次，智慧生活城市建设促进了城市资源的有效利用和环境的可持续发展，降低城市能耗、减少污染排放，改善居民的生活环境和健康状况。此外，智慧生活城市建设还推动了居民社会参与和民主治理的发展，加强了政府与居民之间的互动与沟通，提升了居民的参与感和获得感。综合来看，城市智慧生活建设不仅提升了城市的竞争力和可持续发展能力，也直接影响了居民的生活品质和幸福感。因此，城市应当积极推动智慧生活城市建设，借助先进技术和创新模式，不断提升城市的智能化水平，为居民创造更加便捷、安全、舒适的生活环境。

城市智慧生活的居民满意度得分排名如图7－78所示。排位前10名的城市中，上海、青岛和广州分别位列前3名，其后，北京、长沙和成都分别位列第4、第5和第6名。排位后10名的城市中，哈尔滨、厦门和汉中的得分最低，位列倒数3名。由此可见，城市智慧生活得分存在显著差异。这种排名差异是由多种因素导致的。首先，科技和信息化水平是影响城市智慧生活的重要因素。上海、广州等一线城市拥有较为完善的信息技术基础设施和创新氛围，有利于智慧生活城市建设，进而获得居民高度满意。其次，政府的数字化转型和政策支持也是影响因素之一。一些城市在推动智慧生活城市建设方面的政策措施得当，投入资金和资源，获得了居民的认可。最后，城市发展规划和社会经济状况也会影响城市智慧生活水平，较为发达的城市在智慧生活排名中占据领先地位。因此，城市智慧生活得分排名的差异受科技水平、政府支持、城市发展规划等多方面因素的综合影响。

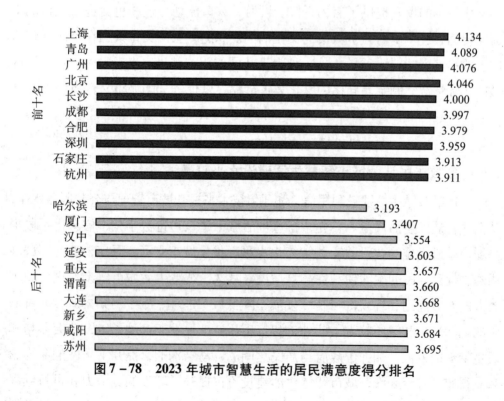

图7－78　2023年城市智慧生活的居民满意度得分排名

如图 7 - 79 所示，在回收的有效问卷中，对"城市生活正在变得更加智慧、便捷"表示同意的受访者占比 64.84%，表示一般的受访者占比 28.91%，6.25% 的受访者对此表示不同意。出现这一结果的原因是当前城市智能化建设的持续推进和普及，包括智能交通系统、智慧城市管理等，这些技术的引入有效提升了城市生活的便捷性和智能化水平。同时，28.91% 的受访者对此持一般态度，这是因为尽管城市智慧化进程已经取得显著成就，但仍存在一些问题和不足之处，如智能化设备使用不便、存在信息安全隐患等。另外，6.25% 的受访者表示不同意，是因为个人对城市智慧化建设的认知有限，或对新技术的接受度不高，因此存在居民对未来智慧城市发展方向的质疑或担忧。总之，导致不同态度的出现是由于受访者对城市智慧化水平以及相关信息的认知程度、个人经验和偏好等多方面因素的影响。

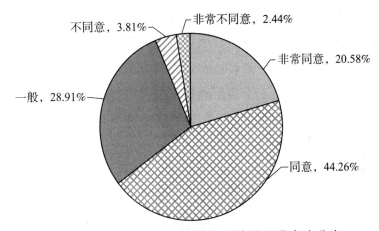

图 7 - 79　2023 年城市智慧生活的居民满意度分布

图 7 - 80 分别展示了不同方向上城市智慧生活在不同排名区间的占比情况。从东西方向来看，东部地区的城市智慧生活表现优异，中部地区的城市次之，西部地区的城市较弱，东北地区的城市最弱。具体而言，排位前 10 名的城市中，东部地区的城市占比 70%，中部地区和西部地区的城市分别占比 20% 和 10%；而排位后 7 名的城市中，东部、西部和东北地区的城市分别占比 14%、57% 和 29%；从南北方向来看，排位前 10 名的城市中，南北方地区的城市分别占比 70% 和 30%，排位后 7 名的城市中，南北方地区的城市分别占比 43% 和 57%，"南优北劣"的分布格局明显。

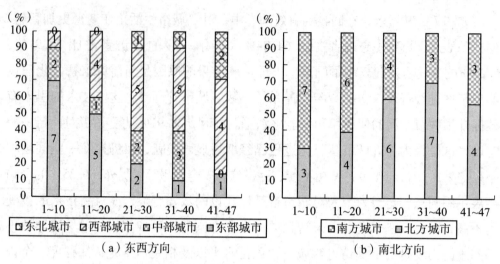

图 7-80 2023 年城市智慧生活的居民满意度得分空间分布

由此可见，城市智慧生活不同方向的排名分布情况展现出一定的地域差异性。东部地区的城市智慧生活的优异表现源于其较为发达的经济基础与创新环境，例如，东部地区拥有大量高科技企业和研究机构，为智慧城市发展提供了强大支持。中部地区的城市次之的原因在于其在产业结构转型和城市规划方面相对滞后，虽然有一定的发展潜力，但潜力还未完全得到释放。相比之下，西部地区的城市和东北地区的城市较为薄弱，是由于这些区域在经济发展和技术创新上相对滞后，缺乏足够的资源和资金投入。南北方向上的格局显示出"南优北劣"的特征，南方地区的城市智慧生活较北方更优，这与南方地区人口密集、经济发达以及信息技术应用更加普及有关。相比之下，北方地区的城市相对发展滞后，受制于多种因素如气候条件、地理位置等，导致智慧生活水平相对落后。总体来看，城市智慧生活的差异受制于多种因素，包括经济基础、创新环境、资源投入等因素，针对不同区域的特点与问题，需要采取差异化的政策与措施，促进城市智慧生活整体水平的提升。

（六）居民普遍认为城市整体发展成效较好

城市整体发展效果对城市居民生活品质的影响是一个多维度、复杂且深远的议题，它不仅关乎经济增长、基础设施建设，还涉及社会公平、环境保护以及文化繁荣等多个方面。随着全球化的加速和城市化进程的推进，这一议题日益成为学术界、政策制定者及公众关注的焦点。首先，从经济层面来看，城市整体发展效果的提升直接促进了就业机会的增多和居民收入水平的增长。经济的繁荣为城市居民提供了更广阔的就业空间，包括高新技术产业、服务业等多个领域，这不仅提高了就业率，还促进了职业结构的优化。收入的增加使得居民能够享受更高质量的生活服务，如教育、医疗、文化娱乐等，从而显著提升生活品质。其次，基础设施建设是城市发展的重要支撑，对城市居民生活品质具有直接影响。高效的公共交通系统、完善的供水供电网络、安全的住房条件以及便捷的通信设施，都是衡量一个城市宜居性的重要指标。这些基础设施的完善不仅提高了居民的生活便利性，还促进了城市内部及城市间的交流与合作，加速了信息、资源的流动，为城市经济的持续发展奠定了坚实基础。然而，城市发展也伴随着一系列挑战，如环境污染、交通拥堵等问题，这些问题直接影响到居民的生活质量和幸福感。因此，城市整体发展效果的提升必须注重可持续发展战略的实施，包括推广绿色建筑、发展公共交通以减少碳排放、实施包容性增长政策以缩小贫富差距等。通过这些措施，可以有效缓解城市发展带来的负面影响，提升居民的生活满意度和幸福感。此外，城市文化的繁荣也是衡量城市居民生活品质不可忽视的一环。丰富的文化活动、良好的文化氛围不仅能够满足居民的精神文化需求，还能提高城市的社会凝聚力，形成独特的城市品牌形象，吸引更多的人才和投资，进一步推动城市的全面发展。总之，城市整体发展效果对城市居民生活品质的影响是多方面的，既包括物质层面的改善，也涉及精神文化层面的提升。为了实现城市的可持续发展和居民生活品质的不断优化，需要政府、企业和居民共同努力，平衡经济发展与环境保护、社会公平与文化繁荣的关系，构建一个和谐、宜居、可持续发展的现代城市。

　　城市整体发展效果的居民满意度得分排名如图 7 - 81 所示。排位前 10 名的城市中，上海、北京和青岛分别位列前 3 名，其后，合肥、长沙和广州分别位列第 4、第 5 和第 6 名。排位后 10 名的城市中，哈尔滨、厦门和延安的得分最低，排在倒数 3 名。由此可见，城市整体发展效果的居民满意度得分在各城市之间存在着显著差异。这一结果归因于多重因素的综合影响，首先，上海、北京等城市作为国家中心城市，通常拥有更多资源用于城市智慧生活、基础设施建设和公共服务改善，因此居民对城市发展的满意度较高。其次，城市的经济发展水平、教育资源、社会福利水平等方面的差异也对居民满意度得分产生影响。此外，城市管理水平、环境质量、交通便利性等因素亦影响居民对城市发展的满意度。综合来看，这种差异主要受城市发展水平和提供的公共服务质量等综合因素影响较大，导致了不同城市在居民满意度得分上的明显差异。

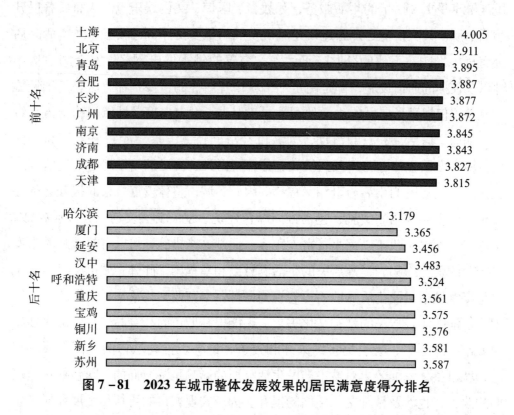

图 7 – 81　2023 年城市整体发展效果的居民满意度得分排名

如图 7 – 82 所示，在回收的有效问卷中，对"城市发展使您的整体生活质量得到了提升"表示同意的受访者占比 59.70%，表示一般的受访者占比 32.17%，8.13% 的受访者对此表示不同意。这样的结果是由以下几个主要因素造成的，首先，城市发展通常意味着更多的工作机会和更高的收入水平，这对大多数人来说是提升生活质量的重要因素。其次，城市发展带来了更好的基础设施、医疗资源、教育机会和文化活动，提升了居民的生活便利性和品质。此外，城市发展还带来了环境改善、社会安全加强等积极影响，使人们感受到生活更加安逸舒适。总之，大多数受访者对城市发展提高整体生活质量持肯定态度，这反映了城市发展在提高居民生活品质方面的积极作用。

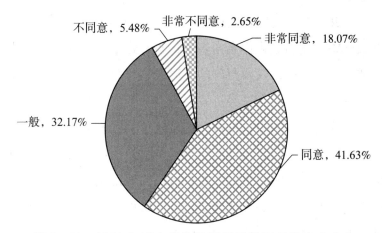

图 7 - 82　2023 年城市整体发展效果的居民满意度分布

图 7 - 83 分别展示了不同方向上城市整体发展效果在不同排名区间的占比情况。从东西方向来看，东部地区的城市整体发展效果表现优异，中部地区的城市次之，西部地区的城市较弱，东北地区的城市最弱。具体来看，排位前 10 名的城市中，东部地区的城市占比 70%，中部和西部地区的城市分别占比 20% 和 10%；而排位后 7 名的城市中，东部、中部、西部和东北地区的城市分别占比 14%、14%、58% 和 14%；从南北方向来看，排位前 10 名的城市中，南北方地区的城市分别占比 60% 和 40%，排位后 7 名的城市中，南北方地区的城市分别占比 43% 和 57%，"南优北劣"的分布格局明显。

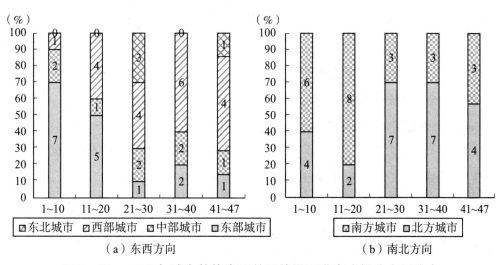

图 7 - 83　2023 年城市整体发展效果的居民满意度得分空间分布

由此可见，城市整体发展效果在不同方向上的排名存在明显差异。东部地区的城市在城市整体发展效果排名中表现优越，这是由于东部地区拥有更发达的经济地区和人口密集区，以及更好的基础设施支持。相反，西部地区城市排名较低是由于资源分配不均衡、经济发展不够平衡等因素所致。中部地区的城市在协调发展中的表现居于中间地位，这反映了其区位优势和城市发展历史的影响。东北地区的城市排名最弱是由于经济结构转型困难、重工业基础衰退等结构性问题所致。从南北方向来看，南方地区的城市相对于北方地区的城市表现较好，这与南方地区更多的自然资源、气候条件以及对外开放程度有关。相反，北方地区的城市的排名偏低与缺乏资源、气候条件较为恶劣、经济结构相对单一等因素相关。总的来说，城市整体发展效果排名的差异可以归因于区域经济发展差异、资源禀赋和政策扶持等多方面因素的综合作用。因此，需要在政策层面上进一步促进区域均衡发展，以实现城市整体发展效果水平的提升。

第六节　城市居民最关心的问题

"为人民谋幸福，是中国共产党人的初心。我们要时刻不忘这个初心，永远把人民对美好生活的向往作为奋斗目标。"[①] 在城市发展中，居民最关心的问题，对城市高质量发展的影响深远。这些问题的多样性反映了居民不同层面的需求和期望，是推动城市全面进步的重要动力。居民关心的问题涵盖了住房、教育、医疗、交通、环境等多个领域，这些问题直接关系到居民的生活质量和幸福感，是提升城市经济活力的关键。居民关心的问题多样性还体现了城市社会包容性和文化多样性的重要性。一个能够积极回应并解决居民多样化问题的城市，能够促进不同社会群体之间的和谐共处，增强居民的归属感和认同感。同时，居民对环保和社会责任等问题的关注，也促使城市在发展过程中更加注重可持续性，推动其他领域向更加绿色、负责任的方向发展。因此，居民在城市发展中

---

① 新华社国内新闻编辑部. 习近平经济思想的生动实践述评 ［M］. 北京：新华出版社，2022：78.

最关心的问题不仅是城市高质量发展的风向标，更是提升城市宜居环境、实现全面可持续发展的重要参考。关注并解决这些问题，将极大地提升居民的幸福感和城市的综合竞争力。

如图7-84所示，收入与就业两个维度，凸显了居民对经济方面的重视程度，深刻揭示了居民对城市高质量发展成果的主观感受与关切点。收入问题的高关注度，反映了居民对提升生活水平的强烈愿望；紧随其后的就业与教育医疗问题，同样得分显著，表明居民对稳定就业与优质教育医疗资源的深切关注，这些直接关系到居民的生活质量与幸福感。房价与生活压力虽非首位，但也不容忽视，反映了现代城市居民面临的现实挑战；而生态环境的重视，则体现了居民对绿色、健康城市环境的向往。此外，文化氛围、商业繁荣、政府办事效率及营商环境等虽得分较低，却也揭示了居民对城市综合发展的多元化期待。虽然评分较低，但反映了这几年这些方面取得的进步，因此关心程度相对来说就会下降。这些方面的改善，将进一步提升城市的吸引力和居民满意度，促进城市高质量发展。同时为未来城市发展的方向提供思路：即以提升经济水平为重点的同时，注重生态环境保护，优化就业与教育医疗资源，并兼顾文化、商业、政务等多方面的均衡发展，以全面提升居民的幸福感和城市的综合竞争力。

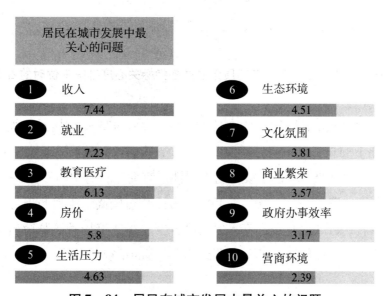

图7-84　居民在城市发展中最关心的问题

如图 7 - 85 所示，已回收的有效问卷中，共 37.64% 受访居民将就业排在第 1 位，与此同时，占比 29.32% 的居民将收入排在第一位；两者共计 66.96%，表明就业和收入在居民心中的重要性，这主要源于其对于居民基本生活保障、社会地位及生活质量提升的核心作用。在现代社会，稳定的收入来源是确保日常生活需求得到满足、生活质量得以提升的关键。就业作为获取收入的主要途径，其稳定性直接关系到居民的经济安全感。相比之下，认同营商环境和文化氛围排第 1 位的居民分别占比 1.48% 和 2.85%，这与居民对营商环境和文化氛围的重要性认识不足有关，信息获取渠道有限也是一个重要因素，许多居民难以获取关于营商环境和文化氛围改善的最新动态和相关信息，从而导致认同营商环境和文化氛围排第 1 位的居民较少。

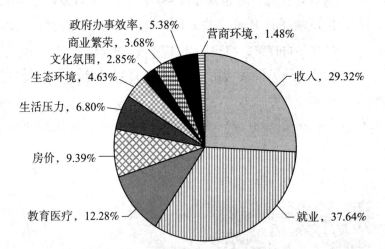

图 7 - 85　2023 年居民对城市高质量发展各指标关心度排第 1 位时的占比情况

如图 7 - 86 所示，已回收的有效问卷中，共有 473 受访居民将收入排在第 10 位，占比 1.11%，在所有指标中占比最少，表明收入是居民无法忽视的要素，收入作为经济的重要来源，对家庭的重要性不言而喻；有 10 179 位受访者将政府办事效率排在第 10 位，占比 27.49%，占比相对较高，虽然政府办事效率很大程度影响居民的日常办事进度，但居民日常较少直接接触到与政府相关的事务，这也造成了政府办事效率没有得到居民更多的重视。

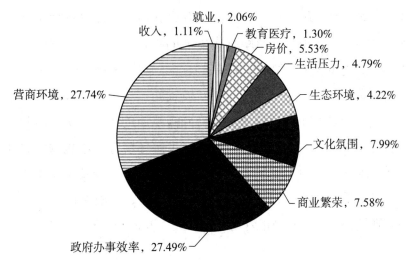

图 7 - 86　2023 年居民对城市高质量发展各指标关心度排第 10 位时的占比情况

如图 7 - 87 所示，在就业问题上，共有 37.64% 的受访者将"就业"排在第 1 位，19.75% 的受访者将"就业"排在第 2 位，共 20.07% 的受访者将"就业"排在第 3 位和第 4 位，仅 3.03%、2.13%、2.06% 的受访者将"就业"排在第 8、第 9、第 10 位；在收入问题上，共有 29.32% 的受访者将其的重要性排在第 1 位，32.42% 的受访者将其排在第 2 位，分别有 12.43% 和 7.04% 的受访者将"收入"排在第 3 位和第 4 位，仅有 3.00% 的受访者将收入的重要性排在最后 2 位。此外，将教育医疗、房价、生活压力、政府办事效率、生态环境、商业繁荣、文化氛围和营商环境排在第 1 位的受访者占比分别为 12.28%、9.39%、6.80%、5.38%、4.63%、3.68%、2.85% 和 1.48%。

由此可见，在城市生活中，全体居民最为关心的问题当属收入与就业问题，这是生活得以稳定的根基。随着社会持续发展，国家积极完善社会保障制度，力求让每位居民均能享有相应保障，从而减轻生活负担。与此同时，还大力鼓励并支持居民通过合理理财，使生活更加宽裕与安心。此外，社会各界也踊跃倡导公平与包容的风尚，推出诸多优惠政策与福利，全方位提升居民生活质量。稳定的收入来源，为居民生活筑牢了坚实的保障壁垒。同时，教育与医疗方面同样备受居民瞩目，且关注度与日俱增。在教育领域，居民对新知识的学习热情高涨，渴望借此丰富精神世界。于是，各类社区教育、在线学习平台如雨后春笋般涌现，为居民提供了丰富多样的学习契机。这些课程种类繁多，既包含书法、绘画、舞蹈等兴趣类项目，也涵盖健康养生、智能设备使用等实用技能培训，使居民能够与时俱进，紧跟时代发展的步伐。在城市医疗方面，得益于医疗技术的不断进步以及医保政策的持续完善，居民就医变得越发便捷与经济。家庭医生签约服务、远程医疗咨询等创新模式的广泛推广，极大地缓解了居民看病难的困境，让居民在家门口便能享受到高品质的医疗服务。此外，全体居民对城市房价、生活压力、政府办事效率、生态环境等问题也颇为关注，在满足基本生活需求之后，他们更加向往社会保障的公平与普及，期望政府办事效率更高、并能享受优质的生态环境。值得注意的是，居民对商业繁荣和文化氛围的关心度则较为靠后，对城市营商环境的关注度也处于较低水平。

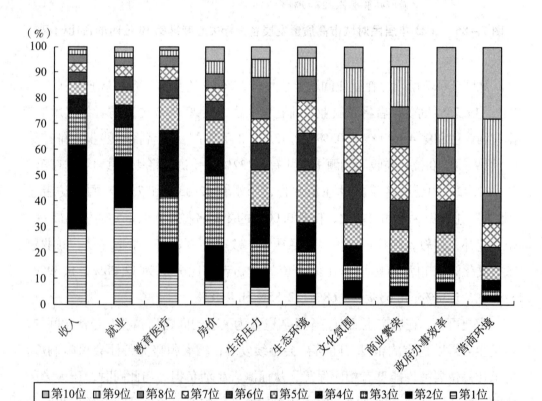

图 7 – 87　2023 年城市高质量发展各指标重要程度在各排位的占比情况

　　总之，就业乃民生基石，一端系于宏观经济大局，另一端则关乎千家万户的日常生活。作为家庭经济支柱的劳动者，其收入状况直接决定了家庭生活质量，并进一步影响着居民在城市中的幸福感以及在追求城市高质量发展中的满足感。同时，收入水平还左右着居民的消费力与消费倾向，从而对城市经济的增长与质量提升产生一定效应。此外，就业问题与收入问题的合理解决也是决定居民能否减轻生活压力、享受优质生活的关键。鉴于此，城市发展需双管齐下：一方面，应致力于推动更高质量、更充分的就业，坚守就业优先战略，实施积极就业政策，政府需加强职业技能培训，着重化解结构性就业难题；另一方面，通过开拓如数字经济、银发经济等新兴就业领域，充分激活民营企业的活力等手段，拓宽就业路径，提升居民收入水平，切实解决民众最为关切、最为直接的利益诉求。从而全力以赴为居民营造一个更加美好、宜居的生活环境，让城市成为居民幸福生活的港湾。

第八章 青年友好视域下城市高质量
发展居民主观感受评价

第一节 总 体 评 价

青年发展一直都是党和国家事业的关键所在。新中国成立初期毛泽东同志提出青年"四最精神"，改革开放后邓小平同志提出"四有青年"标准，中国特色社会主义进入新时代，习近平同志也对青年提出"四点希望"，勉励青年要"爱国、励志、求真、力行"，促进新时代青年担当民族复兴大任。2017 年 4 月，中共中央、国务院印发《中长期青年发展规划（2016～2025 年）》。这是新中国成立以来第一个由党中央和国务院发布的青年发展规划，是在国家层面为青年发展提出的依据和建设范本，并标志着把青年发展摆在了党和国家工作全局中更加重要的战略位置。同年，全国 100 多个城市先后出台人才新政。在这背后，是全国各地纷纷认识到，在人口红利逐步褪去之际，一座城市是否具备对青年发展的吸引力，直接关系到城市未来发展的命脉与潜力。2022 年，中共中央宣传部、国家发展改革委、共青团中央等 17 部门联合印发《关于开展青年发展型城市建设试点的意见》（以下简称《意见》），旨在通过建设青年发展型城市，实现青年高质量发展和城市高质量发展相互促进的发展方式。青年的高质量发展将促进城市发展，而城市的发展也将加快推进现代化进程。青年发展型城市是中国式现代化发展的重要载体，也是实现社会主义现代化强国的重要战略空间，其显著特征是将城市建设和中国式现代化紧密联系，具有重要理论意义和时代价值。

　　课题组通过问卷星发放线上问卷，共回收有效问卷 43 593 份，其中，青年群体占比达 56.51%。青年友好视域下，从年龄分布来看，受访者年龄大多在 17～24 岁（占比 61.61%），18 岁以下及 25～34 岁受访者人数分别占比 8.91% 和 29.47%；从文化程度来看，受访者整体文化程度较高，本科学历受访者占比 55.16%，硕士及以上学历受访者占比 11.50%，初中及以下学历受访者最少，仅占比 3.86%；从职业构成来看，学生群体占比最高（60.67%），其次是企业员工/务工人员（11.18%）；从收入水平来看，月收入 5 000 元以下受访者最多，占比 74.26%，其次为 5 000～1 万元收入群体（16.24%），月收入 3 万元以上受访者占比仅为 3.34%；从居住时长来看，33.58% 受访者的城市居住时长在 10 年以上，因而受访者对城市发展主观满意度的反馈信息具有极高可信度；此外，有 61.01% 受访者在其他城市有过半年以上居留史，这可以使受访者更加客观地对城市高质量发展进行横向对比。

一、青年群体对城市高质量发展总体满意

　　如图 8－1 所示，青年群体对我国城市政府善治能力、城市乐居环境质量、城市宜业环境质量以及城市居民生活品质的得分均值分别为 3.611、3.566、3.255 和 3.482。由此可见，青年群体对城市高质量发展各维度都表现出较高满意度，其中，城市宜业环境质量的满意度最低，一方面，是因为青年群体正处于人生中最具活力和创造力的阶段，渴望通过创新创业实现自我价值和社会贡献。因此，他们对城市就业环境的细微变化都保持着高度的敏感性和警觉性，即便是微小的不足也会被迅速放大，并通过社交媒体、人际网络等渠道迅速传播，形成对整体就业环境较低的满意度评价。另一方面，近年来，随着全球经济形势的复杂多变和国内经济结构的深度调整，就业环境确实面临诸多挑战，导致青年群体的满意度整体较低。

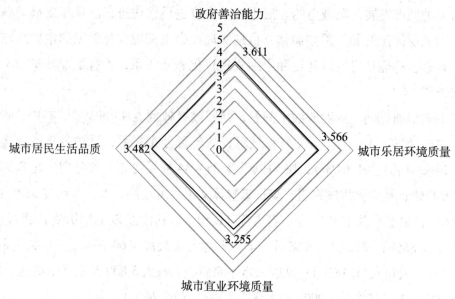

图 8 - 1 2023 年城市高质量发展的青年群体满意度整体性得分

二、青年群体心中的高质量发展城市：成都、青岛跻身前五

2023 年城市高质量发展的青年群体满意度整体性得分排名如图 8 - 2 所示，整体来看，前 10 名城市得分并没有拉开差距，一线城市中，北上广深全部跻身前 10 名，上海、北京、广州、深圳分别居第 1、2、6、7 名。整体而言，南方城市青年群体对城市高质量发展的满意度优于北方城市，在前 10 名中，南方城市占 8 席，北方仅北京、青岛位列第 2、3 名。同时，在前 10 名中，东部城市占 8 席，处领先地位，西部、中部的成都和长沙分别位列第 5、9 名，而东北地区城市未进入前 10 名中，大连排名最高，在第 15 位，纵观大连在四个方面的满意度得分，并没有特别突出的，但是各项均衡发展均在 12 ~ 21 位次之间，这使大连能够位列东北城市榜首。

成都作为西部城市位列第 5 名，是西部唯一进入前 10 名的城市，其悠久的历史文化和现代都市风貌相结合，形成了独特的城市魅力，吸引了大量青年前来探索和生活。成都以其悠闲的生活节奏、丰富的美食文化、深厚的文化底蕴以及现代都市的便利与活力，为青年提供了一个既舒适又充满机遇的生活环境。青年在这里能够找到归属感，享受到生活的乐趣，同时也有机会实现个人价值和发展目标，这种独特的城市魅力深深吸引了他们，并让他们对成都产生了高度的满意度和认同感。除政府善治能力排在第 12 位，其余三项均在前 5 名之内，成都需着重提升政府治理能力。青岛作为仅有的两个上榜的北方城市之一，位列第 3 名，这座镶嵌在黄海之滨的璀璨明珠，以其碧海蓝天、红瓦绿树的自然风光，以及中西合璧、历史与现代交织的独特城市风貌，深深吸引了追求品质生活与心灵归宿的青年群体。在这里，青年们不仅能享受到海风拂面、沙滩漫步的悠闲时光，更能感受到城市蓬勃的发展活力与开放包容的文化氛围。青岛的经济发展迅速，新兴产业层出不穷，为青年提供了广阔的就业舞台和创业机遇，同时，政府对于青年人才的重视与扶持，更是让青年们在这里找到了施展才华、实现梦想的舞台。青岛，以其独特的城市韵味、开放包容的文化氛围以及政府对青年发展的高度重视，成为青年们心中的理想之地，赢得了他们由衷的赞誉与深深的喜爱。

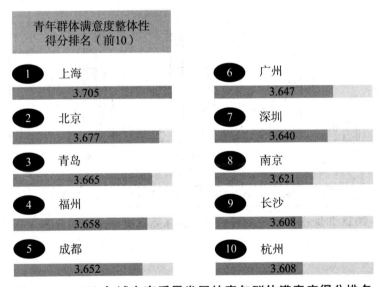

图 8 - 2　2023 年城市高质量发展的青年群体满意度得分排名

三、青年群体心声：东部地区城市高质量发展最受好评

2023 年城市高质量发展的青年群体满意度得分空间分布如图 8 - 3 所示。

东西方向上，城市高质量发展的青年群体满意度呈现明显的"东高中平西低"格局。总体来看，东部地区城市高质量发展最受好评，前 10 名中，东部城市占据 8 席，前 20 名中，占据 12 个席位，均占据绝对优势。同时，东北地区的城市有两极分布现象，两两分布在前 18 名和后 13 名中，大连和沈阳分别排在第 15 名和第 18 名，而哈尔滨、长春则分别排在倒数第 1 名和倒数第 13 名。可见东北地区城市的青年群体满意度分布不均，哈尔滨和长春的城市建设还有待提升。前 20 名中东部城市占比 60%，中部城市占比 20%，西部和东北城市占比 10%；后 17 名中，西部城市占 11 席，中部、东部和东北地区城市各占3、1、2 席。青年群体对城市高质量发展的满意度基本与各区域经济发展水平相吻合。

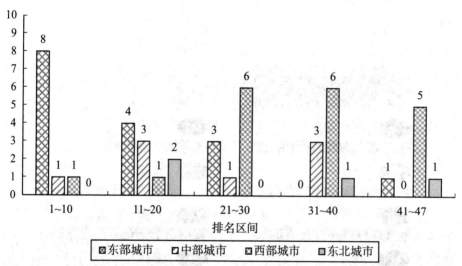

图 8−3　2023 年城市高质量发展的青年群体满意度得分空间分布（东西方向）

四、青年群体主观满意度呈南高北低分布格局

如图 8−4 所示，南北方向上，前 20 名中南方城市占比 65%，北方城市占比 35%；后 17 名中，北方城市占比 65%，南方城市占比 35%，青年群体对城市高质量发展满意程度的南北差异较为明显。

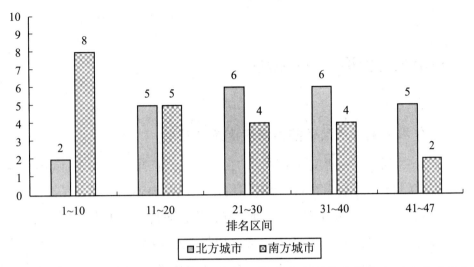

图 8-4 2023 年城市高质量发展的青年群体满意度得分空间分布（南北方向）

第二节 城市政府善治能力

在我国迈向现代化治理的新征程中，城市善治能力的强化与提升，不仅是"十四五"规划的核心要义之一，更是实现国家治理体系和治理能力现代化的关键环节。城市因善治而强，善治能力是推动城市高质量发展的关键驱动力。它不仅能够优化营商环境，吸引更多优秀人才和资本汇聚，还能激发社会创造力，增强城市竞争力。同时，城市善治能力的提升，也是满足人民群众对美好生活向往的必然要求，是实现社会和谐稳定、文化繁荣兴盛、生态环境优美的必由之路。青年作为社会中最具活力、创造力和潜力的群体，在城市治理中扮演着不可或缺的重要角色。他们不仅是城市发展的直接受益者，更是推动城市治理创新、促进社会和谐与进步的关键力量。善治最终要达到国泰民安、人民幸福的终极目标，从青年群体视角出发，评价城市善治能力对于城市抓住青年群体关注问题、获得青年群体主观评价结果，从而相应地提升城市治理能力具有重要意义。因此，本报告从"政府业务办理效率""市政投诉回应速度""城市治安环境维护""城市生态环境保护"4 个方面出发考察青年群体对城市政府善治能力的主观满意度。

一、城市政府善治能力总指数

（一）青年群体的政府治理能力满意度差异较小

如图 8 - 5 所示，青年友好视域下，我国城市政府善治能力的青年群体满意度排名前 10 的城市分别为深圳、北京、杭州、上海、青岛、合肥、广州、南京、天津和福州。其中，深圳排名第 1，北京和杭州紧随其后，在业务办理效率、投诉回应速度、治安环境保护、生态环境保护四个方面都在前 10 行列，各个方面均衡发展，政府治理能力才能位列前 3 名。纵观全部城市的数据，前 10 名和后 10 名的城市得分相差不大，这表明青年群体对政府治理能力的满意度差异较小。

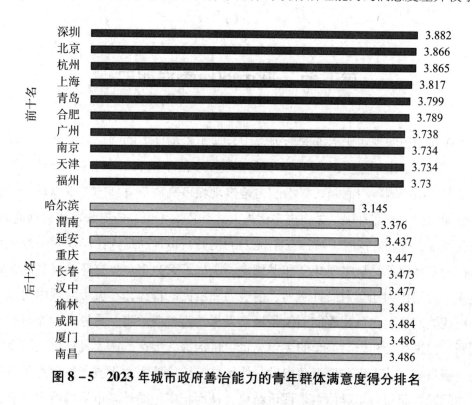

图 8 - 5　2023 年城市政府善治能力的青年群体满意度得分排名

2023 年城市政府善治能力的青年群体满意度得分空间分布情况如图 8 - 6 所示，东西方向上，青年群体对城市政府善治能力的主观满意度呈现明显的"东部领先，西部滞后"格局，前 20 名中，东部城市共占 13 席，包括深圳、北京、宁波和南京等经济强劲的城市，其中，中部的合肥表现亮眼，位列第 5 名；西部的拉萨和安康也表现不俗，分别位列第 11 名和第 20 名；而后 17 名中，西部城市占 13 席，西部城市排名整体较为靠后。

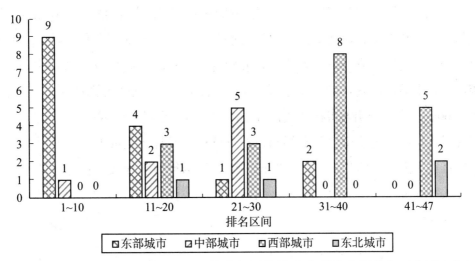

图 8 - 6　2023 年城市政府善治能力的青年群体满意度得分空间分布（东西方向）

如图 8 - 7 所示，南北方向上，青年群体对城市政府善治能力的主观满意度呈现明显的"南高北低"格局，前 20 名中，北方城市占 7 席，而南方城市占 13 席；后 17 名中，南方城市占 5 席，而北方城市则占 12 席。当前，青年友好视域下的城市高质量发展居民主观满意度呈现东西分异和南北分化的双重不均衡格局。

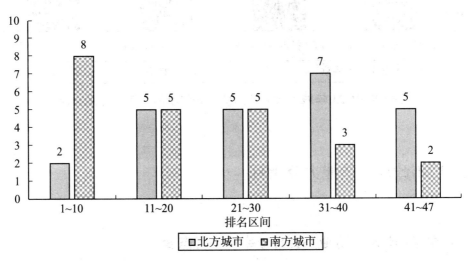

图 8 - 7　2023 年城市政府善治能力的青年群体满意度得分空间分布（南北方向）

（二）青年群体对城市治安环境满意度更高

具体来看城市政府善治能力的四个方面，如图 8-8 所示，受访者对"城市治安环境维护"的满意度最高，达到了 67.68%。紧随其后的是对"城市生态环境保护"的满意度，达到了 61.17%，而对"政府业务办理效率"以及"政府投诉回应速度"的满意度相差不大，分别为 52.49% 和 53.90%。整体来看，青年群体对于城市治安环境维护以及城市生态环境保护两个方面的满意度较高，均在 60% 之上。表明城市在全面推进韧性安全城市建设方面取得了一定的成果，提升了青年群体的获得感、幸福感、安全感；同时环境明显改善，高品质生态环境推进了人与自然和谐共生，城市污染治理取得显著成效。但是在政府业务办理效率以及政府投诉回应速度这两个方面的工作还有待继续改进，以提升青年群体的认可度。

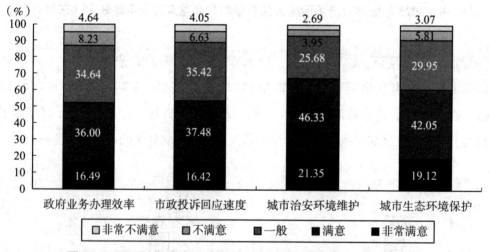

图 8-8　2023 年城市政府善治能力各维度的青年群体满意度

二、城市政府善治能力分指标

（一）青年群体对政府业务办理效率持尚可态度

为全面贯彻习近平新时代中国特色社会主义思想和党的二十大精神，政府需不断提高业务办理效率。提升政府业务办理效率不仅是践行"以人民为中心"的发展理念的具体行动，更是优化政务服务、促进经济社会高质量发展的关键驱动力。从青年友好视域出发，2023 年城市政府业务办理效率的主观满意度得分排名如图 8－9 所示。前 10 名中，杭州、深圳、北京和上海分别排在前 4 名，合肥、宁波和海口也在榜中，分别排在第 5、第 6 和第 10 名。后 10 名中，哈尔滨得分最低，排在最后。此外，除 5 个陕西省城市外，重庆和厦门的满意度也较低，但是，各个城市得分之间的差距并不大，表明青年群体对政府业务办理效率持尚可态度。

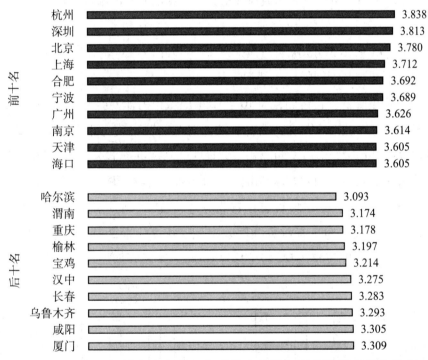

图 8－9　2023 年城市政府业务办理效率的青年群体满意度得分排名

如图 8－10 所示，已回收的有效问卷中，共有 12 930 名受访青年对"您认为该城市政府业务办理方便快捷，最多只需跑一次"表示同意，占比 52.49%；有 8 533 名受访者表示城市政府业务办理效率一般，占比 34.64%；有 3 171 名青年受访者对城市业务办理效率不满意，占比 12.87%。由此可见，对青年群体而言，我国城市政府业务办理水平总体较高，但是还有改进的空间，政府应重视部分青年群体的意见，进一步提高政府业务办理水平。

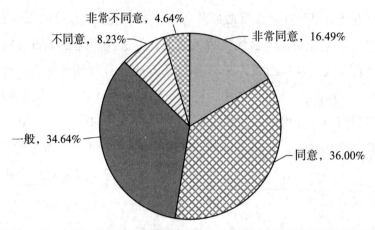

图 8 - 10 2023 年城市政府业务办理效率的青年群体满意度分布

如图 8 - 11 所示，分别展示了不同方向上青年群体对城市政府业务办理效率的满意度在不同排名区间的占比情况。从东西方向来看，存在明显的"东—中—西—东北"梯度降低分布格局，前 10 名中东部城市占比 90%，而后 10 名基本全是西部和东北地区城市，即受访的青年群体对东部城市政府业务办理效率最为满意，其次为中部地区，最后是西部和东北地区。从南北方向来看，前 10 名中南方城市占比 80%，后 7 名中北方城市占比约 71.43%，存在明显的"南高北低"分布格局。这表明当前我国各区域城市政府业务办理效率水平差距较大，对青年群体而言东部和南方城市的政府业务办理效率相对更高，而西部、东北地区和北方城市的政府业务办理效率还有很大的提升空间，还需要加强政府服务建设。

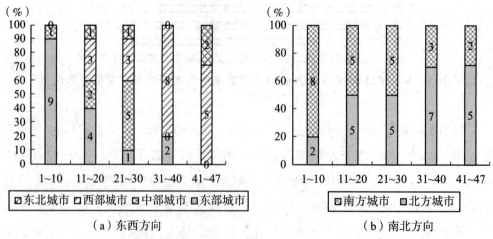

（a）东西方向　　　　　　（b）南北方向

图 8 - 11 2023 年城市政府业务办理效率的青年群体满意度得分空间分布

（二）青年群体对城市市政投诉回应速度满意度差异不大

市政投诉回应及解决速度对于城市治理和青年群体的重要性不容忽视，它直接关系到城市治理的效率以及直接影响到青年群体的成长与发展以及他们对社会的参与度和认同感。2023 年城市市政投诉回应速度的青年群体主观得分排名如图 8 - 12 所示。前 10 名中，福州、深圳和青岛分别排在前 3 名，其后，杭州、北京和合肥分别排在第 4、第 5 和第 6 名，值得注意的是，新乡排在第 10 名，表明新乡市政府做到事事有回音，件件有落实。后 10 名中，陕西省汉中、宝鸡、榆林、咸阳等城市上榜，原因是调查范围覆盖至陕西省 9 个地级市，其他省份多为省会城市，因此延安、宝鸡等市排名倒数，同时，哈尔滨得分较低，排在最后一名。随着社会的不断发展和城市的不断建设，青年群体对于市政投诉回应速度的关注，源于他们作为城市发展的重要参与者和受益者，对高效、透明、公正的公共服务有着较高的期待，为了满足这一需求，政府部门应不断优化投诉处理流程，提高回应速度和处理效率；同时加强信息公开和透明度建设，保障青年群体的知情权和监督权；此外还应积极拓展多元化投诉渠道，为青年群体提供更加便捷、高效的投诉方式，积极推动青年友好视域下的城市建设。

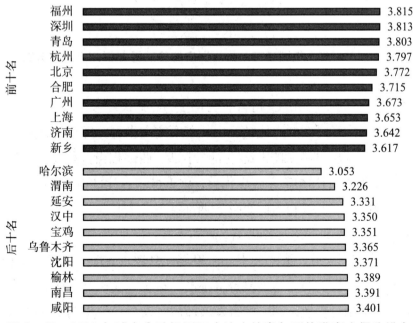

图 8 - 12　2023 年城市市政投诉回应速度的青年群体满意度得分排名

如图 8 – 13 所示，在回收的有效问卷中，有 53.90% 的受访者对"您认为该城市政府市政投诉的回应及解决速度令人满意"表示同意，35.43% 的受访者表示一般，10.67% 的受访者对此表示不同意。虽然不满意的人数占比较少，但这部分声音同样不容忽视，原因是这部分青年群体遇到投诉处理不及时、解决效果不佳等问题，从而导致对政府的满意度下降。政府应关注这部分青年群体的具体反馈，分析原因并采取措施加以改进，以提升整体满意度。但整体来看，超过半数的青年对城市政府市政投诉的回应及解决速度表示"同意"，这体现了青年群体对政府在处理市民投诉方面的效率和态度给予了高度的认可和肯定。这种积极评价源于政府近年来在提升公共服务质量、优化投诉处理流程等方面的努力。

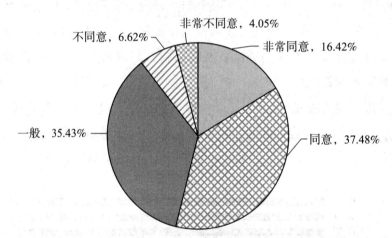

图 8 – 13　2023 年城市市政投诉回应速度的青年群体满意度分布

如图 8 – 14 所示，分别展示了不同方向上青年居民对城市市政投诉回应速度的满意度在不同排名区间的占比情况。从东西方向来看，青年群体对东部城市市政投诉回应速度表示满意的占比最高，中部、西部相当，东北地区最弱。前 10 名中，东部城市占比 80%，表现优异，中部城市占比 20%。前 20 名中，东部城市占比 60%，中部城市占比 20%，西部城市占比 15%，东北城市仅占 5%。后 7 名中，西部、东北地区分别占据 5 席和 2 席。东北地区的城市中，仅大连排第 20 名，位次较为靠前，除此之外，前 30 名无其他东北地区城市。青年群体对东北地区城市市政投诉回应速度满意度不高，这是因为东北地区政府服务效率和市场响应速度相对较慢，加之经济发展滞后、投诉处理机制不完善以及社会监督与反馈机制不足等多重因素以及青年群体日趋加强的对于城市治理能力的高要求共同作用，导致市政投诉处理效率难以满足青年群体对高效服务的期望。东部地区城市青年群体对市政投诉回应速度满意度较高，原因是东部城市通常具有较为完善的市政服务体系，能够快速响应市民的投诉需求，并借助高效的信息化手段加速处理流程。同时，东部城市政府更加注重提升服务质量和效率，以满足市民日益增长的需求，特别是青年群体对高效、透明政府服务的期望。

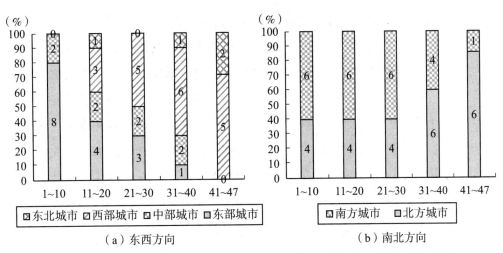

图 8-14　2023 年城市市政投诉回应速度的青年群体满意度得分空间分布

从南北方向来看，南北方城市排名仅存在较小差距。前 10 名中，南方城市占比较高为 60%，但在后 7 名中，占比差距较大，南北方城市分别占比为 14% 和 86%，且陕西省的地级市占据 57%，同时，西安的排名也仅排在第 32 位，陕西省的市政投诉回应速度满意度整体不高。整体上来看，在青年友好视域下，南北城市的满意度差距不大，近年来，无论是南方还是北方地区的城市，都在积极推动市政服务的标准化和透明化建设。这意味着无论是投诉处理流程、响应时间还是解决效率，都逐渐形成了相对统一的标准，从而减少了地区间的差异。青年群体乃是城市建设领域中最为活跃且引领潮流的先锋力量，更能感受到这些政策推行的效果，所以南北方城市的差距并不明显。

（三）青年群体共识：治安环境维护水平较高

城市治安环境的维护至关重要，它直接关系到市民的生命财产安全、社会的和谐稳定与经济的持续健康发展。青年群体作为城市空间广泛分布的活力源泉，其身影遍布城市的每一个角落，穿梭于各类社会活动之中，展现出极高的社会活跃度与参与度。鉴于青年群体对周遭环境变化的敏锐感知力，尤其是对城市安全环境的高度敏感性，深入探究并重视青年视角下城市治安环境维护的主观体验与反馈，对于科学规划、精准施策以优化城市治安环境建设，具有不可忽视的社会意义，也为构建更加符合青年群体需求、促进青年发展友好型城市建设提供了坚实的理论支撑与实践指导。

2023 年城市治安环境维护的青年群体主观满意度得分排名如图 8 – 15 所示。前 10 名中，北京、乌鲁木齐和上海分别排在前 3 名，其后，天津、深圳和杭州分别排在第 4、第 5 和第 6 名。后 10 名中，哈尔滨、南昌、长春的得分较低，排在倒数 3 名。近年来，北京政法系统积极服务保障首都工作大局，推进更高水平平安北京建设，建设法治中国首善之区，优化提升公共法律服务水平，为首都经济社会发展营造了良好环境。人民群众的安全感创历史最高水平，北京已经成为世界上最安全的城市之一。安全的环境吸引着青年群体前往，身处其中的青年群体也对其治安环境感到满意。从前 10 名和后 10 名满意度得分对比来看，青年群体对于治安环境维护满意度整体较高。

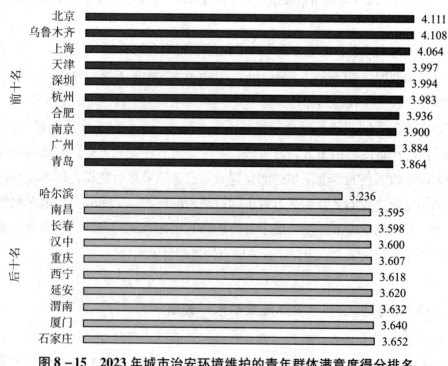

图 8 – 15 2023 年城市治安环境维护的青年群体满意度得分排名

如图 8 – 16 所示，在回收的有效问卷中，有 16 673 位受访者同意城市治安环境良好，盗窃、暴力等犯罪事件少，安全感强，占比 67.69%。有 6 326 位受访者对城市治安环境良好，盗窃、暴力等犯罪事件少，安全感强表示一般，占比 25.68%。仅有 1 635 位受访者对此持不同意的态度，仅占比 6.63%。由此可见，大部分青年群体对于城市治安环境维护的满意度较高，这与政府和社会各界在降低犯罪率、加强巡逻防控、完善公共服务设施、普及法治教育、鼓励社会参与以及运用科技手段提升治安管理水平等方面所做出的持续努力密不可分，这些措施共同营造了一个相对安全、有序且易于获得保护的城市环境。

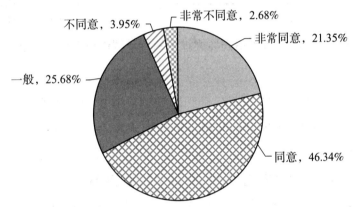

图 8 – 16　2023 年城市治安环境维护的青年群体满意度分布

图 8 – 17 展示了不同方向上青年群体对城市治安环境维护的满意度得分在不同排名区间的占比情况。从东西方向来看，呈现出东部领先、西部中部次之、东北较弱的分布态势。前 10 名中，东部、中部和西部城市分别占比 80%、10% 和 10%，后 7 名中，中部、西部和东北城市分别占比 14%、57% 和 29%。具体来看，东部城市的治安环境维护得分相对较高，这与其较高的经济发展水平、较为完善的社会治理体系和较高的资源投入有关。东部城市通常具有更强的财政实力、更先进的科技支撑和更高效的管理机制，这些都有利于提升治安环境。同时，东北城市的治安环境维护得分相对较低，这与该地区的产业结构转型、经济发展速度放缓以及人口外流等因素有关。例如，青年群体的流失，会影响到社会结构，具体来说，青年群体的减少意味着城市中劳动力数量的下降，进而影响城市的社会治理能力，而社会治理能力的下降则直接导致治安环境的恶化。但也并不是所有东北地区的城市都表现不佳，大连突出重围，排在第 12 位。

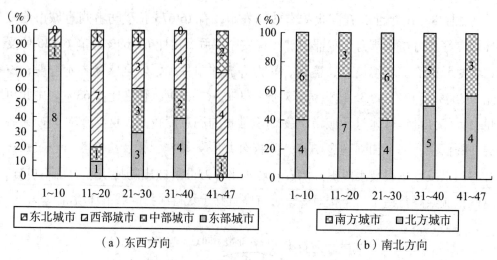

图 8-17　2023 年城市治安环境维护的青年群体满意度得分空间分布

从南北方向来看，青年群体在不同区域城市所表现出来的城市治安环境维护分布没有呈现明显的差距，南北城市势均力敌。前 10 名中，南、北方城市占比分别为 60% 和 40%，后 7 名中，南北城市占比分别为 43% 和 57%。这源于青年群体多元化的生活体验和对城市综合环境的全面考量。青年群体不仅关注治安数据，更看重城市的整体氛围、个人安全感的实际体验，以及社交媒体上相对均衡的治安信息。在青年群体的视角里，只要城市能够满足他们基本的安全需求，那么无论是南方还是北方的城市，在治安环境上的细微差别就不再是地域分布上的显著特征。

（四）多数青年群体认可城市生态环境保护成果

习近平总书记强调，必须把保护城市生态环境摆在更加突出的位置。[1] 只有保护好城市生态环境，才能为居民提供宜居的生活环境，促进城市的可持续发展。建设美丽中国，需要广大青年群体的广泛参与和努力奋斗。青年应勇于担当伟大时代赋予的历史使命，在建设美丽中国的伟大实践中，奉献智慧和力量。以青春之我，建设美丽中国。保护环境，青年先行。从我国环保公众参与发展

---

[1]　新华社. 习近平在江苏考察时强调贯彻新发展理念构建新发展格局推动经济社会高质量发展可持续发展 [EB/OL]. (2020-11-14) [2025-02-08]. 江苏省人民政府，https://www.jiangsu.gov.cn/art/2020/11/14/art_88321_10838636.html.

的历史来看，青年一直是推动环境保护发展的重要力量。在青年友好视域下，2023 年城市生态环境保护的主观满意度得分排名如图 8－18 所示。

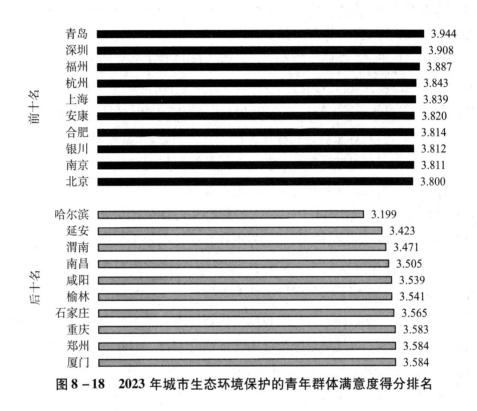

图 8－18　2023 年城市生态环境保护的青年群体满意度得分排名

前 10 名中，青岛、深圳和福州分别排在前 3 名，其后，杭州、上海和安康分别排在第 4、第 5 和第 6 名。后 10 名中，郑州、重庆、石家庄、南昌和哈尔滨作为省会或直辖市，城市生态环境保护的青年群体满意度相对较低，同时，陕西四个地级市也得分较低，排在后 10 名。青岛作为海滨城市，拥有得天独厚的自然环境和生态资源。青年群体对青岛的高满意度源于其良好的生态环境质量、优美的海滨风光以及政府对环保工作的持续投入。青岛在保护海洋生态、推进绿色城市建设方面取得了显著成效，这些都符合青年群体对于美好生活的向往和对于生态环境保护的重视。深圳作为中国的经济特区和创新之都，不仅在经济发展上取得了举世瞩目的成就，同时在生态环境保护方面也走在了前列。青年群体对深圳的高满意度与其创新的环保理念、严格的环保法规执行以及高效的环保治理措施有关。深圳在推动城市绿色发展、节能减排、生态修复等方面做出了积极努力，这些都赢得了青年群体的认可和赞誉。福州作为福建省的省会城市，其生态环境保护和绿色城市建设也取得了显著成效。青年群体对福州的较高满意度源于其独特的山水城市风貌、良好的生态环境质量以及政府对生态环保工作的重视。总的来说，青年群体对于生态环境保护的满意度普遍较高，多数青年群体认可城市生态环境保护成果。

如图 8-19 所示，在回收的有效问卷中，有 15 067 位受访者对"您认为该城市生态环境治理良好，各类污染事件极少发生"表示同意，占比 61.17%，有 7 378 位受访者对此表示一般，占比 29.95%，仅有 2 189 位受访者对此表示不同意，占比 8.88%。总体来看，积极评价占主导，最显著的特点是大部分青年群体对城市的生态环境治理持积极评价，认为其治理状况良好，且各类污染事件极少发生。这表明城市在生态环境治理方面取得了较为显著的成效，得到了青年群体的广泛认可。负面评价占比较小，仅有 8.88% 的受访者表示不同意该城市的生态环境治理状况良好，认为污染事件并非极少发生。尽管这一比例相对较小，但它也提醒我们，仍有一部分青年群体对该城市的生态环境治理状况存在不满或担忧，需要相关部门予以关注并采取措施加以改进。青年群体对于生态环境保护的关注度较高。他们对该城市生态环境治理的积极评价，既是对当前治理成果的肯定，也是对未来更好生态环境的期待。因此，相关部门应该继续加大生态环境治理力度，持续提升环境质量，以满足青年群体对于美好生态环境的追求。同时，相关部门应该认真倾听青年群体的意见和建议，针对其提出的问题和不足，制定更加科学合理的治理措施，推动生态环境质量的持续提升。

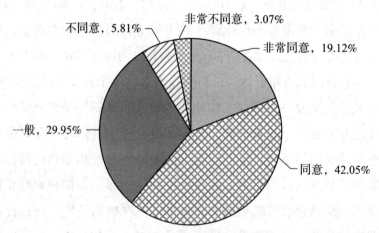

图 8-19　2023 年城市生态环境保护的青年群体满意度

如图 8－20 所示，分别展示了不同方向上青年群体对城市生态环境保护的满意度得分在不同排名区间的占比情况。从东西方向来看，青年群体对城市生态环境保护的满意度呈现"东部—西部—中部—东北"的梯度递减分布态势，前 10 名中，东部、中部和西部分别占比 70%、10% 和 20%，东北城市均未上榜。后 7 名中，东部、中部、西部和东北地区城市分别占比 14%、14%、58% 和 14%。从南北方向整体来看，南北方城市依然呈现"南优北劣"的分布态势。前 10 名中，南北方城市占比分别 70% 和 30%，后 7 名中，南北方城市分别占比 14% 和 86%。

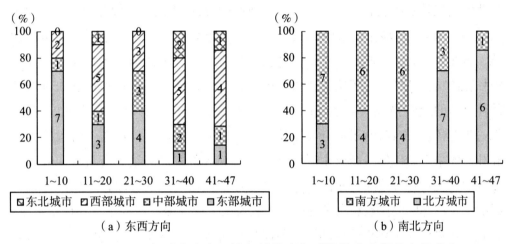

（a）东西方向　　　　　　　　　　（b）南北方向

图 8－20　2023 年城市生态环境保护的青年群体满意度得分空间分布

青年群体对城市生态环境保护的满意度呈现出明显的区域差异，这反映了不同区域在经济发展、环境保护政策执行、环境治理效果等方面的差异。东部地区经济相对发达，更加注重生态环境保护和治理，因此青年群体满意度较高。然而东北地区在满意度排名中表现不佳，与其历史遗留的环境问题、经济转型压力等因素有关。对南北方城市生态环境保护的满意度显著不同，呈现出"南优北劣"的地域差异。这种差异归因于南方城市在生态环境建设上的更多投入、更有效的治理措施，以及其自然条件和资源优势带来的宜居环境。作为对生活环境有高要求的群体，青年群体对这些差异有着敏锐的感知和期望，他们不仅关注当前居住环境的生态质量，还深切关心未来的可持续发展。因此，南方城市在环保方面的良好表现赢得了青年群体的高度认可，而北方城市则需加大环境治理力度，提升环境质量，以满足青年群体的期望。

第三节　城市乐居环境质量

在我国追求高质量发展与人民幸福生活的道路上，城市乐居环境的构建与优化，不仅是政府施政的重要方向，也是响应习近平总书记关于"人民对美好生活的向往就是我们的奋斗目标"① 这一嘱托的具体实践。正如习近平总书记多次强调的那样，"城市是人民的城市，人民城市为人民"②，城市乐居环境的营造，直接关系到人民群众的幸福感和获得感，是实现国家治理体系和治理能力现代化的重要体现。近年来，各级政府积极响应，出台了一系列旨在改善城市居住环境的政策措施，从绿色建筑推广、生态环境保护到公共服务设施完善，每一步都体现了政府对于提升城市乐居水平的坚定决心。青年作为时代的先锋和社会的未来，他们对城市乐居环境的感知与评价，是衡量城市治理成效的重要标尺。从青年群体的视角出发，审视并评价城市的乐居环境，不仅能够精准捕捉青年群体的关注点和需求变化，还能为城市治理提供新鲜血液和创新思路。因此，构建和完善城市乐居环境，不仅是政府政策的直接体现，更是吸引青年人才、激发城市活力、推动社会全面进步的重要途径。因此，本报告从"城市教育环境""城市医疗环境""城市 15 分钟生活圈建设""城市市政建设"4 个方面出发考察青年群体对城市乐居环境质量的主观满意度。

一、城市乐居环境

（一）区域中心城市的青年群体对乐居环境满意度较为领先

如图 8 - 21 所示，我国城市乐居环境质量的青年群体满意度排名前 10 的城

---

① 习近平：人民对美好生活的向往就是我们的奋斗目标 [EB/OL].（2012 - 11 - 15）[2024 - 08 - 08]. 人民网，http：//cpc. people. com. cn/18/n/2012/1116/c350821 - 19596022. html.
② 习近平：人民城市人民建，人民城市为人民 [EB/OL].（2019 - 11 - 02）[2024 - 08 - 08]. 中国政府网，https：//www. gov. cn/xinwen/2019 - 11/03/content_5448082. htm.

市分别为上海、北京、成都、青岛、广州、天津、长沙、福州、杭州和南京。其中，上海排名第1，北京和成都紧随其后。成都作为西部城市，排名第3，有其独特的优势，例如，成都拥有众多知名高校和优质中小学，如四川大学，教育资源丰富且分布均衡，这为青年群体及其子女提供了良好的教育环境和多样的选择机会；同时，成都拥有多家知名医院和医疗机构，医疗服务水平在全国处于领先地位等原因，使其乐居环境质量获得青年群体的高满意度。整体来看，区域中心城市的青年群体对乐居环境满意度较为领先。后10名中，除陕西7个地级市外，哈尔滨、昆明和西宁也排在其中，作为省会城市，这3个城市与其他省会中心城市有较大差距，乐居环境质量还有待提高。

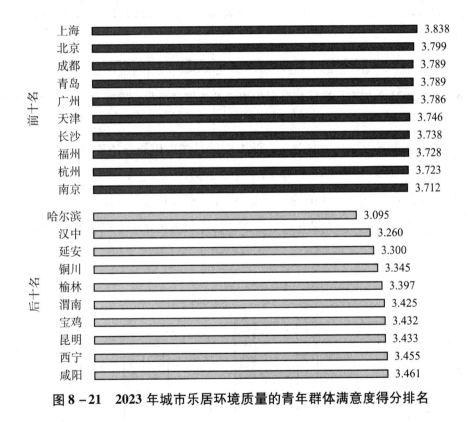

图8-21　2023年城市乐居环境质量的青年群体满意度得分排名

2023年城市乐居环境质量的青年群体满意度得分空间分布情况如图8-22所示，东西方向上，青年群体对城市乐居环境质量的主观满意度呈现明显的"东强西弱"格局，前20名中东部城市共占13席，包括上海、北京、天津和广州等省会城市或是经济强劲的城市，其中，东北地区的大连和沈阳表现亮眼，

分别排在第 14、第 17 位；西部的成都和安康也表现不俗，分别排在第 3、第 19
位；而后 17 名中，西部城市占 11 席，西部城市排名整体较为靠后。

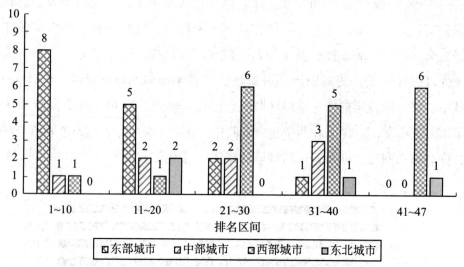

图 8 - 22　2023 年城市乐居环境质量的青年群体满意度得分空间分布（东西方向）

　　如图 8 - 23 所示，南北方向上，青年群体对城市乐居环境质量的主观满意度
呈现明显的"南高北低"格局，前 20 名中，北方城市仅占 6 席，而南方城市占 14
席；后 17 名中，南方城市占 6 席，而北方城市则占 11 席。当前，青年友好视域下
的城市高质量发展居民主观满意度呈现东西分异和南北分化的双重不均衡格局。

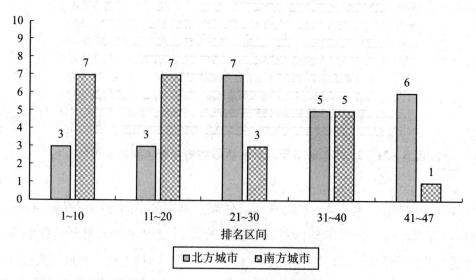

图 8 - 23　2023 年城市乐居环境质量的青年群体满意度得分空间分布（南北方向）

（二）市政建设成青年群体乐居环境满意度短板

具体来看城市乐居环境质量的四个方面，如图 8 - 24 所示，受访者对"城市医疗环境"的满意度最高，达到了 60.54%。紧随其后的是对"城市 15 分钟生活圈建设"和"城市教育环境"的满意度，分别达到了 59.64% 和 59.01%，而对"城市市政建设"的满意度与另外三个方面有些差距，仅为 52.85%。整体来看，青年群体对于城市医疗环境、城市 15 分钟生活圈建设以及城市教育环境三个方面的满意度较高，均在 60% 左右。在城市市政建设方面满意度稍低，表明这方面的城市建设还有待提升。

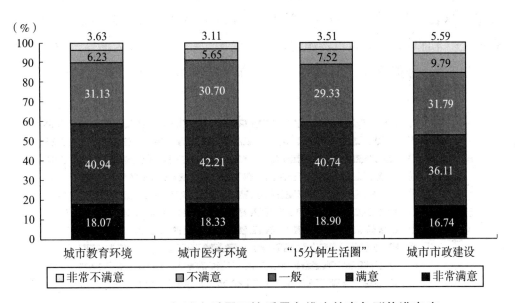

图 8 - 24　2023 年城市乐居环境质量各维度的青年群体满意度

二、城市乐居环境质量分指标

（一）新一线城市青年群体对教育环境质量满意度较高

城市教育环境的重要性在于其作为塑造未来社会基石的核心地位，教育不仅是知识传递与智慧启迪的殿堂，更是促进社会整体进步、经济发展与文化繁荣的关键驱动力。一个优质的教育环境能够激发个体的潜能，培养具有创新思维和全球视野的领袖人才，为城市的可持续发展注入不竭动力，同时，促进社会的公平正义与文化的传承创新。城市的发展和竞争归根结底就是人才的发展和竞争，青年人才的培养、成长对高质量的教育资源、环境有着极高需求。教育方面的问题从来不是件简单的事情，很多时候也很难一蹴而就，但公平且有质量的教育环境，是广大青年和青年发展型城市迫切需求的。从青年友好视域出发，城市教育环境的主观满意度得分排名如图8-25所示。前10名中，上海、福州、天津和青岛分别排在前4名，沈阳和海口也在榜中，分别排在第7、第9名。后10名中，哈尔滨得分最低，排在最后。此外，除6个陕西省地级市外，副省级市厦门和省会城市长春的满意度也较低，分别排在倒数第9名和倒数第10名。这表明上述两个城市青年群体对于城市教育环境满意度不高。其中，长春位处东北地区，整体教育资源整体较为匮乏，经济发展较为滞后，使得学校难以提供高质量的教育服务。厦门作为沿海发达城市，其整体教育水平并不低，

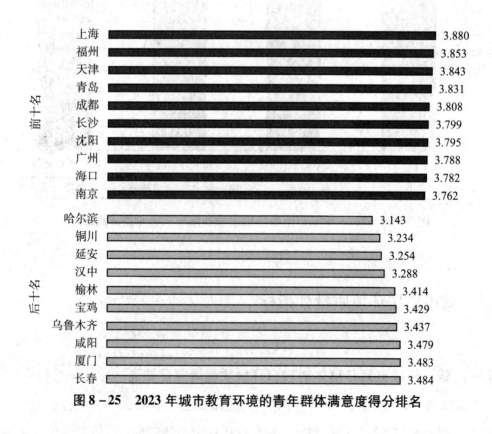

图8-25　2023年城市教育环境的青年群体满意度得分排名

但随着人口规模的快速增长，部分区域教育资源出现短期紧张现象。学校挖潜扩容导致了"大班额"和"大校额"问题，影响了教学质量和学生的学习体验，导致青年群体的满意度不高。

如图8-26所示，已回收的有效问卷中，共有14 536名受访青年在"您或您的家人在该城市能享受到公平、高质量的基础教育"问题中表示同意，占比59.01%；有7 668位受访者对此持一般态度，占比31.13%；此外，有2 430位受访者持负面态度，占比9.86%。整体来看，青年友好视域下的城市教育环境满意度较高，城市教育环境的积极建设，不仅实现了量的增长，更在质的提升上取得了显著成效，不仅推动了教育事业的蓬勃发展，更为城市的可持续发展注入了强大的智力支持和人才保障。

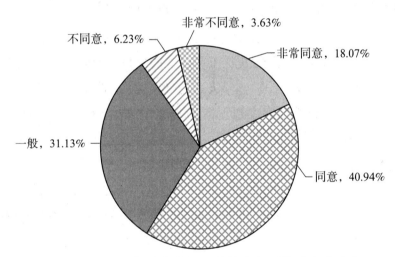

图8-26　2023年城市教育环境的青年群体满意度分布

如图8-27所示，分别展示了不同方向上青年群体对城市教育环境的满意度在不同排名区间的占比情况。从东中西方向来看，存在明显的"东—中—西"递减分布格局，前10名中，东部城市占比70%，而后10名则是西部城市占多，即受访青年群体对东部城市教育环境最为满意，其次为中部地区，最后是西部地区；而东北地区城市的分布呈现两极分化情况，沈阳和大连的表现不俗，分别排在第7名和第12名，而哈尔滨和长春则排在倒数第1名和第10名，满意度得分较低，这进一步表明东北地区的教育资源分布不均衡问题，使得青年群体对其教育环境的满意度不高。

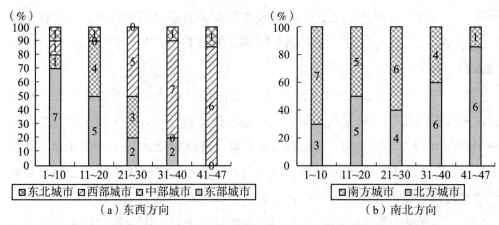

图 8－27　2023 年城市教育环境的青年群体满意度得分空间分布

（二）城市医疗环境建设获得了青年群体的普遍认可

城市的医疗环境的重要性在于为青年群体构筑起一座坚实的健康屏障，为青年群体的全面发展与活力释放提供不可或缺的支持与保障。青年因城市而聚，城市因青年而兴。青年是祖国的未来、民族的希望，必须不断优化医疗服务，让广大青年以强健的体魄、健康的心态、旺盛的斗志投入城市建设之中，青年群体的健康和城市的医疗环境要同频共振、协调发展。城市医疗环境的青年群体主观满意度得分排名如图 8－28 所示。前 10 名中，天津、上海和北京分别排在前 3 名，其后，广州、南京和成都分别位列第 4、第 5 和第 6 名。后 10 名中，陕西省咸阳、榆林、铜川、汉中等 7 个地级市上榜，调查范围覆盖至陕西省 9 个地级市，其他省份多为省会城市，因此延安等城市排名倒数，但也表明这些城市和省会、中心城市之间的医疗环境的差距，但是各个城市医疗环境得分差异并不明显且得分均在 3 分以上，说明城市医疗环境建设获得了青年群体的普遍认可。

如图 8－29 所示，在回收的有效问卷中，有 14 913 名青年对"您或您的家人在该城市能享受到公平、便捷、高水平的公共医疗"调查中表示同意，占比 60.54%，有 7 564 位受访者表示一般，占比 30.70%，2 153 位受访者对此表示不同意，占比 8.76%。在城市教育环境、城市医疗环境、城市 15 分钟生活圈建设、城市市政建设四个方面的调查中，青年群体对于医疗环境的满意度最高，现代青年群体日益重视个人健康与生活质量，高满意度表明城市在医疗资源配置、服务质量、社会保障和就医便利上表现优异，满足了青年群体的健康需求，提升了他们对城市医疗环境的好评。

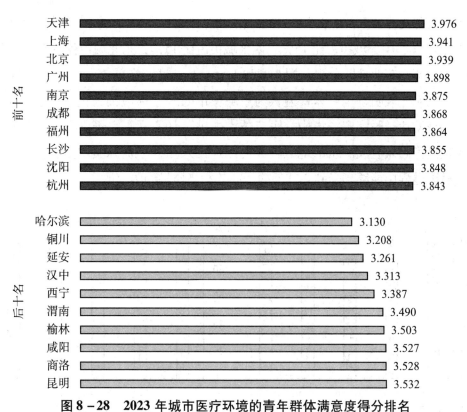

图 8 – 28　2023 年城市医疗环境的青年群体满意度得分排名

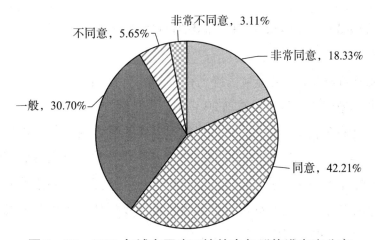

图 8 – 29　2023 年城市医疗环境的青年群体满意度分布

如图 8 – 30 所示，分别展示了不同方向上青年群体对城市医疗环境的满意度在不同排名区间的占比情况。从东西方向来看，青年群体对东部城市医疗环境满意度最高，中部次之，西部、东北地区稍弱。前 10 名中，东部城市占比

70%，表现优异，中部、西部、东北城市均分别占比 10%。前 20 名中，东部城市占比 65%，中部城市占比 15%，西部城市占比 15%，东北城市仅占 5%。后 7 名中，西部、东北地区分别占据 6 席和 1 席。东部城市在前 10 名中占据了高达 70% 的比例，表明青年群体普遍认为东部城市的医疗环境更为优越。这与东部地区经济发达、医疗资源集中、医疗技术先进、服务设施完善以及医疗信息化水平较高等因素有关。东部地区较高的医疗投入和医疗资源集中度，使青年群体在就医过程中能够享受到更加便捷、高效和高质量的医疗服务。

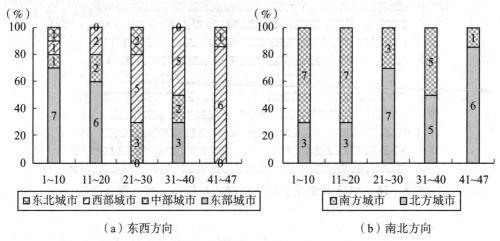

（a）东西方向 　　　　　　　　　　（b）南北方向

图 8-30　2023 年城市医疗环境的青年群体满意度得分空间分布

从南北方向来看，南北方城市排名存在一定差距。前 10 名中，南方城市占比 70%，北方城市占比 30%，在前 20 名中，也是南方城市占比 70%，北方城市占比 30%。在后 7 名中，进一步表明了这种差距，北方城市占比 86%，南北方城市仅占比 14%，显示出青年群体对北方城市医疗环境的认可度相对较低，这与北方地区的经济发展水平、医疗资源分配不均以及医疗体制改革的进展程度相对较慢等因素有关。北方城市需要认真分析青年群体的需求和反馈，加大医疗环境改善力度，提升医疗服务质量和水平。

（三）青年群体对城市"15 分钟生活圈"建设评价较高

以"15 分钟生活圈"的便利程度作为评估城市"15 分钟生活圈"建设的基准，针对青年群体对居住地步行 15 分钟范围内教育、医疗、商场等生活基础服务设施齐全程度的满意度调查，一方面体现了城市规划与居民生活质量的紧密联系，同时也强调了青年群体作为城市活力源泉对于便捷、高效、全面"15 分钟生活圈"建设的需求。青年群体作为城市发展的重要力量，其工作、学习与生活节奏较快，对周边环境的便捷性有着极高的要求。当教育、医疗、购物等生活基础服务设施能够在步行 15 分钟内轻松触及，将极大地节省青年群体的时间成本，提高生活效率，从而提高整体的生活质量。城市"15 分钟生活圈"建设的青年群体主观满意度得分排名如图 8 – 31 所示。前 10 名中，广州、长沙和上海分别排在前 3 名，其后，成都、深圳和北京分别排在第 4、第 5 和第 6 名。在后 10 名的城市中，值得注意的是，除了陕西省的 5 个地级市外，作为陕西省省会的西安排在第 15 名，排名相对靠前。这在一定程度上反映出陕西省 5 个地级市得分较低的现象，或可归因于地级市与省会城市、中心城市之间存在的差距。具体而言，地级市在经济实力、政策扶持等方面存在一定的不足，导致其城市"15 分钟生活圈"建设主要面向全体居民，而未能充分针对青年群体进行专项优化，进而影响了青年群体在此方面的满意度。

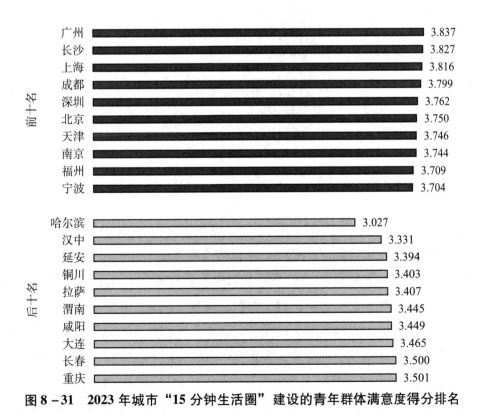

图 8 – 31 2023 年城市"15 分钟生活圈"建设的青年群体满意度得分排名

如图 8 – 32 所示，在回收的有效问卷中，有 14 692 位受访者就"您在该城市的居住地步行 15 分钟范围内，教育、医疗、商场等生活基础服务设施齐全"问题表示同意，占比 59.64%。有 7 225 位受访者对此表示一般，占比 29.33%。仅有 2 717 位受访者对此持不同意的态度，仅占比 11.03%。大部分的青年受访者对居住地步行 15 分钟范围内的教育、医疗、商场等生活基础服务设施的齐全性表示满意，这表明大多数青年认为其所在的城市或社区在基本生活服务设施的布局上相对完善，能够满足日常需求。这与近年来城市规划和社区建设的不断优化有关，特别是在年轻人聚集的区域，更加注重生活配套的完善。高满意度有助于提高青年群体的生活质量和幸福感，促进他们在城市中的稳定居住和长期发展。同时，这也吸引更多青年群体选择这些城市作为工作和生活的目的地。

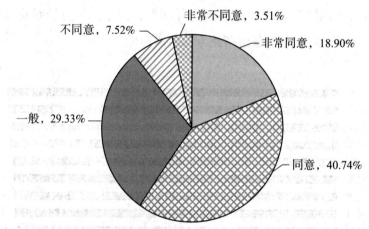

图 8 – 32　2023 年城市"15 分钟生活圈"建设的青年群体满意度分布

图 8 – 33 展示了不同方向上青年群体对城市"15 分钟生活圈"建设的满意度得分在不同排名区间的占比情况。从东西方向来看，呈现出东部领先、中部次之、西部东北较弱的分布态势。前 10 名中，东部、中部和西部城市分别占比 80%、10% 和 10%，后 7 名中，西部和东北城市分别占比 86% 和 14%。在前 10 名城市中，东部城市占据了 80% 的比例，显示出东部地区在青年城市"15 分钟生活圈"建设方面的显著优势。从南北方向来看，前 10 名中，南、北方城市占比分别为 80% 和 20%，后 7 名中，南北城市占比分别为 29% 和 71%。东部、南方城市由于经济发展较快，城市化进程较早，往往拥有更加完善的城市基础设

施和更高水平的"15 分钟生活圈"建设力度。这些优势不仅体现在数量上，更体现在服务的多样性、便捷性和质量上，能够很好地满足青年群体多元化、高品质的生活需求。对于东部地区的青年群体而言，他们更容易享受到丰富的教育资源、先进的医疗资源、便捷的购物体验以及多样化的娱乐活动等，这些都有助于提升其生活质量和幸福感。

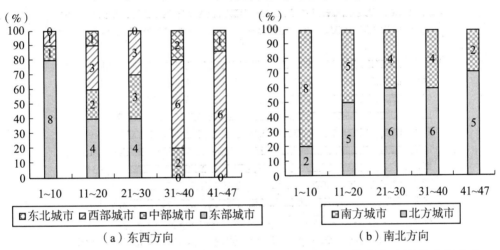

图 8 - 33 2023 年城市"15 分钟生活圈"建设的青年群体满意度得分空间分布

（四）青年群体对市政建设满意度差异相对较小

市政建设如同城市的"生命线"，为城市的经济活动提供了必要的物质保障。如果把国民经济视为一个复杂的系统，那么市政建设就是支撑这个系统正常运转的基础设施网络。城市市政建设对于青年群体的重要性在于其多方面辅助，塑造青年群体的创新生态、促进文化认同与归属感、打造青年友好的生活空间以及强化社会责任感与参与感。这些独特性使得城市市政建设在青年群体的成长和发展中发挥着不可替代的作用。城市市政建设从排水设施建设以及交通基础设施建设两个方面进行评价。在青年友好视域下，城市市政建设的主观满意度得分排名如图 8 - 34 所示。前 10 名中，青岛、北京和上海分别排在前 3 名，其后，成都、杭州和广州分别排在第 4、第 5 和第 6 名。后 10 名中，哈尔滨、昆明、武汉、沈阳和重庆作为省会或直辖市，反而得到了青年群体较低的评价，但总体来看，青年群体对市政建设满意度差异相对较小。

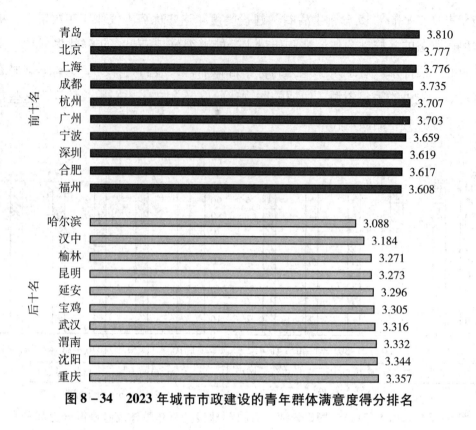

图 8 - 34　2023 年城市市政建设的青年群体满意度得分排名

1. 东部地区青年群体对城市排水设施建设满意度更高

从城市排水设施建设的青年群体主观满意度得分来看，如图 8 - 35 所示，可以看到东部地区青年群体对城市排水设施建设的满意度普遍更高。具体而言，排在前 3 名之一的青岛作为东部沿海城市，其青年群体对排水设施的满意度尤为突出，显示出东部地区在排水设施建设方面的优势。与此同时，呼和浩特和成都虽然不属于东部地区，但也名列前茅，这反映出除了东部地区外，其他地区在排水设施建设上同样有着不俗的表现。然而，对于后 10 名的城市，一些东部以外的省会或直辖市，如武汉、沈阳、重庆等，其青年群体对排水设施建设的满意度相对较低。值得注意的是，郑州市作为中部地区的一个重要城市，其排水设施建设满意度较低的原因与近年来频发的极端天气洪涝灾害密切相关。综上所述，不同地区在排水设施建设上存在差异，东部地区青年群体对城市排水设施建设的满意度普遍更高。

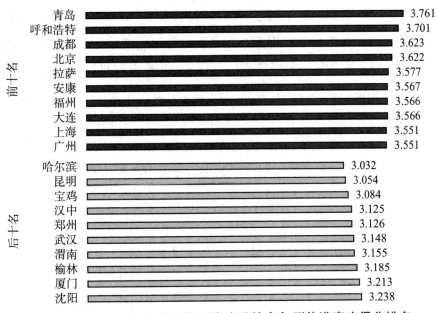

图 8-35 2023 年城市排水设施建设的青年群体满意度得分排名

如图 8-36 所示，在回收的有效问卷中，有 11 193 位受访者对"您认为该城市排水系统完善，即使暴雨也不会出现内涝"表示同意，占比 45.43%，有 8 428 位受访者对此表示一般，占比 34.22%，有 5 013 位受访者对此表示不同意，占比 20.35%。相较于前文的指标，城市排水设施的主观满意度最低，持不同意态度的受访者的占比也是最大的，可见青年群体对于城市排水设施建设的主观满意度普遍不高，城市排水设施建设还应继续改进提升。

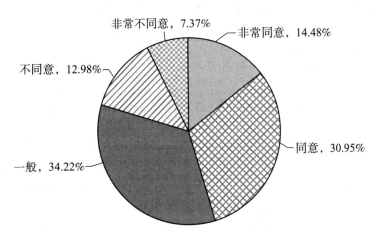

图 8-36 2023 年城市排水设施建设的青年群体满意度分布

图8-37展示了不同方向上的青年群体对城市排水设施建设的满意度得分在不同排名区间的占比情况。前10名中，东部、中部、西部和东北地区分别占比50%、10%、30%和10%。后7名中，中部、西部和东北地区城市分别占比28%、58%和14%。青年群体对东部、西部、中部和东北地区城市在城市排水设施建设方面的满意度并未表现出显著的区域差异。中部和东北地区城市在满意度排名上平均分布在各个区间，这意味着这些区域的城市在排水设施建设方面既有亮点也有不足，青年群体对这些城市的评价相对多元化。

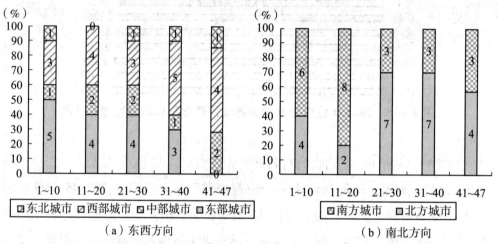

（a）东西方向　　　　　　（b）南北方向

图8-37　2023年城市排水设施建设的青年群体满意度得分空间分布

从南北方向来看，南北方城市依然呈现"南优北劣"的分布态势。前10名中，南北方城市占比分别为60%和40%，前20名中，南北方城市占比分别为70%和30%。南方城市在前20名中的较高占比，表明青年群体对南方城市排水设施建设的满意度普遍较高。这与南方地区相对丰富的水资源、较早的城市化进程以及随之而来的排水设施建设和维护经验有关。南方城市在应对雨季洪涝、提升城市排水能力等方面拥有更为成熟的技术和管理体系。相比之下，北方城市在排水设施建设方面的表现略显不足。青年群体更加关注北方城市在极端天气条件下（如暴雨、雪灾等）排水系统的脆弱性和潜在风险。这要求北方城市在排水设施规划、建设、管理和维护等方面加大投入，提升整体排水能力，确保城市在各类天气条件下保持正常运转。

2. 青年群体对城市交通基础设施建设满意度普遍较高

青年群体对城市交通基础设施建设的满意度普遍较高。如图 8－38 所示，前
10 名中，上海、北京和杭州排在前 3 名，其后，青岛、广州和成都分别排在第
4、第 5 和第 6 名。后 10 名中，武汉、重庆交通基础设施建设的青年群体满意度
较低。武汉和重庆作为人口密集的大城市，早晚高峰期的交通拥堵问题较为突
出。然而青年群体往往需要在高峰时段通勤，长时间的等待和缓行不仅增加了
通勤时间，也影响了他们的心情和效率。同时，随着城市规模的扩大，青年群
体的工作地点和居住地之间的距离较远，导致通勤时间增长。长时间的通勤不
仅消耗了青年群体的时间和精力，也影响了其生活质量。此外，重庆被誉为
"数字时代多维幻境"的标志性都市，其独特的地理环境，即三维空间交织叠
加、呈现八维感知效应，为城市交通基础设施的规划与建设构筑了复杂多维的
挑战性框架。这一自然形成的地理屏障，不仅涵盖了地势起伏、江河纵横等典
型的地貌特征，还深刻影响了交通网络的布局与拓展，加剧了基础设施建设过
程中的技术难度与施工复杂性，要求建设者必须具备高超的工程技术能力与空
间创新能力，以应对并克服由地形地势所引发的设计局限与施工障碍。

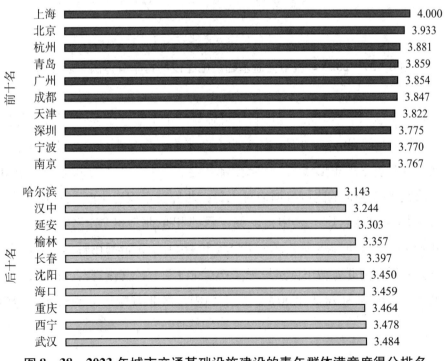

图 8－38　2023 年城市交通基础设施建设的青年群体满意度得分排名

如图 8-39 所示，在回收的有效问卷中，有 14 843 位受访者在"您认为该城市交通系统完善、便利、友好，包括公共交通、非机动车道和人行通道等"上表示同意，占比 60.26%，有 7 233 位受访者对此表示一般，占比 29.35%，仅有 2 558 位受访者对此表示不同意，占比 10.39%。总体来看，积极评价占主导，青年群体对城市交通基础设施建设的认可度较高。青年群体通常对科技的应用和创新持有较高的接受度和期待，他们认为当前城市交通系统，特别是公共交通（如地铁、公交的智能化调度、移动支付等）和非机动车道（如共享单车、电动车的普及）的便捷性，符合他们对高效、灵活出行的需求。

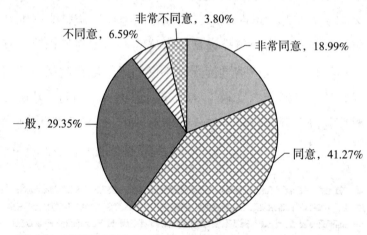

图 8-39　2023 年城市交通基础设施建设的青年群体满意度分布

图 8-40 展示了不同方向上的青年群体对城市交通基础设施建设的满意度得分在不同排名区间的占比情况。从东西方向来看，青年群体对城市交通基础设施建设的满意度呈现东部领先，中部西部次之，东北落后的分布态势。前 10 名中，东部城市以 90% 的比例占据绝对优势，西部城市仅有 10% 的占比，中部和东北城市均未上榜。后 7 名中，东部、西部和东北地区城市分别占比 14%、43% 和 43%，但东北地区总共涵盖 4 个城市，其中，3 个都在后 7 名中。从南北方向整体来看，南北方城市依然呈现"南优北劣"的分布态势。前 10 名中，南北方城市占比分别为 70% 和 30%，后 7 名中，南北方城市分别占比为 29% 和 71%。

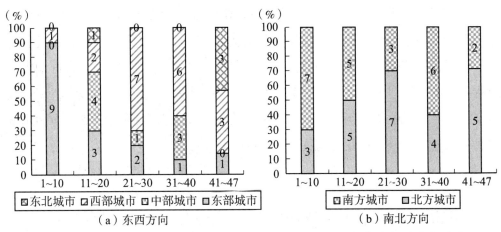

图 8 - 40　2023 年城市交通基础设施建设的青年群体满意度得分空间分布

　　中部与西部地区虽然在经济总量上尚未达到东部的水平，但近年来发展速度明显加快，交通基础设施建设亦取得了显著成就。然而，受限于历史基础和资源条件，中部与西部城市的交通系统在完善性和创新性方面相较于东部仍存在一定的差距，这在一定程度上影响了青年群体的满意度。此外，中部与西部地区地域广大，城市间的发展水平与交通状况差异显著。部分城市凭借优越的地理位置或独特的资源禀赋，在交通基础设施建设上展现出特色或优势，从而吸引了青年群体的关注并提升了其满意度；而另一些城市则因条件所限，表现相对平庸。

第四节　城市宜业环境质量

　　我国"十四五"规划充分强调了未来持续完善大中城市宜居宜业功能的重要性和紧迫性。老子《道德经》中"安居乐业"所述"民各甘其食，美其服，安其俗，乐其业，至老死不相往来"即体现了古人的宜业思想。若说宜居是城市建设的最基本追求，那么城市发展进步、人民生活水平提升则离不开城市经济的繁荣和进步，而切实加快城市宜业建设则能有效推动城市经济发展进程。因此，所谓城市宜业意味着城市发展是经济持续繁荣的、社会和谐稳定的、文化丰富厚重的和生活舒适便捷的。聚焦城市青年群体宜业环境，青年因城市而聚，城市是青年群体理想的成才沃土和立业舞台，能够吸引青年、留住青年、成就青年。城市因青年而兴，青年群体作为城市营商环境的参与者、建设者之一，能够为城市宜业环境发挥青年优势、注入青春活力。综上所述，推动青年发展型宜业环境建设具有重要意义。因此，本报告从"城市就业机会""城市收入支出比""居民消费活力""消费品牌多样性""城市文化消费"5 个方面出发考察青年群体对城市宜业环境质量的主观满意度。

一、城市宜业环境质量总指数

（一）副省级以上城市宜业环境获青年群体好评

如图 8 - 41 所示，基于青年友好视域，我国城市宜业环境质量青年群体的满意度排名前 10 位的城市分别为上海、福州、北京、广州、成都、南京、青岛、长沙、深圳和海口。其中，上海排名第 1 位，福州和北京紧随其后，令人意外的是深圳仅排名第 9 位。相较之下，福州、南京和青岛宜业环境对青年群体的吸引力较大，这些城市青年群体的满意度较高得益于其完善的基础设施、良好的商业环境，和相较北上广深而言较低的生活压力。排名后 5 名中，铜川、汉中和榆林均为陕西省地级市，与其他省会城市有较大差距，因此对于青年群体的吸引力与省会城市、新一线相比较弱且发展潜力较小。就陕西省内而言，商洛等城市的整体发展仍较为落后，城市营商环境发展处于劣势，政府仍应在产业发展、就业机会和生活条件等方面持续改善。

副省级以上城市的宜业环境获得青年群体好评，这是由于副省级城市往往拥有较强的经济实力和产业发展，这为青年群体提供了更多的就业机会和发展空间。例如，福州市作为海峡西岸经济区的核心城市，其对外贸易额在 2023 年达到了历史新高，与台湾地区的交流合作也日益深化。同时，副省级及以上城市享有部分省级经济社会管理权限，能够直接与中央部委沟通，争取政策便利和战略资源。[1] 因此，这些城市在招商引资、审批自主权方面具有优势，有助

---

[1] 王韧，宋爽爽，段义诚. 财政分权视角下的地方政府多维效用函数与环保支出偏好 [J]. 财经理论与实践，2024（2）：56—67.

于投资落地和企业发展，为青年群体提供了良好的创业和就业环境。这些城市不断为促进青年群体高质量发展而提供友好政策，通过提供发展服务与鼓励成才建功紧密结合，激发青年群体参与建设青年发展型城市的积极性、主动性、创造性。因此，副省级以上城市的宜业环境之所以获得青年群体的好评，是因为这些城市在经济发展、政策支持、公共服务、居住环境、青年友好政策以及教育健康等方面都展现出了较强的吸引力和竞争力。

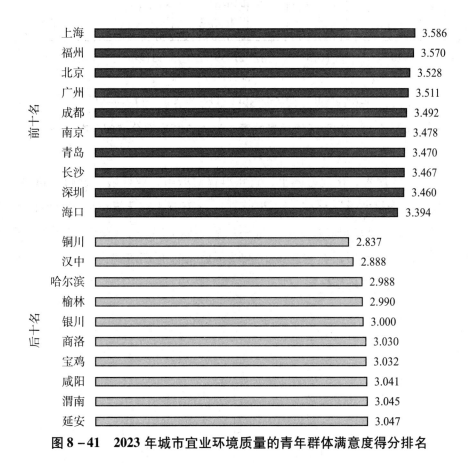

图 8 - 41　2023 年城市宜业环境质量的青年群体满意度得分排名

排名的区域分布情况如图 8 - 42 所示，东中西以及东北方向上，青年群体对城市宜业环境质量的主观满意度呈现明显的"东高西低"格局，前 20 名中东部城市共占 12 席，包括成都、长沙、青岛和南京等新一线城市以及石家庄等省会城市，其中，东北城市沈阳和大连表现优异，均入围前 20 名，分别位列第 9 名和第 16 名；后 17 名中，西部城市占 13 席，中部排名较为居中，东北城市哈尔滨的排名较低，仅排名倒数第 8 名。

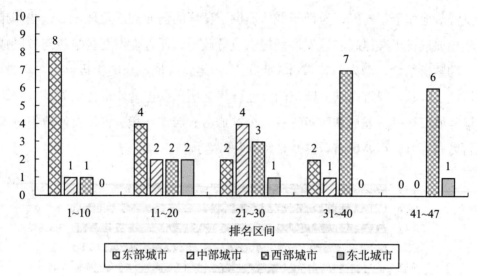

图 8 - 42 2023 年城市宜业环境质量的青年群体满意度得分空间分布（东西方向）

如图 8 - 43 所示，南北方向上，青年群体对城市宜业环境质量的主观满意度呈现明显的"南高北低"格局，前 20 名中，北方城市占 7 席，而南方城市占 13 席；后 17 名中，南方城市占 6 席，而北方城市则占 10 席。当前，基于青年群体的主观满意度南北方城市在青年友好视域下城市宜业环境建设中呈现东西分异和南北分化的双重不均衡格局。

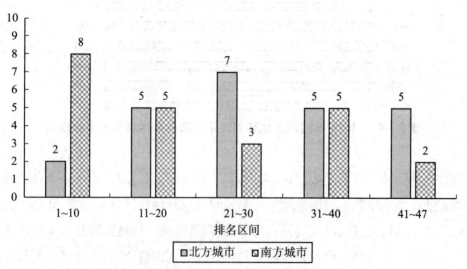

图 8 - 43 2023 年城市宜业环境质量的青年群体满意度得分空间分布（南北方向）

（二）青年群体对城市就业机会与消费品牌种类更加满意

具体来看宜业环境质量的 5 个方面，如图 8 - 44 所示，受访者对"品牌种类多样"的满意度最高，达到了 65.75%，其中非常同意占比 21.44%，同意占比44.31%；其次，"文化氛围浓厚"的满意度为 56.76%，其中非常同意为20.36%，同意为 36.40%；对"就业机会丰富"的满意度紧随其后为 50.90%，包含非常同意（21.49%）和同意（29.41%）。对"收入压力较小"的满意度为31.70%，其中非常同意仅占 13.88%，同意占 17.82%。通过将居民消费频率转化为对城市消费活跃的满意度，发现青年群体消费频率活跃程度相对较低仅为 11.39%，其中每周消费 10 次及以上的占 5.35%，6~9 次的占 6.04%。相应的青年群体消费频率较低达 63.35%，每周消费 0 次占比 8.53%，1~2 次占比 54.82%，超过半数。综合来看，青年群体对城市宜业环境质量的满意度相对较高，表明青年友好视域下的城市宜业环境建设取得了一定成效，而青年群体消费频次较低则是受到当下青年群体工作压力较大导致的休闲时间较短的影响。

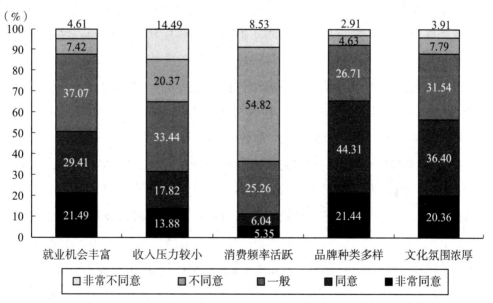

图 8 - 44　2023 年城市宜业环境质量各维度的青年群体满意度分布

二、城市宜业环境质量分指标

（一）青年群体认为北上广深拥有更多就业机会

青年群体就业是国家和社会的重要课题，也是青年群体实现自身价值和梦想的重要途径。2024 年 5 月举行的二十届中央政治局第十四次集体学习，习近平总书记强调"坚持把高校毕业生等青年群体就业作为重中之重，开发更多有利于发挥所学所长的就业岗位，鼓励青年投身重点领域、重点行业、城乡基层和中小微企业就业创业，拓宽市场化社会化就业渠道。"① 当前，我国青年群体就业面临诸多挑战，城市促进高质量就业应让青年群体能够发挥自己的专长和优势，实现自己的职业理想和社会价值，为全面建成社会主义现代化强国和实现中华民族伟大复兴的中国梦贡献青春力量。青年友好视域下城市就业机会的主观得分排名如图 8 - 45 所示。前 10 名中，北京、上海、广州和深圳分别位列前 4 名，南京、苏州和青岛也均在榜中，分别位列第 6、第 9 和第 10 名。后 10 名中，哈尔滨得分最低，排在最后。此外，除 7 个陕西省城市外，西宁和银川的满意度也较低，表明这两个城市的青年群体的就业现状不容乐观，城市就业环境亟待加强。

北上广深作为中国的经济中心城市，拥有强大的经济实力和产业结构。由统计公报计算可知，2023 年四座一线城市的经济总量达到 15.62 万亿元，占全国生产总值的约 12.39%，展现出强大的经济活力和增长潜力。② 同时，北上广深汇聚了大量的跨国公司、国内大型企业和创新型企业，针对人才引进的政策支持也较为丰富，为青年群体提供了更多的职业发展机会。经济实力强大、就业机会丰富、人才需求旺盛、政策支持与落户优势以及城市发展与就业机会相互促进，使得北上广深成为青年群体就业的热门选择。反观后 10 名，其中银川和西宁人才吸引力较差的原因主要是由于这两个城市地理位置较为偏远，影响了

① 习近平. 习近平在中共中央政治局第十四次集体学习时强调 促进高质量充分就业 不断增强广大劳动者的获得感幸福感安全感 [EB/OL]. (2024 - 05 - 28) [2024 - 07 - 24]. 央视网. https://news.cctv.com/2024/05/28/ARTl3Ad1bhw9LZglluitgk3Z240528.shtml.

② 国家统计局. 中国统计年鉴 2024 [M]. 北京：中国统计出版社，2024.

人才的流动和选择。同时这两个城市经济发展和产业结构相对滞后，其经济总量相对较小，产业结构相对单一，主要以传统产业为主，缺乏新兴产业和高技术产业的支撑。这使得西宁和银川在提供高薪就业岗位、吸引高端人才方面存在困难，同时面临人才流失严重的困境。

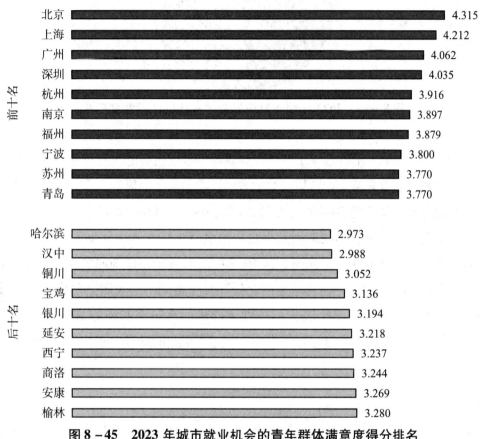

图 8 - 45　2023 年城市就业机会的青年群体满意度得分排名

如图 8 - 46 所示，已回收的有效问卷中，共有 12 540 名受访青年群体对城市就业机会丰富、选择多样表示同意，占比 50.90%；有 9 131 名受访者表示城市就业机会和选择一般，占比 37.07%；有 2 963 名青年受访者不同意就业机会丰富、选择多样。由此可见，对青年群体而言我国城市就业机会和选择总体较多，也有少数受访者认为就业机会有限，这可能由于省会城市、中心城市宜业环境发展水平较高，但仍有非省会城市经济发展水平较低，营商环境发展受限造成青年群体就业机会相对较少的现状。

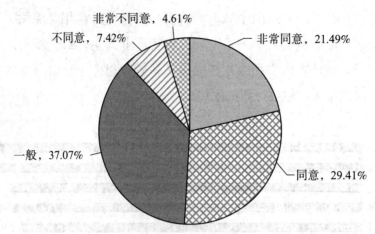

图 8-46　2023 年城市就业机会的青年群体满意度分布

图 8-47 展示了不同方向上青年群体对城市就业机会的满意度在不同排名区间的占比情况。首先从东中西以及东北方向来看，存在明显的"东—中—东北—西"梯度分布格局，前 10 名中东部城市占比 100%，而后 10 名中西部城市占比 90%，即受访青年对东部城市就业机会最为满意，其次为中部地区，最后是西部和东北地区。从南北方向来看，前 10 名中南方城市占比 80%，后 10 名中北方城市占比 70%，存在明显的"南高北低"分布格局。这表明当前我国各区域城市青年群体就业水平差距较大，对青年群体而言东部和南方城市的就业机会相对更高，中部和西部地区城市就业环境还有很大的提升空间。这是由于东部

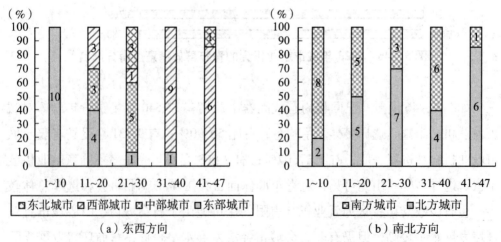

图 8-47　2023 年城市就业机会的青年群体满意度得分空间分布

城市经济发展水平较高，产业结构多样，青年群体创业优惠政策丰富，青年人才落户政策吸引力强，因此青年人才和年轻企业多向此区域集中。相较之下，西部和东北地区青年群体就业环境较差，亟待政府通过政策倾斜和财政补贴等手段介入促进城市高质量就业。

（二）沿边沿海城市收入支出比高，青年群体生活压力较小

根据持久收入假说，消费者的消费行为基于其长期平均预期收入。对于青年群体而言，合理的收入支出比能够作为经济风险的缓冲，减少因收入波动带来的不确定性，从而维持稳定的消费水平和生活质量。行为经济学中的心理账户理论指出，人们会根据钱的来源和用途将其分配到不同的"账户"中。青年群体在面对收入和支出时，合理的收入支出比有助于他们避免非理性的消费行为，如过度借贷或盲目攀比。本报告对城市居民收入支出比展开调研，分析发现，城市收入支出比的青年群体的主观满意度排名如图8-48所示。前10名中，呼和浩特位列第1名，福州与海口得分相同位列第2名，其后，石家庄、乌鲁木齐和拉萨分别排在第4、第5和第6名。后10名中，榆林、北京和厦门的得分较低，排在倒数3名。前后对比，可以看出青年友好视域下，北京、厦门等一线城市物

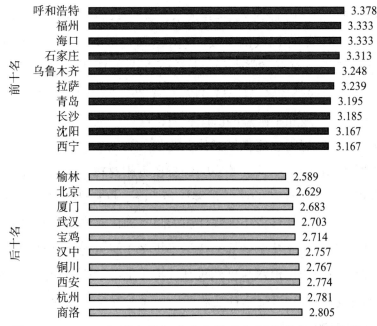

图 8-48 2023 年城市收入支出比的青年群体满意度得分排名

价水平较高，青年群体感到收入支出比较大，西安的收入支出比也排在后 10 名。由于调查范围覆盖至陕西省 9 个地级市，其他省份多为省会城市，造成宝鸡、铜川等市排名倒数，但这也反映对青年群体而言陕西省收入支出比普遍较高，各级政府和相关部门应制定更合理的物价政策、收入政策，促进青年友好视域的城市建设。

沿边及沿海城市的收入支出比较高，使得青年群体生活压力较小。这主要是由于这些地区在政策支持和经济发展具有一定优势使得青年群体收入相对较高，我国对沿边地区实施了一系列政策措施，如"兴边富民行动"，旨在通过扩大就业、发展产业、创新科技等手段支持边民稳边安边兴边。这些政策有助于提高边民的收入水平，改善生活条件，从而降低生活压力。同时，沿边沿海地区通过发展边境贸易、加工区等产业经济，尤其是工业强市，提供了较多的就业机会，人均可支配收入达到较高水平，减轻了青年群体的生活压力。这也表明，这些城市并未收缩衰退，相对"适度"的住房压力预示着经济转型和深入城镇化还有巨大空间。反观一线城市，作为经济、文化和政治的中心，吸引了大量的人口流入，随着人口的增加，一方面，城市土地和房产资源总量有限，需求旺盛导致房租、地价不断攀升；另一方面，流入人口包括高素质人才、创业者、外来务工人员等，他们的消费能力和消费需求都相对较高。因此，城市在经济发展、城市规划、环境保护等方面通常拥有更高的标准和更严格的监管。这些政策和制度可能会增加企业的运营成本，从而推动物价上涨。

如图 8-49 所示，在回收的有效问卷中，对"收入能够满足该城市购房、教育、医疗和日常生活等各项支出，不会有太大压力"表示同意的占比 31.70%，表示一般的受访者占比 33.44%，34.86% 的受访者对此表示不同意。总体而言，同意、一般和不同意的占比相当，这可能是由于青年群体普遍收入较低，对于部分有购房需求的青年群体而言收入的确难以覆盖支出，而当前还有更多青年群体选择租房生活，相应的经济压力相对较小。随着社会发展，租房变成了青年群体解决住房问题的重要途径之一，因此为让更多的人租得起、住得好，相关部门不断完善青年人才住房保障基础性制度和支持政策，如大学生保障性住房、政府人才奖励金等，托举了更多年轻人的奋斗理想。然而，日常生活和医疗等方面的物价水平仍然较高并持续上涨，这对初入社会的青年群体造成了较大经济负担，这提示社会和政府应重视完善城市社会保障体系和提高青年群体收入分配。

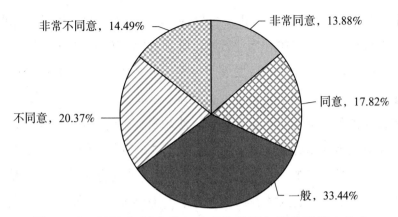

图 8 - 49　2023 年城市收入支出比的青年群体满意度分布

图 8 - 50 展示了不同方向上青年群体对城市收入支出比的满意度在不同排名区间的占比情况。从东中西方向来看，青年群体对东、西部城市收入支出比表示满意的占比相当，中部最弱。前 10 名中，东部城市占比 40%，西部城市表现优异，占比 30%。后 7 名中，东部、中部、西部分别占比 29%、14% 和 57%。东北城市均排名前 30，其中，沈阳、长春和大连较为靠前，分别排名第 9、第 12 和第 14 位。由此可见，东部地区的经济发展水平相对较高，居民收入普遍较为丰厚，能够有效抵消生活支出带来的压力。与东部地区不同的是，西部地区和东北地区虽经济发展水平相对较低，而物价、房价也相应较低，因此青年群体收入降低的同时生活压力也有所减小，总体而言，西部地区青年群体生活压力更小。中部城市则较为均衡，表明该区域城市经济发展和物价水平稳定。

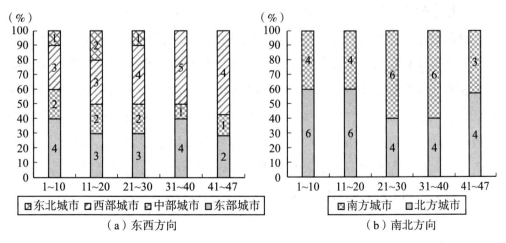

图 8 - 50　2023 年城市收入支出比的青年群体满意度得分空间分布

从南北方向来看，南北方城市排名仅存在较小差距。前 10 名中，北方城市占比较高为 60%，后 7 名中，南北方城市分别占比 43% 和 57%，北京排名倒数第 2 位。尽管南方城市整体经济发展水平高于北方城市，但越来越多青年群体不再将北上广深等特大城市作为就业首选地，反而会选择普通一线城市、非一线城市和家乡省会城市，如青岛、长春、沈阳等。北上广深等一线城市生存成本较高，很多青年群体需要背负巨额"房贷""车贷"，医疗、教育等开支压力不断增大，非一线城市的生活压力相对较小更能满足青年群体追求精神需求，同时，非一线城市为引进人才在政策优惠、产业结构等方面对青年群体也更有吸引力。

（三）半数以上青年群体的消费频率相对较低

新生代的消费能力、消费理念、消费模式对消费市场的正向影响正在持续加大，青年群体已经成为拉动消费的新力量。如今，更加年轻化、多元化的消费潮流迅速形成，各大城市将"开放包容、休闲享乐"的商业文化特质彰显得淋漓尽致。当前，青年群体不仅具有强烈的消费欲望，也具备很强的储蓄意愿，消费类别更加多元化。城市青年群体消费频率的得分排名如图 8 - 51 所示。前 10 名中，福州、哈尔滨和成都分别位列前 3 名，其后，呼和浩特、兰州和重庆分别位列第 4、第 5 和第 6 名。后 10 名中，咸阳、天津和西安的得分较低，排在倒数 3 名。由此可见，福州、哈尔滨和成都位列前 3 名，反映出青年友好视角下这些城市的消费体验和消费环境方面整体表现优异。福州城市独特的自然地理环境和松弛的人文环境能够为青年群体提供慢节奏的幸福感；哈尔滨本地人的"宠客模式"、接地气的美食价格、独特的冰雪特色等都极大程度地满足了青年群体对消费体验和消费环境的要求；成都丰富多样的美食文化、年轻悠闲的生活方式不断吸引着注重生活品质的年轻人前往。天津、西安和北京的得分明显偏低，表明这些城市在青年群体消费意愿、消费环境等方面的满意度仍存在较大进步空间。这可能是由于这些一线城市虽经济发展水平较高，但也给青年群体造成极大的生存压力，进而影响消费频率。这些城市应注重经济发展与青年群体消费潜力的平衡和可持续发展。

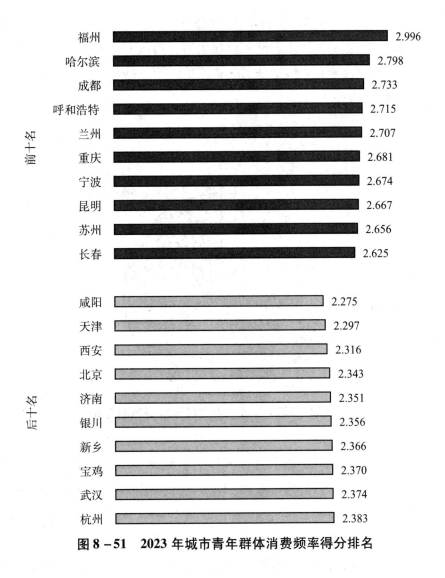

前十名

福州	2.996
哈尔滨	2.798
成都	2.733
呼和浩特	2.715
兰州	2.707
重庆	2.681
宁波	2.674
昆明	2.667
苏州	2.656
长春	2.625

后十名

咸阳	2.275
天津	2.297
西安	2.316
北京	2.343
济南	2.351
银川	2.356
新乡	2.366
宝鸡	2.370
武汉	2.374
杭州	2.383

图 8 - 51　2023 年城市青年群体消费频率得分排名

如图 8 - 52 所示，在回收的有效问卷中，每周消费频次为 1 ~ 2 次的最多，占比 54.82%，消费频次为 3 ~ 5 次的次之，占比 25.26%，消费频次为 0 次的占比 8.53%；受访者表示消费频次为 6 ~ 9 次和 10 次及以上最少，分别占比 6.04% 和 5.35%。由此可见，大部分青年群体受收入水平、生活习惯以及消费环境的影响，消费活动相对低频，高频次消费人群在总体受访者中占比极小，表明频繁消费并不是普遍现象。一部分年轻人愿意通过较为频繁的外出消费缓解生活压力、放松心情。此外，仍有部分青年群体外出消费次数为 0 次，这可能是由于对青年群体而言当前的网购十分便捷，且渠道、种类多样。同时，近年来"理性""悦己"等消费观念在年轻人中影响越来越大，他们将更多的注意力放在了节约和合理支配金钱上，而不再追求盲目跟风的消费方式。挣脱了消费主义构造的"会花钱才会赚钱"话语体系，年轻人"精致省"是消费理性的回归，也是消费自信的体现。

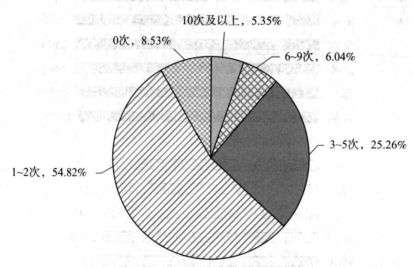

图 8 – 52　2023 年城市青年群体消费频率分布

　　图 8 – 53 展示了不同方向上青年群体消费频率在不同排名区间的占比情况。从东中西方向来看，呈现出东西相当、东北突出、中部较弱的分布态势。前 10 名中，东部、中部、西部和东北城市分别占比 30%、10%、40% 和 20%，后 7 名中，东部、中部和西部城市分别占比 43%、14% 和 43%。具体来看，西部地区有两极分化的微弱态势，这是由于西部地区城市间经济发展水平差距较大，导致城市消费活力、青年群体消费能力存在显著差异，而西部城市中的省会城市，如成都、兰州、重庆等均是受年轻人欢迎的旅游、工作地区，因此西部城市的青年群体消费活力也较高。东部城市经济发展相对成熟，相应的青年群体消费水平和意愿也均较高。东北城市也表现优异，均位于前 21 名中。

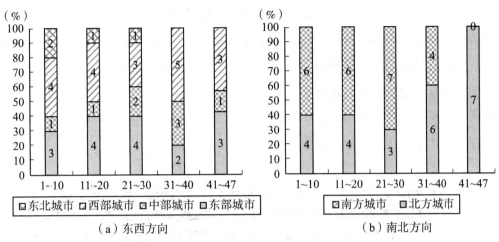

图 8 - 53　2023 年城市青年群体消费频率得分空间分布

从南北方向来看，青年群体在不同区域城市所表现出来的消费频率呈现明显的"南强北弱"分布态势，前 10 名中，南、北方城市占比分别为 60% 和 40%，后 7 名中，北方城市占比为 100%。这表明，南方城市在品牌引进、消费推广、创新能力等方面更能吸引青年群体，而北方城市的市场活力和消费环境相对较差。因此，北方城市经济发展需要在提升城市整体经济水平的同时注重城市新型消费品牌引进和消费方式多元化发展。

（四）青年群体认为城市消费品牌多样性较高

随着穿汉服、吃文创雪糕、开盲盒、健康零食、新式茶饮等随着社交网络等数字技术的崛起，线上线下融合等新商业模式涌现，消费主体、消费偏好、消费形态也经历了一场迭代进化。年轻化的商业潜力开始彰显。更加细分的个性化需求应运而生，大量新品类和新品牌如雨后春笋般成长起来。当前，越来越多个性化、多样化、高品质的国产生活用品激发消费热潮，成为新的消费增长点。青年友好视域下，城市消费品牌多样性的主观得分排名如图 8 - 54 所示。前 10 名中，上海、北京和长沙分别位列前 3 名，其后，广州、深圳和南京分别位列第 4、第 5 和第 6 名，西安则排名第 9 位。后 10 名中，铜川、哈尔滨和汉中的得分较低，排在倒数 3 名。由此可见，排名前列的城市如上海、北京和长沙等城市的消费品牌多样性、活跃性更能受到青年群体的认可。这些城市是经济中心、贸易枢纽，具有较强的经济基础，还是许多青年群体初入职场首选的工作地，这均是这些城市能够吸引多元化品牌入驻的重要理由。后 10 名城市，如哈尔滨、铜川和拉萨等，得分较低，表示这些城市在品牌多样性方面的认知受到市场供应限制、消费者选择较少或品牌影响力不足等因素的制约。这种现象与当地经济基础有关，更体现在青年友好视域下的城市建设方面仍存在较大进步空间，消费品牌对青年群体的吸引较差。此外，西安的排名较高，这表明城市品牌不断向年轻化、多样化发展，并取得了一定成效。

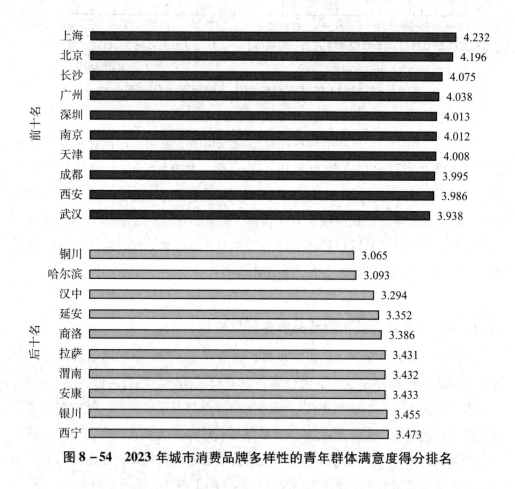

图 8－54　2023 年城市消费品牌多样性的青年群体满意度得分排名

如图 8－55 所示，在回收的有效问卷中，65.75% 的受访者认为"该城市消费品牌多样性能够满足购物需求"，仅有 7.54% 的受访者认为城市消费品牌不能满足其购物需求。由此可见，多数青年群体消费者对城市消费环境中的品牌选择表示满意，认为现有的品牌多样性能够切实满足他们的购物需求，仅有极少数人对品牌多样性持负面看法。这一现象可以解释为，在消费市场中消费品牌不断得到丰富，尤其是食品类、服饰类、电子产品类等品类遍布各大城市商圈，这能够覆盖大多数青年群体的购物需求，因此城市发展在广度和多样化方面已取得巨大成效。然而在品牌的深度和个性化方面许多城市市场发展仍较为欠缺，尤其是在当前青年群体追求独特、猎奇的消费思维背景下，城市品牌种类缺少深度和个性则难以满足青年群体的消费需求。这表明，虽然大部分青年群体的基本需求已经得到满足，但市场仍需不断谋求品牌深度和个性化发展。

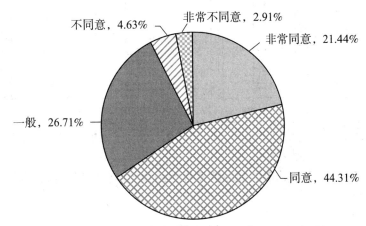

图 8 - 55　2023 年城市消费品牌多样性的青年群体满意度分布

图 8 - 56 展示了不同方向上青年群体对城市消费品牌多样性的满意度在不同排名区间的占比情况。从东中西方向来看，居民认为城市"消费品牌多样性能够满足购物需求"的满意度呈现"东—中—东北—西"递减的分布态势，前 10 名中，东部、中部、西部分别占比 60%、20% 和 20%，东北城市均未上榜。后 7 名中，东部和中部均占比 0%，西部和东北城市分别占比 86% 和 14%；从南北方向来看，前 10 名中，南北方城市依然呈现"南优北劣"的分布态势，占比分别为 70% 和 30%，后 7 名中，南北方城市分别占比 43% 和 57%。由此可见，青年友好视域下我国城市消费品牌多样性呈现显著差异，东部城市消费多样性明显高于中西部城市，这是城市经济发展水平在消费多样性方面的具体体现，该区域城市在国际品牌引进、本土品牌创新和市场竞争等方面均表现优异，而西部、东北城市则具有明显劣势。东北城市中哈尔滨排名倒数第 2 位，表明该市品牌多样性难以满足青年群体消费者。因此，中部、西部和东北地区城市发展需要重视激发市场活力、引进年轻品牌，同时还应充分开发本土消费市场。同样

地，南北方城市的差异性明显，这也表明区域经济发展的过程中，各级政府还需注重提升北方城市的消费环境，以增强其市场活力，使得南北方经济发展得到平衡。

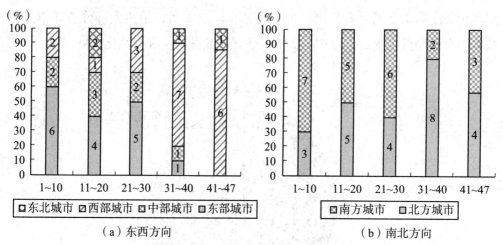

（a）东西方向　　　　　　　　　　　（b）南北方向

图8-56　2023年城市消费品牌多样性的青年群体满意度得分空间分布

（五）新一线城市青年群体对文化消费满足度较高

文化消费作为文化产业链的终端环节，既是文化发展的现实基础，也是文化发展的目的。增加文化消费总量，提高文化消费水平，对于扩大内需、推进产业结构升级、提高国民素质、构建和谐社会等具有重要意义。当前，艺术生活化、生活艺术化对青年群体来说不再只是一个口号，他们用身体力行来获取审美体验和文化记忆，传统文化和新兴文化消费种类正在以年轻人喜闻乐见的形式呈现螺旋上升的趋势。城市文化消费的青年群体的主观满意度排名如图8-57所示。一线城市与新一线城市包揽了前10名，上海、北京和长沙分别位列前3名，其后，广州、南京和成都分别位列第4、第5和第6名，西安和杭州紧随其后分别位列第7名和第8名。由此可见，新一线城市青年群体的文化消费水平优势明显，这反映出这些城市的文化配置、文化消费种类等方面的文化综合实力能够满足青年群体的需求。这主要是由于省会城市、交通枢纽城市文化氛围较浓厚、青年群体人口集聚、交通便利、基础设施全面，更能满足青年群体喜爱的演唱会、音乐节、脱口秀等文化活动的举办条件。

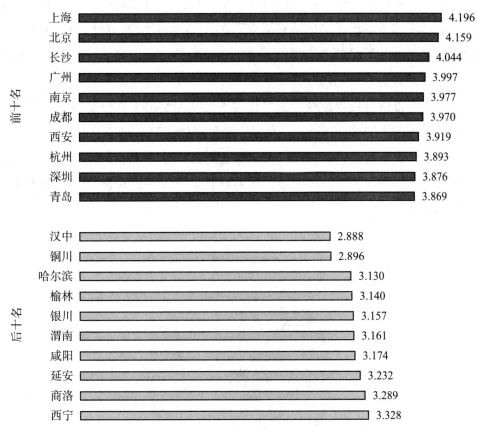

图 8-57　2023 年城市文化消费的青年群体满意度得分排名

　　后 10 名中，作为非省会城市的汉中、铜川得分较低，排在倒数 2 名。陕西省汉中和铜川等地级市排名较低，也表明这些城市的基础条件难以支持多样的文化活动。哈尔滨作为黑龙江的省会城市，仅排名倒数第 3。究其原因，一方面，文化底蕴深厚但开发不足。西部和东北地区拥有丰富的文化底蕴和文化遗产，但对这些资源的开发和利用不足，导致文化消费供给缺乏特色和亮点，同时对传统文化资源的保护和传承不够重视，使得文化产业的可持续发展受到威胁。另一方面，文化产品和服务创新不足。西部和东北地区的文化产品和服务缺乏创新性和差异性，导致文化消费供给的质量和水平难以提升，难以满足青年群体消费者的多元化需求。因此，这两个区域城市在文化消费领域亟待加强，政府应重视丰富文化产品、举办多样文化活动，以提升青年群体文化消费体验。

如图 8–58 所示，在回收的有效问卷中，认为"该城市中的艺术展览、演唱会和影剧表演等能满足文化消费需求"的受访者占比 56.76%；11.70% 的受访者认为城市不能满足其文化消费需求。由此可见，青年群体对城市的文化消费供给水平持较为认可的态度，超半数的青年群体认为当地的艺术展览、演唱会和影剧表演能够有效满足他们的文化需求，从而反映了其所在城市在文化活动的举办方面实力较强。同时，还有部分青年群体（31.54%）认为文化消费供给水平一般，仍有改进空间。仅少数受访者对此表示不同意，这主要出现在发展水平较低的地级市，侧面表明在青年友好视域下的城市建设过程中应重视青年群体的文化需求。

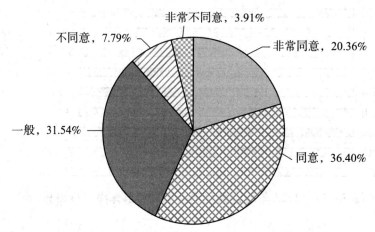

图 8–58　2023 年城市文化消费的青年群体满意度分布

图 8–59 展示了不同方向上青年群体对城市文化消费的满意度在不同排名区间的占比情况。从东中西方向来看，青年群体认为"城市中的艺术展览、演唱会和影剧表演等能满足文化消费需求"的满意度依然呈"东—中—东北—西"的递减趋势，前 10 名中，东部、中部、西部分别占比 70%、10% 和 20%，东北城市仍未上榜。后 7 名均为西部和东北城市，分别占比 86% 和 14%。由此可见，东部地区在文化消费供给方面具有绝对优势，这与该区域城市经济发展水平和基础设施建设程度较高有关，因此城市在文化资源配置上能够获得财政、设施保障，有利于城市吸引文化活动举办方。相较之下，西部地区的满意度较低，显示出该区域城市应重视文化建设。

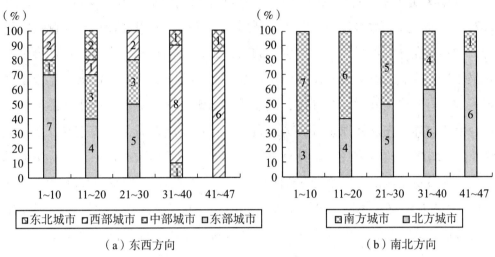

图 8−59　2023 年城市文化消费的青年群体满意度得分空间分布

　　从南北方向来看，前 10 名中，南北方城市依然呈现"南优北劣"的分布态势，占比分别为 70% 和 30%，但居民对北方城市的文化消费的满意度高于消费品牌多样性的满意度，后 7 名中，南北方城市分别占比 14% 和 86%。南北方城市的分布态势差距明显，南方城市在文化消费的青年群体满意度上表现优异，而北方城市在文化活动多样性和频率方面相对薄弱。北方城市政府在推广本地文化和吸引其他文化活动两个方面同时发力，在资源和经济等多方面提供支持，促进西部及北方城市的文化发展，以提升青年群体文化消费水平，增加青年群体幸福感和城市文化参与度。

第五节　城市居民生活品质

　　青年是城市中最富活力与创造性的群体，是建设以人为核心的新型城镇化和社会主义现代化国家的中坚力量，提升城市青年群体幸福感是拉动居民幸福感增长的关键。2020 年，我国青年群体常住人口城镇化率达 71.1%，高于整体常住人口城镇化率 7.2 个百分点①。青年群体的发展离不开国家的坚实保障。2022 年，十七部门联合印发的《关于开展青年发展型城市建设试点的意见》提出，要不断提升青年群体在城市生活的获得感、幸福感和安全感。在社会公平正义不断彰显、人民发展权益得到有效维护的大背景下，新时代中国青年群体成长成才有了更良好的社会环境、更温暖的组织关怀、更优质的生活品质。目前，青年群体优先发展理念日益深入人心，青年发展型城市建设蓬勃开展，从中央到地方各级政府重视建设具有中国特色的青年发展政策体系，让青年群体实实在在感受到城市生活品质不断提升。因此，本报告从"每周运动频次""睡眠时长""城市气候环境""城市社会环境""城市生活智慧化"以及"城市整体发展效果"6 个方面出发考察青年群体对城市生活品质的主观感受满意度情况。

一、城市居民生活品质总指数

（一）青年群体认为城市生活品质尚可

如图 8 - 60 所示，基于青年友好视域，我国城市生活品质青年群体满意度排名前 10 位的城市分别为拉萨、成都、福州、青岛、合肥、上海、沈阳、商洛、南京和广州。其中，排名第 1 位的拉萨（3.656）和排名第 10 位的广州（3.552）满意度得分相差较小，其他城市间差距也较小，拉萨、成都和福州的青年群体满意度排名最高且与上海等一线城市仅存在较小差距。这些城市较高的青年群体满意度得益于其完善的社会保障、多元的文化氛围、良好的气候环境和智慧的城市生活。排名后 10 位的城市分别为哈尔滨、厦门、重庆、汉中、南昌、延安、宁波、武汉、渭南和榆林。哈尔滨、重庆和厦门的排名较低，与其他一线城市存在一定差距。然而，从前 10 名和后 10 名城市满意度的得分差距可见，青年友好视域下我国城市生活品质差距较小。

---

① 中华人民共和国国务院新闻办公室. 新时代的中国青年白皮书［EB/OL］. 中华人民共和国国务院新闻办公室，http://www.scio.gov.cn/zfbps/ndhf/2022n/202403/t20240312_837396.html.

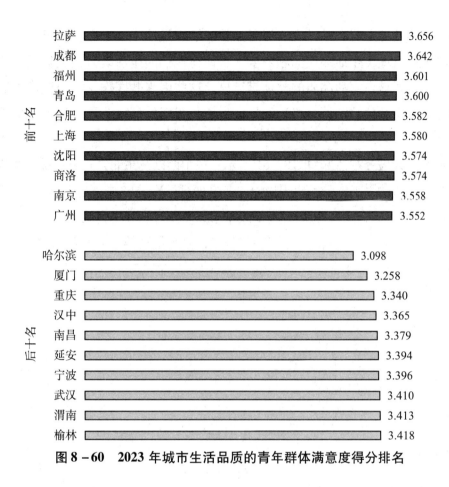

图 8-60 2023 年城市生活品质的青年群体满意度得分排名

　　青年群体对城市生活品质的主观满意度呈现出一种中庸的态度，他们认为城市生活既不是理想中的完美，也并非想象中的糟糕，而是处于一个"尚可"的状态。这反映了青年群体对城市生活的复杂感受和现实考量。一方面，青年群体的获得感与经济资源和社会发展机会密切相关。首先，对于青年群体来说，如果收入在扣除各类开支后仍能维持在一个较为体面的水平，这种充足感有助于提升青年群体的获得感。其次，居住环境是触发青年群体获得感生成的物质空间基础。然而，当前多数青年群体没有住房且面临着房价上涨和租金攀升，同时物价上涨、医疗、交通及竞争压力大等因素都抑制了青年群体城市获得感的生成。另一方面，社会安全状况和社会保障体系等基础城市环境对青年群体获得感也发挥着积极影响作用。覆盖全面和高水平的社会保障体系，如医疗保险、就业保障、住房保障等，这些都显著提升了青年群体的获得感。同时，城市智慧生活水平不断提高，青年群体重视居住便利度，如公共交通的便利、美食的易获得性等，同时多样化的消费品牌能够满足他们的个性化需求。这些都构成了他们对城市生活品质的基本要求，使得他们的生活既方便又舒适，从而提升了他们对城市生活品质的整体满意度。这些因素共同作用，使得青年群体在城市中的生活体验既不是极端的好，也不是极端的坏，而是一种相对平衡和可以接受的状态。

排名的区域分布情况如图8-61所示，东中西以及东北方向上，青年群体对城市生活品质的主观感受呈现明显的"东高西低"分布格局，前20名中东部城市共占7席，包括上海、青岛等新一线城市，以及合肥等省会城市，其中，东北城市沈阳和大连表现优异，均排名前20名，分别位列第7名和第15名；后17名中，西部城市占10席，中部排名较为居中，东北城市哈尔滨的排名最低，排名倒数第1位。

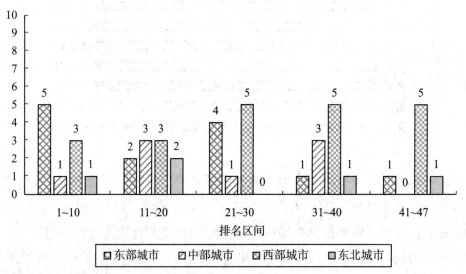

图8-61 2023年城市生活品质的青年群体满意度得分空间分布（东西方向）

如图8-62所示，南北方向上，青年群体对城市生活品质的主观感受呈现明显的"南高北低"格局，前20名中，北方城市占8席，而南方城市占12席；后17名中，南方城市占8席，而北方城市则占9席。当前，基于青年群体的主观感受，南北方城市在居民生活品质建设中呈现东西分异和南北分化的双重不均衡格局。这主要是由于南方和东部地区城市经济发展基础较好，能够为城市居民生活水平的提高提供经济基础和政策环境。

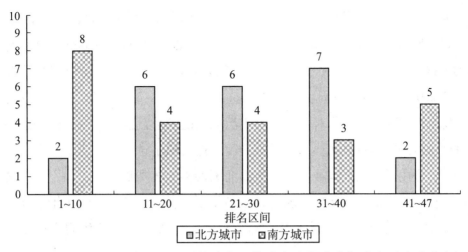

图 8 - 62　2023 年城市生活品质的青年群体满意度得分空间分布（南北方向）

（二）青年群体对于文化氛围和生活智能化程度感到满意

具体来看居民生活品质的 6 个方面，如图 8 - 63 所示，受访者对"生活智慧便捷"的满意度最高，达到了 70. 20%。具体来看，非常同意占 23. 48%，同意占 46. 72%。其次，对"文化氛围多元"的满意度为 66. 40%，非常同意占 21. 67%，同意占 44. 73%，对"整体发展效果"的满意度为 65. 61%，包含非常同意（20. 85%）和同意（44. 76%）。对"睡眠充足"的满意度较低为 48. 91%，非常同意仅占 14. 10%、同意占 34. 81%。

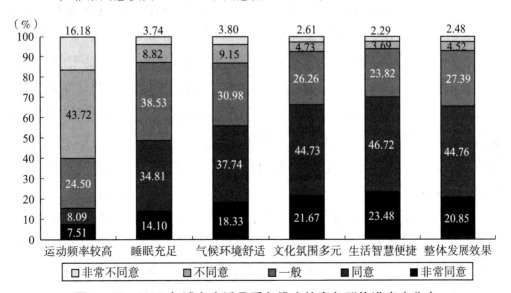

图 8 - 63　2023 年城市生活品质各维度的青年群体满意度分布

通过将青年群体平均每周的运动次数转化为对城市居民运动频次的满意度，发现青年群体运动频次活跃程度相对较低，频次较高的仅占 15.60%，包含每周运动 5~6 次（8.09%）和 7 次及以上（7.51%）。相对应的青年运动频次较低的达 59.90%，分别为每周运动 0 次（16.18%）和 1~2 次（43.72%），超过半数。综合来看，青年群体对城市居民生活品质的总体满意度较高，但在运动和睡眠两个方面的满意度明显低于其他角度，这反映了青年群体当下的两种熬夜心态，一是由于白天工作或学习任务重而不得不熬夜加班，二是由于白天被迫归顺于快节奏生活因此年轻人希望在夜晚得以放松和释放。同时由于心理压力大、沉迷社交媒体、休闲时间紧张等多种原因，造成青年群体的周运动频次较低。

二、城市居民生活品质分指标

（一）大部分青年群体每周运动频次在 2 次以下

青年群体是一国人才资源的主要来源，青年群体终将变为中年人和老年人，因而青年群体的身体素质直接影响全体劳动力乃至总人口的身体素质水准。因此，提高青年群体身体素质不仅能增加青年人力资本积累，而且能为全国人口身体质量的提高提供"健康储蓄""精神储蓄"和"科学文化储蓄"。随着社会经济各个领域对高质量发展提出更迫切的需求，青年群体人口身体素质的发展也应从"提高"逐渐走向"优化"，实现平衡、协同、可持续的青年生命发展。身体素质可以用运动频次表征，因为规律的运动能增强心肺功能、提升肌肉力量、改善代谢调节、释放压力、稳定情绪、强化免疫系统、优化睡眠质量，并促进社会交往。这些生理和心理的适应性变化共同提高了个体的整体健康水平，使得运动频次成为衡量身体素质的一个重要指标。2023 年城市青年群体每周运动频次的得分排名如图 8-64 所示。前 10 名中，拉萨、商洛、哈尔滨和福州分别位列前 4 名，南京、上海和成都虽均在榜中，但排名较低，分别位列第 5、第 8 和第 9 名。后 10 名中，榆林得分最低，排在最后。此外，天津、西安、长沙、杭州、北京和武汉的满意度也较低，表明这些城市的青年群体运动频次不容乐观。可以发现，后 10 名中，除榆林、渭南、铜川和咸阳 4 个陕西地级市，其余均是新一线城市和省会城市，这表明城市发展水平越高，相应的每周运动频次较低。令人意外的是，一线城市中上海的排名较高，这可能是由于近年来飞盘、"city walk"、壁球等社群活动在青年群体中兴起，成为青年群体交友、放松的重要途径。

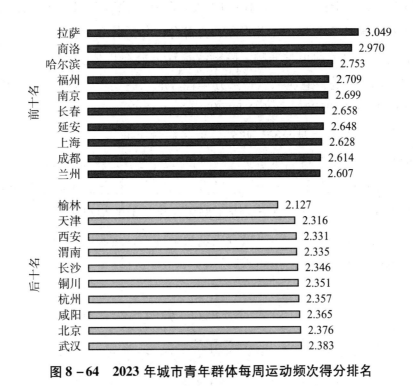

图 8－64　2023 年城市青年群体每周运动频次得分排名

青年群体每周的运动频次大都在 2 次以下，究其原因可以归因为以下几个方面：首先，青年群体的工作生活面临时间不足的困境。青年群体可能因为学业压力、工作任务和社交活动等占据了大部分时间，导致可用于运动的时间减少。其次是生活习惯和环境带来的影响。一些青年群体在进入大学以前受到应试教育的影响，忽视体育运动。进入大学甚至工作后，由于通信技术的进步，足不出寝（户）就能获得诸多便利，体育运动的目的变得越来越"单纯"。自动化、信息化时代的到来使得青年群体无论是工作中的活动，还是日常交通出行、家庭生活中的活动都大为减少，久坐不动成为他们最主要的行为特征。此外，外卖和快递服务的便利也减少了青年群体外出运动的机会。最后，是该群体在通过运动和锻炼保持健康状态的重要性认知不足。青年群体还没有充分认识到体育运动对自身健康和发展的重要性，导致他们没有将运动作为日常生活的一部分，缺乏内在动力和兴趣是影响运动频次的一个重要因素。

如图 8-65 所示，在回收的有效问卷中，每周运动频次为 1~2 次的最多，占比 43.72%，运动频次为 3~4 次的次之，占比 24.50%，运动频次为 0 次的占比 16.18%；受访者中，表示每周运动频次为 5~6 次和 7 次及以上的占比最少，分别占比 8.09% 和 7.51%。由此可见，大部分青年群体受生活习惯和工作学习环境的影响，每周运动相对低频，高频次运动人群在总体受访者中占比极小，表明频繁运动并不是普遍现象。一部分年轻人愿意通过较为频繁的运动强身健体或释放压力，但高频次运动更容易对身体造成负担，因此每周运动 5~7 次的青年群体占比较少是合理现象。此外，更多的青年群体选择每周低频次运动，能够帮助放松心情和提高身体素质，同时低频次运动更容易坚持，落实起来也较容易，对长期伏案工作的年轻人来说也较为安全。但是，仍有部分青年群体运动次数为 0 次，这可能是由于对青年群体而言当前的生存压力较大且休闲时间较短，因此选择"躺平"的放松方式以缓解压力，这表明当前青年群体的生存压力是不可忽视、亟待解决的问题。

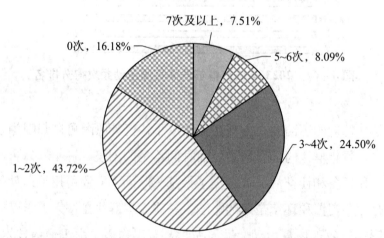

图 8-65　2023 年城市青年群体每周运动频次分布

图 8-66 展示了不同方向上青年群体运动频次在不同排名区间的占比情况。从东中西方向来看，呈现出东西相当、东北突出、中部较弱的分布态势。前 10

名中，东部、中部、西部和东北城市分别占比30%、0、50%和20%，后7名中，东部、中部和西部城市分别占比29%、14%和57%。具体来看，西部地区有两极分化的微弱态势，这是由于西部地区城市间经济发展水平差距较大，城市青年群体生存压力和休闲时间存在显著差异，造成运动频次差距，主要体现在省会城市与普通地级市相差较大（如西安和商洛）。东部地区，如福州和南京等均是生活节奏相对较慢且自然环境较好的城市，因此这类城市青年群体的运动频次相对较高。东北城市也表现优异，均位于前20名中。

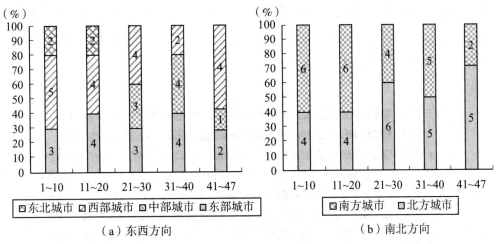

（a）东西方向　　　　　　　　　　（b）南北方向

图8-66　2023年城市青年群体每周运动频次得分空间分布

从南北方向来看，青年群体在不同区域城市所表现出来的运动频次呈现轻微的"南强北弱"分布态势，前10名中，南、北方城市占比分别为60%和40%，后7名中，南、北方城市的占比分别为29%和71%。这表明，南方城市全民运动设施建设水平、运动理念等方面优于北方城市，同时由于南方城市空气湿度较大，长期生活在湿润环境中运动出汗能够帮助排湿。北方城市的青年群体身体素质排名较差仅体现在后7名城市中，其中陕西省省会、地级市占5席，这仅表明陕西省整体青年群体素质较差，青年友好视域下的城市发展应重视提高青年群体健身积极性和健全城市运动设施。

（二）竞争压力大的城市青年群体睡眠时长较短

睡眠问题不仅是一个医学问题，还成为一个影响人民健康、工作效率、家庭幸福、社会和谐的社会问题。青年群体作为社会发展的突击队和先锋队，其睡眠时长直接影响到他们的身心健康和工作效率。在中国式现代化的进程中，青年群体的高质量发展是关键，而良好的睡眠则是青年群体高质量发展的基础之一。因此，关注并改善青年群体人口的睡眠问题，对于推动中国高质量发展、实现中国式现代化具有重要意义。城市人口睡眠时长的青年群体主观得分排名如图 8－67 所示。前 10 名中，呼和浩特、拉萨和福州分别位列前 3 名，其后，兰州、安康和榆林分别位列第 4、第 5 和第 6 名。可以发现，排名前 10 位的城市发展现状大多为经济水平一般、生活节奏较慢，且对青年群体的虹吸能力较弱。后 10 名中，哈尔滨、上海和杭州分别排在倒数 3 名，此外厦门、北京、西安等新一线城市、省会城市的得分也较低。由此可见，在我国当前发展水平较高的城市，青年群体的睡眠时长普遍较少。

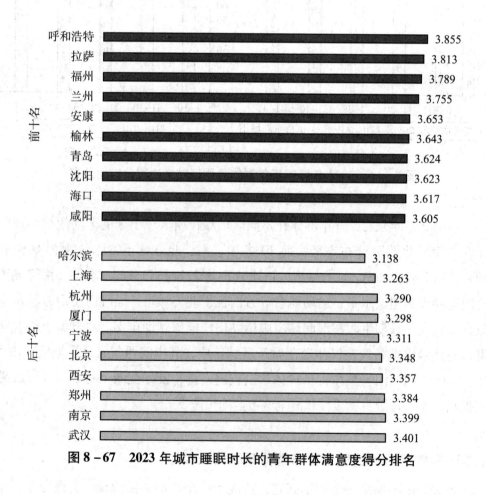

图 8－67 2023 年城市睡眠时长的青年群体满意度得分排名

通过青年群体主观满意度的得分排名可以看出，竞争压力大的城市青年群体睡眠时长较短。城市中的青年群体往往面临着较大的工作压力和学习压力，这些压力会显著影响他们的睡眠质量和时长。城市生活节奏快，竞争激烈，导致青年群体需要投入更多的时间和精力在工作和学习上，从而牺牲了睡眠时间。根据《中国睡眠研究报告2024》统计，固定工作群体每晚睡眠时长最短，为7.01小时[①]。同时，经济压力也是影响睡眠的一个重要因素。《2022中国国民健康睡眠白皮书》中提到，随着收入的增加，睡眠时长逐渐减少，年收入在30万~50万元的人群中睡眠分数最高，这可能意味着中等收入群体在经济和工作压力之间找到了某种平衡，而对于收入较高或较低的群体，经济压力可能成为影响睡眠的因素之一。

相较而言，经济发展水平不突出城市人口睡眠质量则较高，可能受多种因素的综合影响。一是生活环境与节奏的影响，与一线城市相比，经济发展水平不突出城市的生活节奏通常较慢，竞争压力也较小，这有助于青年群体减少心理压力，从而提高睡眠质量。同时，经济发展水平不突出城市往往拥有更为优越的自然环境，这些都有助于青年群体放松身心，获得更好的睡眠。二是经济与社会因素的影响，经济发展水平不突出城市由于生活成本较低，居民的收入水平足以满足青年群体基本生活需求，同时部分职业的工作强度相对较低。这使得青年群体有更多的闲暇时间进行休息和娱乐，且由于经济压力导致的睡眠问题较少，进而提高了睡眠时长。

如图8-68所示，在回收的有效问卷中，对"在该城市居住期间睡眠是否充足"表示同意的青年群体占比48.91%，表示一般的受访者占比38.53%，12.56%的受访者对此表示不同意。总体而言，同意的占比较大，但仍未过半数，不同意的仅占少数。即便如此，当前青年群体的睡眠质量现状也并不乐观。特别是年轻人，他们面临着学业压力、工作压力、职场竞争以及社交媒体的干扰等因素都直接影响到他们的睡眠质量。长期的睡眠不足和睡眠质量不佳不仅会导致身体疲惫、精神萎靡，还会增加患病风险导致内分泌紊乱、情绪焦虑等一系列健康问题。综上所述，当代年轻人的睡眠现状并不乐观，需要社会和个人共同努力，全社会应加强对青年群体睡眠质量的关注，引导年轻人通过改善生

---

① 王俊秀，等. 中国睡眠研究报告2024［M］. 北京：社会科学文献出版社，2024.

活习惯、减少工作压力、合理使用科技产品等方式,来改善睡眠质量。

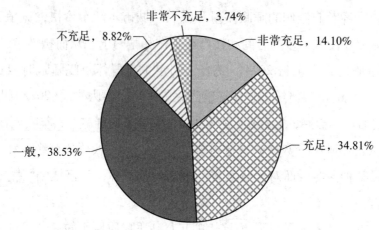

图8-68 2023年城市睡眠时长的青年群体满意度分布

图8-69展示了不同方向上青年群体对人口睡眠时长的满意度在不同排名区间的占比情况。从东中西方向来看,青年群体对城市人口睡眠时长满意度呈现"西高东低"的分布态势。前10名中,西部城市占比50%,东部城市占比30%,中部和东北地区各占比10%。后7名中,东部、中部、西部和东北地区分别占比71%、0%、14%和14%。东北城市中沈阳和长春排名较为靠前,分别排名第8位和第14位。由此可见,东部地区的经济发展水平相对较高,青年群体学业、

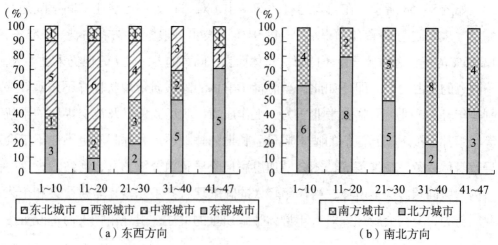

图8-69 2023年城市睡眠时长的青年群体满意度得分空间分布

工作压力较大造成挤压睡眠时间和影响睡眠质量的消极影响，因此该区域人口睡眠质量时长满意度得分较低。与东部地区不同的是，西部地区虽经济发展水平相对较低，而物价、房价带来的生存压力也相应较低，因此，总体而言西部地区青年群体生活压力更小、拥有更好的睡眠。

从南北方向来看，青年群体在不同区域城市所表现出来的睡眠时长满意度呈现明显的"北强南弱"分布态势。前10名中，北方城市占比较高为60%，后7名中，南北方城市分别占比为57%和43%，倒数5位除哈尔滨外均为南方城市。尽管南方城市整体经济发展水平高于北方城市，但青年群体在北上广深等特大城市为梦想拼搏时，需要付出更长的时间成本、承担更大的精神压力，而在发展水平较低的普通一线城市、非一线城市和家乡省会城市，如兰州、青岛、天津等北方城市，青年群体能够有更多时间和精力并改善睡眠。

（三）地理位置决定了青年群体对气候环境满意度

首先，城市气候环境直接影响着青年群体的日常生活质量。空气质量、温度、湿度等气候因素对青年群体的健康、学习和工作效率有着直接的影响。良好的气候环境能够提高青年群体的生活质量。同时，面对气候变化等环境问题，青年群体应具有更高的气候意识和气候行动能力，并逐渐成长为社会的中坚力量。城市气候环境的青年群体主观得分排名如图8-70所示。前10名中，铜川、商洛和宝鸡分别位列前3名，其后，沈阳、大连和太原分别位列第4、第5和第6名。位列前3名的铜川、商洛和宝鸡均是陕西省内气候较为舒适的地级市。铜川市坚持山水林田湖草沙一体化保护和系统治理和水环境治理，如制订印发《铜川市大气污染治理专项行动2024年工作方案》等方案、实施"漆水河水环境治理项目"等设施工程，实现了空气质量和水环境质量的显著改善。商洛市位于秦岭东段南麓，森林覆盖率高，生态环境优美，这使得商洛市水环境质量一直保持在较高水平。宝鸡市在空气质量改善方面也取得了显著成效。通过推进钢铁、焦化、水泥、锅炉超低排放改造等措施，实现了空气质量的稳步提升。

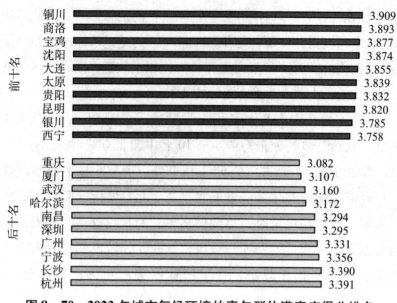

图 8-70 2023 年城市气候环境的青年群体满意度得分排名

此外，从前 10 名城市还可以看出，青年群体对气候满意度较高的城市大都拥有较好的自然风光和气候条件。如昆明和贵阳，均位于云贵高原，因其独特的地理位置和地形条件、冬无严寒、夏季凉爽、天空通透，昆明更是被誉为"春城"；银川和西宁的气候四季分明，虽冬季漫长但夏季平均气温较低，且少有的蚊虫困扰，是消夏避暑的胜地；太原处于我国中部地区，四季分明、雨水较少且极端天气风险较低，使得太原的气候环境显得尤为宜居。后 10 名中，重庆、厦门和武汉的得分较低，位于倒数 3 名。这 3 个城市虽都是旅游胜地，但夏季高温多雨气候潮湿，冬季湿冷且无供暖措施，雨热同期，这使得青年群体往往仅选择短期旅游而非长久居住。此外，哈尔滨的气候缺点则主要体现在冬季严寒且漫长，近年来哈尔滨冬季异常寒冷且雪量较大，这会对日常通勤造成困难和阻碍。因此，地理位置能够决定青年群体对气候环境的主观满意度。

如图 8-71 所示，在回收的有效问卷中，对"您认为该城市气候舒适，高温、暴雨、台风等极端天气罕见"表示同意的青年占比 56.07%，表示一般的受访者占比 30.98%，仅 12.95% 的受访者对此表示不同意。对青年群体而言，我国多数城市气候环境较优，青年群体这一积极的态度在应对气候变化中至关重要。当前，青年群体是应对气候变化的主力军，他们对于气候变化的认识和行动对于实现碳达峰及碳中和目标至关重要。中国的 Z 世代青年[①]不仅具有全球视野，对于环境问题的关注度较高，还高度支持国家的气候政策，并且愿意为此付诸行动。这表明他们在应对气候变化方面具有强烈的责任感和行动力。

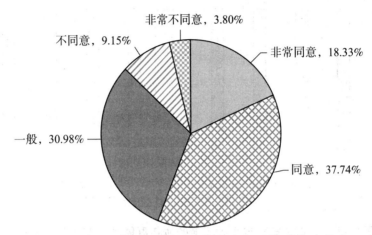

图 8 - 71　2023 年城市气候环境的青年群体满意度分布

如图 8 - 72 所示，分别展示了不同方向上青年群体对城市气候环境的满意度在不同排名区间的占比情况。从东中西以及东北方向来看，存在明显的"西—中、东北—东"梯度分布格局，前 10 名中西部、东北、中部城市分别占比 70%、20% 和 10%。后 10 名中西部、东北、中部和东部城市占分别比 14%、14%、29% 和 43%，即受访青年群体对西部城市气候环境最为满意，其次为中部和东北地区，最后是东部地区。从南北方向来看，前 10 名中南北方城市分别占比 30% 和 70%，后 7 名中南北方城市占比 86% 和 14%，存在明显的"北高南低"分布格局。青年群体不喜东部地区和南方城市气候环境的原因大多与其特殊地理位置有关，我国东部地区和南方地区气候的共同点主要体现在都属于季风气候类型，且雨热同期。具体来说这两个区域城市多沿海，夏季高温多雨，四季湿度大，潮湿环境不仅影响人体舒适度，还可能导致衣物、家具等物品发霉，增加生活不便。此外，近年来气候变暖趋势明显，南方城市极端天气增多，如广西、湖南等地常出现极端高温和强降水现象。综上所述，青年群体对东部

---

① 《连接中国 Z 世代：生活信念与气候传播》是一份聚焦于中国 Z 世代青年群体、旨在赋能领域气候传播实践的研究报告。其中，Z 世代通常是指 1995～2009 年出生的一代人。https：//www.thepaper.cn/newsDetail_forward_27576706.

地区和南方城市的气候环境满意度较低，气候的不适应可能加剧了年轻人离开南方城市或东部地区工作、生活意愿。

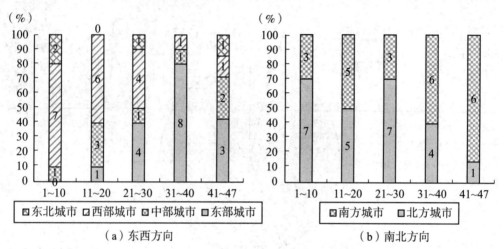

（a）东西方向 　　　　　　　　（b）南北方向

图 8 - 72　2023 年城市气候环境的青年群体满意度得分空间分布

（四）经济环境好的城市，青年群体认为文化氛围多元包容

城市社会环境与文化氛围对青年群体发展具有重要影响。良好的城市社会环境能够为青年群体提供更多发展机会，促进其全面成长。文化氛围则潜移默化地影响着青年群体的思维方式、行为模式及价值观念，尤其在青年群体世界观、人生观、价值观形成的关键时期，起着支配和深刻影响的作用。此外，随着物质生活水平的提高，青年群体的精神文化需求也日益增长。如今，城市软实力已经成为年轻人选择发展城市的重要参考。城市社会环境的青年群体主观得分排名如图 8 - 73 所示。

一线城市等经济环境好的城市包揽了前 10 名，长沙、成都和深圳分别位列前 3 名，其后，广州、天津和青岛分别位列第 4、第 5 和第 6 名，上海和西安紧随其后分别位列第 7 名和第 8 名。后 10 名中，哈尔滨的得分最低且与其他城市得分差距较大，位于倒数第 1 名。作为陕西省普通地级市的延安、铜川和汉中得分较低，位于倒数第 2、第 3 和第 4 名。由此可见，城市经济环境好，其文化氛围对青年群体而言更加宽松、包容和多元，这反映出这些城市的发展水平、经济实力、政策环境、基础设施等方面的社会综合实力强，能够为社会环境提供更强的包容基础，具有主导作用和辐射带动能力，同时吸引来自不同地域、背景的青年群体，促进了大量多元文化交流与融合，形成了良性循环。综合实力较弱的非省会、非中心城市的青年群体虹吸能力较差，多元文化难以汇聚，因此更无法形成多元、包容的社会环境。

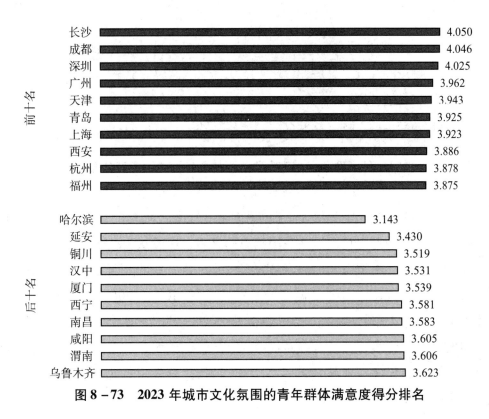

图 8 - 73　2023 年城市文化氛围的青年群体满意度得分排名

如图 8 - 74 所示，在回收的有效问卷中，认为"该城市文化氛围宽松、包容、多元、不歧视"的青年群体受访者占比较高，达 66.40%；还有部分青年群体（26.26%）认为社会文化氛围一般，仍有改进空间；仅 7.34% 的青年群体不满意当前城市社会环境。由此可见，青年群体对城市的社会环境持较为认可的态度，超半数的青年群体认为当地的文化氛围宽松、包容、多元、不歧视，这除了与城市自身综合实力有关外，还与当前青年群体普遍使用社交媒体息息相关。当前，社交媒体在促进文化包容方面有着显著的作用。社交媒体能够打破地域和语言限制，促进不同文化之间的交流与融合，例如，许多青年群体使用的"小红书"支持来自不同文化背景的用户互动，这种互动促进国内、国际的文化交流。社交媒体通过增强文化多样性展示进而促进文化交流与理解，并推动文化创新与发展，最终实现城市文化氛围的包容与多样性。

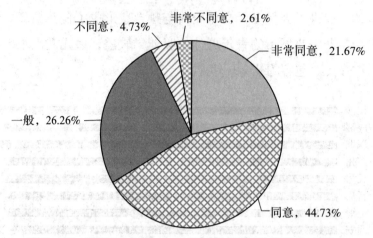

图8-74 2023年城市文化氛围的青年群体满意度分布

如图8-75所示，分别展示了不同方向上青年群体对城市社会环境的满意度在不同排名区间的占比情况。从东中西方向来看，居民认为城市"文化氛围宽松、包容、多元、不歧视"的满意度呈现"东—中—东北—西"的梯度分布态势，前10名中，东部、中部、西部分别占比70%、10%和20%，东北城市均未上榜。后7名中，东、中和东北地区均占比14%，西部占比57%。由此可见，东部地区在社会环境方面具有绝对优势，这与该区域城市综合实力强、经济发展水平高和基础设施完善等方面有关，因此城市能够吸引多元文化集聚，为文化融合和创新提供基础。

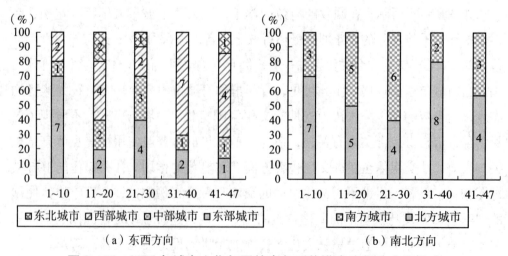

图8-75 2023年城市文化氛围的青年群体满意度得分空间分布

从南北方向来看，南北方城市呈现"南高北低"的分布态势，前 10 名中，南北方占比分别为 30% 和 70%，后 7 名中，南北方城市占比分别为 43% 和 57%。北方城市排名均较低，南方城市排名分布则均较为靠前。这主要是由于南方地区沿海城市较多，一定程度增加了外来文化的传播途径，此外越来越多社交媒体总部、MCN 孵化机构落地南方城市，这让南方城市更容易汇聚多元文化。由于北方地区存在戈壁和高原等地形，在一定程度上增加了文化交流、融合的阻碍，当前北方城市文化氛围满意度较低。

（五）青年群体认为区域中心城市的智慧化程度更高

数字技术正日益融入经济社会发展的各个领域，影响着就业创业、社会服务、环境保护等多项关乎青年群体发展的重要议题，也重塑着年轻人与世界"打交道"的方式。城市生活智慧化发展更是成为推动社会进步、经济发展、文化繁荣和可持续发展的重要力量。城市生活智慧化发展的青年群体主观得分排名如图 8-76 所示。前 10 名中，上海、北京和成都分别位列前 3 名，其后，深圳、广州和杭州分别位列第 4、第 5 和第 6 名，西安排名第 9 位，较为靠前。后 10 名中，除陕西省地级市外，哈尔滨、厦门和长春的得分较低，排在倒数第 1、第 3 和第 5 名。尽管哈尔滨在基础设施建设方面取得了一定进展，但相对于城市生活智慧化的发展需求，仍存在一定差距，如网络覆盖、数据处理和存储能力等方面有待提升，城市各部门之间的信息共享和交互机制尚不完善，影响了智慧化应用的推广和效果。

上海、北京、深圳等区域中心城市在城市生活智慧化发展方面走在前列，全面提升城市管理和服务水平。区域中心城市往往经济更为发达，有更多的资源投入到智慧城市建设中，包括新一代信息技术的应用，如 5G、大数据中心、人工智能等，这些技术的应用提升了城市的集约化管理水平。同时，区域中心城市通常拥有更完善的基础设施，包括交通、教育、医疗等公共服务，这些服务的集中供给大幅提高了供给效率，增进了公共福祉。城市生活智慧化发展通过数字化转型的契机，数据共享程度提高使得数据驱动效能开始显现，构建多中心分布式组织体系，以"计算—链接"的方式匹配供需双方，使城市资源更高效精准地满足青年群体的需求。

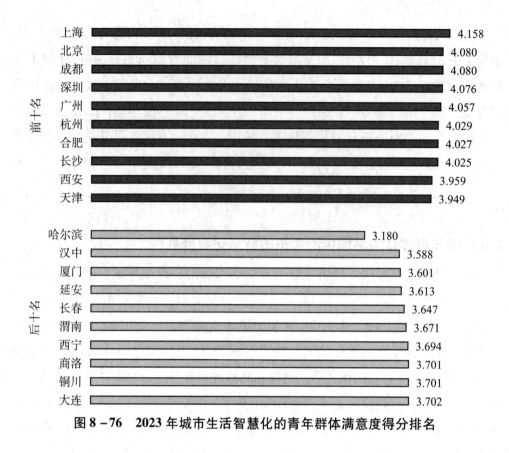

图 8 – 76　2023 年城市生活智慧化的青年群体满意度得分排名

如图 8 – 77 所示，在回收的有效问卷中，对"您认为该城市生活正在变得更加智慧、便捷"表示同意的青年群体占比高达 70.20%，表示一般的受访者占比 23.82%，仅 5.98% 的受访者对此表示不同意。总体而言，青年群体对城市智慧生活水平的满意度较高。由此可见，我国城市数字经济服务质量持续提升，智慧城市治理成效显著，随着各大城市纷纷提出青年友好型城市建设等理念，为青年群体发展创造友好的环境，吸引了更多青年群体参与城市建设，提升了他们对城市生活智慧化建设的满意度。在城市生活智慧化建设中，最受青年群体欢迎的功能主要包括线上服务，如线上点餐、智慧医疗、线上购物等，这些服务让青年的生活更加便捷智能；出行服务，如智能交通、共享单车、网约车等；以及公共服务，如就医一键预约挂号、地图导航、公共信息查询等服务，这些都极大地提高了青年群体的生活质量。综上所述，青年群体对城市生活智慧化发展水平的满意度普遍较高。

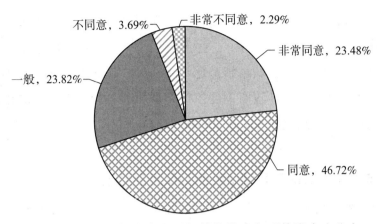

图 8 - 77　2023 年城市生活智慧化的青年群体满意度分布

图 8 - 78 展示了不同方向上青年群体对城市生活智慧化发展的满意度在不同排名区间的占比情况。从东中西方向来看，青年群体对东部地区城市生活智慧化发展满意度最高、中部次之、西部和东北地区最低。前 10 名中，东部城市占比 60%，西部和中部城市分别占比 20%。后 7 名中，东部、西部和东北地区分别占比 14%、57% 和 29%。东北城市除沈阳外，均排名后 10 位。从南北方向来看，南北方城市排名呈"南高北低"的态势。前 10 名中，南方城市占比 70%，后 7 名中，南北方城市分别占比为 29% 和 71%。在城市生活智慧化建设方面，东中西出现差距的主要原因是地方政府的积极性和政策，在智慧发展中起到决定性作用。此外，东部城市以提高经济生产力为目标，并深入推进数字技术与一二三产业深度融合，不断加强关键数字技术在城市场景中的应用。其他区域

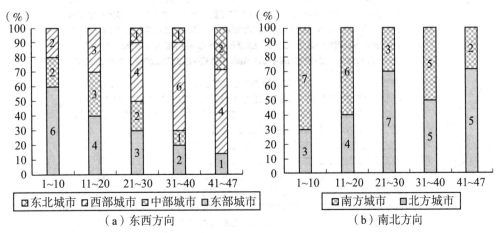

图 8 - 78　2023 年城市生活智慧化的青年群体满意度得分空间分布

地方政府在生活智慧化发展中仍需发力、不断提高。东北地区青年群体对城市生活智慧化发展满意度相对较差，这主要是由于，东北地区城市生活智慧化发展存在不平衡的问题，部分城市智慧化水平较低，且面临产业动力不足、人力资源流失严重等挑战。当地政府需要抓住发展机遇，加快老工业城市改革、完善快速交通体系以及高效推进城市生活智慧化建设。

（六）青年群体更加认可区域中心的整体发展效果

从青年群体视角来看，青年友好型城市的整体发展对于提升整体生活质量至关重要，这要求城市能够满足他们多样化、多层次发展需求，不仅提供良好的经济环境，确保青年群体有稳定的就业和职业发展机会，还注重生活配套环境的完善，包括优美的自然环境、便捷的公共空间和丰富的文化娱乐设施。此外，良好的政策环境也是吸引和稳定青年人才的关键因素。综上所述，城市整体发展才能够实现青年群体与城市发展的双向奔赴、互相成就。城市整体发展效果的青年群体主观得分排名如图 8－79 所示。前 10 名中，上海、南京和北京分别位列前 3 名，其后，天津、广州和合肥分别位列第 4、第 5 和第 6 名。后 10 名中，哈尔滨、汉中和延安的得分较低，排在倒数 3 名。

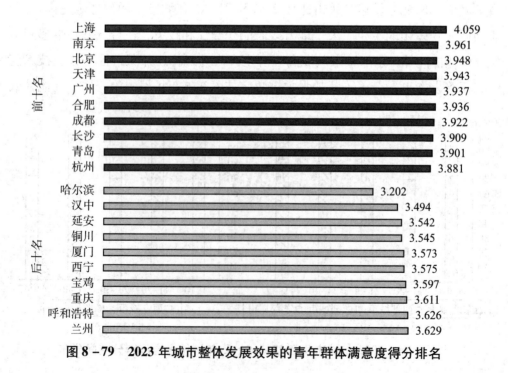

图 8－79　2023 年城市整体发展效果的青年群体满意度得分排名

可以发现，前 10 名中，上海、南京和北京等区域中心城市在整体发展中均注重提升青年群体的整体生活质量。这些城市通过创造良好的经济环境、完善生活配套环境、提供良好的政策环境来吸引和留住青年人才。具体措施包括优化营商环境、提升城市环境"颜值"以及营造有利于青年人才引进的政策环境。此外，东部地区城市通常对青年群体发展给予高度重视，出台一系列支持青年群体发展的政策措施。这些政策涵盖了就业、创业、教育、住房等多个方面，为青年群体提供了全方位的支持和保障。同时，这些城市还注重打造青年友好环境，通过举办青年活动、建设青年群体创业园等方式，增强青年群体的归属感和认同感。后 10 名中，哈尔滨整体发展较差的原因主要包括产业结构转型缓慢，过度依赖传统重工业，而新兴产业发展不足。同时，城市投资环境有待优化，政策扶持力度不足，影响了企业和创新项目的落地发展。这些因素共同制约了哈尔滨的整体发展，需要通过产业升级、交通改善、政策优化和城乡整体发展等措施加以解决。

如图 8－80 所示，在回收的有效问卷中，对"认为该城市发展使您的整体生活质量得到了提升"表示同意的青年群体占比较高达 65.61%，表示一般的受访者占比 27.39%，仅 7.00% 的受访者对此表示不同意。总体而言，表示同意的青年群体占比较多，表示一般和不同意的占比较小。事实上确实如此，青年群体在城市不断发展的过程中，生活质量也在不断提高。随着城市经济的持续增长和社会的进步，青年群体拥有了更多的就业机会和创业空间，能够更好地实现自己的职业发展和人生价值。同时，城市的基础设施建设不断完善，公共服务

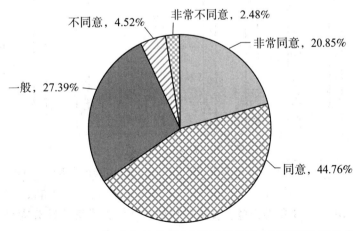

不同意，4.52%　　非常不同意，2.48%　　非常同意，20.85%

一般，27.39%

同意，44.76%

图 8－80　2023 年城市整体发展效果的青年群体满意度分布

水平也在提升，为青年群体提供了更加便捷、舒适的生活环境。比如，交通网络的发达让出行更加方便，文化娱乐设施的丰富让休闲生活更加多彩，这些都极大地提升了青年群体的生活质量。

如图8-81所示，分别展示了不同方向上青年群体对城市整体发展效果的满意度在不同排名区间的占比情况。从东中西方向来看，居民认为城市"发展使整体生活质量得到提升的"的满意度呈现"东—中—东北—西"的梯度分布态势，后7名中，东部、西部和东北地区分别占比14%、71%和14%，东北城市中哈尔滨排名最后。从南北方向来看，前10名中南方城市占比70%，后7名中北方城市占比71%，南北方城市依然呈现"南优北劣"的分布态势。青年群体认为东部地区城市整体发展水平更高，而西部城市整体发展水平较低；南方地区城市整体发展水平更高，而北方城市整体发展水平较低。这主要是由于：一是各区域存在自然环境与基础设施的差异，与东部地区相比，西部地区自然环境较为恶劣，基础设施建设和交通相对滞后，同时，与南方相比北方重工业城市环境污染问题较为突出；二是由于经济发展水平与就业机会存在差异，东部地区和南方地区较其他区域而言经济发达，科技水平高，提供了丰富的就业机会和创业空间；三是人口流动与教育资源差距较大，由于经济和社会发展的差异，大量人口从西到东、从北到南流动，其他区域人才流失严重。综上所述，西部、中部和东北地区城市发展应注重城市多维度整体发展。

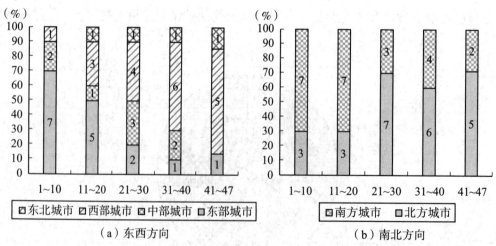

（a）东西方向　　　　　　（b）南北方向

图8-81　2023年城市整体发展效果的青年群体满意度得分空间分布

第六节　青年群体关心什么

在当今快速演变的社会背景之下，青年群体作为社会发展的核心引擎，其思想动态、价值观念及生活需求的变迁，不仅对个人成长轨迹产生深远影响，更直接关联到社会的整体进步与和谐稳定。青年阶段，作为人生旅途中至关重要的阶段，既是孕育梦想与追求的沃土，也伴随着多重挑战与艰辛的探索。因此，深入剖析青年群体所关注的议题，不仅体现了对青年个体成长历程的深切关注，更是对社会未来发展方向的前瞻性洞察与布局。通过全面审视青年群体在就业、教育、医疗健康和营商环境等多个关键领域的关注焦点与需求变化，可以清晰展现青年群体在社会发展格局中的独特地位与积极作用，以及他们所面临的机遇与挑战。鉴于此，城市应紧密围绕青年群体最为迫切、直接且现实的利益需求，全面优化就业服务体系、教育体系、医疗保障体系、薪酬结构、社会保障体系等核心板块，确保青年群体能够深切感受到发展的脉动，真正享受到发展的实惠。因而，为精准捕捉青年群体在城市可持续发展路径中所聚焦的核心议题，本报告采用问卷调查的形式，邀请青年受访者针对就业、收入、房价、教育医疗、生态环境、文化氛围、商业繁荣程度、生活压力、营商环境和政府办事效率十个方面，进行关心度排序。此举旨在明确城市建设的优先方向与亟待破解的难题，确保城市高质量发展的丰硕成果能够广泛惠及青年群体，促进城市与青年群体的协同成长与繁荣。

如图 8 - 82 所示，在城市生活中，青年群体对生活压力、就业和收入的重视程度最高，超过六成的受访者将"就业"或"收入"排在第 1 位，其中，40.23% 受访者将"就业"排在第一位，27.30% 的受访者将"收入"排在第一位。其次是"房价"和"教育医疗"，约 7.80%、7.30% 的受访者将"房价""教育医疗"排在第 1 位；将"营商环境"的重要度排在首位的受访者占比较低，仅占 0.87%。可见，在青年群体心中就业和收入较为重要。

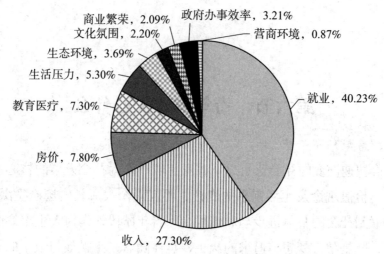

图 8 - 82　2023 年青年群体对城市高质量发展各指标关心度排第 1 位时的占比情况

如图 8 - 83 所示，32. 28% 和 30. 85% 的受访者分别将"政府办事效率""营商环境"放在最后两位，认为其重要程度不及其他指标；将"收入"排在最后一位的受访者最少，仅有 1. 22%。将"就业"和"教育医疗"排在最后的受访者也较少，仅占 2. 15% 和 1. 36%。显然，尽管政府办事效率直接关系到公共服务的质量与效能，能够提升民众满意度，增强社会信任，为城市治理注入高效动力，但对于普通青年群体而言，其关注度相较于一些直接关乎日常生活的资源稍显次要。

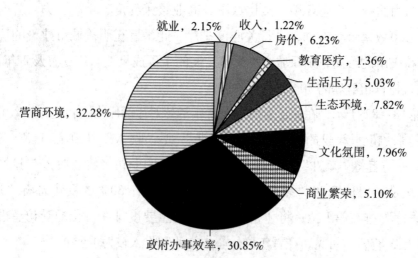

图 8 - 83　2023 年青年群体对城市高质量发展各指标关心度排第 10 位时的占比情况

如图 8 - 84 所示，在排序时，41.46% 的受访者将"就业"排在第 1 位，21.22% 的受访者将"就业"排在第 2 位，共 18.43% 的受访者将"就业"排在第 3 位和第 4 位，仅 2.53%、1.80%、1.75% 的受访者将"就业"排在第 8、第 9 和第 10 位；在收入问题上，29.51% 的受访者将其重要性排在第 1 位，35.98% 的受访者将其排在第 2 位，共有 18.44% 的受访者将"收入"排在第 3 位和第 4 位，仅有 2.80% 的受访者将收入的重要性排在最后 2 位。在各项城市因素排序中，"就业"和"收入"问题备受受访者关注。在就业方面，近 1/3 的受访者将其视为最重要的考量因素，且排在前列的比例较高，而将其排在末位的比例极低。这表明就业问题在城市生活中具有举足轻重的地位，是绝大多数青年群体关心的首要问题。在收入问题上，受访者的重视程度也相对较高。超过半数的受访者将收入排在前两位，而将其排在末位的比例极低。这反映出收入水平对于青年群体在城市生活中的重要性和影响力，收入水平的高低直接关系到生活质量和幸福感。在城市发展中，应着力实现更高质量和更充分的就业，同时提高青年群体收入水平，以促进城市的可持续发展和青年群体的幸福安康。

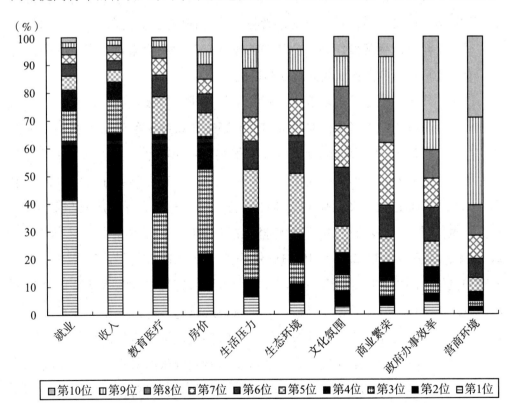

图 8 - 84　2023 年青年友好视域下城市高质量发展各指标重要程度在各排位的占比情况

在教育医疗问题上，45.27% 的受访者将其排在第 3、第 4 位，19.71% 的受访者将其排在第 1、第 2 位，分别有 4.12%、2.30% 和 1.16% 的受访者将"教育医疗"排在第 8、第 9 和第 10 位。从以上数据可以看到，医疗问题也备受青年群体的关注，但相对就业和收入问题，排在次重要的地位。在教育医疗问题上，受访者的关注度较为分散，但整体上呈现出将其视为重要考量因素的趋势。相较于就业和收入问题，虽然教育医疗没有占据首要位置，但仍有相当比例的受访者将其排在前列，显示出青年群体对教育医疗问题的重视。同时，将教育医疗排在较后位置的受访者比例相对较低，进一步印证了其在青年群体心中的重要性。综合来看，教育医疗问题是青年群体在规划城市生活时不可忽视的方面之一。在房价问题上，42.25% 的受访者将其排在第 3、第 4 位，21.89% 的受访者将其排在第 1、第 2 位，分别有 5.33%、4.59% 和 5.26% 的受访者将"房价"排在第 8、第 9 和第 10 位。在房价问题上，受访者的关注度普遍较高，多数受访者将其视为重要的考量因素之一。具体而言，有相当一部分人群将房价排在前列，表明他们非常关注房价问题，认为其对生活质量和未来规划有着直接且显著的影响。同时，尽管有少数受访者将房价排在较后的位置，但这一比例相对较低，不足以改变房价作为重要议题的整体认知。综合来看，房价问题在青年群体的生活决策中占据了较为重要的地位。

在生活压力问题上，大多数受访者并未将其排在首要位置，但有一定比例的受访者将其视为重要考量。具体而言，6.26% 和 6.28% 的受访者将生活压力排在第 1、第 2 位，28.75% 的受访者将其排在第 4、第 5 位。这表明生活压力在一定程度上影响着青年群体的生活质量和幸福感。城市应当关注青年群体的生活压力来源，通过提供多元化的支持和服务，帮助他们更好地应对生活挑战。在文化氛围上，大多数受访者确实将其排在相对靠后的位置。具体而言，21.29%、14.86%、14.25% 和 10.81% 的受访者则分别将其排在第 6~9 位。这反映出文化氛围虽然重要，但在当前社会背景下可能并未成为青年群体最为关心的议题。然而，城市仍然应当注重文化氛围的营造，通过挖掘和传承地方文化、举办文化活动等方式，提升城市的文化软实力，满足青年群体对精神文化生活的需求。在商业繁荣问题上，大多数受访者同样未将其摆在首要位置。具体而言，22.59%、15.74% 和 15.18% 的受访者则分别将其排在第 7、8、9 位。这表明商业繁荣程度虽然影响着青年群体的消费质量和生活品质，但并非他们生活中的主要痛点。

在政府办事效率问题上，仅有4.57%的受访者将其排在第1位，有30.04%的受访者将其排在第10位，在第10位排名中占比最多。这一现象可能反映出青年群体在日常生活和工作中，虽然能够感受到政府办事效率对个人事务处理的影响，但可能由于其他更为紧迫或直观的议题（如收入、就业等）占据了他们的主要注意力，因此并未将政府办事效率视为最为迫切的问题。在营商环境中，仅有1.09%的受访者将其排在第1位，在排名第1的占比中最少，同时，有29.17%的受访者将其排在第10位。有大量青年群体将其排在了相对靠后的位置，尤其是第10位。这种集中分布可能反映出一种"普遍不满"或"期待改进"的情绪。尽管这些青年群体没有将营商环境列为首要议题，但他们对于当前营商环境的现状可能并不完全满意，因此将其放在了较为靠后的位置。

综上所述，青年群体在城市生活中最为关注的是就业和收入问题，这两者直接关系到他们的生活质量和幸福感。教育医疗、房价等问题也备受重视，但相较于就业和收入，其紧迫性稍逊。生活压力、文化氛围和商业繁荣虽然影响青年群体的消费质量和生活品质，但并未成为他们生活中的主要痛点。政府办事效率和营商环境则相对被排在较后位置，但仍需关注青年群体对此的"普遍不满"或"期待改进"情绪，以提升城市整体竞争力和居民满意度。

第九章　劳动力友好视域下城市高质量发展居民主观感受评价

第一节　总体评价

　　劳动力人口是指有能力并有意愿提供劳动力供给的人口，包括就业和失业两种状态的人。劳动者是生产力的主体内容，是生产力诸要素中最重要、最活跃的因素。同时劳动力也是消费力，是最具消费能力的群体。一方面，劳动力集聚带来的规模效应、优质劳动力人口的流入能够满足城市三次产业发展对于劳动力数量和质量的需要，有效降低行业发展成本，促进城市产业结构转型升级，优化生产方式，提高生产效率；另一方面，劳动力人口能够扩大城市消费市场，发挥消费对经济的拉动作用，增强城市发展的潜力。因此，作为城市居民的中坚力量，劳动力人口是城市发展的重要竞争优势，如何留住劳动力人口、吸引劳动力人口流入应引起地方政府的广泛重视。近年来，随着户籍制度的不断优化改革、城市人才引进战略的实施等，各城市劳动力人口的流动规模和流动范围都在不断扩大。劳动力人口的流动除了受到收入支出等经济理性的驱动外，还会受到社会理性和价值理性的影响。因此劳动力人口在城市生活中的幸福感、获得感和满意度，即城市劳动力居民对于城市高质量发展的主观感受的高低，将会使得劳动力人口"用脚投票"，不断流向政府治理能力强、乐居环境质量优、宜业环境质量高、居民生活质量好的城市。加之当前人口发展呈现出老龄化、少子化的趋势特征，劳动人口比重呈现出不断下降的趋势，城市更应该加大对城市劳动力人口的重视，积极采取措施提高城市建设水平，吸引劳动力人口流入，为城市经济发展续航。因此，基于劳动力视域，通过城市高质量发展居民主观感受的问卷调查，了解目前居民关心关注的问题，能够帮助城市打造公共服务名片，增强城市生活的幸福感，提高城市竞争力，进一步助推城市高质量发展进程。

一、劳动力群体认为城市宜业环境有待提升

本次调研通过问卷星进行了线上问卷发放，劳动力视域下主要聚焦 35～65 周岁的劳动人口，共回收有效问卷 18 178 份。之所以选择 35～65 岁的劳动人口作为劳动力视域下问卷调查的对象，究其原因一方面在于 35 岁处于职业的黄金期，这部分劳动力群体作为社会的中坚力量，大多拥有稳定的工作和收入，承担着支撑整个家庭的责任；另一方面，选取 65 岁作为调查年龄段的上限则是与国家延迟退休的政策相对应。根据回收的有效问卷，从年龄分布来看，在劳动力群体的年龄区间内，受访者年龄大多在 35～55 岁，占比 84.92%；从文化程度看，高中（中专）学历受访者占比最多，为 42.14%，其次为大学专科学历受访者，占比 19.31%，大学本科学历受访者占比 17.11%，初中及以下学历受访者占比 15.96%，研究生及以上学历受访者最少，仅占 5.47%；从职业构成来看，企业员工及务工人员占比最高，占比 24.91%，其次是自由职业者，占比 21.17%；从收入水平看，月收入 5 000 元以下受访者最多，占比 56.73%，其次为 5 000～1 万元收入群体，占比 30.55%，月收入 3 万元以上受访者占比仅为 4.08%；从居住时长来看，71.33% 受访者在城市居住时长达 10 年以上，表明受访者对于其所在城市发展的熟悉度高。因此，受访者对城市发展主观感受的反馈信息具有极高可信度；此外，有 75.24% 的受访者在其他城市有过半年以上居留史，这可以使受访者更加客观地对城市高质量发展进行横向对比。

如图 9-1 所示，劳动力视域下，居民对我国城市政府善治能力、居民宜居

环境、居民宜业情况以及居民幸福生活的评价得分均值分别为 3.52、3.43、3.22 和 3.44。由此可见,劳动力群体对城市高质量发展各维度都表现出较高满意度,但与其他三个维度相比,劳动力群体对城市宜业情况的满意度较低,这与劳动力人口的特质密切相关,他们作为家庭收入的主要来源,更加注重城市的就业环境与收入状况。就业是最大的民生,政府应当不断采取措施增加城市就业岗位,注重解决结构性就业矛盾,不断提高就业质量和人民收入水平。

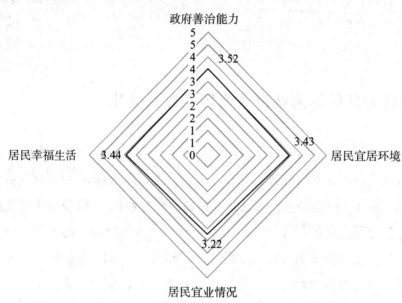

图 9 - 1 2023 年城市高质量发展劳动力群体满意度整体性得分

二、劳动力群体视域下,青岛城市高质量发展排名第一

劳动力视域下,2023 年城市高质量发展劳动力满意度得分排名如图 9 - 2 所示。青岛、广州、石家庄位列前 3 名,长春、南京、济南和上海紧随其后,占据第 4 ~ 7 名,合肥、北京和昆明也表现不俗,分别为第 8、第 9、第 10 名。在以往的认知中,一线城市往往是劳动力群体安家立业的第一选择。本次问卷调查的结果依然支持了这一观点。在一线城市中,除深圳以外,北上广全部跻身前 10 名,其中,广州、上海、北京分别居第 2、7、9 名。整体而言,前 10 名中,南方城市和北方城市各占 5 席,不相上下。其中,省会城市及直辖市占据 9 席,

山东省内城市除省会济南上榜外，青岛更是居于榜首。排名后 10 位的城市有榆林、深圳、咸阳、沈阳、渭南、哈尔滨、呼和浩特、新乡、汉中和厦门，多位于东北和西北地区。由此可见，省会城市和直辖市对于劳动力群体更具吸引力，这与城市发展战略密切相关，多个省份把人口发展目标纳入"强省会战略"，着力通过降低落户门槛、提供政策优惠和加大公共服务资源投入等措施，吸引人口向中心城市集聚，着力提升中心城市能级，这也使得省会城市往往可以提供更多的就业机会和更为有效的公共服务，提高劳动力群体对城市发展的满意度。

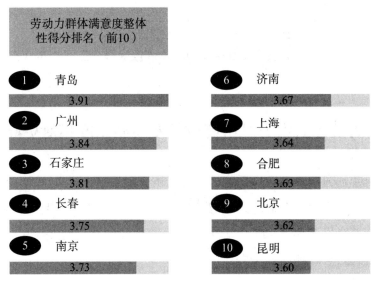

图 9 - 2　2023 年城市高质量发展劳动力群体满意度得分排名

三、劳动力群体视域下，城市高质量发展水平东高西低

2023 年劳动力群体满意度得分的空间分布在东西方向上如图 9 - 3 所示，基本呈现"东高西低"的空间分布格局。前 10 名中，东部地区占据 7 席，中部、西部和东北地区各占 1 席；11 ~ 30 名中，东部地区占据 6 席，中部地区占据 5 席，西部地区占据 9 席；后 17 名中，东部地区仅占 3 席，中部地区仅占 2 席，西部地区占据 9 席，东北地区占据 3 席。

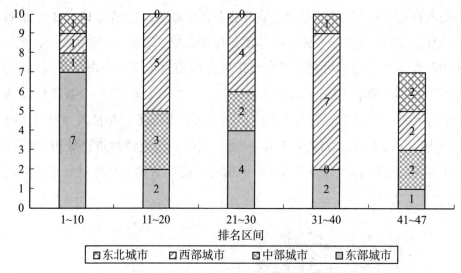

图 9－3 2023 年城市高质量发展劳动力群体满意度得分空间分布（东西方向）

四、劳动力群体对南方城市高质量发展满意度相对更高

2023 年劳动力群体满意度得分的空间分布在南北方向上如图 9－4 所示。前 20 名中，北方城市仅占 8 席，南方城市占据 12 席；后 17 名中，北方城市占据 11 席，南方城市仅占 6 席。由此可见，在劳动力视域下，南方城市居民对于城市高质量发展整体层面的满意度高于北方城市。

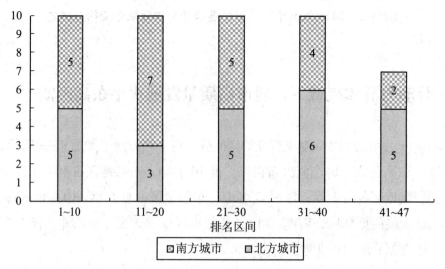

图 9－4 2023 年城市高质量发展劳动力群体满意度得分空间分布（南北方向）

第二节　城市政府善治能力

国家治理体系和治理能力是一个国家制度和制度执行能力的集中体现，而推进城市治理现代化是推进国家治理体系和治理能力现代化的重要内容。习近平总书记强调，坚持和完善中国特色社会主义制度、推进国家治理体系和治理能力现代化，是关系党和国家事业兴旺发达、国家长治久安、人民幸福安康的重大问题[①]。党的二十大报告更是把"国家治理体系和治理能力现代化深入推进"作为未来五年我国发展的主要目标任务之一。新征程上，必须深入推进国家治理体系和治理能力现代化，把我国制度优势更好转化为治理效能。具体聚焦到每一个城市上来说，政府治理效能提升的根本目的即提升人民群众的获得感、幸福感和安全感，一以贯之以人民为中心的发展思想，努力构建新时代宜业宜居的"人民之城"。因此，本问卷从"政府办事方便快捷""政府回应投诉及时""治安环境良好""生态环境优美"四个方面出发考察人民对政府治理效能的主观感受。

一、城市政府善治能力总指数

（一）劳动力群体视域下排名前 10 城市政府治理能力满意度差异极小

2023 年城市政府善治能力劳动力群体满意度得分排名如图 9 - 5 所示，青岛、宁波和济南位列前 3 名，山东省在前 3 名中占据两席。广州、北京、上海紧随其后，位列第 4、5、6 名。其中，合肥位列中部城市政府治理效能榜首，位列全国第 8 名；贵阳和昆明分别排在西部城市政府治理效能第 1、第 2 位，全国位

---

① 习近平. 坚持和完善中国特色社会主义制度推进国家治理体系和治理能力现代化 [J]. 求是，2020 (1).

次为第9、第10名；东北地区城市治理效能第1名是长春市，位列全国第11名。排名后10名的城市有兰州、重庆、新乡、汉中、沈阳、渭南、咸阳、呼和浩特、哈尔滨和厦门，多为中西部城市，原因可能在于政府治理的能动性和创新性不足，使得城市政府治理效能有待提高。相对落后的城市应当积极学习其他城市在政府治理方面的经验与举措，在劳动力群体关注的政务办理、治安管理、环境治理等方面下功夫，充分彰显城市的为民属性。

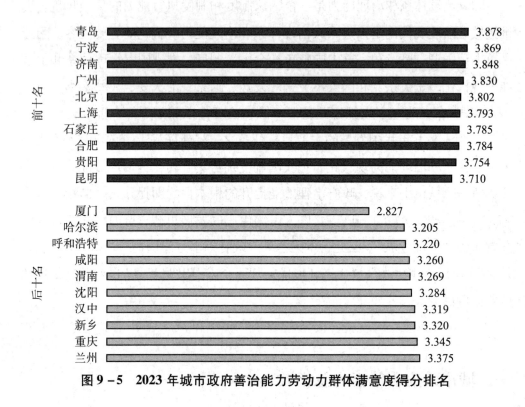

图9-5 2023年城市政府善治能力劳动力群体满意度得分排名

劳动力视域下，2023年城市政府善治能力劳动力群体满意度得分空间分布如图9-6所示。东西方向上，居民对城市政府善治能力的主观感受呈现明显的"东高西低"格局。前20名中，东部城市共占10席；后17名中，西部城市占9席，中部城市在各区间分布相对平均。

如图9-7所示，南北方向上，居民对城市政府善治能力的主观感受呈现明显的"南高北低"空间分布格局。前20名中，北方城市占9席，南方城市占11席；后17名中，南方城市占6席，北方城市则占11席。当前，劳动力群体对城市政府善治能力的主观感受呈现东西分异和南北分化的双重不均衡格局。

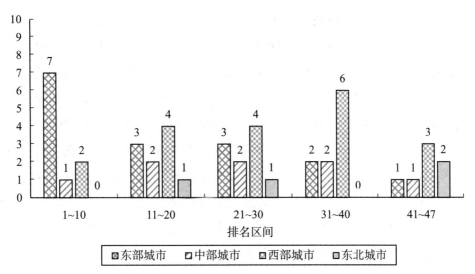

图9-6 2023年城市政府善治能力劳动力群体满意度得分空间分布（东西方向）

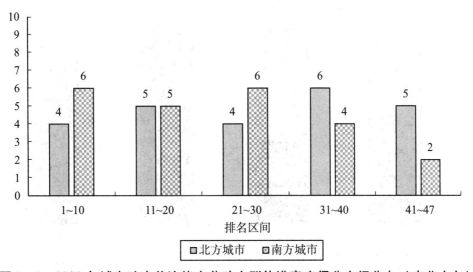

图9-7 2023年城市政府善治能力劳动力群体满意度得分空间分布（南北方向）

（二）城市治安环境和生态环境更受劳动力群体认可

具体来看劳动力视域下城市善治能力的4个方面，2023年城市政府善治能力劳动力群体满意度如图9-8所示，受访者对城市治安环境的满意度最高，达到了60.41%，其中，非常同意人群占比17.50%，同意人群占比42.91%；其次，对城市生态环境的满意度为51.33%，非常同意人群占比15.84%，同意人群占比35.49%；对城市市政投诉回应速度的满意度为41.63%，排名第3位，其中非常同意人群占比 13.20%，同意人群占比 28.43%；对城市政府业务办理效率的满意度相对偏低，仅为 36.55%，具体来看，非常同意人群仅占 11.51%，同意人群占比 25.04%。相应地，劳动力群体对城市政务办理效率的不满意度偏高，超过 20%，达 21.03%，其中，不同意人群占比 13.06%，非常不同意人群占比 7.97%；对城市市政投诉回应速度的不满意程度次之，为 13.79%，其中，不同意人群占比 8.72%，非常不同意人群占比 5.07%；对城市生态环境、城市治安环境的不满意度较低，分别为 9.20% 和 6.05%。综合来看，城市劳动力群体对于城市生态环境和城市治安环境的满意度较高，对于城市政务办理效率和市政投诉回应速度的满意度较低，这表明提高政府善治能力还需要进一步推动政务服务提档升级，加强政务服务渠道建设，深化政务服务模式创新，强化政务服务数字赋能，推动政务服务扩面增效。

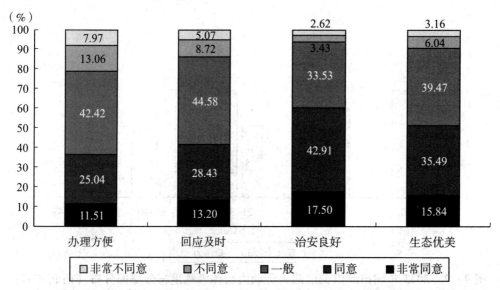

图 9-8　2023 年城市政府善治能力各维度的劳动力群体满意度分布

二、城市政府善治能力分指标

（一）劳动力群体认为城市政府业务办理效率有待提升

以政民之心，行简政之道。政府通过精简环节、优化流程、压缩时限来逐步实现政务办理方便快捷，居民办事"只跑一次"是建设服务型政府、打造人民城市的重要环节。2023 年政府业务办理效率劳动力群体满意度得分排名如图 9-9 所示。前 10 名中，宁波、济南和合肥分别位列前 3 名，上海、北京和深圳也均在榜中，分别位列第 5、第 6 和第 9 名。后 10 名中，厦门、汉中和重庆的得分较低，排在倒数第 3 名。相较来看，后 10 名中非省会城市占据 6 席，表明行政等级较低的城市"服务型"政府建设仍有待加强。

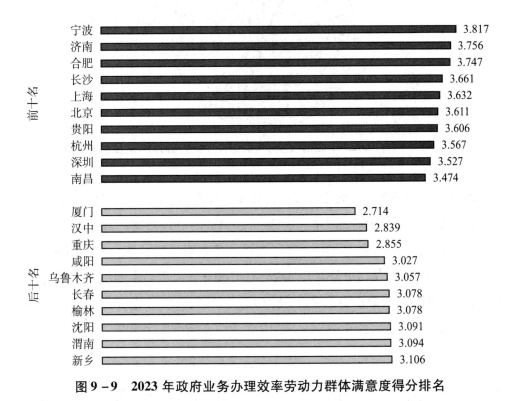

图 9-9　2023 年政府业务办理效率劳动力群体满意度得分排名

注：在 2023 年政府业务办理效率劳动力群体满意度得分排名中，排名倒数第 6 名和倒数第 7 名的长春和榆林指数保留 3 位小数后得分相同，为 3.078，四舍五入保留 4 位的指数为 3.0779 和 3.0781。

2023 年政府业务办理效率劳动力群体满意度如图 9-10 所示，在回收的有效问卷中，11.51% 的受访者非常同意城市政府业务办理效率高，业务办理方便快捷，最多只需跑一次；25.04% 的受访者同意其城市政府业务办理效率较高；42.42% 的受访者认为政府业务办理的快捷方便程度一般；分别有 13.06% 和 7.97% 的受访者不同意和非常不同意政府业务办理效率高。由此可见，虽然有将近四成的受访者对城市政务办理效率表示满意，但仍有超过半数的受访者认为政府应当提高政务服务水平，积极采取措施推动政府业务办理提质增效。

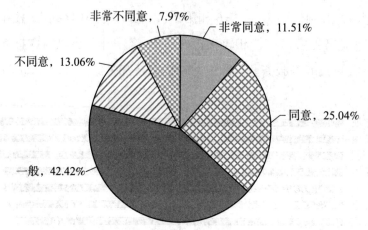

图 9-10　2023 年政府业务办理效率劳动力群体满意度分布

2023 年政府业务办理效率劳动力群体满意度得分空间分布如图 9-11 所示，分别展示了不同方向上劳动力群体对城市政府业务办理效率的满意度得分在不同排名区间的占比情况。从东西方向来看，存在明显的"东—中—西—东北"梯度递减分布格局，前 10 名中东部城市占比 60%，后 7 名中西部城市占比超过70%，即东部居民对政府办事效率最为满意，其次为中部地区，最后是西部地区和东北地区；从南北方向来看，前 10 名中南方城市占比 80%，后 7 名中北方

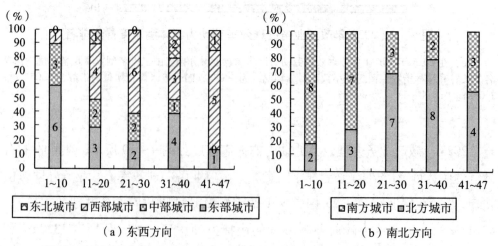

（a）东西方向　　　　　　　　（b）南北方向

图 9-11　2023 年政府业务办理效率劳动力群体满意度得分空间分布

城市占比接近60%，存在明显的"南高北低"分布格局，表明我国当前东部和南方城市的政府办事效率相对更高，中部和西部地区政府还有很大的追赶空间，需聚焦企业及群众的所急所需所盼，不断优化政务服务，提升行政效能，提高办事效率。

（二）多数劳动力群体认为市政投诉回应速度较慢

群众利益无小事，及时回应和解决群众诉求是深入践行以人民为中心的发展思想的重要体现。及时回应群众"急难愁盼"的问题，就是对各类诉求的快速响应、高效办理、及时反馈和主动治理，让回应与帮助抵达城市的神经末梢。2023年市政投诉回应速度劳动力群体满意度得分排名如图9-12所示。前3名依次为青岛、广州、石家庄，长春、济南和南京分别排在第4~6名，合肥、拉萨、宁波和贵阳占据第7~10名。后10名中，汉中、沈阳、咸阳、兰州、渭南、新乡、哈尔滨、西安、延安均为北方城市，厦门得分最低，且为后10名中唯一一个南方城市。排名靠后的城市应当着力提升其市政投诉回应速度，增强投诉问题解决力度，真正做到事事有回应，件件有回应。

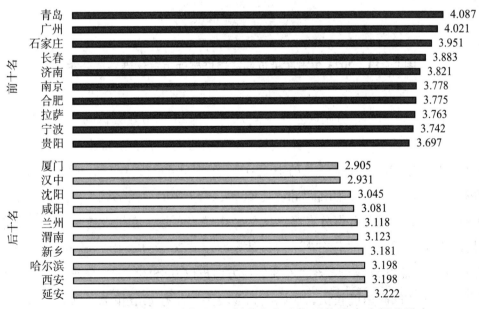

图9-12　2023年市政投诉回应速度劳动力群体满意度得分排名

注：在2023年市政投诉回应速度劳动力群体满意度得分排名中，排名倒数第8名和倒数第9名的哈尔滨和西安指数保留3位小数后得分相同，为3.198，四舍五入保留4位的指数为3.1981和3.1982。

在回收的有效问卷中，2023年市政投诉回应速度劳动力群体满意度如图9-13所示，有13.20%的受访者非常同意市政投诉的回应速度快，且问题可以得到及时解决；28.43%的受访者同意市政投诉回应速度较快；44.58%的受访者对城市市政投诉回应速度持中立态度；8.72%的受访者不同意"城市政府市政投诉的回应及解决速度令人满意"的观点；5.07%的受访者对城市市政投诉回应速度表示非常不满。即超过半数的受访者认为城市市政投诉回应和解决速度有待提升，在数字时代下，政府可借助"互联网+政务服务"渠道，搭建起良性的政民互动平台，持续深化贯彻接诉即办，高效解决群众诉求。

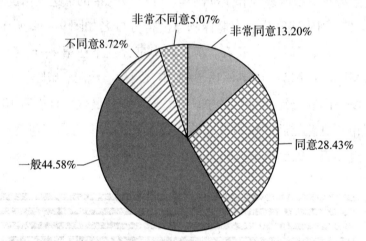

图9-13　2023年市政投诉回应速度劳动力群体满意度分布

如图9-14所示，分别展示了不同方向上2023年市政投诉回应速度劳动力群体满意度得分空间分布的占比情况。从东西方向来看，呈现出一定的"东高西低"分布格局。具体来看，前10名中，东部城市占比60%，西部城市仅占20%，在31~40名中，西部城市占比60%，后7名中，西部城市占比57%。东北地区城市居民满意度得分在各区间的分布较为平均。在南北方向上，呈现出明显的"南高北低"的分布态势。具体来看，前20名中，南方城市占比65%，后17名中，北方城市占比超过80%，南方城市仅占18%左右。表明我国东部和南方城市市政回应速度较快，居民满意度较高，北方城市和中西部城市政府应加快市政问题的回应及解决速度，提高居民满意度。

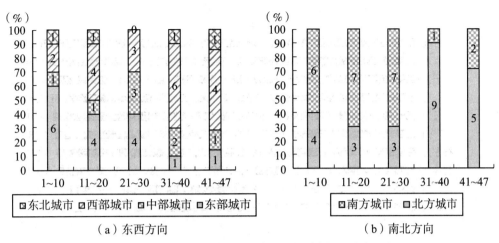

图 9 - 14　2023 年市政投诉回应速度劳动力群体满意度得分空间分布

（三）多数劳动力群体对城市治安环境感到满意

习近平总书记强调："平安是老百姓解决温饱后的第一需求，是极重要的民生，也是最基本的发展环境。"① 党的二十大报告将"平安中国建设迈向更高水平"作为新时代十年党和国家事业取得历史性成就、发生历史性变革的重要方面，把"平安中国建设扎实推进"确定为未来五年主要目标任务的重要内容②。提高城市治安环境水平，是提高城市治理能力和治理水平的应有之义，是让城市居民安业、安居、安康、安心的基础。2023 年城市治安环境维护劳动力群体满意度得分排名如图 9 - 15 所示。青岛、北京、宁波、上海和天津的得分较高，分别占据第 1 ~ 5 名，广州、石家庄、乌鲁木齐、济南和商洛紧随其后，分别占据第 6 ~ 10 名。后 10 名中，厦门，呼和浩特、哈尔滨的得分较低，为倒数 3 名，福州、杭州、成都、南昌、重庆、渭南和沈阳的居民主观得分情况也不够理想。值得注意的是，后 10 名中，省会城市占据了 8 席，究其原因在于省会城市是本省内主要的劳动力流入地，人口流入加大了城市社会治安管理的难度，使得城市治安管理效果不够理想，城市居民满意度较低。

---

① 习近平. 习近平出席中央政法工作会议并发表重要讲话: 坚持严格执法公正司法深化改革 促进社会公平正义保障人民安居乐业 [N]. 人民日报, 2014 - 01 - 09 (01).
② 李丽华. 坚持以人民安全为宗旨建设更高水平的平安中国 [N]. 人民日报, 2023 - 06 - 02 (09).

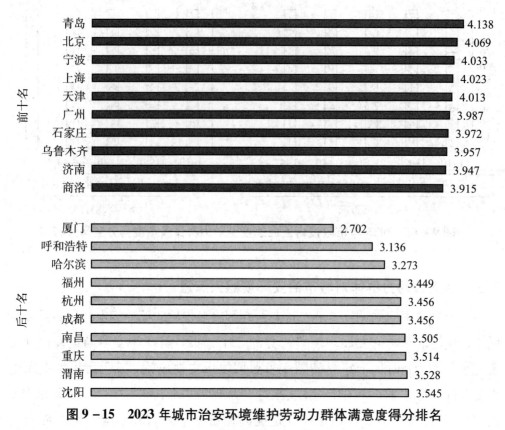

图 9 – 15　2023 年城市治安环境维护劳动力群体满意度得分排名

注：在 2023 年城市治安环境维护劳动力群体满意度得分排名中，排名倒数第 5 名和倒数第 6 名的杭州和成都指数保留 3 位小数后得分相同，为 3.078，四舍五入保留 4 位的指数为 3.4556 和 3.4559。

2023 年城市治安环境维护劳动力群体满意度如图 9 – 16 所示，在回收的有效问卷中，17.51% 的受访者对城市治安环境表示非常满意；42.91% 的受访者同意"城市治安环境良好，盗窃、暴力等犯罪事件少，安全感强"的观点；33.53% 的受访者对城市治安环境持中立态度；3.43% 的受访者不同意城市治安环境良好、犯罪事件少、安全感强；2.62% 的受访者非常不满意其城市的治安环境。相较于政府治理效能的其他三个层面，对于城市治安环境维护持满意态度的受访者占比较高，即大部分居民认为当前城市治安环境良好，城市生活安全感强，城市治安环境维护工作取得较大进展。

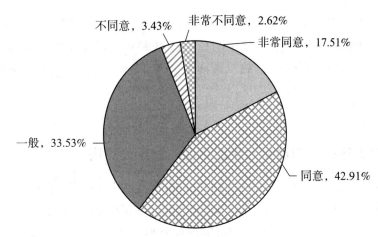

图 9 – 16　2023 年城市治安环境维护劳动力群体满意度分布

如图 9 – 17 所示,分别展示了不同方向上 2023 年城市治安环境维护劳动力群体满意度得分空间分布的占比情况。在东西方向上,并未呈现出明显的东西分布差异。具体来看,前 10 名中,东部城市占比 80%,西部城市占据剩余 20% 的席位;第 11 ~ 20 名中,西部城市占比 70%,东部、中部和东北地区城市则共同占到剩余的 30%;第 21 ~ 30 名中,东部城市和东北地区城市各占比 10%,中部城市和西部城市各占 40%;第 31 ~ 40 名中,东部城市占比 30%,西部城市占比 50%,中部城市和东北地区城市各占 10%;后 7 名中,东部城市和中部城市共占比 70% 左右。从南北方向上来看,南北方分布较为平均,但北方城市略优于南方城市。具体来看,前 10 名中,北方城市占比 60%,南方城市占比 40%;

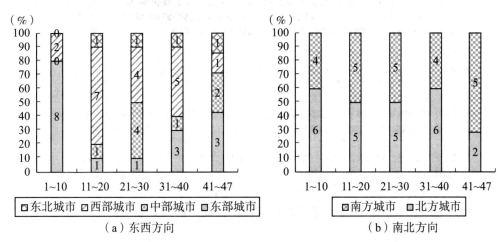

图 9 – 17　2023 年城市治安环境维护劳动力群体满意度得分空间分布

后 7 名中，北方城市仅占比 30% 左右，南方城市占比超过 70%。由此可见，在城市治安环境维护方面并未表现出明显的区域差异，但得分落后的城市应当积极贯彻落实"平安中国"建设的工作要求，建立起协同高效的社会治安防控工作体系，不断提高城市居民的安全感和幸福感。

（四）东部地区劳动力群体对生态环境的满意度更高

习近平总书记在 2023 年全国生态环境保护大会上强调要全面推进美丽中国建设，加快推进人与自然和谐共生的现代化[①]。保护生态环境是政府的重要职能之一，良好的生态环境是城市高质量发展的亮眼底色。图 9-18 展示出 2023 年城市生态环境保护劳动力群体满意度得分排名情况。前 10 名中，青岛、广州和昆明得分较高，位列前 3 名，石家庄、长春、商洛和上海分占第 4~7 名，宁波、南京和济南得分表现较佳，占据第 8~10 名。后 10 名依次为厦门、哈尔滨、呼和浩特、大连、渭南、咸阳、海口、新乡、沈阳和杭州。后 10 名中，沿海省份城市和内陆省份城市各占一半，表明各城市应当继续树牢绿色发展理念，夯实城市高质量发展的生态基础。

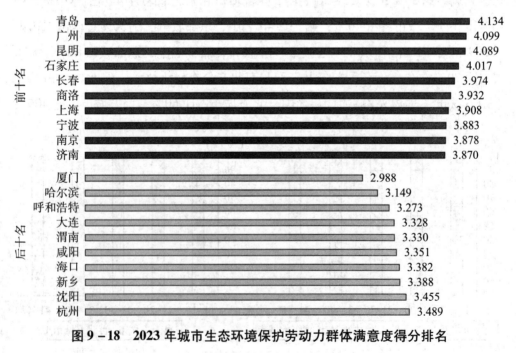

图 9-18 2023 年城市生态环境保护劳动力群体满意度得分排名

---

① 习近平. 以美丽中国建设全面推进人与自然和谐共生的现代化 [J]. 求是，2024 (1).

2023 年城市生态环境保护劳动力群体满意度如图 9 – 19 所示，在回收的有效问卷中，有 15.84% 的受访者非常同意城市生态环境治理良好，各类污染事件极少发生；35.49% 的受访者同意其城市生态环境良好；39.47% 的受访者认为城市生态环境保护治理程度一般；6.04% 的受访者不同意城市生态环境较好；3.16% 的受访者非常不同意城市生态环境治理良好的观点，认为城市生态环境保护及污染治理能力有待提高。超过半数的受访者对城市生态环境保护状况表示满意，表明当前污染防治攻坚战取得显著成效，绿色低碳的产业结构、生产方式和生活方式正在不断形成。城市应当继续因地制宜构建生态环境保护机制，以高质量生态环境支撑城市高质量发展。

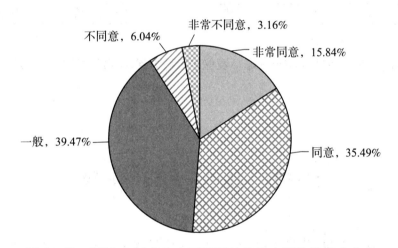

图 9 – 19 2023 年城市生态环境保护劳动力群体满意度分布

图 9 – 20 展示了 2023 年城市生态环境保护劳动力群体满意度得分空间分布的占比情况。在东西方向上，并未呈现出明显的东西差距，但东北地区城市得分表现不佳。前 10 名中，东部地区城市占比达到 70%，西部城市占据 20%；后 7 名中，东部城市、西部城市和东北部城市各占比达 30% 左右。在南北方向上，南方城市的生态环境保护居民满意度得分排名优于北方城市。具体来看，在前 20 名中，南方城市占比 60%，北方城市占比 40%；后 7 名中，北方城市占比超过 70%，南方城市占比在 30% 左右。北方城市应当汲取南方地区在生态环境保护与污染治理方面的宝贵经验，结合本地区发展的实际，通过增加财政投入、加快生态环境绿色创新成果转化、通过数字技术赋能生态环境治理等一系列方

式持续推进生态环境保护，提交一份人民满意的绿色答卷。

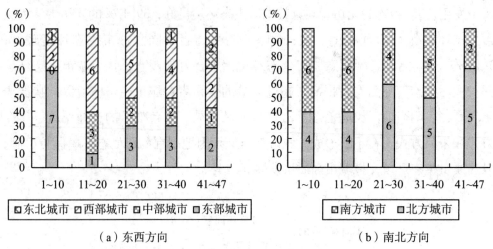

（a）东西方向　　　　　　　　　（b）南北方向

图 9 – 20　2023 年城市生态环境保护劳动力群体满意度得分空间分布

第三节　城市乐居环境质量

　　城，所以盛民也；民，乃城之本也。城市是人民生活的载体，打造宜居城市、营造乐居环境是满足人民对美好生活向往的逻辑延伸。习近平总书记在党的十八大后创造性提出了以人为核心的新型城镇化理念，他强调，城市的核心是人，关键是 12 个字：衣食住行、生老病死、安居乐业；强调做好城市工作的出发点和落脚点，就是要坚持以人民为中心的发展思想，让人民群众在城市生活得更方便、更舒心、更美好①。2020 年 11 月 12 日，习近平总书记在浦东开发开放 30 周年庆祝大会上指出"人民城市人民建、人民城市为人民。城市是人集中生活的地方，城市建设必须把让人民宜居安居放在首位，把最好的资源留给人民。"② 2024 年政府工作报告也提出了"打造宜居、智慧、韧性城市"等城市

---

① 习近平. 中央城市工作会议在北京举行 ［N］. 人民日报，2015 – 12 – 23（1）.
② 新华社. 习近平：在浦东开发开放 30 周年庆祝大会上的讲话 ［EB/OL］.（2020 – 11 – 12）［2024 – 08 – 05］. https：//www. gov. cn/xinwen/2020 – 11/12/content_5560869. htm.

工作理念①。劳动力人口是城市生产生活的主力军，是城市发展的主要建设者，对城市生活居住环境拥有更高的要求，提高城市乐居环境质量，就要围绕人民群众最关切的教育、医疗、交通、服务等问题，在基础设施上补短板、在城市服务上提质量、在城市功能上强配套，把最好的资源留给人民，把最好的服务供给人民。因此，本问卷从"教育环境""医疗环境""15 分钟生活圈建设""市政建设" 4 个方面出发考察城市劳动力居民对城市乐居环境质量的主观感受。

一、城市乐居环境质量总指数

（一）劳动力群体认为城市乐居环境质量有待提升

2023 年城市乐居环境质量劳动力群体满意度得分排名如图 9 - 21 所示，劳动力视域下，我国城市乐居环境质量居民满意度排名前 10 位的城市分别为青岛、广州、石家庄、上海、济南、长春、合肥、南京、北京和宁波。其中，青岛位居第 1 名，广州和石家庄依次紧随其后。厦门、汉中和商洛得分较低，处于最后 3 名，呼和浩特、渭南、新乡、深圳、哈尔滨、乌鲁木齐、西宁等城市也位列后 10 名当中。相较于其他城市，商洛和汉中的城市乐居环境质量居民满意度得分较低的原因可能在于，作为西部城市，它们在城市公共服务供给及城市基础设施建设方面还存在不足。厦门作为我国计划单列市，城市乐居环境质量得分却处于最后一名，其原因可能在于城市财政支出结构及城市房价水平、城市行业发展等宏观经济层面。

2023 年城市乐居环境质量劳动力群体满意度得分空间分布情况在东西方向上如图 9 - 22 所示，大体呈现"东高西低"的分布态势。具体来看，前 10 名中，东部城市占据 8 席，中部城市占据 1 席，东北部地区占据 1 席；前 20 名中，东部城市占据 9 席，中部城市占据 5 席，西部城市仅占据 4 席，东北部地区占据 2 席。后 17 名中，东部城市仅占据 3 席，中部城市占据 3 席，东北部地区占据 2 席，西部城市占据了 9 席。

---

① 李强 . 政府工作报告：2024 年 3 月 5 日在第十四届全国人民代表大会第二次会议上 ［N］. 人民日报，2024 - 07 - 13（01）.

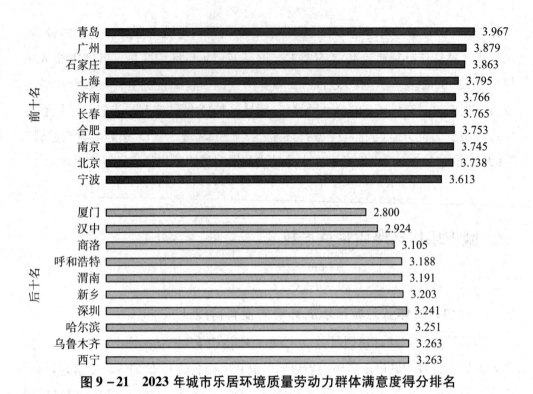

图9-21 2023年城市乐居环境质量劳动力群体满意度得分排名

注：在2023年城市乐居环境质量劳动力群体满意度得分排名中，排名倒数第9名和倒数第10名的乌鲁木齐和西宁指数保留3位小数后得分相同，为3.263，四舍五入保留4位的指数为3.2629和3.2634。

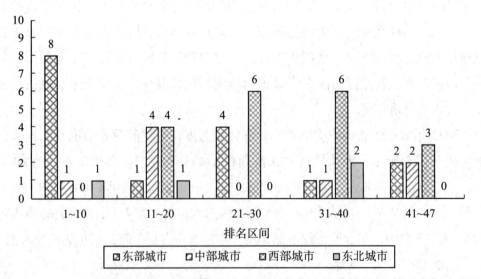

图9-22 2023年城市乐居环境质量劳动力群体满意度得分空间分布（东西方向）

2023 年城市乐居环境质量劳动力群体满意度得分空间分布在南北方向上如图 9 – 23 所示，南北方城市劳动力群体对于城市乐居环境的满意度得分并未呈现明显的趋势与不同，但南方城市以微弱的得分表现略优于北方城市。具体来看，在排名前 10 名的城市中，北方城市和南方城市分别占据了 5 席，在第 11 ~ 20 名中，北方城市仅占 3 席，南方城市占据了 7 席。在后 17 名当中，北方城市占据11 席，南方城市仅占据 6 席。

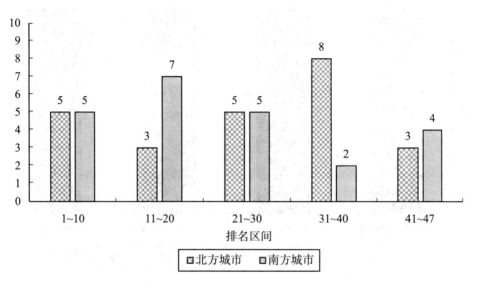

图 9 – 23　2023 年城市乐居环境质量劳动力群体满意度得分空间分布（南北方向）

（二）城市"15 分钟生活圈"建设和教育环境更受劳动力群体认可

具体来看，劳动力视域下城市乐居环境质量的 4 个方面，2023 年城市乐居环境质量劳动力群体满意度如图 9 – 24 所示，受访者对城市"15 分钟生活圈"建设的满意度最高，达到 49.49%，其中，非常同意人群占比 13.58%，同意人群占比 35.91%；其次，劳动力群体对城市教育环境的满意度为 44.79%，其中，非常同意人群占比 13.88%，同意人群占比 30.91%；对城市医疗环境的满意度为 44.49%，具体来看，非常同意人群占比 13.18%，同意人群占比 31.31%；对城市市政建设的满意度为 41.55%，其中，非常同意人群占比 12.83%，同意人群占比 28.72%，相对偏低。相应地，居民对城市市政建设的不满意度偏高，达到 19.75%，其中，不同意人群占比 12.97%，非常不同意人群占比 6.78%；对城市教育环境、城市医疗环境、城市"15 分钟生活圈"建设的不满意度分别为

12.80%、13.73%和12.90%。综合来看，城市劳动力群体对于城市教育环境、城市医疗环境和城市"15分钟生活圈"建设发展的满意度相对较高，对于城市市政建设的满意度较低，城市市政建设不仅关系到城市形象，更直接影响到居民的日常出行，下一步城市应当建管并举，补齐短板，全面推进市政基础设施建设，持续提升城市功能品质。

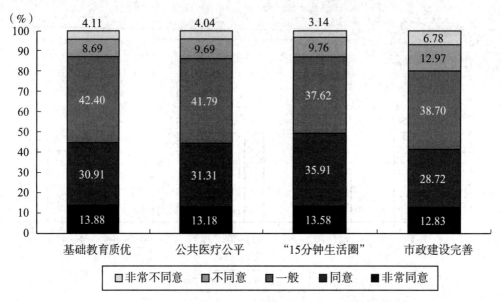

图 9 – 24　2023 年城市乐居环境质量各维度的劳动力群体满意度分布

二、城市乐居环境质量分指标

（一）近半数劳动力群体认为城市教育环境亟须优化

城市基础教育发展水平，是体现教育公平、彰显教育为民的最直接、最现实的实践落脚点，既是城市发展的现实基础和名片，也是城市软实力的重要体现。劳动力群体往往承担着教育子女的责任，劳动力视域下，解决家长"急难愁盼"的教育问题、满足学生多样化的发展需求、提高居民教育获得感和幸福感，是教育强市的需要，也是城市高质量发展的重要动能。2023 年城市教育环境劳动力群体满意度得分排名如图 9 – 25 所示。排位前 10 名的城市依次为青岛、广州、石家庄、合肥、长春、上海、济南、北京、南京和贵阳。厦门、汉中和商洛的城市教育环境居民满意度得分较低，位于后 3 名。相比来看，前 10 名中，省会城市占据 9 席，后 10 名中，非省会城市占据 7 席，呈现出一定的"行政等级偏向"特征，由此可见，省会城市劳动力群体对教育发展的满意度更高，非省会城市提高居民对基础教育的满意度较低，城市基础教育的发展仍任重道远。

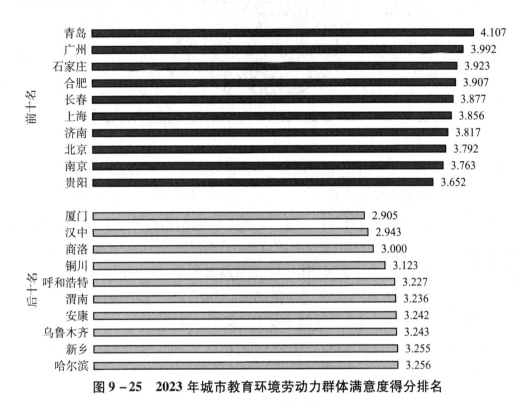

图 9 - 25　2023 年城市教育环境劳动力群体满意度得分排名

2023 年城市教育环境劳动力群体满意度如图 9 - 26 所示，在回收的有效问卷中，13.89% 的受访者非常同意城市基础教育优质高效，城市教育环境优良；30.91% 的受访者同意其城市基础教育发展水平较高；42.40% 的受访者认为其城市基础教育水平较为一般；8.69% 的受访者不同意其城市基础教育的发展满足公平、高质量的发展需求；剩余 4.11% 的受访者则对其城市基础教育发展的现状表示非常不满。由此可见，作为城市重要的劳动力群体，在 35 ~ 65 岁年龄阶段的居民中，仍有相当一部分人口对于其城市基础教育发展现状的满意度不高，表明目前我国城市基础教育发展仍存在较大的提高空间，仍需不断优化基础教育结构，强力补齐教育短板，在提升基础教育高质量发展内涵上提质增效。

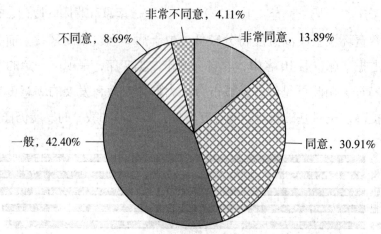

图9-26 2023年城市教育环境劳动力群体满意度分布

图9-27展示了不同方向上2023年城市教育环境劳动力群体满意度得分空间分布的占比情况。从东西方向来看，东部地区居民教育满意度相对较高，中部地区次之，西部地区较低。具体来看，居民满意度得分为前10名的城市中，东部地区占比达七成，在排位后7名的城市中，西部地区占比达七成。从南北方向来看，得分排名前10名的城市中，南北方城市各占比50%，前20名的城市中，南方城市占比55%，北方城市占比45%，后7名中，北方城市占比43%左右，南方城市占比57%左右，整体来说相差较小。由以上分析可得，我国东部和南部城市居民教育满意度较高，中西部地区及北方地区城市基础教育发展水平仍有待提高。

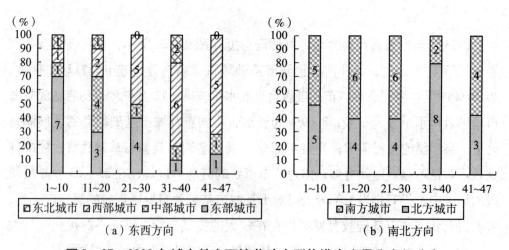

图9-27 2023年城市教育环境劳动力群体满意度得分空间分布

（二）东部地区医疗环境更受劳动力群体青睐

《"健康中国 2030"规划纲要》提出强化覆盖全民的公共卫生服务、提供优质高效的医疗服务[①]。公平、便捷、高水平的公共医疗是满足城市居民高效就医需求的重要保障。持续提高的医疗卫生服务水平能够为城市高质量发展保驾护航。2023 年城市医疗环境劳动力群体满意度得分排名如图 9 - 28 所示。青岛、广州和合肥分别位列第 1、2、3 名，长春、上海、北京、石家庄、济南、南京和长沙占据第 4 ~ 10 名。后 10 名中，厦门、商洛和汉中得分较低，位列倒数 3 名。前 10 名中，省会城市占据 9 席，后 10 名中非省会城市占据 7 席，由此可见，当前优质的医疗卫生资源多集中在省会城市，非省会城市居民对于城市医疗服务能力和就医体验的满意度较低。尤其作为城市的劳动力人口，35 ~ 65 岁的劳动力群体在家庭中承担着向上赡养老人，向下抚养子女的重要义务，对于

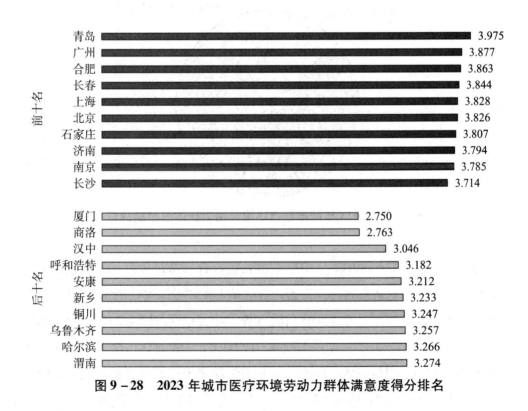

图 9 - 28　2023 年城市医疗环境劳动力群体满意度得分排名

---

① 中共中央，国务院."健康中国 2030"规划纲要 ［N］.人民日报，2016 - 10 - 26（01）.

城市医疗卫生服务的公平性和便利性要求较高，因此在城市高质量发展进程中，非省会城市更应特别注意强化医疗卫生领域的组织领导，优化就医流程，加强服务内涵建设，持续提升医疗服务能力，着力提高城市居民的就医满意度和获得感。

2023 年城市医疗环境劳动力群体满意度如图 9 – 29 所示，在回收的有效问卷中，13.18% 的受访者非常同意在其所在城市能享受到公平、便捷、高水平的公共医疗；31.31% 的受访者同意其城市公共医疗较为公平便捷；41.79% 的受访者认为其所在城市公共医疗发展水平一般；9.69% 的受访者不同意城市公共医疗的发展公平高效；4.03% 的受访者非常不同意其城市公共医疗的发展可以满足其便捷高效就医的需求。由此可见，超过一半的受访者认为城市公共医疗的发展仍存在较大的提升空间。

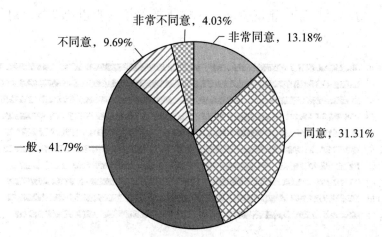

图 9 – 29　2023 年城市医疗环境劳动力群体满意度分布

图 9 – 30 展示了不同方向上 2023 年城市医疗环境劳动力群体满意度得分空间分布的占比情况。从东西方向来看，存在明显的"东—中—东北—西"梯度递减分布格局，前 10 名中东部地区占比 70%，中部地区占比达 20%，剩余 10% 为东北部地区城市；后 17 名中西部地区占比 60%，中部地区占比 12%，东部地区占比 24% 左右。即东部地区居民对于城市医疗环境的满意度相对更高，中部地区和东北部地区次之，西部地区较低。从南北方向来看，在前 10 名中，南方城市和北方城市各占比 50%，前 20 名中，南方城市占比 60%，北方城市占比 40%，即南北地区城市居民对于城市医疗环境的满意度相差较小。总的来看，

我国东部地区城市医疗环境水平相对较高，中西部地区城市医疗环境水平仍有待加强。

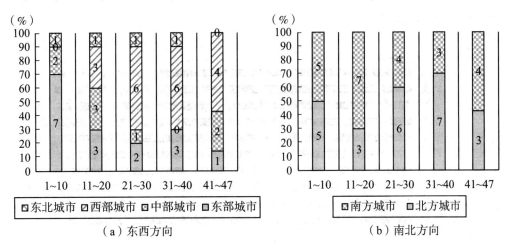

图9-30　2023年城市医疗环境劳动力群体满意度得分空间分布

（三）近半数劳动力群体认可城市"15分钟生活圈"建设

社区是城市发展的基础和重心，美好生活社区应该充满烟火气、生活味。劳动力群体需要承担更多的家庭责任，对于社区配套设施拥有更加丰富多元的诉求，如买菜购物、幼托设施、文体设施等。《"十四五"城乡社区服务体系建设规划》中指出，要不断增加城乡社区服务供给，强化社区的为民服务功能、便民服务功能和安民服务功能，不断满足人民群众对更高生活品质新期待[①]。2023年城市"15分钟生活圈"建设劳动力群体满意度得分排名如图9-31所示[②]。排名前10位的城市依次为昆明、济南、上海、安康、石家庄、青岛、合肥、长春、广州和北京，排名倒数10名的城市依次为厦门、呼和浩特、杭州、深圳、哈尔滨、大连、重庆、西宁、海口和南宁。较为意外的是，深圳和杭州作为经济发展体量较为靠前的城市，劳动力群体对城市"15分钟生活圈"建设的满意度排名却位居后10名当中且分别为倒数第4名和倒数第3名。由此可见，

---

① 国务院."十四五"城乡社区服务体系建设规划［EB/OL］.（2021-12-27）［2024-08-05］.民政部，https：//www.mca.gov.cn/gdnps/mobile/content.jsp？id=116816.

② 在2023年城市"15分钟生活圈"建设劳动力群体满意度得分排名中，排名第5、第6和第7位的石家庄、青岛和合肥指数保留3位小数后得分相同，为3.775，四舍五入保留4位的指数为3.7752、3.7750和3.7747。

作为两大外来劳动力流入城市，深圳和杭州在城市"15 分钟生活圈"建设方面未能有效整合和分配资源，未来应着力提高城市"15 分钟生活圈"供给质量，提高劳动力群体在社区生活当中的幸福感，把一刻钟便民生活服务圈打造成社区居民的"幸福圈"。

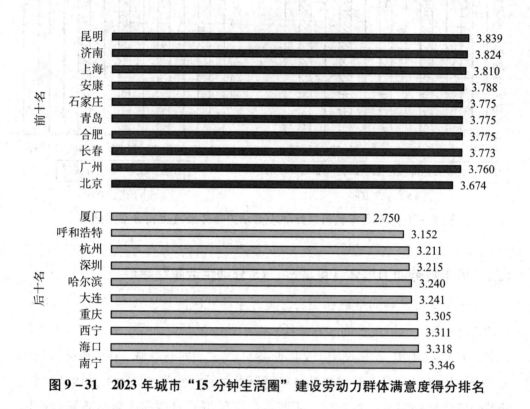

图 9 - 31　2023 年城市"15 分钟生活圈"建设劳动力群体满意度得分排名

2023 年城市"15 分钟生活圈"建设的劳动力群体满意度如图 9 - 32 所示，在回收的有效问卷中，13.58% 的受访者非常同意在该城市的居住地步行 15 分钟范围内，教育、医疗、商场等生活基础服务设施齐全；35.91% 的受访者同意城市社区服务及设施完备齐全；37.62% 的受访者认为城市"15 分钟生活圈"建设水平一般，在居住地步行 15 分钟范围内，教育、医疗、商场等生活基础服务设施并非十分齐全；9.76% 的受访者并不同意在居住地步行 15 分钟范围内，教育、医疗、商场等生活基础服务设施齐全完备；3.13% 的受访者非常不满意城市"15 分钟生活圈"建设水平。由此可见，近乎半数的受访者对于城市"15 分钟生活圈"建设水平表示满意，但仍有半数的受访者认为城市"15 分钟生活圈"建设水平存在较大的提升空间。

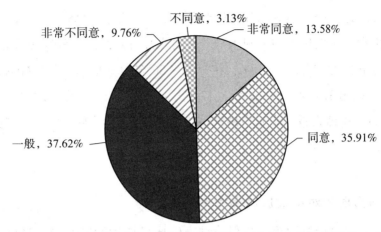

图 9-32　2023 年城市"15 分钟生活圈"建设劳动力群体满意度分布

图 9-33 展示了不同方向上 2023 年城市"15 分钟生活圈"建设的劳动力群体满意度得分空间分布的占比情况。从东西方向上来看，排位前 10 名的城市中，东部地区占 60%，中部地区占 10%，西部地区占 20%，东北部地区占 10%；排位 11~20 名的城市中，东部地区占 30%，中部地区占 20%，西部地区占 50%；排位 21~30 名的城市中，中部地区占 20%，西部地区占 70%，东北部地区占 10%。后 7 名中，东部城市占比接近 45%，西部城市占比接近 30%，中部城市和东北部城市各占 15% 左右。即东部城市在前 10 名和后 7 名中均占据较大比重，城市"15 分钟生活圈"建设的居民满意度存在一定的两极分化，中部地区

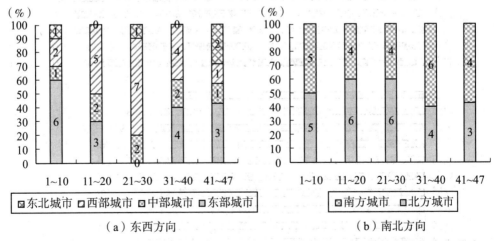

图 9-33　2023 年城市"15 分钟生活圈"建设劳动力群体满意度得分空间分布

城市居民满意度得分在各区间分布较为平均，西部城市"15分钟生活圈"建设居民满意度得分主要集中在中间水平。从南北方向来看，排名前10位的城市中，南方城市和北方城市各占比50%；在第11~30名中，北方城市占60%，南方城市占40%；在第31~40名和第41~47名中，北方城市占40%左右，南方城市占60%左右，整体来看，南北方地区城市"15分钟生活圈"建设的居民满意度相差不大。

（四）劳动力群体对市政建设满意度不高

城市市政基础设施建设，是保障城市健康可持续发展的硬件基础，同时也是提升城市服务功能的"利器"。市政基础设施建设的不断完善是城市品质、经济发展、民生福祉的集中体现，能为群众提供更加便捷舒适的生活环境，关系群众切身利益，是体现城市惠民、便民、利民水平的重要名片。2023年城市市政建设劳动力群体满意度得分排名如图9-34所示。排名前10位的城市中，青岛、石家庄和广州分别占据第1、2、3名，上海位列第5名，北京位列第6名。排位倒数第10名的城市依次为汉中、厦门、渭南、新乡、沈阳、咸阳、安康、宝鸡、

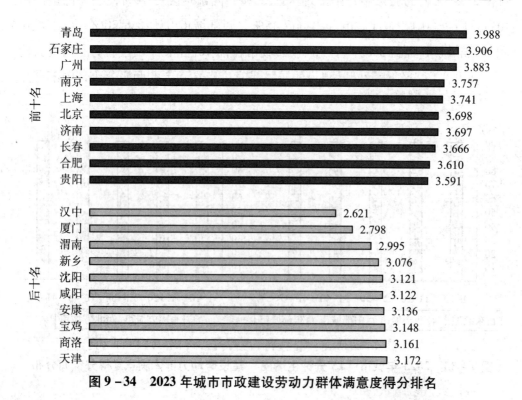

图9-34 2023年城市市政建设劳动力群体满意度得分排名

商洛和天津。排名前 10 位的城市中，省会城市占据了 9 席，表明省会城市居民对于城市市政建设水平较为满意。后 10 名中非省会城市占据 8 席之多，反映出非省会城市市政建设水平仍需不断提高，在城市发展中政府应加大对于市政基础设施建设的财政资金投入，有效整合社会资源，打通堵点，接通断点，推动市政基础设施建设持续发力。

2023 年城市市政建设劳动力群体满意度如图 9 – 35 所示，12.83% 的受访者非常同意城市排水设施和交通基础设施等市政设施建设水平较高；28.72% 的受访者同意城市市政建设水平较高；38.70% 的受访者认为目前其所在城市市政建设水平一般；12.97% 的受访者不同意城市排水系统完善、交通系统便利友好；6.78% 的受访者非常不同意当前其城市排水系统和交通系统完备。由此可见，与城市教育环境、城市医疗环境和城市 "15 分钟生活圈" 建设等问题相比，城市居民对于城市市政建设的满意度较低，表明市政建设可能是城市高质量发展过程中的短板，政府及相关部门在城市建设过程中需多加注意。

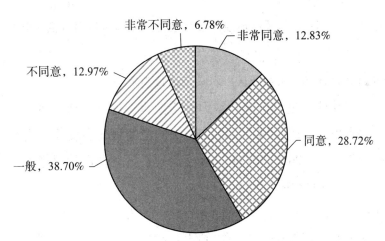

图 9 – 35　2023 年城市市政建设劳动力群体满意度分布

图 9 – 36 展示了不同方向上 2023 年城市市政建设劳动力群体满意度得分空间分布的占比情况。从东西方向来看，大体呈现 "东—中—西" 的梯度递减分布格局。排名前 10 名的城市中，东部城市占比高达 70%，中部城市、西部城市和东北部城市各占比 10%；排名后 7 名的城市中，东部、中部和东北地区城市各占不到 15% 的比重，西部城市占比接近 60%，即东部地区城市市政建设水平

相对较高，居民的满意度较高，中西部地区则仍有待提高。从南北方向来看，在前20名中，南方城市占比65%，北方城市占比35%，后17名中，北方城市占比略高于南方城市，即南方地区城市的市政建设居民满意度较高，北方地区应积极采取措施不断提高其市政基础设施建设水平。

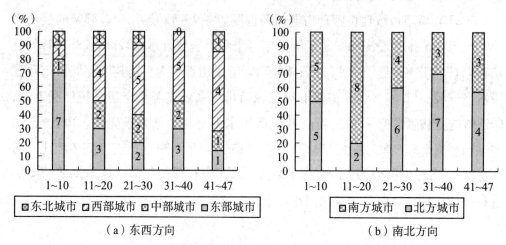

图9-36　2023年城市市政建设劳动力群体满意度得分空间分布

1. 劳动力群体视域下东部地区排水设施建设领跑全国

城市排水设施建设是有效应对暴雨洪涝灾害、提高城市排水防涝能力、加速城市排水事业发展、改善城市环境、适应城市经济社会发展需要和人民幸福生活需要的重要环节。2023年城市排水设施建设劳动力群体满意度得分排名如图9-37所示。前10名中，青岛、广州、石家庄位列前3名，南京、长春、济南占据第4~6名，上海、贵阳、北京和拉萨分别为第7、8、9、10名。后10名中，汉中、渭南和厦门得分较低，位列倒数3名，天津、福州、沈阳、深圳和咸阳位列倒数第5~10名。渭南和汉中的城市排水设施建设居民满意度得分排名较为靠后的原因可能在于，二者作为西部内陆城市，极端气象、洪涝灾害发生频次较低，相关部门在早期进行城市建设规划时并未将排水排涝设施作为建设重点。但近年来，两市已相继积极采取措施完善排水系统，例如，2020年，渭南市发布《渭南市城市排水管理办法》以加强城市排水管理；在汉中市2023年重点建设项目计划表中，共47个城镇基础设施提升行动，其中，城区排涝工程项目占5项。厦门市位于东南沿海地区，为海湾型城市，城市跨岛发展，人均建设用地指标紧张，增加了城市排水设施建设的难度。但厦门市也十分重视城市排水系统的完善与发展，出台《厦门市排水（雨水）防涝专项规划（2020～2035年)》加强城市排水防涝基础设施建设，提升新建城区内涝灾害防治水平，提高城市抗风险能力和城市韧性。

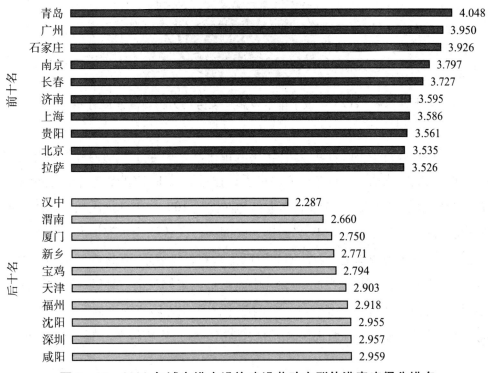

图 9 - 37　2023 年城市排水设施建设劳动力群体满意度得分排名

2023 年城市排水设施建设劳动力群体满意度如图 9 - 38 所示，在回收的有效问卷中，有 11.63% 的受访者非常同意其城市排水系统完善，即使暴雨也不会出现内涝；22.27% 的受访者同意城市排水设施完备，可有效解决城市排水问题；有 37.88% 的受访者认为当前城市排水设施建设水平一般；有 18.47% 的受访者并不同意城市排水系统完备；9.75% 的受访者则非常不同意城市排水设施可以有效缓解城市内涝，这一比例接近 10%。由此可见，城市排水设施建设水平并未能有效满足城市居民的需要，仍需政府加大规划与建设投资，建成更加完备的城市排水系统，推进海绵城市建设。

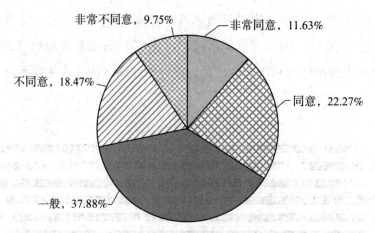

图 9 – 38　2023 年城市排水设施建设劳动力群体满意度分布

图 9 – 39 展示了不同方向上 2023 年城市排水设施建设劳动力群体满意度得分空间分布的占比情况。从东西方向来看，在排名前 10 名的城市中，东部地区占比 70%，西部地区占比 20%，东北部地区占比 10%。中部地区城市排水设施建设得分排名分散在第 11～47 名的排名区间内。大致认为东部地区城市排水设施建设水平高于中西部地区。从南北方向上来看，排名前 20 位的城市中，南方地区占比 70%，北方地区占比 30%。由此可见，东部和南方地区城市居民对于城市排水设施建设的满意度较高，中西部地区和北方城市居民对于城市排水设施建设的满意度较低。中西部地区、北方地区的城市应积极学习东部地区及南部

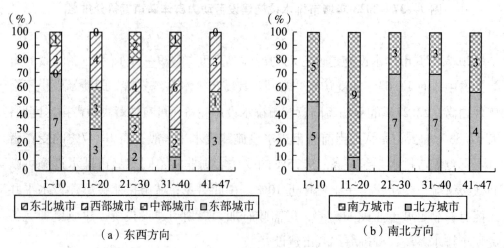

图 9 – 39　2023 年城市排水设施建设劳动力群体满意度得分空间分布

地区城市关于城市排水设施建设和管理的经验，在结合本地区城市发展实际的基础上，因地制宜地发展城市排水事业，提高城市排水设施建设水平，为城市居民的生命财产安全保驾护航。

2. 劳动力群体视域下东部地区交通便利性更好

2023 年 5 月 10 日，习近平总书记在河北雄安新区考察时说："交通是现代城市的血脉。血脉畅通，城市才能健康发展。"[①] 大道通衢民心畅，路之变与城之变互为映照，成为城市发展的鲜明注脚。建设高质量交通基础设施是城市高质量发展的重要内容，是经济社会发展的先行官、主抓手。城市劳动力群体拥有更加多样化、多层次、个性化的交通出行需求，交通通勤需求大，因此劳动力视域下，城市交通基础设施居民满意度更能反映出城市交通基础设施建设水平。2023 年城市交通基础设施建设劳动力群体满意度得分排名如图 9－40 所示。排名前 10 位的城市依次为青岛、上海、石家庄、北京、宁波、广州、济南、昆明、合肥和南京。排名后 10 位的城市依次为厦门、汉中、呼和浩特、安康、

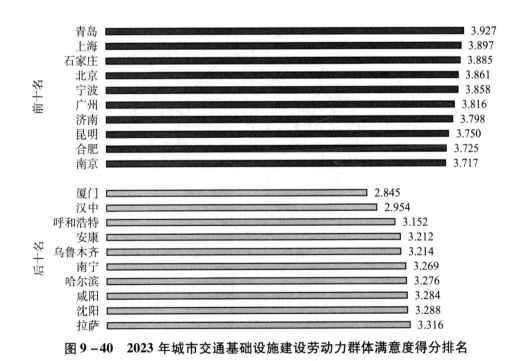

图 9－40　2023 年城市交通基础设施建设劳动力群体满意度得分排名

---

① 新华社. 习近平总书记 2023 年 5 月 10 日在河北雄安新区考察并主持召开高标准高质量推进雄安新区建设座谈会时的讲话［EB/OL］.（2023－05－10）［2024－08－05］. https://www.gov.cn/yaowen/2023－05/10/content_5754808. htm.

乌鲁木齐、南宁、哈尔滨、咸阳、沈阳和拉萨,其中,厦门、汉中和呼和浩特得分较低,为倒数 3 名。前 10 名的城市中省会城市占据 8 席,表明当前省会城市交通基础设施建设水平较高,城市居民对于城市道路建设、城市交通体系等的满意度较高。排名后 10 位的城市多为东北、西北和西南地区城市,交通基础设施建设水平相对较低,需进一步改进和提高。

2023 年城市交通基础设施建设劳动力群体满意度如图 9 – 41 所示,在回收的有效问卷中,有 14.04% 的受访者非常同意城市交通系统完善、便利、友好,包括公共交通、非机动车道和人行通道等;35.17% 的受访者对于城市拥有便利友好的交通基础设施系统的观点表示同意;有 39.51% 的受访者认为当前城市交通基础设施建设水平较为一般;分别有 7.47% 和 3.81% 的受访者不同意和非常不同意城市交通基础设施完备便利的观点。由此可见,当前城市交通基础设施的发展已经能够满足大多数居民的日常出行需求,但仍可以采取措施加以优化。

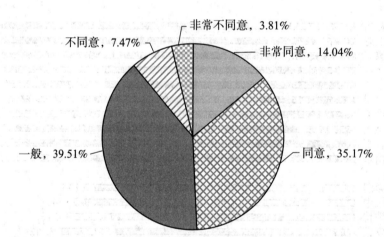

图 9 – 41　2023 年城市交通基础设施建设劳动力群体满意度分布

图 9 – 42 展示了不同方向上 2023 年城市交通基础设施建设劳动力群体满意度得分空间分布的占比情况。从东西方向来看,排名前 10 位的城市中,东部地区占比 80%,中部地区和西部地区各占比 10%。在后 17 名中,东部城市和中部城市各占 3 席,东北部城市占据 2 席,其余 9 名都为西部城市。可见东部地区城市居民对于交通基础设施满意度高于中西部和东北部城市。从南北方向来看,前 10 名中,北方城市占比 40%,南方城市占比 60%,在 11 ~ 30 名的城市当中,

南北方城市分占 10 席。后 17 名中，北方城市占比略高于南方城市。表明当前我国南北方地区城市交通基础设施建设水平差距较小。

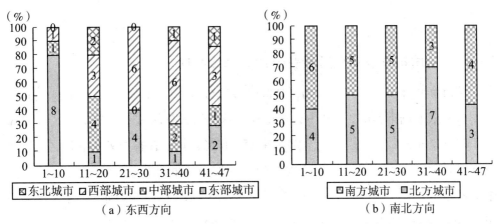

图 9–42　2023 年城市交通基础设施建设劳动力群体满意度得分空间分布

第四节　城市宜业环境质量

习近平总书记指出："推进城市治理，根本目的是提升人民群众获得感、幸福感、安全感。"[①] 党的二十大报告也进一步提出，"坚持人民城市人民建、人民城市为人民"[②]。城市的核心是人，是广大市民。安居和乐业都是民生，关系到城镇化、现代化的质量，都要在激活城市建设这个现代化建设的重要引擎中维护好实现好，在建设和谐宜居、富有活力、各具特色的现代化城市中解决好发展好。因此，本报告从城市就业机会、收入支出比、消费频率、品牌多样性和文化氛围五个方面来考察城市劳动力群体对所居住城市宜业环境质量的主观满意度。

---

① 习近平. 在浦东开发 30 周年庆祝大会上的讲话［M］. 北京：人民出版社，2020：15.
② 习近平. 高举中国特色社会主义伟大旗帜为全面建设社会主义现代化国家而团结奋斗——在中国共产党第二十次全国代表大会上的报告［J］. 中国人大，2022（21）：6–21.

一、城市宜业环境质量总指数

（一）省会城市宜业环境质量获劳动力群体好评

城市宜业环境质量的劳动力群体满意度得分前10名如图9-43所示，青岛、广州和南京占据排名前3，其中，青岛和广州的得分均超过了3.80；长春、石家庄和北京紧随其后，分别位列全国第4、5、6名，其中长春位列东北地区城市宜业环境质量榜首；贵阳和昆明分别位列西部城市宜业环境质量劳动力满意度的第1名和第2名，全国排名分别为第7名和第8名；上海则位列全国第9名。后10名中，商洛和汉中分别排在倒数第1名和倒数第2名，劳动力满意度得分依次为2.651和2.653，得分相较前10名拉出了1分的差距；从城市行政等级来看，后10名中非省会城市占了9席，仅倒数第10名西宁为青海省省会城市，由此可见，城市行政等级高的城市其宜业环境质量表现相对更好。

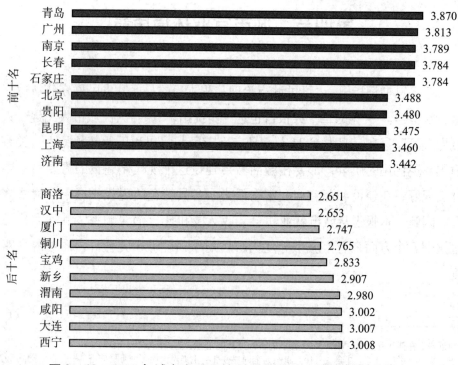

图9-43 2023年城市宜业环境质量的劳动力满意度得分排名

青岛作为中国东部沿海的重要经济中心之一，其劳动力群体的宜业环境主观得分最高，背后的原因是多方面的。一是青岛拥有强大的产业基础。在电子信息、家电制造、化工、船舶制造和海洋经济等领域均存有优势，特别是在海洋经济方面，青岛得天独厚、海洋资源丰富，推动了创新和产业链的快速发展。二是青岛近年来政策持续利好。在吸引人才方面，青岛政府推出了多项引才政策，包括"青岛英才计划"等，旨在为各类高层次人才提供住房、资金以及落户等全方位保障；同时，青岛大力推行创新驱动战略，涵盖科技成果转化、创新投入、创新管理、科技引领产业等多个方面，为城市科技创新和高质量发展提供了有力支撑。三是生活环境宜居。青岛依山傍海，气候温和，生态优美，适宜居住和生活，并且城市基础设施完善，整体生活质量较高，这为提高城市宜业环境奠定了良好的基础。

后 10 名中，陕西省南部地区三个地级市全部入选，商洛和汉中排在倒数第 1 名和倒数第 2 名，渭南排在倒数第 7 名。总体来看，陕南三市宜业环境质量相对滞后的原因主要有以下三点：一是三市经济基础相对薄弱，产业结构以传统农业和资源型产业为主，以现代服务业为代表的第三产业发展十分滞后；二是陕南地区地形复杂，交通和通信等基础设施相对落后，降低了整体就业环境的吸引力；三是陕南地区作为全中国的生态功能区，在严格的生态保护政策下，大规模的工业化、城市化发展受限，经济增长动能不足、就业岗位有限。因此，未来需要通过政策扶持、产业转型升级、加大基础设施建设和教育投资等多方面共同改善三市的宜业环境质量。

如图 9 - 44 所示，东西方向上，2023 年城市宜业环境质量的劳动力满意度得分呈现"东高西低"的分布格局，排名由前至后东部城市所占比例逐渐下降，而西部城市所占比例相应上升，中部城市比例先上升、后下降，排名区间相对集中在 21～30，东北地区城市间差异较大，分布较为分散。具体来看，前 10 名中，东部城市的占比高达 70%，而西部城市在后 7 名中的占比则高达 71%，东部城市的宜业环境劳动力满意度更高。

东部地区宜业环境劳动力群体更为满意的原因在于经济基础、产业集群、政策扶持、人才优势和区域协同发展等多方面的综合作用。东部地区作为全国经济最发达的区域，不仅拥有完备的工业体系和现代服务业集群，就业机会丰富、劳动力群体收入高，而且交通网络发达、城市功能齐全、公共服务优质，城市基础设施十分完善。同时，凭借着得天独厚的自然条件和优越的地理位置，东部地区获得了对外开放先发优势并发挥了外资企业集群效应，现如今，营商环境和市场机制相比其他地区来说十分成熟，为劳动力群体提供了广阔的发展机会。此外，东部地区还进一步发挥了区域协同效应，长三角、珠三角和京津冀等城市群经济一体化协同发展，区域内产业链上下游紧密连接，提升了整个地区的经济活力和资源配置效率，为企业提供稳定的供应链保障发展支持，为劳动力群体提供了无限的发展空间。

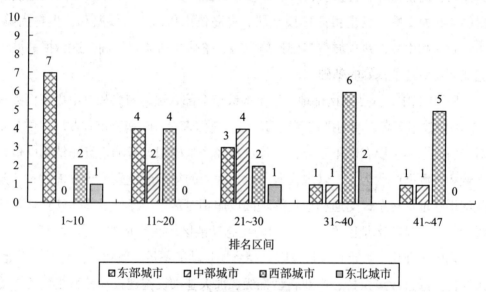

图 9 - 44　2023 年城市宜业环境质量的劳动力满意度得分空间分布（东西方向）

如图 9 - 45 所示，南北方向上，南方城市宜业环境质量的劳动力满意度得分稍优于北方城市。具体来看，南北城市在前 10 名和后 7 名中的占比较为均匀，而在 11 ~ 40 的排名区间中，南方城市的排名分布相比北方城市相对靠前，在一定程度上与南方经济基础更好、政策环境更为宽松高度相关。南方地区经济发展水平高、现代制造业和服务业高度发达、外向型经济十分活跃，因此劳动群体就业机会更多、收入更高。此外，在国家政策倾斜下，南方地区在改革开放中先行先试，积累了大量先进技术和管理经验，在当今城市更加优惠的政策支持下，为企业发展和劳动者创造了更优的宜业环境。

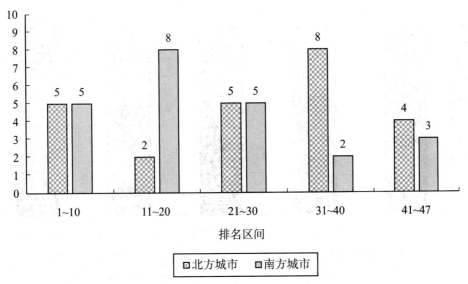

图 9 – 45 2023 年城市宜业环境质量的劳动力满意度得分空间分布（南北方向）

（二）劳动群体消费频率高、城市文化氛围浓厚受认可

城市宜业环境质量具体五个维度的劳动力满意度如图 9 – 46 所示，受访者对城市消费频率活跃的满意度最高（将受访者的外出消费次数从低到高相应转化为非常不同意、不同意、一般、同意和非常同意），达到了 65.26%，其中，非常同意人群占比 15.71%，同意人群占比 49.55%；对"城市消费品牌多样性能够满足购物需求"的综合满意度为 53.72%，非常同意人群占比 15.24%，而同意占比达 38.48%，排名第 2 位；对"城市中的艺术展览、演唱会和影剧表演等能满足文化消费需求"的满意度为 41.76%，排名第 3 位，以上均表明城市发展的活力在不断增强，居民消费娱乐活动大大丰富。值得注意的是，劳动力群体对"城市就业机会丰富、选择多样"的满意度为 41.71%，具体来看，非常同意人群占比 17.15%、同意人群占比 24.56%，不满意度仅为 12.31%，但对"收入能够满足城市购房、教育、医疗和日常生活等各项支出，不会有太大压力"的满意度仅为 27.4%，其中，非常同意人群仅占比 10.96%，同意人群占比 16.44%，而不满意度则高达 37.26%，高出了近 10%，且生活压力大是城市宜业水平中劳动力群体主观不满意度最高的，这表明打造宜业城市还需进一步夯实"富裕"底盘，从而不断提高劳动力群体的幸福感和获得感。

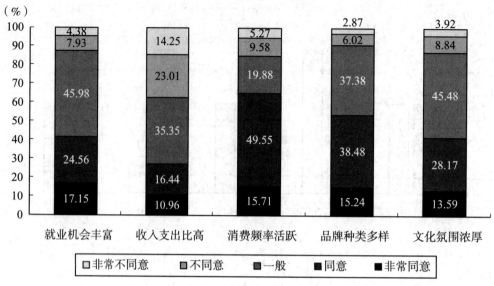

图 9-46　2023 年城市宜业环境质量各维度的劳动力满意度

二、城市宜业环境质量分指标

（一）劳动力心仪就业地：东部地区城市更具优势

就业是发展之基，财富之源，是劳动者赖以生存和发展的基础、共享经济发展成果的基本条件，是最基本的民生，关系到亿万劳动者及其家庭的切身利益。城市就业机会是否丰富多样是实现高质量充分就业的关键前提。因此，本报告重点考察了劳动力群体对城市就业机会是否丰富的满意度。如图 9-47 所示，青岛、北京和广州位列前 3 名，南京、上海依次排在全国第 4、第 6 名，长春则位列东北地区城市就业劳动力满意度榜首，在全国排第 8 名，而昆明是西部地区城市就业劳动力满意度第 1 名，位列全国第 10 名。后 10 名中，陕西省地级市占 5 席，东北地区城市占 3 席，由此可见，城市就业机会是否丰富与经济发展紧密相关，城市经济发展好的城市其就业机会要更丰富、多样。

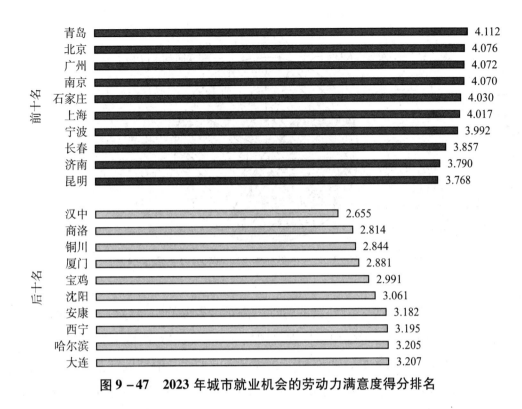

图 9 - 47　2023 年城市就业机会的劳动力满意度得分排名

青岛、北京和广州三座城市位列劳动者就业机会满意度前 3 名，三座城市的首要共性就是经济发展水平较高、经济实力相对更强。北京作为我国的首都，拥有众多大型国企、外企和高科技企业，尤其在互联网、金融和传媒行业就业机会丰富；广州作为我国重要的经济中心、贸易枢纽和对外开放的前沿阵地，制造业基础强大、现代服务业发展十分成熟，且近年来电子商务、高科技产业等新兴产业发展迅速；青岛是我国东部沿海重要的开放城市，拥有强大的制造业和海洋经济基础，物流和贸易等相关产业发展迅速，提供了丰富的就业岗位。此外，三座城市人口相对密集、消费市场规模庞大，为零售、服务业等相关行业就业提供了广阔的空间。

图 9 - 48 为 2023 年就业机会的劳动力满意度情况，接近一半的劳动者对城市就业机会丰富的选择为"一般"，表示赞同的比例为 41.71%，具体来看，非常同意群体占比 17.15%、同意群体占比 24.56%，不同意的比例仅为 12.31%，表明我国城市劳动群体对城市所提供的就业机会的丰富性和多样性整体上表示满意。

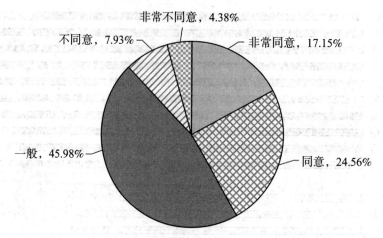

图 9 - 48　2023 年城市就业机会的劳动力满意度分布

图 9 - 49 为 2023 年就业机会的劳动力满意度得分的空间分布。从东西方向来看，城市就业机会丰富性和多样性呈现较为显著的"东高西低"格局，在前 10 名中，东部城市占 8 席，西部和东北城市各占 1 席，中部城市未上榜；而在后 7 名中，西部城市占 5 席、东部和东北城市各仅占 1 席，中部城市未上榜，以上表明东部、东北和西部城市中均存在"领头羊"城市，只不过东部城市相比西部城市排名更为靠前，中部城市分布相对平均，区域内对城市就业机会的满意度相差不大，东北城市分布较为分散，劳动者主观感受差异较大。南北方向上，南方城市稍优于北方城市，在前 10 名和后 7 名的占比均势均力敌，而在 11 ~ 40 的排名区间中，南方城市相对更为靠前。

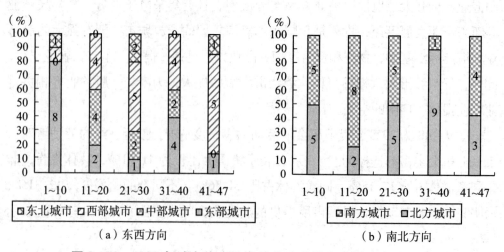

（a）东西方向　　　　　　　　（b）南北方向

图 9 - 49　2023 年城市就业机会的劳动力满意度得分空间分布

（二）中西部城市：劳动力收入挑战凸显

城市收入支出比高低是影响城市居民幸福感、获得感的关键指标。一般来说，高生产总值的城市往往代表着高压力，这种城市经济繁荣、机会多样，但同时也是压力集中体现的地方。因此，本报告设置了当前收入是否能满足城市购房、子女教育、医疗和日常生活各项基本开支的问题，用劳动力群体的主观满意度来反映城市收入支出比大小，根据计算方法，得分越高、排名越前的城市收入压力越小，而得分越低、排名越后的城市收入压力越大。如图9-50所示，长春、青岛和石家庄位列前3名，广州、南京和贵阳紧随其后，位列全国第4、5、6名，其中，长春、青岛、贵阳分别位列东北地区、东部地区和西部地区城市收入压力劳动力满意度得分榜首，前10名没有中部城市上榜。后10名中，非省会城市占了6席，深圳、武汉和西安依次为东部、中部和西部省会城市的倒数第1名，依次排在全国倒数第6、倒数第9和倒数第10名。

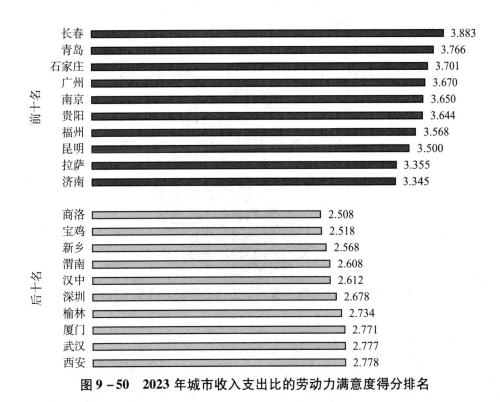

图9-50　2023年城市收入支出比的劳动力满意度得分排名

纵观劳动力收入支出比满意度后 10 名榜单,除深圳市以外,其余城市均为中西部城市,可见中西部劳动力群体对城市收入支出比的主观满意度相对较低。其背后的原因主要有以下几个方面。一是中西部地区的经济发展水平相对落后。尽管近年来中西部城市经济发展有所加快,但与东部城市相比,劳动者的平均收入水平差距仍然较大,而且中西部城市的产业结构多以传统重工业、农业等为主,这些行业的薪酬水平要远低于现代服务业、高科技行业的薪资水平。二是物价上涨速度快于收入增长速度。随着消费水平的提升,中西部城市的生活成本在逐渐上升,尤其是在城市化进程不断加快的背景下,许多中西部地区劳动者收入水平的增长速度跟不上住房、教育、医疗等成本费用的上升速度,因此经济负担加重、收入压力变大。

图 9 – 51 为 2023 年收入支出比的劳动力满意度情况,满意度为 27.39%,其中非常同意群体占比 10.95%,同意人群占比 16.44%,而不满意度则达到了37.26%,具体来看,不同意群体占比为 23.01%,而非常不同意群体占比也高达 14.25%,相比之下,城市劳动力群体的收入压力较高,收入的增长并未能够很好地覆盖城市劳动力群体压力的上升。

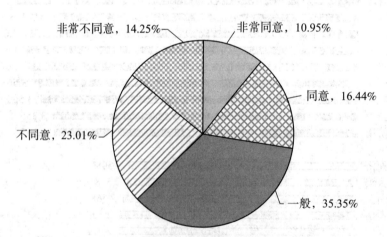

图 9 – 51　2023 年城市收入支出比的劳动力满意度分布

图 9 – 52 为 2023 年收入支出比的劳动力满意度得分的空间分布。从东西方向来看呈“东高西低”分布格局,前 10 名中,东部、西部和东北城市的占比为6∶3∶1,中部城市未上榜,而在后 7 名中,东部、中部和西部城市的占比为1∶1∶5,11 ~ 40 的排名区间东部和西部城市比例相当,中部城市保持相对稳

定，东北城市在前 40 名区间分布均匀。从南北方向上看呈"南高北低"的分布格局，前 10 名中南方城市占 6 席，北方城市占 4 席，后 7 名中，北方和南方城市的比例分布为 6 : 4，北方劳动力群体关于收入支出比的主观感受相对较差。

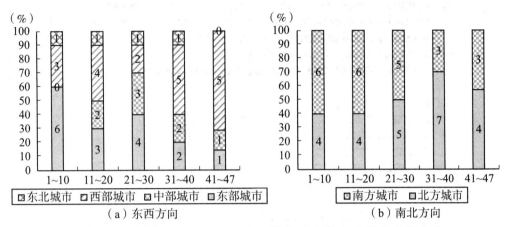

图 9 - 52　2023 年城市收入支出比的劳动力满意度得分空间分布

（三）省会城市：劳动力群体消费热情涌动

城市活力是城市发展质量的综合表现形态，而消费活力是城市活力的重要方面，两者共同指向了城市发展过程中生机勃勃、持续发展的态势和能力，是城市实现高质量发展的重要"风向标"。因此本报告考察了不同城市劳动力群体的周外出消费频率，在一定程度上用来反映城市的消费活力。如图 9 - 53 所示，青岛、长春和广州依次位列全国前三名，南京、石家庄和重庆位列全国第 4、5、6 名，其中，青岛、长春和重庆依次为东部、东北和西部地区榜首，前 10 名中，中部城市未上榜。后 10 名中，宝鸡、商洛和新乡垫底，且非省会城市占据 7 席。

前 10 名榜单中劳动力群体消费频率高的城市均为省会城市，主要原因有以下几个方面。一是省会城市的经济发展水平相对较高，相比省内其他城市来说，省会城市往往是一个省份的经济和行政中心，生产总值相对较高，居民可支配收入水平也比较高，这相应增加了居民的消费能力，使其更偏向于频繁消费；二是省会城市的商业和服务设施更加集中，大型购物中心、餐饮场所和娱乐场所分布密集，这种便利性和选择丰富性自然会吸引城市居民增加消费频率；三是省会城市通常会被政府和企业选择促销策略的首要试点城市，例如，推广消费券和产品促销活动层出不穷，这些政策进一步刺激了居民消费热情并提高了消费频率。

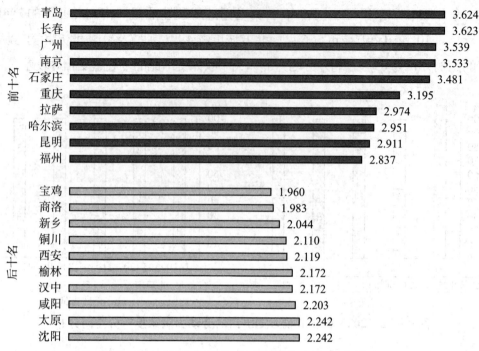

图 9 – 53　2023 年劳动力群体消费频率得分排名

图 9 – 54 为 2023 年劳动力群体消费频率分布。其中，周消费频率在 6 ~ 9 次的占比最高，接近五成，其占比高达 49.55%，10 次以上的占比为 15.71%，即共计六成左右的劳动力群体居民平均每天外出消费一次，而一周内从不外出消费的劳动力群体占比仅为 5.27%，占比很低。

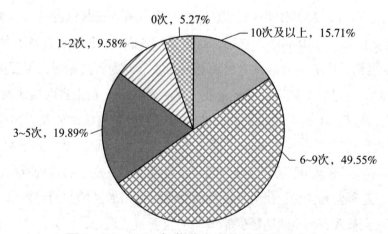

图 9 – 54　2023 年劳动力群体消费频率分布

图 9-55 为 2023 年劳动力群体消费频率得分的区域空间分布。从东西方向来看呈明显的"东高西低"分布格局。具体来看，前 10 名中东部城市占 5 席，西部城市占 3 席，东北城市占 2 席，中部城市未上榜；后 7 名中西部城市占 6 席，中部城市占 1 席，没有东部和东北城市上榜，以上表明西部城市中城市个体差异较大，存在个别领头城市的同时，"拖后腿"城市数量仍然较大；而东部城市排名整体相对靠前；中部城市内差异相对较小，排名区间分布相对平均。从南北方向来看，存在显著的"南高北低"格局，前 10 名中，北方和南方城市的占比为 4 : 6，后 7 名中的占比则为 5 : 2。

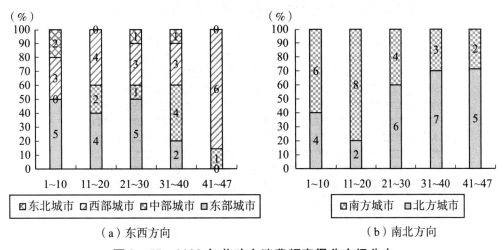

（a）东西方向　　　　　　　　　（b）南北方向

图 9-55　2023 年劳动力消费频率得分空间分布

（四）东部沿海城市：品牌璀璨、劳动力群体向往之地

城市消费品牌多样性是促进城市消费、增加城市活力的"加速器"。通过调查城市消费品牌的多样性，可以真实反映城市实体商业消费的繁荣程度，随着城市经济发展和居民消费多元化、个性化的需求升级，城市品牌的迭代更新、日益丰富是增强居民幸福感和获得感的重要方面。因此，本报告考察了劳动力群体对所居住城市消费品牌多样性的主观感受。如图 9-56 所示为城市消费品牌多样性的劳动力满意度得分排行榜，前 10 名中，上海、北京、南京夺得前 3，广州紧随其后，位列全国第 4 名，除重庆以外，其余 3 个直辖市全部上榜。合肥夺得中部城市榜首，位列全国第 7 名，贵阳夺得西部城市榜首，位列全国第 10名，前 10 名中没有东北城市上榜。后 10 名中，厦门、哈尔滨和呼和浩特为倒数

3 名,且中西部和东北城市共占了 8 席,东部城市中仅厦门和海口上榜,东部劳动力群体对城市消费品牌多样性的主观满意度相对更高。

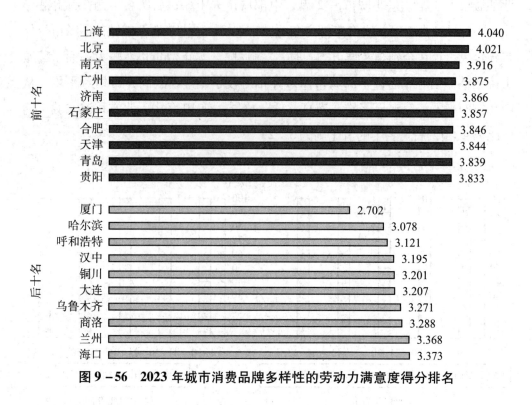

图 9-56 2023 年城市消费品牌多样性的劳动力满意度得分排名

东部沿海城市经济发展水平相对更高,经济的活跃和繁荣会吸引大量企业和投资者,为品牌诞生和发展创造了优越的条件。同时,东部沿海地区作为改革开放的先行先试地区,与国际市场接轨较早且联系更加紧密,城市国际化程度更高,形成了多元化的品牌生态。同时,东部地区集聚了大量高素质人才,创新资源十分丰富,为品牌的创新和研发提供了支撑。此外,消费者需求是品牌研发和诞生的起点和核心动力,东部沿海城市人口密集且消费水平更高,消费者需求更加多元,这进一步驱动了品牌创新发展,以满足不同层次的市场需求。

图 9-57 为 2023 年消费品牌多样性的劳动力满意度情况,劳动力群体整体主观满意度为 53.72%,具体来看,非常同意群体占比 15.24%、同意群体占比高达 38.48%,不满意度仅为 8.90%,其中,非常不同意占比仅为 2.87%,表明随着经济发展和居民消费多元化、个性化升级,城市相应配套的消费品牌逐渐丰富,基本上能够满足劳动力群体的消费需求。

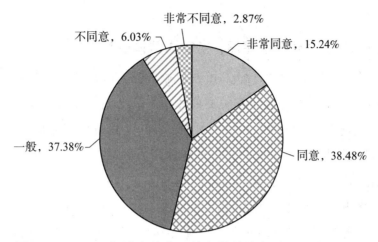

图 9 - 57　2023 年城市消费品牌多样性的劳动力满意度分布

　　图 9 - 58 为 2023 年消费品牌种类多样性的劳动力满意度得分的空间分布情况。从东西方向来看，得分总体上按照"东部 > 中部 > 西部 > 东北"的顺序排布，前 10 名中，东部、中部和西部城市占比为 8∶1∶1，东北城市未上榜，东部城市居民主观满意度明显高于其他地区城市；而在后 7 名中，东部和中部城市仅各占 1 席，东北占 2 席，而西部城市占 3 席，西部城市劳动力群体对城市消费品牌多样性的主观满意度明显落后于其他地区。从南北方向上来看，南方和北方城市基本势均力敌，排布较为均匀。

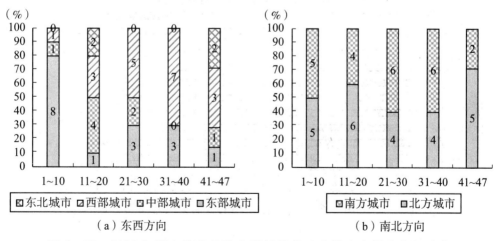

图 9 - 58　2023 年城市消费品牌多样性的劳动力满意度得分空间分布

（五）传统名城：文化底蕴深厚，劳动力群体盛赞

文化作为决定城市活力、潜力和创新能力的重要因素，是打造宜业城市、推动城市高质量发展不可或缺的关键要素之一。随着城市不断发展，一方面，城市居民的文化需求越来越大；另一方面，城市文化发展状态也直接关系到城市居民的生活质量和水平，城市文化正在逐渐成为城市综合竞争力的核心方面之一。因此，本报告考察了劳动力群体对城市文化氛围是否浓厚的主观感受，具体排名如图 9-59 所示。前 10 名中，青岛、北京和上海位列全国第 1、2、3 名，合肥、广州和石家庄紧随其后。合肥夺得中部城市文化氛围劳动力群体主观感受榜首，位列全国第 4 名；长春夺得东北地区第 1 名，位列全国第 7 名；西部城市未上榜前 10 名。后 10 名中，陕西地级市占 6 席，其他地级市占 2 席，省会城市仅占 2 席，在一定程度上表明城市行政等级越高，其城市文化氛围相对更为浓厚，劳动群体主观满意度更高。

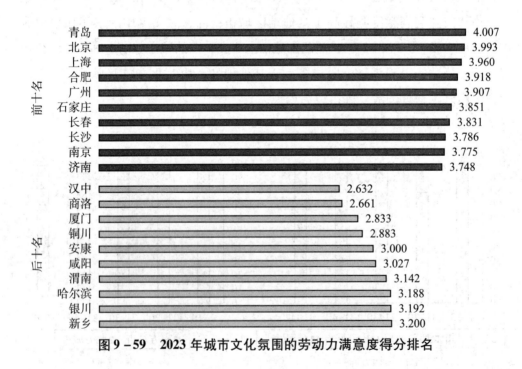

图 9-59 2023 年城市文化氛围的劳动力满意度得分排名

北京和南京两座城市，作为中国传统的文化名城，其劳动力群体对城市文化氛围浓厚的主观满意度较高。两座城市作为传统名城，都有着深厚的历史积

淀，在中国文化和历史中占据着重要地位，丰富的历史遗址和文化传统为城市提供了丰富的文化资源。同时，北京和南京市政府都十分重视文化保护、传承和宣传工作，不仅出台了促进城市文化发展的纲要文件，明确文化发展的方向和重点，积极鼓励文化产业的创新性发展，并且十分重视城市居民的文化生活，日常会定期组织举办各种文化活动和艺术展览来丰富居民活动。总的来看，传统历史文化名城的城市氛围更加浓厚，劳动力群体的主观满意度也更高。

图 9-60 为 2023 年城市文化氛围的劳动力满意度情况，劳动力群体满意度高达 41.76%，其中，非常同意群体占比 13.59%，同意群体占比 28.17%；不满意度仅为 12.76%，其中，非常不同意的群体占比仅为 3.92%，表明各个城市劳动力群体对城市文化氛围的主观满意度相对较高。

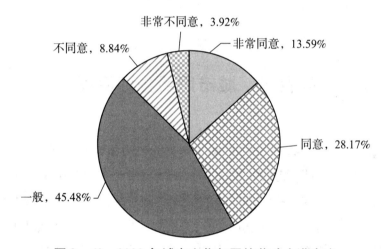

图 9-60　2023 年城市文化氛围的劳动力满意度

图 9-61 为 2023 年城市文化氛围的劳动力满意度得分的空间分布。从东西方向来看，前 10 名中，东部城市占 7 席，中部城市占 2 席，东北城市占 1 席，而在后 7 名中，西部城市占 6 席，东部城市仅占 1 席，中部和东北地区城市未上榜。总体来看，东部城市排名靠前，中部和东北地区城市排名相对分散，各个区域内均有分布，而西部城市排名多靠后。从南北方向来看，南方城市稍优于北方城市，前 10 名中，南北城市各占 5 席，11~30 名排位中，南方城市占 13 席、北方城市占 7 席，而在 31~47 名排位中，北方城市占 12 席，南方城市则占 5 席。

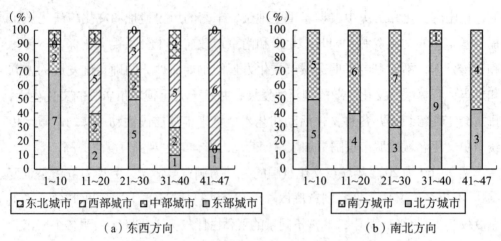

（a）东西方向　　　　　　　　（b）南北方向

图 9 − 61　2023 年城市文化氛围的劳动力满意度得分空间分布

第五节　城市居民生活品质

城市居民生活品质表现是衡量城市发展水平与居民福祉融合的关键标尺，它深刻反映了城市治理智慧与人文关怀。在推进中国特色社会主义现代化建设的宏伟蓝图中，提升城市居民生活品质不仅是城市治理现代化的核心要义，也是实现全体人民共同富裕、促进社会全面进步的重要基石。必须以满足人民日益增长的美好生活需要为出发点和落脚点，把发展成果不断转化为生活品质，不断增强人民群众的获得感、幸福感、安全感。[①] 党的二十大报告更是将"增进民生福祉，提高人民生活品质"作为新时代发展的重要目标，为城市治理指明了方向。[②] 因此，本问卷从"人口身体素质""人口睡眠时长""城市气候环境""城市社会环境""城市智慧发展"和"城市协调发展"6 个方面出发考察劳动力群体对城市居民生活品质的主观感受。

---

① 中华人民共和国政府网. 习近平在参加江苏代表团审议时强调牢牢把握高质量发展这个首要任务［EB/OL］.（2023 – 03 – 05）［2024 – 11 – 23］. 中国政府网，https：//www. gov. cn/xinwen/2023 – 03/05/content_5744877. htm.

② 中华人民共和国政府网. 习近平：高举中国特色社会主义伟大旗帜 为全面建设社会主义现代化国家而团结奋斗——在中国共产党第二十次全国代表大会上的报告［EB/OL］.（2022 – 10 – 25）［2024 – 11 – 23］. 中国政府网，https：//www. gov. cn/xinwen/2022 – 10/25/content_5721685. htm.

一、城市居民生活品质总指数

（一）劳动力群体认为城市居民生活品质尚可

如图9－62所示，我国城市居民生活品质的劳动力群体满意度排名前10的城市分别为青岛、广州、石家庄、长春、南京、商洛、济南、昆明、合肥和贵阳。其中，青岛位居第1名，广州和石家庄依次紧随其后。厦门、深圳和哈尔滨处于最后3名。值得注意的是，在前10名中，东部城市占据了大部分席位，如青岛、广州、南京、济南等，显示出东部地区的劳动力群体在居民生活品质方面具有较高的满意度。然而，也有像商洛、昆明、贵阳这样的西部城市跻身前列，表明在特定领域，西部城市也在不断提升劳动力群体的生活品质。相比之下，排名较后的城市如厦门、哈尔滨等，其劳动力群体的生活品质满意度较低。

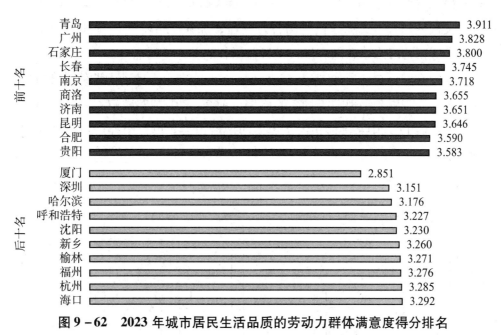

图9－62　2023年城市居民生活品质的劳动力群体满意度得分排名

青岛能在城市居民生活品质的劳动力群体满意度排名中脱颖而出，成为榜首，得益于其多方面的综合优势。青岛的自然环境得天独厚，海滨风光旖旎，气候温和宜人，为劳动力群体创造了极佳的居住条件。城市规划和建设注重绿色生态，公园绿地遍布城市，空气质量优良，进一步提升了劳动力群体的生活舒适度。青岛的经济实力强大，产业结构多元，不仅在传统制造业上保持优势，还在海洋经济、高新技术等领域取得了显著成就，为劳动力群体提供了丰富的就业机会和较高的收入水平。公共服务方面，青岛的教育、医疗、交通等基础设施完善，服务质量高，满足了劳动力群体的基本需求，提升了其生活质量。青岛市政府在城市治理上积极创新，注重听取民意，及时解决劳动力群体关切的问题，增强了劳动力群体的归属感和满意度。

厦门同为东部沿海城市，但在劳动力群体对生活品质的满意度上却未能达到人们的预期。这可能与厦门近年来快速发展所带来的城市压力有关。随着人口的不断涌入，城市基础设施和公共服务面临巨大挑战，交通拥堵、教育资源紧张、房价高涨等问题日益凸显，影响了劳动力群体的生活体验。在快速城市化过程中，部分劳动力群体的获得感和幸福感降低。此外，厦门在城市治理方面可能还存在一些短板，如政策执行力度不够、劳动力群体参与度不高等，这些都可能成为影响劳动力群体对生活品质满意度的因素。因此，厦门需要在保持经济发展的同时，更加注重平衡各方利益，加强城市基础设施和公共服务建设，提升城市治理水平，以满足人民日益增长的美好生活需要。

排名的空间分布情况如图 9-63 所示。东西方向上，劳动力群体对城市居民生活品质的主观感受呈现较为均衡的格局，前 20 名中东部城市占 8 席，西部城市占 7 席；后 17 名中东部城市占 7 席，西部城市占 4 席，中部城市在各区间分布相对平均。

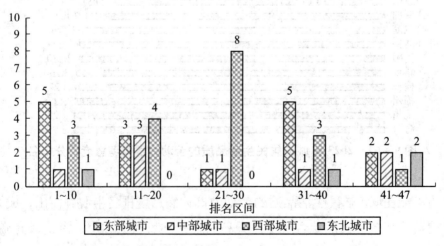

图 9-63　2023 年城市居民生活品质的劳动力群体满意度得分空间分布（东西方向）

如图 9 - 64 所示，南北方向上，劳动力群体对城市居民生活品质的主观感受呈现轻微的"南强北弱"格局，前 20 名中，北方城市占 9 席，南方城市占 11 席；后 17 名中，南方城市占 8 席，北方城市占 9 席。

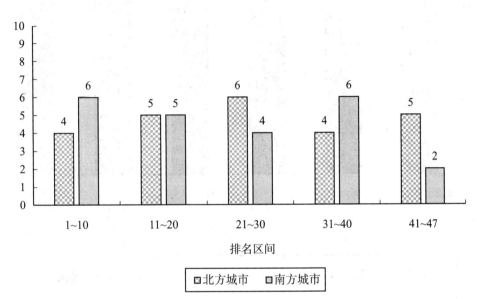

图 9 - 64　2023 年城市居民生活品质的劳动力群体满意度得分空间分布（南北方向）

（二）城市生活智慧化发展受劳动力群体好评

具体来看城市居民生活品质的 6 个方面，如图 9 - 65 所示，受访者对"城市生活智慧化"的满意度最高，达到了 58. 18%，其中，非常同意人群占比 16. 80%，同意人群占比 41. 38%。对"城市社会环境好"的满意度次高，为 54. 10%，其中，非常同意人群占比 16. 29%，同意人群占比 37. 81%。对"城市整体发展效果好"的满意度排名第 2 位，为 52. 25%，其中，非常同意人群占比 14. 38%，同意人群占比 37. 87%。对"城市气候环境好"的满意度紧随其后，为 52. 20%，其中，非常同意人群占比 15. 47%，同意人群占比 36. 73%。对"睡眠充足"的满意度较低，为 44. 65%，其中，非常同意人群占比 13. 90%，同意人群占比 30. 75%。对"每周运动频率高"的满意度最低，为 19. 06%，其中，非常同意人群占比 7. 56%，同意人群占比 11. 50%。综合来看，城市居民生活品质在生活智慧化、社会环境、整体发展效果及气候环境方面获得劳动力群体较高满意度，但在睡眠时长和身体素质上仍有提升空间，这表明城市需进一步平衡发展与劳动力群体的身心健康，以全面提升劳动力群体生活品质。

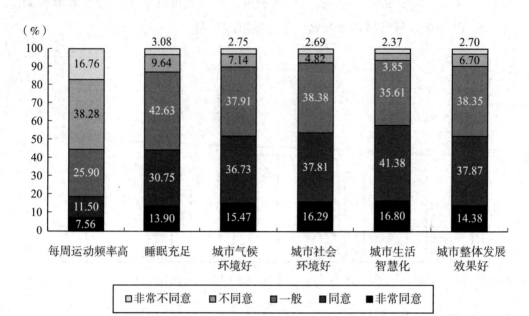

图 9-65　2023 年城市居民生活品质各维度的劳动力群体满意度

二、城市居民生活品质分指标

（一）劳动力群体运动频率普遍较低

运动频率对居民生活品质的重要性不容忽视，它直接关联到个体的身体健康、心理状态以及社会活动的质量。运动频率的提升还与工作效率和学习能力正相关。规律运动被证明可以提高注意力集中度、记忆力以及创造力，使个人在工作和学习中表现更佳。这不仅有助于个人职业发展和经济收入的增加，也为社会经济的整体增长贡献力量。本报告深入分析了全国各城市劳动力群体的每周运动频率。如图 9-66 所示，城市中劳动力群体每周运动频率得分排名前10 位的城市分别为青岛、南京、广州、长春、石家庄、汉中、哈尔滨、商洛、拉萨和成都。其中，青岛以 3.258 的得分位居榜首，表明青岛的劳动力群体运动频率较高。南京、广州紧随其后，分别排名第 2 位和第 3 位，这些城市在促进劳动力群体健康、提升劳动力群体运动意愿、提高劳动力群体身体素质方面有着较为显著的成效。

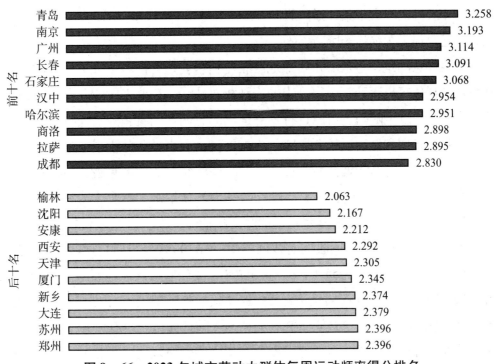

图 9 - 66 2023 年城市劳动力群体每周运动频率得分排名

从地域分布的角度来看，东部地区城市的劳动力群体每周运动频率较高，其中，青岛、南京和广州等城市的劳动力群体每周运动频率最高。这些城市的劳动力群体之所以能够在每周运动频率上占据优势，在很大程度上得益于东部地区相对发达的经济水平。经济水平较高的地区通常拥有更完善的基础设施，包括公共运动场所、健身中心、体育场馆和公园等。这些设施为居民提供了更多的运动选择和便利，从而鼓励他们更频繁地参与体育活动。此外，随着经济的发展和生活水平的提高，人们对健康的重视程度也相应增加。经济条件较好的人群更有能力和意愿投资自身健康，包括购买健身会员、参加运动课程、购置家用健身器材以及进行户外活动等。然而，在西部地区，也有像汉中、商洛和拉萨这样的城市在劳动力群体每周运动频率得分中脱颖而出，跻身前列。这一现象充分表明了西部地区在提升劳动力群体运动意愿、保障劳动力群体运动硬件设施方面所做出的积极努力和取得的显著成效。虽然这些城市的经济发展水平可能不如一线城市，但近年来随着国家西部大开发战略的实施，当地经济得到了快速发展。经济增长带来了更好的生活条件和更多的休闲时间，使得人们有更多机会投入运动。同时，当地独特的地理地貌条件也可能是劳动力群体运动频率较高的一大因素，如拉萨拥有得天独厚的自然景观，如雪山、湖泊等，为户外运动提供了绝佳场所。

值得注意的是，与东部和西部地区相比，东北地区的城市如大连、沈阳等在劳动力群体每周运动频率得分上的表现相对较弱。东北地区的冬季寒冷而漫长，在一定程度上限制了居民进行户外运动的时间。低温和降雪使得户外活动变得不那么方便和舒适，从而影响了人们的运动习惯。此外，东北地区近年来经历了较大的经济结构调整和社会变革，一些传统产业面临衰退，新兴产业尚未完全崛起。这种经济转型也给当地的劳动力群体带来了就业压力和生活不确定性，减少了其参与休闲和运动活动的时间和精力。

如图 9 - 67 所示，在回收的有效问卷中，有 10 005 名劳动力群体受访者每周频率在 2 次以下，占比 55.04%；有 4 708 名受访者每周运动频率为 3 ~ 4 次，占比 25.90%；仅有 3 465 名受访者每周运动频率在 5 次以上，占比 19.06%。由此可见，我国城市的劳动力群体每周运动频率整体偏低。政府应加大对体育设施的投入，特别是在居住区附近建设更多便民的健身场所，如公园、步道、社区健身房等，确保每个居民都能轻松访问到运动设施。同时可以通过学校、社区、媒体等多种渠道普及运动对健康的益处，增强公众的健康意识。举办健康讲座、运动培训课程，教授正确的锻炼方法和运动知识，激发人们的运动兴趣。

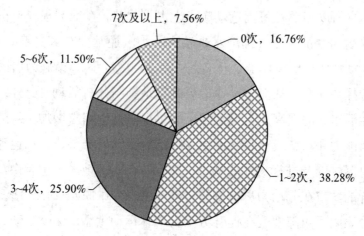

图 9 - 67　2023 年城市劳动力群体每周运动频率

图 9－68 展示了不同方向上劳动力群体每周运动频率得分在不同排名区间的占比情况。从东西方向来看，存在较为均衡的格局，前 20 名中东部、西部城市均占比 40%，中部、东北城市均占比 10%；从南北方向来看，前 10 名中南方城市占比 60%，后 7 名中北方城市占比 71.43%，存在明显的"南强北弱"分布格局，表明我国当前南方城市的劳动力群体每周运动频率较高，北方地区还有很大的追赶空间。

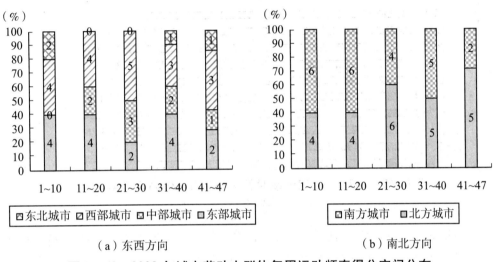

（a）东西方向　　　　　　　　　　（b）南北方向

图 9－68　2023 年城市劳动力群体每周运动频率得分空间分布

（二）深圳劳动力群体睡眠充足度倒数第一

在探讨居民生活品质的多元化构成时，人口睡眠时长无疑是一个不可忽视的关键要素。它不仅关乎个人的精神状态与日常表现，更是衡量一个城市宜居程度和生活幸福感的重要指标。基于这一重要性，本报告深入分析了全国各城市劳动力群体对其睡眠时长的满意度情况。如图 9－69 所示，我国城市人口睡眠时长的劳动力群体满意度得分排名前 10 位的城市分别为青岛、长春、广州、石家庄、南京、昆明、长沙、贵阳、兰州和南昌。其中，青岛以 4.094 的满意度得分高居榜首，体现出青岛市民对其睡眠时长的极高认可度。长春和广州紧随其后，分别位列第 2 名和第 3 名，这些城市在保障劳动力群体良好睡眠环境方面可能有着较为突出的表现。

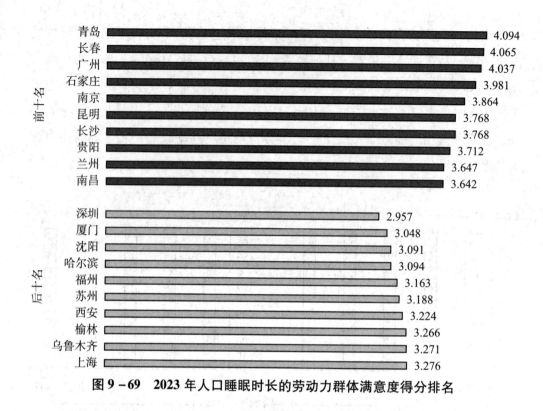

图 9 – 69　2023 年人口睡眠时长的劳动力群体满意度得分排名

从地域分布这一宏观视角深入分析，可以看到东部和东北地区等众多城市的劳动力群体在居民睡眠时长的满意度上普遍展现出较为优异的表现。东部沿海城市，诸如青岛和广州，凭借其得天独厚的地理位置和自然环境，为劳动力群体提供了舒适的生活空间。青岛以其清新的海滨空气、宜人的气候以及丰富的休闲活动，成为劳动力群体放松心情、享受宁静夜晚的理想之地。广州则以其繁华而不失生机的城市氛围，加上对公共健康的重视和多样化的夜生活管理，有效保障了劳动力群体的睡眠时长。东北地区的长春等城市，虽然气候较为寒冷，但其城市规划中注重绿化与休闲空间的设置，加上相对较低的生活成本和压力水平，使劳动力群体能够在较为轻松的环境中生活，有利于保持良好的睡眠习惯。值得注意的是，中部和西部地区的城市也在劳动力群体睡眠环境改善方面展现出了不凡的努力和成果。长沙和南昌作为中部地区的代表，通过优化城市环境、加强公共设施建设以及推广健康生活方式，成功提升了劳动力群体的睡眠时长满意度。昆明和贵阳等西部城市，则依托其独特的自然风光和气候优势，加上近年来在生态环境保护上的大力投入，为劳动力群体创造了有利于深度睡眠的自然条件，使这些城市在睡眠时长排名中脱颖而出。

相比之下，虽然深圳、厦门等东部沿海城市在经济和科技方面取得了显著成就，但快节奏的生活、高强度的工作压力以及伴随城市化进程而来的噪声、光污染等环境因素，对劳动力群体的睡眠时长构成了挑战，导致这些城市的劳动力群体对睡眠时长满意度相对较低。

如图 9 - 70 所示，在回收的有效问卷中，有 8 116 名受访者表示同意城市人口睡眠时长充足，占比 44.65%；有 7 750 名受访者表示城市人口睡眠时长一般，占比 42.63%；有 2 312 名受访者表示不同意城市人口睡眠时长充足，占比 12.72%。由此可见，我国城市人口睡眠时长总体较为充足，但不容忽视的是，仍有一小部分的受访者表示不同意城市人口睡眠时长充足，因此，我国城市需要高度重视这部分劳动力群体的声音，采纳其中有益的建议，并努力使我国城市中的劳动力群体获得充足睡眠。

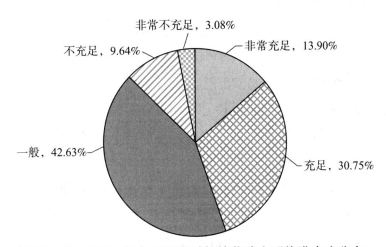

图 9 - 70　2023 年人口睡眠时长的劳动力群体满意度分布

图 9 - 71 展示了不同方向上劳动力群体对城市人口睡眠时长的满意度在不同排名区间的占比情况。从东西方向来看，存在较为均衡的格局，前 10 名中东部城市占比 40%，西部城市占比 30%，中部城市占比 20%，东北城市占比 10%；从南北方向来看，前 10 名中南方城市占比 60%，后 17 名中北方城市占比 52.94%，存在轻微的"南强北弱"分布格局，表明我国当前南方城市劳动力群体的睡眠时长相对更高，北方地区还有一定的追赶空间。

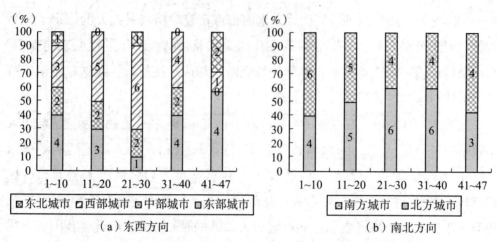

图 9-71　2023 年人口睡眠时长的劳动力群体满意度得分空间分布

（三）多数劳动力群体对城市生态环境质量感到满意

在探讨影响劳动力群体生活品质的诸多因素中，城市气候环境占据着至关重要的地位。它不仅直接关系到劳动力群体的日常舒适度与健康状况，还深刻影响着城市的居住吸引力和可持续发展能力。如图 9-72 所示，我国城市气候环境的劳动力群体满意度得分排名前 10 位的城市分别为昆明、商洛、铜川、青岛、合肥、西宁、汉中、广州、济南和石家庄。其中，昆明以 4.054 的满意度得分高居榜首，商洛和铜川紧随其后。

从地域分布这一宏观视角深入剖析，我国劳动力群体对西部地区城市的气候环境给予了积极评价，这一积极态势并非偶然。昆明被誉为"春城"，以其四季如春、气候宜人的特质占据满意度榜单前列；商洛与铜川依托于秦岭的自然屏障，享有清新的空气与宜人的生态环境；西宁作为青藏高原的门户，虽然海拔较高，但其独特的高原气候与良好的生态保护策略，使得劳动力群体对气候环境的满意度较高；汉中则凭借其温润的气候与丰富的自然景观，同样赢得了劳动力群体的青睐。这些城市的优异表现，在很大程度上得益于西部地区相对干燥的气候条件、优质的空气质量以及得天独厚的自然环境，这些因素共同构成了劳动力群体满意度的坚实基础。与此同时，东部地区的一些城市也不甘落后，展现出了在气候环境改善方面的显著成效。青岛凭借其沿海的地理位置与良好的城市规划，实现了气候的有效调节与生态环境的持续优化；广州作为南方大都市，通过大力推行绿化建设、提升空气质量等措施，有效提升了劳动力群体对气候环境满意度；济南则在"泉城"的美誉下，不断优化水资源管理，打造宜居的城市环境。这些城市的努力，不仅体现在硬件设施的完善上，更体现在对劳动力群体生活质量的深切关怀之中。

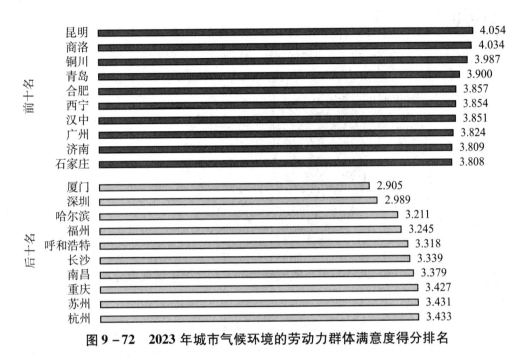

图 9 - 72 2023 年城市气候环境的劳动力群体满意度得分排名

然而，并非所有东部城市都能在气候环境满意度上取得高分。厦门、深圳等东部沿海城市，尽管经济发达、文化繁荣，但在气候环境满意度排名中却相对靠后。这背后，既有高温多湿、台风频繁等自然条件的不利影响，也与城市化进程中难以避免的环境污染、绿地减少等问题密切相关。随着城市规模的扩张，如何在经济发展与环境保护之间找到平衡点，成为这些城市面临的重要课题。此外，我国东北地区的一些城市，如哈尔滨，也面临着独特的气候挑战。寒冷干燥、冬季漫长且降雪量大，这些自然条件不仅增加了劳动力群体生活的不便，也对城市的基础设施建设提出了更高要求。尽管哈尔滨等城市在冬季供暖、冰雪旅游等方面有着独特优势，但如何在寒冷气候条件下提升劳动力群体的整体生活品质，特别是改善冬季空气质量、增加城市绿地面积，仍是亟待解决的问题。

如图 9 - 73 所示，在回收的有效问卷中，有 9 489 名受访者表示同意城市气候环境质量高，占比 52.20%；有 6 892 名受访者表示城市气候环境质量一般，占比 37.91%；有 1 797 名受访者表示不同意城市气候环境质量高，占比 9.89%。

由此可见，我国城市气候环境质量总体较高，但不容忽视的是，仍有一小部分的受访者表示不同意城市气候环境质量较高。针对此情况，我国城市应当珍视这部分劳动力群体的意见，从中筛选出有益的部分并采纳，全力推动城市气候环境质量的进一步提升。

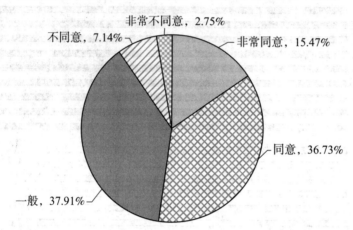

图 9-73　2023 年城市气候环境的劳动力群体满意度分布

图 9-74 展示了不同方向上劳动力群体对城市气候环境的满意度在不同排名区间的占比情况。从东西方向来看，西部城市具有显著优势，前 20 名中，西部城市占比 55%，中部、东北城市均仅占比 10%；从南北方向来看，前 20 名中北方城市占比 60%，后 17 名中南方城市占比 64.71%，存在"北强南弱"的格局，表明我国当前西北地区城市气候环境质量相对更高，其他区域还有较大的追赶空间。

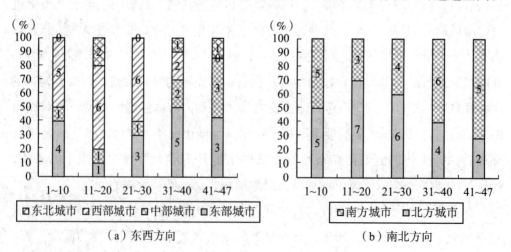

（a）东西方向　　　　　　　　（b）南北方向

图 9-74　2023 年城市气候环境的劳动力群体满意度得分空间分布

（四）东部地区劳动力群体更认可城市文化氛围

在构筑高品质生活的诸多基石中，城市文化氛围无疑是至关重要的一环。它不仅为劳动力群体提供了日常活动的舞台，还深刻影响着人们的心理感受与幸福感。如图9－75所示，我国城市文化氛围的劳动力群体满意度得分排名前10位的城市分别为青岛、广州、石家庄、济南、长春、贵阳、合肥、北京、南京和宁波。

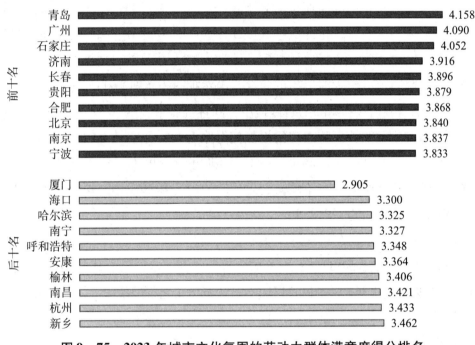

图 9－75　2023 年城市文化氛围的劳动力群体满意度得分排名

从地域分布的角度来看，东部地区的城市在文化氛围的劳动力群体满意度方面展现出了明显的优势。青岛、广州、北京、南京等东部沿海城市在劳动力群体满意度排名中均位居前列，这不仅反映了这些城市在经济发展上的强劲势头，也体现了它们在文化繁荣上的领先地位。值得注意的是，部分中西部地区的城市，如贵阳和合肥，在文化氛围的劳动力群体满意度上的表现同样令人瞩目。这些城市近年来不仅在经济上实现了跨越式发展，更在文化建设与城市软实力提升方面取得了显著成就。贵阳作为贵州省的省会，凭借其独特的地理优势和丰富的民族文化资源，大力发展文化旅游产业，成功打造了一系列具有国际影响力的文化节庆活动和旅游品牌，如贵阳国际大数据博览会、青岩古镇文化节等，极大地丰富了市民的精神文化生活，提升了城市的文化品位和劳动力群体的文化认同感。

与此同时，一些被认为发展较好的东部沿海城市，如厦门和海口，在文化氛围的劳动力群体满意度排名中却相对靠后，这可能与这些城市在快速城市化进程中遇到的一系列社会问题有关。厦门这座美丽的海滨城市，以其独特的海岛风情和丰富的历史文化遗产而闻名遐迩。然而，随着经济的飞速发展和人口的急剧增长，厦门也面临着城市规划不合理、文化遗产保护不足、商业气息过重等挑战。老城区被现代化的高楼大厦逐渐包围，传统街巷和历史建筑在发展中逐渐消失，城市的文化特色被削弱，劳动力群体对于本地文化的归属感和自豪感有所下降。海口作为海南省的省会，虽然拥有得天独厚的自然风光和丰富的热带文化，但在快速城市化的过程中，同样面临着文化传承与创新的难题。一方面，城市规模的扩大和人口的增加使得原有的文化空间变得拥挤不堪，劳动力群体的文化活动受到限制；另一方面，城市文化的发展缺乏系统的规划和引导，导致文化资源的分布不均，文化活动的内容和形式相对单一，难以满足劳动力群体日益增长的文化需求。

如图9-76所示，在回收的有效问卷中，有9 836名受访者表示同意城市文化氛围质量高，占比54.11%；有6 976名受访者表示城市文化氛围质量一般，占比38.38%；有1 366名受访者表示不同意城市文化氛围质量高，占比7.51%。由此可见，我国城市文化氛围质量总体较高，但不容忽视的是，仍有一小部分的受访者表示不同意城市文化氛围好。为了提升城市的文化氛围，我们应当高度重视并认真听取这部分劳动力群体的意见，从中选择并采纳有益的建议，积极付诸实践。

图9-77展示了不同方向上劳动力群体对城市文化氛围的满意度在不同排名区间的占比情况。从东西方向来看，东部地区具有显著优势，前10名中东部城市占比70%，中部、西部、东北城市均仅占比10%；从南北方向来看，前20名中南方城市占比50%，后17名中北方城市占比47.06%，存在较为均衡的格局，表明我国当前东部城市的文化氛围质量相对更高，其他区域还有很大的追赶空间。

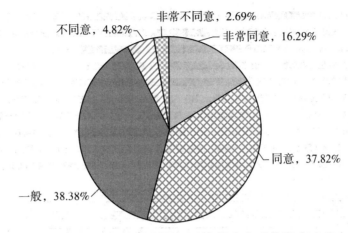

图 9 - 76　2023 年城市文化氛围的劳动力群体满意度分布

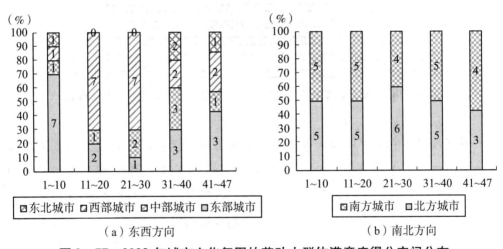

（a）东西方向　　　　　　　　　（b）南北方向

图 9 - 77　2023 年城市文化氛围的劳动力群体满意度得分空间分布

（五）半数以上劳动力群体对城市生活智慧化发展感到满意

在当今科技日新月异的时代背景下，城市生活智慧化发展已成为推动居民生活品质跃升的重要引擎。它通过将先进的信息技术与城市治理、公共服务深度融合，不仅提升了城市管理效率，更为居民带来了前所未有的便捷与舒适。如图 9 - 78 所示，我国城市生活智慧化的劳动力群体满意度得分排名前 10 位的城市分别为青岛、上海、广州、石家庄、北京、宁波、济南、合肥、南京和长春。这些城市在智慧城市建设方面取得了显著成效，劳动力群体对智慧发展的满意度较高。

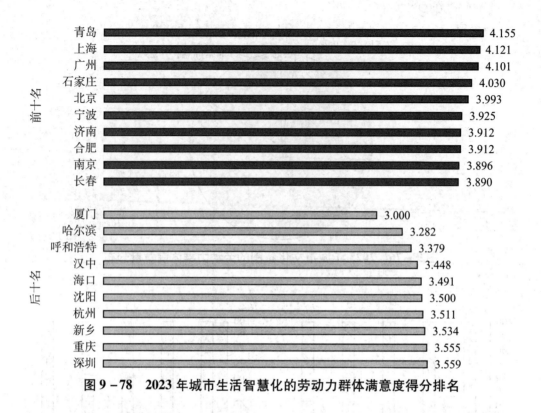

图 9 – 78　2023 年城市生活智慧化的劳动力群体满意度得分排名

　　从地域分布的角度来看，东部地区的城市在生活智慧化发展的劳动力群体满意度上占据了主导地位，青岛、上海、广州、北京等东部沿海城市纷纷名列前茅，彰显出强劲的智慧发展势头。这些城市凭借其得天独厚的地理位置和资源优势，在经济、科技、文化等多个方面均发展得较为成熟，不仅拥有雄厚的经济实力和先进的科技水平，还积累了深厚的文化底蕴和丰富的人力资源，这些都为智慧城市的建设提供了坚实的基础和有力的支撑。政府在这些城市智慧发展进程中扮演了至关重要的角色。东部沿海城市的政府普遍高度重视智慧城市的建设，不仅制订了科学合理的规划方案，还投入了大量的资金和资源，积极推动各项智慧项目的落地实施。政府的积极引导和大力支持，为这些城市智慧发展的快速推进注入了强劲的动力。与此同时，部分中西部地区的城市也在智慧发展方面展现出了不俗的实力和潜力。合肥、长沙、贵阳等城市虽然在地理位置和经济基础上与东部沿海城市存在一定的差距，但它们并没有被这种差距所束缚，而是积极寻求突破和创新。这些城市在智慧政务、智慧交通、智慧医疗等领域进行了深入的探索和尝试，通过引入先进的技术手段和管理模式，不断提升城市治理能力和劳动力群体生活质量，赢得了广大劳动力群体的认可和好评。

　　然而，也必须清醒地认识到，在生活智慧化发展的道路上，并非所有城市都能够齐头并进。一些排名较后的城市，如厦门、哈尔滨、呼和浩特等，在生活智慧化发展方面仍然存在着明显的短板和不足。这些城市可能受到经济、科技、人才等多方面的限制，导致智慧城市建设的进展相对缓慢，劳动力群体对于生活智慧化发展的满意度也相对较低。

　　如图 9 - 79 所示，在回收的有效问卷中，有 10 575 名受访者表示同意城市智慧发展程度高，占比 58.18%；有 6 473 名受访者表示城市智慧发展程度一般，占比 35.60%；有 1 130 名受访者表示不同意城市智慧发展程度高，占比 6.22%。由此可见，我国城市智慧发展程度总体较高，但不容忽视的是，仍有一小部分的劳动力受访者表示不同意城市智慧发展程度高。针对此，重视并吸纳这部分劳动力群体的有益意见变得尤为重要，应以此为契机，不断努力提升城市的智慧发展程度。

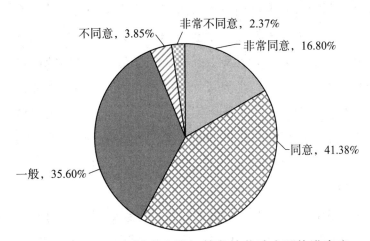

图 9 - 79　2023 年城市生活智慧化的劳动力群体满意度

　　图 9 - 80 展示了不同方向上劳动力群体对城市智慧发展的满意度在不同排名区间的占比情况。从东西方向来看，东部地区具有显著优势，前 10 名中东部城市占比 80%，中部、东北城市均仅占比 10%；从南北方向来看，前 20 名中南方城市占比 55%，后 17 名中北方城市占比 52.94%，呈现较为均衡的格局，表明我国当前东部城市的智慧发展程度相对更高，其他区域还有很大的追赶空间。

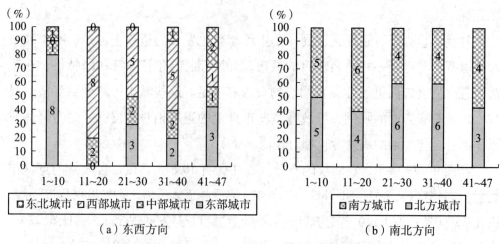

（a）东西方向　　　　　　　　　　（b）南北方向

图 9－80　2023 年城市生活智慧化的劳动力群体满意度得分空间分布

（六）多数劳动力群体认可城市整体发展效果

在追求高质量城市发展的过程中，城市整体发展的综合考量与科学规划对于提升居民生活品质具有不可估量的价值与深远意义。这一进程不仅局限于经济指标的快速增长，更在于构建一个全方位、多层次、可持续的发展体系，确保居民能够在经济、社会、文化及生态等多个维度上享受到城市发展带来的红利。居民不仅能够直观感受到经济繁荣所带来的物质富足，体现在收入水平提升、就业机会增多、消费选择多样化等方面，还能在更深层次的精神文化与生态环境上获得全面而深刻的满足。如图 9－81 所示，我国城市整体发展效果的劳动力群体满意度得分排名前 10 位的城市分别为济南、上海、青岛、昆明、石家庄、北京、宁波、合肥、广州和贵阳。

从地域分布来看，东部地区的城市在整体发展效果劳动力群体满意度上占据优势。济南作为山东省的省会城市，近年来在经济发展上取得了长足的进步。同时，城市规划和环境保护也备受重视，一系列绿色建筑和生态公园的建设，使得济南的城市环境更加宜居。此外，济南还注重社会民生的改善，通过提高公共服务水平、加强社会保障体系建设等措施，让劳动力群体享受到了更加优质的生活。上海作为中国的经济中心之一，其整体发展成果更是令人瞩目。上海的经济发展始终保持在全国前列，城市规划也极具前瞻性。同时，上海还非常注重环境保护，通过推广新能源、减少污染物排放等措施，有效改善了城市环境。在社会民生方面，上海也取得了显著的成果，教育、医疗、文化等公共

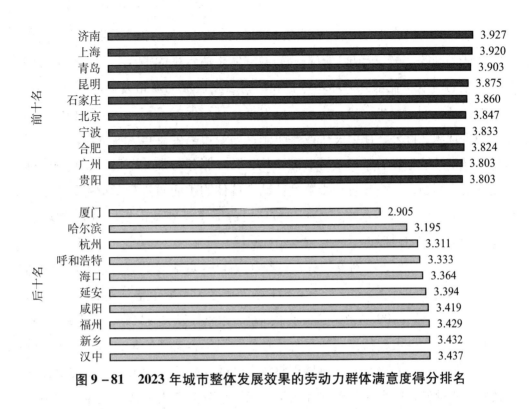

图 9－81　2023 年城市整体发展效果的劳动力群体满意度得分排名

服务水平不断提高，劳动力群体的生活质量得到了显著提升。青岛和北京同样在整体发展方面取得了显著的成果。青岛以其独特的海滨风光和丰富的旅游资源吸引了大量游客，同时，青岛还注重经济发展和城市规划的协调，使得城市环境更加优美。北京作为首都，其整体发展更是具有全国性的示范意义。北京在经济发展、城市规划、环境保护和社会民生等方面都取得了卓越的成果，为劳动力群体提供了更加宜居、宜业、宜游的城市环境。值得注意的是，中西部地区的部分城市也在整体发展方面取得了不俗的成绩。昆明、贵阳等城市在加快经济发展的同时，非常注重生态保护和社会民生改善。这些城市通过加强环境治理、推广新能源、提高公共服务水平等措施，努力实现经济、社会、环境的全面发展。这些城市的成功经验为其他城市提供了有益的借鉴和启示。

　　当然，在整体发展方面，尽管我国众多城市取得了令人瞩目的成就，但仍存在一些挑战和问题，需要引起高度重视并采取有效措施予以解决。排名较后的城市，如厦门、哈尔滨等，在整体发展方面相较于前列城市仍有着不小的差距，亟待加强和提升。这些城市可能面临着经济发展与环境保护之间的深刻矛盾。一方面，为了促进经济增长和提升竞争力，城市往往需要加大工业化和城镇化力度，这可能会带来一定程度的环境压力，如空气、水体污染加剧，土地资源紧张等问题。另一方面，随着劳动力群体生活水平的提高，公众对于良好生态环境的需求日益增强，环境保护和可持续发展成为城市发展的迫切要求。如何在两者之间找到平衡点，实现经济发展与环境保护的双赢，是这些城市面临的重要课题。此外，社会民生改善也是这些城市需要重点关注的领域。排名较后的城市可能存在着教育资源分配不均、医疗服务可及性不足、公共交通体系不完善等问题，这些都直接影响到劳动力群体的生活质量和幸福感。改善社会民生，提升公共服务水平，让每一位居民都能享受到城市发展带来的实惠，是城市治理的重要目标。

如图 9 - 82 所示，在回收的有效问卷中，有 9 498 名受访者表示同意城市整体发展效果好，占比 52.25%；有 6 971 名受访者表示城市整体发展效果一般，占比 38.35%；有 1 709 名受访者表示不同意城市整体发展效果好，占比 9.40%。由此可见，我国城市整体发展效果总体较好，但不容忽视的是，仍有一小部分的劳动力群体受访者表示不同意城市整体发展效果较好。为了促进城市整体发展的进一步提升，应当充分重视并认真考虑这部分劳动力群体的意见，积极采纳其中的合理建议，并致力于将其付诸实践。

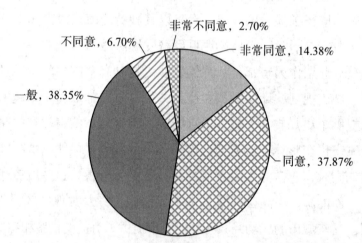

图 9 - 82　2023 年城市整体发展效果的劳动力群体满意度

图 9 - 83 展示了不同方向上劳动力群体对城市整体发展效果的满意度在不同排名区间的占比情况。从东西方向来看，东部地区具有显著优势，前 10 名中东部城市占比 70%，中部城市仅占比 10%，西部城市仅占比 20%；从南北方向来

看，前 10 名中南方城市占比 60% ，后 17 名中北方城市占比 52.94% ，呈现"南强北弱"的格局，表明我国当前东南地区城市的整体发展效果相对更好，其他区域还有很大的追赶空间。

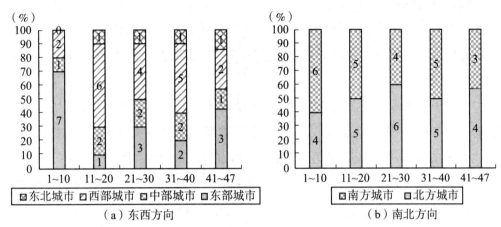

图 9 – 83 2023 年城市整体发展效果的劳动力群体满意度得分空间分布

第六节 劳动力群体关心什么

以人民为中心是社会主义城市的根本属性。在城市高质量发展进程中要始终体现社会主义现代化的鲜明特征和人民城市的本质属性，以人民为中心，聚焦人民对于美好生活的需要来进行城市规划、建设和治理，合理安排生产、生活、生态空间，在推动城市现代化建设的进程中不断满足人民对于美好生活的向往，努力营造宜业宜居宜乐的良好环境，让人民群众在城市生活中有更多的获得感、幸福感、安全感、归属感、成就感。2018 年 3 月 7 日，习近平总书记在参加十三届全国人大一次会议广东代表团审议时强调，"共产党就是为人民谋幸福的，人民群众什么方面感觉不幸福、不快乐、不满意，我们就在哪方面下功夫，千方百计为群众排忧解难。"[①] 城市应当聚焦于劳动群体最为关切、最直

[①] 新华社. 以改革创新精神推动新时代经济社会发展迈上新台阶——习近平总书记在参加广东代表团审议时的重要讲话引起热烈反响 [EB/OL]. (2018 – 03 – 08) [2024 – 11 – 23]. 中国政府网，https：//www.gov.cn/xinwen/2018 – 03/08/content_5272058.htm.

接、最现实的利益问题，全面优化就业、教育、医疗、收入分配、社会保障等领域的工作，确保劳动群体能够真切感受到变化，享受到实实在在的福祉。为了精准把握劳动群体在城市高质量发展中最关注的议题，本报告通过问卷调查，邀请受访者就就业、收入、房价、教育医疗、生态环境、文化氛围、商业繁荣、生活压力、营商环境、政府办事效率10个方面进行关心度排序，以此明确城市建设的重点方向和亟待解决的痛点，确保城市高质量发展的成果能够惠及全体劳动群体。

如图9-84所示，在城市生活中，劳动群体对收入和就业的重视程度最高，超过半数的受访者将"收入"或"就业"排在第1位；其次是"教育医疗"，超过15%的受访者将其排在第1位；8.71%的受访者将"房价"排在第1位；将"营商环境"和"文化氛围"的重要度排在首位的受访者占比较低，分别仅占1.17%和1.86%。由此可见，对于大多数劳动群体来说，最关心最急切的问题仍是收入与就业问题。

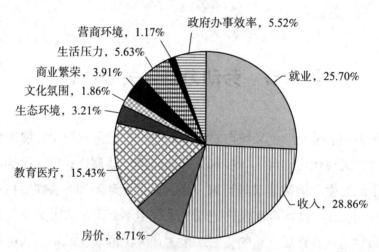

图9-84　2023年劳动群体对城市高质量发展各指标关心度排第1位时的占比情况

如图9-85所示，"营商环境"被将近30%的受访者放在最后一位，认为其重要程度不及其他指标；26.54%的受访者将"政府办事效率"排在最后一位；将"医疗教育"排在最后一位的受访者最少，仅有不到1%。将"就业"和"收入"排在最后的受访者也较少，分别仅占3.33%和1.78%。由此可见，虽然营商环境事关企业的生存发展，能够稳定市场信心，激发城市经济发展活力，但作为普通劳动群体，对营商环境的关注度较低。教育医疗问题虽然不是人民群众心中的第一顺位，但在劳动群体的生活中也占有较为重要的位置。

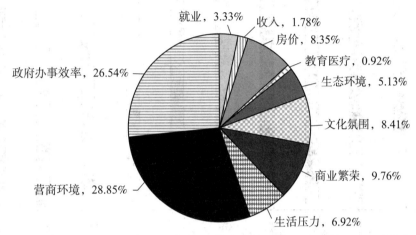

图 9 – 85　2023 年劳动群体对城市高质量发展各指标关心度排第 10 位时的占比情况

如图 9 – 86 所示，在排序时，将近 30% 的受访者将"就业"排在第 1 位，16.67% 的受访者将"就业"排在第 2 位，共 22.42% 的受访者将"就业"排在第 3 位和第 4 位，仅 3.98%、2.47%、2.47% 的受访者将"就业"排在第 8、第9、第 10 位；在收入问题上，32% 的受访者将其重要性排在第 1 位，26.35% 的受访者将其排在第 2 位，分别有 11.26% 和 7.43% 的受访者将"收入"排在第3 位和第 4 位，仅有 2.74% 的受访者将收入的重要性排在最后 2 位。就业是民生之本，一头连着宏观经济，一头连着万家灯火。劳动群体作为家庭收入的主要获得者，其收入水平决定着家庭的生活水平，进而影响劳动力群体在城市生活中的幸福感和城市高质量发展过程中的获得感。同时，收入水平的高低还会影响劳动力群体的消费能力和消费需求，对于城市经济增长和高质量发展产生一定影响。因此，一方面，城市发展中要着力实现更高质量和更充分的就业，坚持就业优先战略和积极的就业政策，由政府开展职业技能培训，注重解决结构性就业矛盾；另一方面，通过发展数字经济、银发经济等新的就业增长点、充分激发民营企业活力等措施，拓宽就业渠道，提高居民收入，解决人民群众最关心最直接的利益问题。

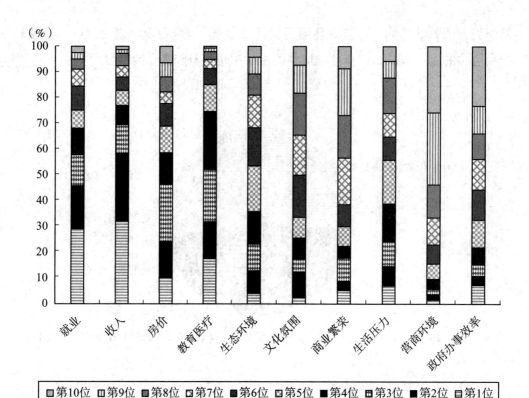

**图9-86　2023年劳动力友好视域下城市高质量发展各指标重要程度
在各排位的占比情况**

在房价问题上，10.18%的受访者将其排在第1位，14.08%的受访者将其排在第2位，将"房价"排在第3位的受访者占比最高，为22.13%，分别有5.88%、5.49%和6.39%的受访者将"房价"排在第8、第9、第10位。住有所居，实现"安居梦"是人民基本的愿望。房价的高低是人民选择定居城市的重要考虑因素，影响其在城市生活中的幸福感。住房既是民生问题，也是发展问题。城市政府在房地产发展问题上，应始终坚持"房子是用来住的，不是用来炒的"发展理念，建立"人、房、地、钱"要素联动的新机制，从要素资源的科学配置入手，以人定房，以房定地，以房定钱，促进房地产市场平稳健康发展，稳定地区房价。在教育医疗问题上，22.47%的受访者将其排在第4位，20.27%的受访者将其排在第3位，17.57%的受访者将其排在第1位，14.35%的受访者将其排在第2位，值得注意的是，将教育医疗排在最后1位的受访者最少，仅占0.68%。教育医疗作为劳动群体关心的民生问题，体现着城市发展、社会保障的公平性和普惠性，政府应当着力促进教育公平和医疗普惠，答好这张民生答卷。

在生态环境问题上，大多数受访者将其排在中间的位置，即 17.61% 的受访者将其排在第 5 位，14.89% 的受访者将其排在第 6 位，分别有 12.65% 和 12.62% 的受访者将"生态环境"排在第 4 位和第 7 位。城市生态环境在一定程度上影响着劳动力群体的身体健康和生活品质。城市应当加大城市生态环境综合整治力度，营造干净整洁、生态宜居的城市环境，在城市高质量发展进程中奏响人与自然和谐共生的现代化新篇章。在文化氛围上，大多数受访者将其排在后 5 位，即 16.29% 的受访者将其排在第 6 位，15.53% 的受访者将其排在第 7 位，16.33% 的受访者将其排在第 8 位，10.91% 的受访者将其排在第 9 位。在物质文明得到满足的同时，也要注重精神文明的建设。城市应当注重挖掘其独特的文化底蕴和丰富的艺术资源，着力打造城市文化新空间，提高城市高质量发展的文化软实力，满足劳动力群体多样化的精神文明生活需要。在商业繁荣问题上，大多数受访者将其排在第 7、第 8、第 9 位，即有 18.05% 的受访者将"商业繁荣"的重要性排在第 7 位，16.56% 的受访者将其排在第 8 位，18.19% 的受访者将其排在第 9 位。城市商业的繁荣程度影响着居民的消费质量和生活品质，大多数劳动力群体将其排在较为靠后的位置，这表明目前其并不是劳动群体日常生活中的痛点。

在生活压力问题上，分别有 14.79% 和 16.88% 的受访者将其排在第 4 位和第 5 位，其余受访者将"生活压力"较为平均地排在其他位次。表明不同劳动居民对于城市生活压力的感受各不相同。在营商环境问题上，相较于其他问题，受访者对其关心度较低，超过半数的受访者将其排在后两位，仅有不到 6% 的受访者将"营商环境"排在前 3 位。可见大多数劳动居民日常对于城市营商环境的关注度较低，城市营商环境对于劳动力群体生活产生的直接影响较小。在政府办事效率问题上，超过 23% 的受访者将其排在最后 1 位，受访者大都将其排在第 5~10 位，但也有 7.34% 的受访者将"政府办事效率"排在第 1 位。为政之道，以顺民心为本，以厚民心为本。虽然大多数劳动群体未将"政府办事效率"排在前列，但在涉及民生的问题上，政府仍应当着力提高办事效率，提升政府对外部需求的响应速度。

综上所述，对于劳动群体而言，在城市生活中最关心的问题是收入和就业问题，其次是房价和教育医疗等问题，再次是城市生态环境、文化氛围、商业繁荣问题，对于生活压力和政府办事效率的关心度排名较为靠后，对于城市营商环境的关注度最低。劳动群体大多在满足基本物质生活需要的基础上追求社会保障的公平普惠、生态环境与文化氛围、消费质量的持续向好以及营商环境、政府办事效率的优质高效。

第十章　老年友好视域下城市高质量发展居民主观感受评价

第一节　总体评价

在社会老龄化趋势日益凸显的当下，城市高质量发展亟须以更加包容、可持续和人性化的视角进行规划与推进。这意味着，城市不仅要关注经济增长的速度与效率，更要聚焦于如何优化老年友好环境，提升老年群体生活质量，实现代际和谐共生。老年友好视域下城市高质量发展注重优化老年群体的居住环境、生活设施和服务体系，确保老年群体能够便捷地获取医疗、照护、娱乐等多样化服务。这不仅有助于满足老年群体的基本生活需求，还能提升他们的生活质量，增强其幸福感和获得感。老年友好视域下城市高质量发展不仅关注老年群体的需求与福祉，还注重将老年友好理念融入经济社会发展的全过程，通过促进老龄事业和产业协同发展，挖掘老年群体的消费潜力，为经济社会发展注入新的动力，推动经济社会的可持续发展。近年来，我国政府出台了一系列政策支持老年友好型城市建设，例如，《中共中央 国务院关于加强新时代老龄工作的意见》提出健全养老服务体系、完善老年群体健康支撑体系、促进老年群体社会参与、着力构建老年友好型社会等。[①] 此

---

① 中共中央人民政府. 中共中央 国务院关于加强新时代老龄工作的意见 [EB/OL]. (2021 – 11 – 24) [2024 – 12 – 03]. 中国政府网，https：//www. gov. cn/zhengce/2021 – 11/24/content_5653181. htm.

外，民政部工作要点也多次提及推进全国老年友好型城市建设的相关要求。基于老年友好视角，城市高质量发展是一场深刻的社会变革，旨在让每一位居民，无论年龄大小，都能享受到便捷、安全、舒适的城市生活，共同绘就城市繁荣与人民幸福的和谐画卷。

本次调研通过问卷星进行了线上问卷发放，共回收老年群体的有效问卷781份。其中，从文化程度来看，受访者整体文化程度一般，初中及以下学历受访者占比35.47%，高中学历受访者占比24.07%，硕士及以上学历受访者最少，仅占比10.76%；从职业构成来看，离退休人员占比最高，为58.51%，其次是企业员工，为7.68%；从收入水平来看，月收入5 000元以下受访者最多，占比62.23%，其次为5 000~1万元收入群体，占比21%，月收入5万元以上受访者占比仅为7.94%；从居住时长来看，70.04%受访者的城市居住时长在10年以上，因而受访者对城市发展主观感受的反馈信息具有极高可信度；此外，有30.73%受访者在其他城市有过半年以上居留史，这可以使受访者更加客观地对城市高质量发展进行横向对比。

一、老年群体认为我国城市高质量发展水平有待提升

如图10 - 1所示，老年群体对我国城市政府善治能力、乐居环境质量、宜业环境质量以及居民生活品质的评价得分均值分别为3.31、3.22、3.11和3.30。

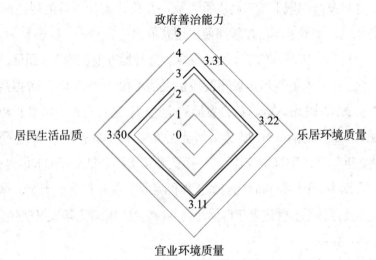

图10 - 1　2023年城市高质量发展的老年群体满意度整体性得分

由此可见,居民对城市高质量发展各维度都表现出较高的满意度,其中,宜业环境质量的满意度最低,在未来的城市建设发展中,我国城市更应该着重关注城市老年群体的再就业环境体验。

二、宁波老年群体对城市发展满意度领先全国

2023 年城市高质量发展老年群体满意度整体性得分排名如图 10 – 2 所示,一线城市中,只有上海上榜前 10 名,居第 5 名。值得注意的是,本次排名中,前 3 的位置并未被一线城市全部占据,反而被南方城市宁波和长沙以及西部城市乌鲁木齐所占据。宁波以其卓越的乐居环境质量,不仅位居东部城市之首,更在全国范围内独占鳌头。这得益于宁波在经济发展、生态环境、城市治理等方面的均衡发展,以及相对较低的房价和生活成本,为老年群体提供了一个宜居宜业的良好环境。长沙同样表现不俗,作为中部城市的代表,其在宜业环境质量上拔得头筹,全国排名第 1 位。长沙在经济发展、就业机会、城市文化等方面具有显著优势,同时房价和生活成本相对较低,使得老年群体在享受城市便利的同时,也能保持较高的生活质量。此外,西部地区城市乌鲁木齐市在乐居环境质量上的表现也令人瞩目,位列全国第 3 名。乌鲁木齐市在城市

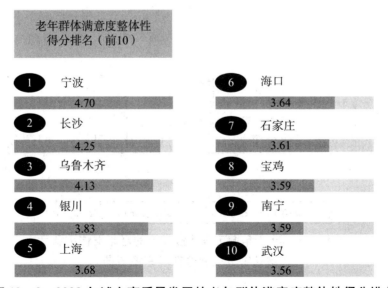

老年群体满意度整体性得分排名(前10)			
1 宁波 4.70		6 海口 3.64	
2 长沙 4.25		7 石家庄 3.61	
3 乌鲁木齐 4.13		8 宝鸡 3.59	
4 银川 3.83		9 南宁 3.59	
5 上海 3.68		10 武汉 3.56	

图 10 – 2　2023 年城市高质量发展的老年群体满意度整体性得分排名

建设、生态环境、公共服务等方面取得了显著进展，为老年群体提供了一个舒适、安全、便利的生活环境。深入分析这些城市赢得老年群体高满意度的原因，可以发现除了经济发展、城市治理等硬实力因素外，房价、生活成本等因素同样重要。宁波、长沙等城市在保持经济快速发展的同时，注重控制房价和生活成本，使得老年群体能够在享受城市便利的同时，保持较高的生活品质。上海则通过完善的老年社区服务，满足了老年群体的养老需求，提升了其满意度。

三、中部城市老年群体感到城市高质量发展相对落后

2023 年城市高质量发展的老年群体满意度整体性得分空间分布如图 10 – 3 所示。东西方向上，城市高质量发展老年群体主观感受呈现明显的"东西并举""中部和东北较弱"的分布格局，前 20 名中，东西部城市共占比 70%，中部城市占比 20%，东北城市占比 10%；后 24 名中，东部城市占 10 席，西部城市占 8 席，中部和东北城市各占 4 席和 2 席。由此可见，老年群体对城市高质量发展的主观感受既与各区域经济发展水平相关，也与城市生活环境等因素有关。

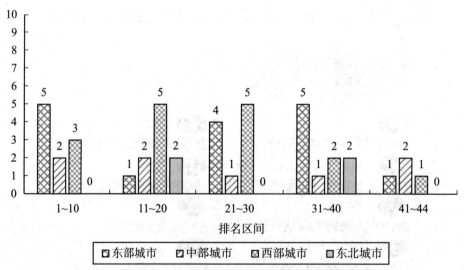

图 10 – 3　2023 年城市高质量发展的老年群体满意度
整体性得分空间分布（东西方向）

四、南北方城市老年群体对城市高质量发展满意度差异较小

　　南北方向上，如图 10 - 4 所示，前 20 名中，南方城市占比 50%，北方城市占比 50%；后 14 名中，南方城市占比 50%，北方城市占比 50%，老年群体对城市高质量发展的满意度南北差异较小。

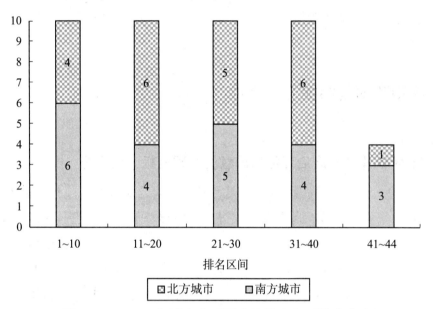

图 10 - 4　2023 年城市高质量发展的老年群体满意度整体性得分空间分布（南北方向）

第二节　城市政府善治能力

　　国家治理体系和治理能力不仅是衡量一个城市治理水平高低的关键指标，更是推动城市可持续发展的重要基石。习近平总书记强调，"推进国家治理体系

和治理能力现代化，必须抓好城市治理体系和治理能力现代化。"[①] 在城市治理中，政府善治发挥着至关重要的作用。它不仅能够确保城市高效运转，提升城市居民的生活质量，更能体现政府对民生的深切关怀和回应。从老年群体视角来看，政府善治能力的意义是多方面的，它直接关系到老年群体的生活质量与幸福感、社会的公平与正义、老龄化社会的压力缓解、代际和谐与传承以及政府的公信力和权威性。政府应高度重视提升善治能力，为老年群体创造更加美好的生活环境和社会条件。因此，本问卷从"政府业务办理效率""市政投诉回应速度""城市治安环境维护""城市生态环境保护" 4 个方面出发考察老年群体对政府善治能力的主观感受。

一、城市政府善治能力总指数

（一）老年群体对政府治理能力满意度呈现两极分化态势

如图 10 - 5 所示，我国城市政府善治能力的老年群体满意度排名前 10 位的城市分别为宁波、长沙、乌鲁木齐、银川、榆林、上海、宝鸡、海口、长春和武汉。其中，宁波位居第 1 名，长沙和乌鲁木齐依次紧随其后，银川和榆林并列。这些城市在政府善治方面各有千秋，有的侧重于提升行政效率，有的注重公共服务创新，还有的则在促进社会和谐、增强居民幸福感等方面作出了积极贡献。这些城市的成功经验为其他城市提供了宝贵的借鉴和启示。商洛、苏州和呼和浩特排在最后 3 名，厦门和济南并列倒数第 4 名，其中，商洛和呼和浩特等西部城市由于经济基础相对薄弱、历史遗留问题较多等原因，政府施政难度相对较大，需要更多的政策支持和资金投入来加快发展步伐。同时，这些城市也需要加强政府自身建设，提高治理能力，以更好地满足居民的需求和期望。苏州作为东部沿海地区的经济强市，其居民对政府治理能力的主观感受却相对较低。这主要源于苏州在公共服务供给方面存在的不足，以及发展规划的合理性有待进一步研究和优化。苏州需要更加注重平衡经济发展与社会民生，加强公共服务体系建设，提高居民的生活质量和幸福感。

---

① 中共中央党史和文献研究院编. 习近平关于城市工作论述摘编 [M]. 北京：中央文献出版社，2023：124.

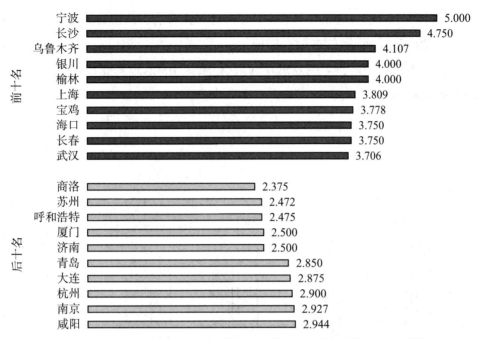

图 10 − 5　2023 年城市政府善治能力的老年群体满意度得分排名

2023 年城市政府善治能力的老年群体满意度得分空间分布情况如图 10 − 6 所示。东西方向上，老年群体对城市政府善治能力的主观感受呈现明显的"东西并举"格局，前 20 名中，东部和西部城市各占 7 席；后 14 名中，东北城市占 2 席，中部城市主要分布在 21 ~ 30 的排名区间。

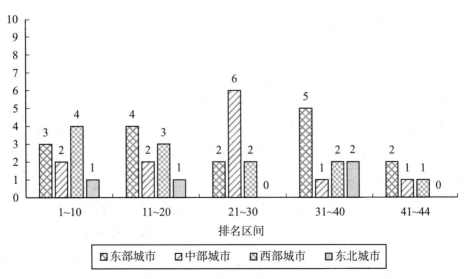

图 10 − 6　2023 年城市政府善治能力的老年群体满意度得分空间分布（东西方向）

如图 10-7 所示，南北方向上，老年群体城市政府善治能力的主观感受差异较小，前 20 名中，南北方城市各占 10 名；后 14 名中，南方城市占 9 席，而北方城市则占 5 席。当前，居民对城市政府善治能力的主观感受呈现东西并举和南北均衡的格局。

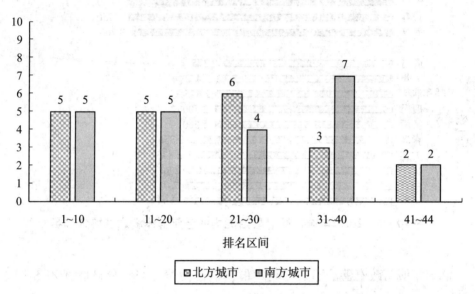

图 10-7　2023 年城市政府善治能力的老年群体满意度得分空间分布（南北方向）

（二）老年群体对城市治安环境和政府业务办理效率满意度更高

具体来看政府善治能力的 4 个方面，如图 10-8 所示，老年受访者对"城市治安环境良好，盗窃、暴力等犯罪事件少，安全感强"的满意度最高，达到了 51.35%。其次，对"城市生态环境保护良好，各类污染事件极少发生"的满意度为 43.66%。对"城市政府业务办理方便快捷"的满意度为 35.08%，对"城市政府市政投诉的回应及解决速度令人满意"的满意度为 32.78%，相对偏低；相应地，老年群体对城市政府业务办理方便快捷和城市政府市政投诉的回应及解决速度的不满意度相对偏高，分别为 23.82% 和 23.94%。对城市治安环境良好，盗窃、暴力等犯罪事件少，安全感强和城市生态环境保护良好，各类污染事件极少发生的不满意度分别为 13.95% 和 17.80%。综合来看，居民对城市政府善治能力的不满意度相对较高，表明城市政府善治能力虽然在政务服务效能上取得了一定成效，但仍然任重道远，尤其是在城市政府业务办理方便快捷和市政投诉的回应及解决速度等方面还有待进一步提升。

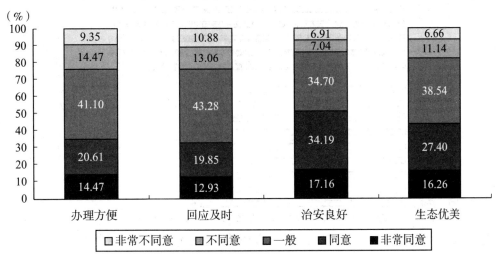

图 10 - 8　2023 年城市政府善治能力各维度的老年群体满意度分布

二、城市政府善治能力分指标

（一）老年群体对政府业务办理效率满意度呈现两极分化态势

政府业务办理效率是衡量政府服务质量和民众满意度的重要指标之一。在快节奏的现代社会中，高效、便捷的政务服务不仅能够显著提升民众的生活质量，还能增强公众对政府的信任和支持。从老年群体视角来看，政府业务办理效率的提升不仅能够增强老年群体的服务体验、减轻老年群体的负担、提升老年群体的信任感与安全感，还能促进社会的包容性与无障碍环境建设以及推动政府的数字化转型。城市政府业务办理效率的老年群体主观满意度得分排名如图 10 - 9 所示。前 10 名中，宁波、长沙和银川位列前 3 名。后 10 名中，广州、杭州和汉中的得分较低，排在倒数 3 名。相较来看，后 10 名中非省会城市占据 6 席，表明行政等级较低的城市"服务型"政府建设仍有待加强。

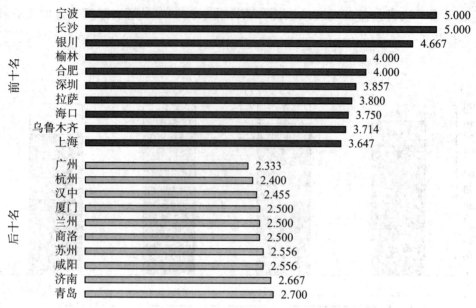

图 10-9 2023 年政府业务办理效率的老年群体满意度排名

如图 10-10 所示，在回收的有效问卷中，有 274 名受访者表示同意城市政府业务办理高效，占比 35.08%；有 321 名受访者表示城市政府业务办理效率一般，占比 41.10%；有 186 名受访者表示不同意城市政府业务办理高效。由此可见，我国城市政府业务办理水平总体较高，但不容忽视的是，仍有相当一部分的受访者表示不同意城市政府业务办理高效，为此，应更深入地了解老年群体对于政府业务办理的具体需求和反馈，优化政府业务办理流程和服务，建立反馈机制并持续改进。

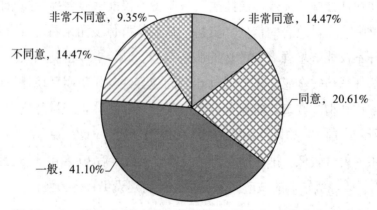

图 10-10 2023 年政府业务办理效率的老年群体满意度分布

图 10 – 11 展示了不同方向上老年群体对城市政府业务办理效率的满意度在不同排名区间的占比情况。从东西方向来看，存在明显的"东—中—东北—西"梯度分布格局，前 10 名中，东部城市和西部城市各占比 40%，而中部城市只占比 20%，即东部和西部老年群体对政府办事效率最为满意，其次为中部地区，最后是东北地区；从南北方向来看，前 10 名中，南方城市占比 70%，北方城市仅占比 30%，表明我国当前北方和南方城市的政府办事效率差异相对较大。

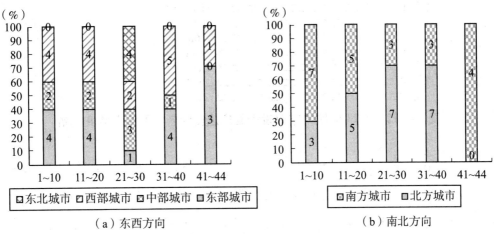

图 10 – 11　2023 年政府业务办理效率的老年群体满意度空间分布

（二）老年群体认为市政投诉回应速度有待提升

在提升城市治理效能的进程中，市政投诉回应速度是衡量政府服务效率与民众满意度的重要指标之一。一个高效的市政投诉回应机制，能够在第一时间倾听市民的声音，迅速采取行动解决问题，传递出政府对市民关切的重视。从老年群体的视角，市政投诉回应速度能够提升他们的生活质量、增强安全感、促进社会参与、加深政府信任以及体现人文关怀。市政投诉回应速度的老年群体主观得分排名如图 10 – 12 所示。前 10 名中，长春、宁波和兰州排在前 3 名。后 10 名中，商洛、济南和厦门的得分较低，排在倒数 3 名。相较来看，前 10 名中，省会城市占据 8 席，后 10 名中，非省会城市占据 5 席，表明行政等级较低的城市政府需着力提升市政投诉回应速度，尤其应该重视回应老年群体的投诉。

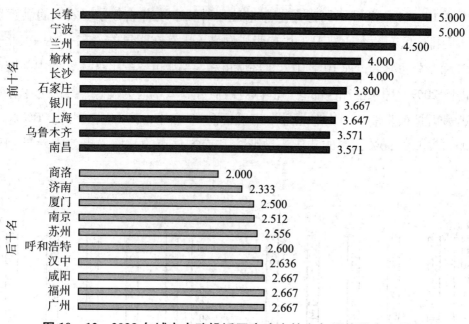

图 10 - 12　2023 年城市市政投诉回应速度的老年群体满意度排名

如图 10 - 13 所示，在回收的有效问卷中，有 256 名受访者表示同意城市市政投诉回应速度快，占比 32.78%；有 338 名受访者表示城市政府市政投诉回应速度一般，占比 43.28%；有 187 名受访者表示城市政府市政投诉回应速度较慢。由此可见，我国城市市政投诉回应速度总体较快，但不容忽视的是，仍有相当一部分的受访者表示城市政府市政投诉回应速度较慢，为此，应重视这部分老年群体的意见，提高效率，进一步提升政府市政投诉回应速度。

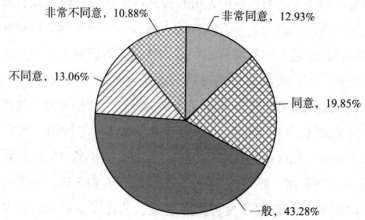

图 10 - 13　2023 年市政投诉回应速度的老年群体满意度分布

图 10-14 展示了不同方向上老年群体对城市市政投诉回应速度的满意度在不同排名区间的占比情况。从东西方向来看，存在明显的"东—中—东北—西"梯度分布格局，前 10 名中东部城市占比 30%，而西部城市占比 40%，即东部和西部老年群体对市政投诉回应速度最为满意，其次为中部地区，最后是东北地区；从南北方向来看，前 20 名中南方城市有 11 座，北方城市有 9 座，表明我国当前北方和南方城市的市政投诉回应速度差距较小。

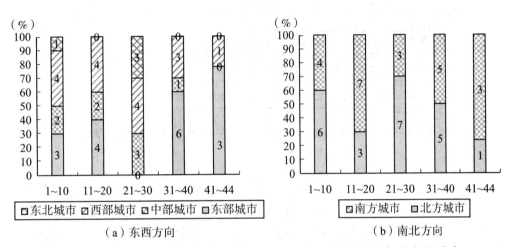

（a）东西方向　　　　　　　　　　（b）南北方向

图 10-14　2023 年城市政府业务办理效率的老年群体满意度空间分布

（三）过半数老年群体对城市治安环境维护水平感到满意

城市治安环境的维护是构建和谐社会、保障居民安居乐业的重要基石。一个治安良好的城市，能够营造稳定和谐的社会氛围，增强市民的安全感和归属感，为城市的可持续发展奠定坚实基础。对老年群体来说，城市治安环境维护能够提升他们的安全感、保障生活质量、促进身心健康、增强社会参与以及构建和谐社会。城市治安环境维护的老年群体主观满意度得分排名如图 10-15 所示。前 10 名中，宁波、长沙和乌鲁木齐位列前 3 名，其中宁波和长沙并列第 1 名。后 10 名中，苏州、合肥和呼和浩特的得分较低，处于倒数 3 名。其中，苏州、合肥等城市得分较低的原因是外来人口相对较多，人口流动性大使得治安环境相对较差，如合肥 2022 年城区常住人口和户籍人口的差值为 163.24 万人；商洛、长春等经济欠发达城市得分较低的原因则是经济发展滞后，社会不稳定因素较多。

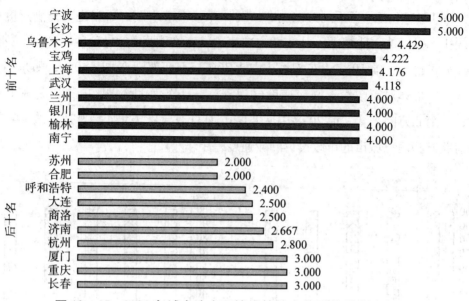

图 10 - 15　2023 年城市治安环境维护的老年群体满意度排名

如图 10 - 16 所示，在回收的有效问卷中，有 401 名受访者表示同意城市治安环境维护较好，占比 51.35%；有 271 名受访者表示城市治安环境维护一般，占比 34.7%；有 109 名受访者表示城市治安环境维护较差。由此可见，我国城市治安环境维护总体较好，但不容忽视的是，仍有相当一部分的受访者表示城市治安环境维护较差，为此，应重视这部分老年群体的意见，加大投入，完善社会治安防控体系，让老年群体在享受城市发展成果的同时，感受到实实在在的幸福与安宁。

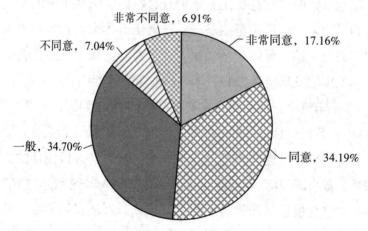

图 10 - 16　2023 年城市治安环境维护的老年群体满意度分布

图 10 – 17 展示了不同方向上老年群体对城市治安环境维护的满意度在不同排名区间的占比情况。从东西方向来看，前 20 名中东西部城市共占比 80%，而后 14 名中东西部城市拥有 7 席，即东部和西部部分城市老年群体对城市治安环境维护最为满意，东西部地区部分城市老年群体对城市治安环境维护最不满意；从南北方向来看，前 30 名中，南北方城市各占比 50%，表明我国当前北方和南方城市的城市治安环境维护差距较小。

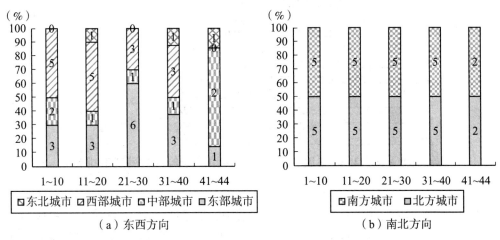

（a）东西方向 （b）南北方向

图 10 – 17　2023 年城市治安环境维护的老年群体满意度空间分布

（四）区域间老年群体对城市生态环境的满意度差异较大

城市生态环境保护直接关系到城市居民的生活质量、健康福祉以及城市的可持续发展。加强城市生态环境保护，不仅是维护自然生态平衡、促进生物多样性保护的内在要求，更是实现经济社会与自然环境和谐共生、建设美丽宜居城市的必由之路。对老年群体来说，城市生态环境保护对于促进身心健康、提升生活质量、增强社交互动、保护自然资源和传承自然文化等方面都具有重要意义。城市生态环境保护的老年群体主观满意度得分排名如图 10 – 18 所示。前 10 名中，宁波、长沙和乌鲁木齐位列前 3 名。后 10 名中，厦门、兰州和呼和浩特的得分较低，位于倒数 3 名。其中宁波、长沙和乌鲁木齐的得分在 4.5 以上，宁波和长沙更是达到了 5 分并列第 1 名；而厦门、兰州和呼和浩特的得分不足 3 分，厦门和兰州更是只有 2 分，城市间得分差距较大，表明老年群体对生态环境保护观感存在较大差异。

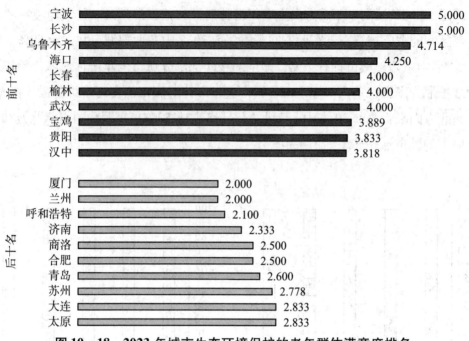

图 10 – 18 2023 年城市生态环境保护的老年群体满意度排名

如图 10 –19 所示，在回收的有效问卷中，有 341 名受访者表示同意城市生态环境保护较好，占比 43.66%；有 301 名受访者表示城市生态环境保护一般，占比 38.54%；有 139 名受访者表示城市生态环境保护较差。由此可见，我国城市生态环境保护总体较好，但不容忽视的是，仍有相当一部分的受访者表示城市生态环境保护较差，为此，应重视这部分老年群体的意见，推广绿色出行方式、

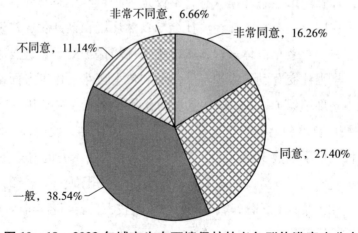

图 10 – 19 2023 年城市生态环境保护的老年群体满意度分布

加强工业污染防治、提高资源利用效率、增强公众环保意识，有效减轻城市环境压力，让城市在发展的同时，也能保留住蓝天白云、清水绿岸，让人们生活在一个更加宜居、更加美好的家园中。

图10－20展示了不同方向上老年群体对城市生态环境保护的满意度在不同排名区间的占比情况。从东西方向来看，存在明显的"东—西—中—东北"梯度分布格局，前20名中，东部城市占比45％，而西部城市占比40％，即东部老年群体对城市生态环境保护最为满意，其次为西部区域和中部地区，最后是东北区域；从南北方向来看，前20名中，南方城市占比60％，后4名中，北方城市占据3席，表明我国当前北方和南方地区的城市生态环境保护差距较大。

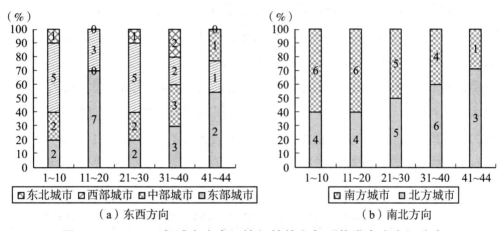

图10－20　2023年城市生态环境保护的老年群体满意度空间分布

第三节　城市乐居环境质量

城市乐居环境质量是衡量一个城市是否适宜居住的关键要素。它涵盖了众多方面，包括从优质的教育和医疗资源到社区服务和市政建设情况等内容。高品质的城市人居环境不仅是城市创造力的催化剂，更是增强城市软实力、提升竞争力的重要一环。一个乐居的城市，不仅拥有优美的生态环境、完善的公共设施和便捷的生活服务，还注重人文关怀和社会氛围的营造。对老年群体来说，城市乐居环境质量的提升能够增强他们的生活幸福感、促进身心健康、增强社会融入度、提升生活质量以及促进代际和谐。因此，本问卷从"城市教育环境""城市医疗环境""15 分钟生活圈""城市市政建设"4 个方面出发考察老年群体对城市乐居环境质量的主观感受。

一、城市乐居环境质量总指数

（一）排名前 10 城市中，东部地区占据 5 席

如图 10 - 21 所示，我国城市乐居环境质量老年群体满意度排名前 10 位的城市分别为宁波、长沙、乌鲁木齐、石家庄、兰州、银川、海口、上海、宝鸡和深圳。其中，宁波位居第 1，长沙和乌鲁木齐依次紧随其后。苏州、商洛和合肥处于最后 3 名，相较全国其他城市发展，商洛、汉中等西部城市发展较为落后导致城市乐居环境质量较低，而苏州、厦门居民对城市乐居环境质量主观感受较低的原因是其教育医疗资源相较于其他城市较为匮乏，如苏州的三甲医院数量只有 16 家，远远落后南京的 27 家。

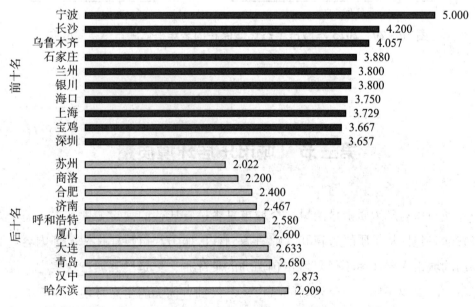

图 10 - 21　2023 年城市乐居环境质量的老年群体满意度得分排名

2023 年城市乐居环境质量的老年群体满意度得分空间分布情况如图 10 – 22 所示。东西方向上，老年群体城市乐居环境质量的主观感受呈现明显的"东西并举"格局，前 20 名中，东部和西部城市分别占 9 席和 7 席；中部城市及东北城市在各区间分布相对平均。

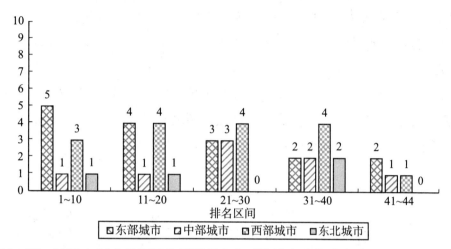

图 10 – 22 2023 年城市乐居环境质量的老年群体满意度得分空间分布（东西方向）

如图 10 – 23 所示，南北方向上，居民对城市乐居环境质量的主观感受呈现明显的"南高北低"格局，前 20 名中，北方城市占 9 席，而南方城市占 11 席；后 14 名中，南方城市占 7 席，而北方城市则占 9 席。由此可见，居民对城市乐居环境质量的主观感受分别呈现东西并举和南北分化的分布格局。

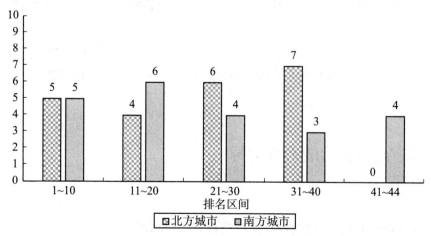

图 10 – 23 2023 年城市乐居环境质量的老年群体满意度得分空间分布（南北方向）

（二）城市"15 分钟生活圈"建设和医疗环境更受老年群体认可

　　具体来看城市乐居环境质量的 4 个方面，如图 10 – 24 所示，首先，受访者对"城市医疗环境"的满意度最高，达到了 41.48%。其次，对"城市 15 分钟生活圈"的满意度为 38.93%，对"城市教育环境"和"城市市政建设"的满意度分别为 35.99% 和 31.89%，相对偏低。相应地，居民对城市市政建设的不满意度相对偏高，为 30.34%。对政府教育环境、医疗环境和"15 分钟生活圈"的不满意度分别为 21.76%、19.13% 和 20.62%。综合来看，老年群体对城市乐居环境质量的不满意度相对较高，表明城市环境治理虽然取得了一定成效，但仍然任重道远，尤其是城市市政建设和教育环境还有待提升。

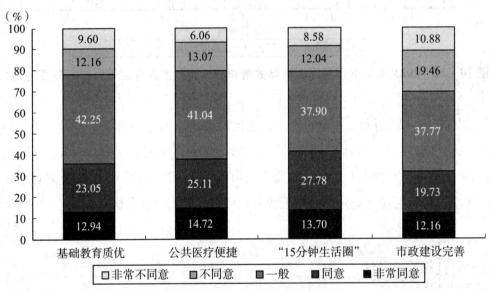

图 10 – 24　2023 年城市乐居环境质量各维度的老年群体满意度分布

二、城市政府善治能力分指标

（一）老年群体对城市教育环境满意度差异较大

　　城市教育环境，作为知识传播与文明进步的沃土，不仅承载着培育未来社会栋梁的重任，也映射着城市发展的活力与远见。对老年群体而言，城市教育环境的提升能够促进精神富足、增强社会参与感、推动终身学习理念、促进家庭和谐以及助力社会老龄化应对。城市政府业务办理效率的居民主观得分排名如图 10-25 所示。前 10 名中，宁波、银川和乌鲁木齐分别排在前 3 名，上海和深圳也均上榜，分别位列第 6 名和第 10 名。后 10 名中，苏州、厦门和商洛的得分较低，排在倒数 3 名。相较来看，前 10 名中省会城市占据 8 席，表明行政等级较高的城市教育环境较好。

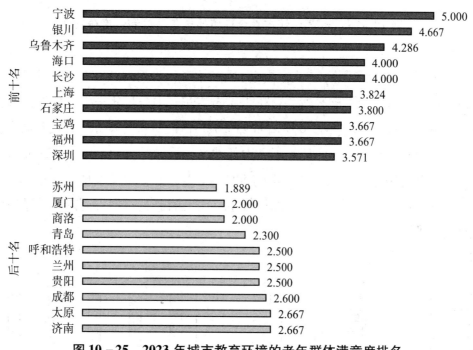

图 10-25　2023 年城市教育环境的老年群体满意度排名

如图 10-26 所示，在回收的有效问卷中，有 281 名受访者表示同意城市教育环境好，占比 35.98%；有 330 名受访者表示城市教育环境一般，占比 42.25%；有 170 名受访者表示不同意城市教育环境好。由此可见，我国城市教育环境水平总体较高，但不容忽视的是，仍有相当一部分的受访者表示不同意城市教育环境较高，为此，应重视这部分老年群体的意见，注重培养学生的综合素质，致力于进一步提高城市教育环境。

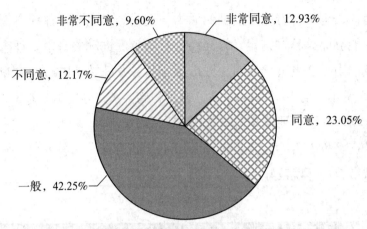

图 10 - 26　2023 年城市教育环境的老年群体满意度分布

图 10 - 27 展示了不同方向上居民对城市教育环境的满意度在不同排名区间的占比情况。从东西方向来看，存在明显的"东—中—东北—西"梯度分布格局，前 10 名中东部城市占比 60%，而西部城市占比 30%，即东部居民对城市教育环境最为满意，其次为西部地区和中部地区，最后是东北地区；从南北方向来看，前 20 名中，南北方城市各占比 50%，差异较小，表明我国当前东部的城市教育环境相对更好，中部和西部地区还有很大的追赶空间；而南北方城市教育环境差异较小。

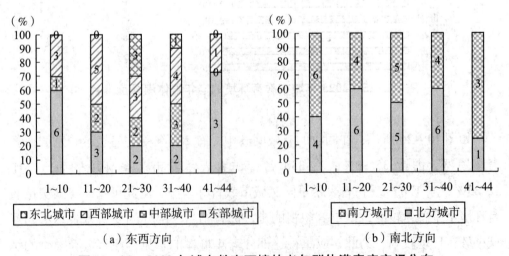

图 10 - 27　2023 年城市教育环境的老年群体满意度空间分布

（二）老年群体对城市医疗环境满意度普遍不高

在快速发展的现代城市中，一个健全、高效、人性化的医疗环境，不仅能够及时响应市民的健康需求，提供高质量的医疗服务，还是社会稳定与发展的重要基石。医疗环境关乎着疾病的预防、诊断、治疗及康复的全过程，对于提升居民生活质量、促进人口健康水平、增强城市综合竞争力具有深远意义。对老年群体来说，城市医疗环境能够保障身体健康、提升生活质量、增强心理安全感、促进家庭和谐。城市医疗环境的居民主观得分排名如图 10－28 所示。前10 名中，宁波、长沙和石家庄排在前 3 名。后 10 名中，苏州、厦门和商洛的得分较低，排在倒数 3 名。相较来看，前 10 名中省会城市占据 9 席，行政等级较高的城市医疗环境较高。

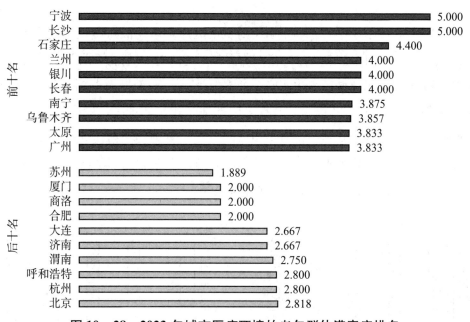

图 10－28　2023 年城市医疗环境的老年群体满意度排名

如图 10－29 所示，在回收的有效问卷中，有 297 名受访者表示同意城市医疗环境好，占比 38.02%；有 326 名受访者表示城市医疗环境一般，占比41.74%；有 158 名受访者表示不同意城市医疗环境好。由此可见，我国城市医疗环境水平总体较高，但不容忽视的是，仍有相当一部分的受访者对城市医环境较高的说法表示不同意，为此，应重视这部分老年群体的意见，不断优化和完善城市医疗环境，加强医疗资源配置，提升医疗服务水平。

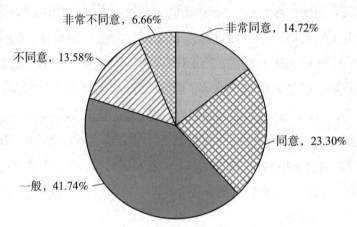

图 10 - 29　2023 年城市医疗环境的老年群体满意度分布

图 10 - 30 展示了不同方向上居民对城市医疗环境的满意度在不同排名区间的占比情况。从东西方向来看，存在明显的"东—中—东北—西"梯度分布格局，前 10 名中，东部城市占比 40%，而后 4 名中，西部城市占据 1 席，即东部居民对城市医疗环境最为满意，其次为中部地区和东北地区，最后是西部地区；从南北方向来看，前 20 名中南方城市占比 70%，北方城市占比 30%，表明东西方向上我国当前东部的城市医疗环境相对更高，中部和西部地区还有很大的追赶空间，南北方向上南方城市的医疗环境更高。

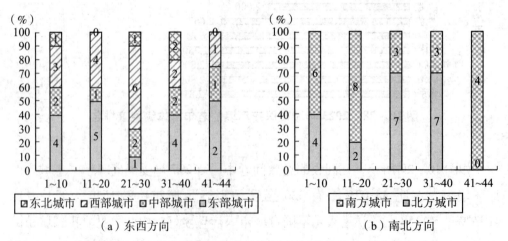

（a）东西方向　　　　　　　　（b）南北方向

图 10 - 30　2023 年城市医疗环境的老年群体满意度空间分布

（三）老年群体对东部城市"15分钟生活圈"建设认可度更高

"15分钟生活圈"建设对老年群体至关重要。随着年龄增长，老年群体出行能力下降，"15分钟生活圈"确保他们在步行或短距离骑行内就能轻松到达超市、药店、医院等基本服务设施，极大提升了生活便利性。同时，社区卫生服务中心的设立为老年群体提供了便捷医疗服务，有助于其及时管理健康。此外，丰富的街道活动和文化娱乐项目鼓励老年群体走出家门，积极参与社交，缓解孤独感，促进身心健康。优美的环境和休闲设施也为老年群体提供了更多锻炼和休闲空间，提高生活质量。更重要的是，熟悉的街道环境增强了老年群体的安全感和归属感，让其在遇到困难时能得到邻里的帮助和支持。因此，"15分钟生活圈"建设不仅关乎老年群体的日常生活，更是提升其晚年幸福感和生活质量的关键。政府和社会各界应共同努力，加快这一建设步伐，为老年群体创造一个更加宜居、友好的生活环境。城市"15分钟生活圈"建设的居民主观满意度得分排名如图10-31所示。前10名中，宁波、兰州和宝鸡排在前3名。后10名中，合肥、大连和苏州的得分较低，排在倒数3名。其中，合肥、大连、苏州

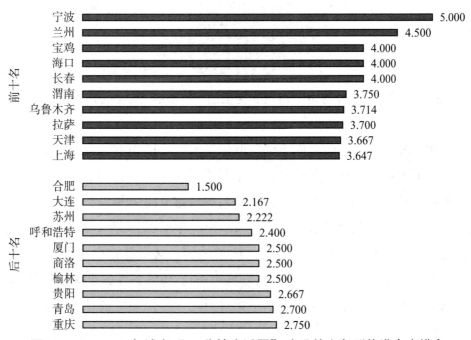

图10-31 2023年城市"15分钟生活圈"建设的老年群体满意度排名

等经济发达城市得分较低的原因是养老服务机构较少，如苏州 2022 年养老机构数为 171 家，对比宁波的 258 家有所差距；而商洛、贵阳等经济欠发达城市得分较低的原因是缺乏对"15 分钟生活圈"建设的重视。

　　如图 10 - 32 所示，在回收的有效问卷中，有 324 名受访者表示同意"居住地步行 15 分钟范围内，教育、医疗、商场等生活基础服务设施齐全"，占比 41.48%；有 296 名受访者表示一般，占比 37.90%；有 161 名受访者对此表示不同意。由此可见，我国城市"15 分钟生活圈"建设水平总体较高，但不容忽视的是，仍有相当一部分的受访者对此表示不赞同，为此，应重视这部分老年群体的意见，推进城市"15 分钟生活圈"建设，加强城市社区服务的建设与管理，推动社区服务的创新性发展，提升社区服务水平。

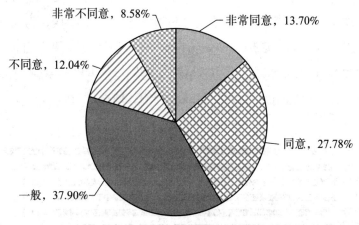

图 10 - 32　2023 年城市"15 分钟生活圈"建设的老年群体满意度分布

　　图 10 - 33 展示了不同方向上老年群体对城市"15 分钟生活圈"建设的满意度在不同排名区间的占比情况。从东西方向来看，存在明显的"东—西—中—东北"梯度分布格局，前 10 名中，东部城市占比 70%，而后 7 名中西部城市占比 57%，即东部居民对城市"15 分钟生活圈"建设情况最为满意，其次为中部地区和东北地区，最后是西部地区；从南北方向来看，前 10 名中南方城市占比 60%，后 4 名中北方城市占比 50%，差异明显，表明我国当前东部及南方的城市社区服务水平相对更高，中部和西部地区还有很大的追赶空间。

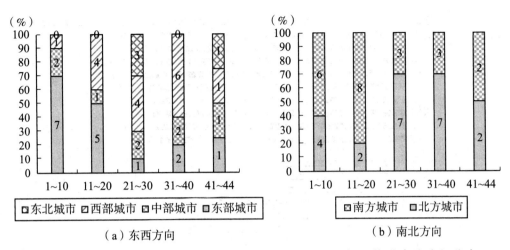

图 10 - 33 2023 年城市"15 分钟生活圈"建设的老年群体满意度空间分布

（四）老年群体对市政建设满意度差异较大

城市市政建设是城市发展的基石，直接关系到城市的整体面貌、居民的生活质量以及城市的竞争力。市政建设涵盖了交通路网、供水排水、供电供气、绿化环保、公共设施等多个方面，这些基础设施的完善与优化，不仅为城市居民的日常生活提供了坚实保障，也是城市经济社会发展的有力支撑。对老年群体来说，城市市政建设不仅关乎老年群体的生活便捷性、安全性和居住环境的改善，更体现了社会对老年群体的尊重和关怀。如图 10 - 34 所示，从老年群体视角来看，宁波城市市政建设的主观满意度得分排名第 1 位，长沙和乌鲁木齐紧随其后。后 10 名中，济南、呼和浩特、合肥和重庆作为省会或直辖市，城市市政建设的老年群体满意度较低。

1. 老年群体认为南方城市排水设施建设更好

城市排水设施建设的居民主观满意度得分排名如图 10 - 35 所示。前 10 名中，宁波、长沙和乌鲁木齐排在前 3 名。后 10 名中，济南、商洛和苏州的得分较低，排在倒数 3 名。其中，济南、重庆等城市的得分较低，原因是降水量较大而排水设施较为落后，导致大量雨水无法快速排出；而商洛、汉中、咸阳等西北部城市的得分较低，原因是排水设施较为落后无法适应短时强降雨，远远落后于其他城市。

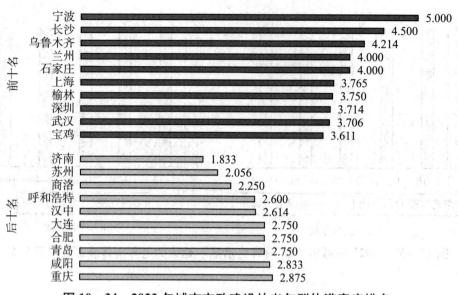

图 10－34　2023 年城市市政建设的老年群体满意度排名

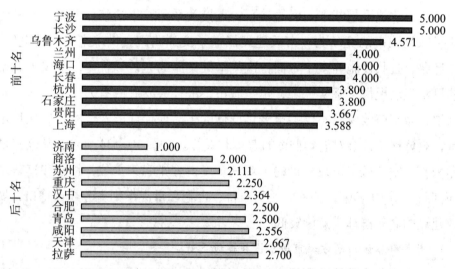

图 10－35　2023 年城市排水设施建设的老年群体满意度排名

如图 10－36 所示，在回收的有效问卷中，有 249 名受访者表示同意城市排水设施完善，占比 31.88%；有 295 名受访者表示城市排水设施一般，占比 37.77%；有 237 名受访者表示不同意城市排水设施完善。由此可见，我国城市排水设施总体较为完善，但不容忽视的是，仍有相当一部分的受访者表示不同意城市排水设施较好，原因是其在实际生活中遇到了排水不畅、积水严重等问题，直接影响了日常生活和出行安全。特别是老年群体，由于行动不便，对排水设施的要求更高，其意见更应被充分重视。未来，应加大对排水设施的投资力度，优化设计和规划，提升设施的排水能力和应对极端天气的能力。同时，要充分考虑老年群体等特殊群体的需求，确保排水设施既能满足城市发展的需要，又能保障老年群体的生活质量。通过持续改进和创新，不断提升城市市政水平，为老年群体创造更加宜居、安全的生活环境。

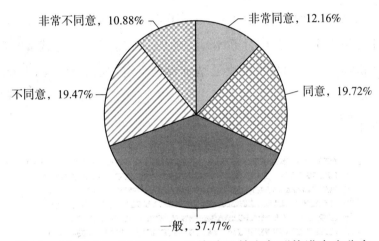

图 10-36　2023 年城市排水设施建设的老年群体满意度分布

图 10-37 展示了不同方向上老年群体对城市排水设施建设的满意度在不同排名区间的占比情况。从东西方向来看，存在明显的"东—中—东北—西"梯度分布格局，前 10 名中，东部城市占比 50%，而后 4 名中西部城市占据 2 席，

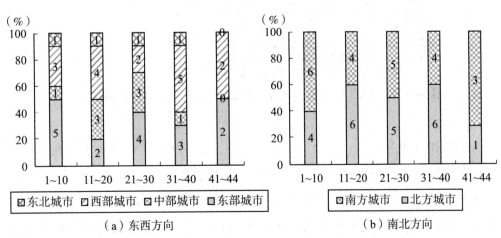

图 10-37　2023 年城市排水设施建设的老年群体满意度空间分布

即东部居民对城市排水设施建设最为满意，其次为中部地区和东北地区，最后是西部地区；从南北方向来看，前 20 名中南方城市和北方城市各占比 50%，表明我国当前东部城市排水设施建设相对完善，中部地区和西部地区还有很大的追赶空间；而南北方城市排水设施建设的老年群体主观满意度差异较小。

2. 老年群体中近四成人认为城市交通便利性有待提升

城市交通基础设施建设的老年群体主观得分排名如图 10 - 38 所示。前 10 名中，宁波、石家庄和宝鸡排在前 3 名。后 10 名中，苏州、呼和浩特和商洛的得分较低，排在倒数 3 名。其中，苏州、杭州、南京等经济发达城市的得分较低，原因是城市快速发展，部分地区交通基础设施没有跟上；而商洛、汉中等经济欠发达城市的得分较低，原因在于城市经济发展较慢，城市公共交通等基础设施建设较为落后。

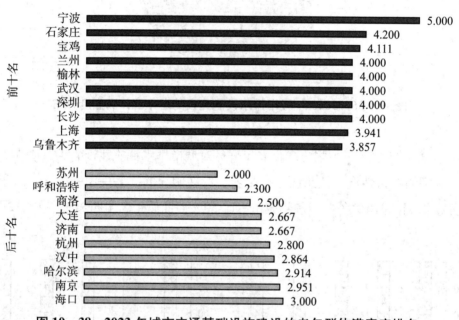

图 10 - 38　2023 年城市交通基础设施建设的老年群体满意度排名

如图 10 - 39 所示，在回收的有效问卷中，有 349 名受访者表示同意城市交通基础设施完善，占比 44.69%；有 295 名受访者表示城市交通基础设施一般，占比 37.77%；有 137 名受访者表示不同意城市交通基础设施完善。由此可见，我国城市交通基础设施总体较为完善，但仍有相当一部分的受访者对城市交通基础设施持不满意态度，为此，应加大交通设施建设力度，增加交通设施建设相关支出，为老年群体打造出行无忧的交通环境。

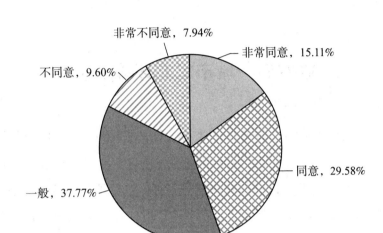

图 10 - 39　2023 年城市交通基础设施建设的老年群体满意度分布

　　图 10 - 40 展示了不同方向上老年群体对城市交通基础设施建设的满意度在不同排名区间的占比情况。从东西方向来看，存在明显的"东—中—东北—西"梯度分布格局，前 10 名中东部城市占比 40%，而后 4 名中西部城市占据 1 席，即东部居民对城市交通基础设施建设最为满意，其次为中部地区和东北地区，最后是西部地区；从南北方向来看，前 20 名中南北方城市分别有 9 席和 11 席，差异较小，表明我国当前东部城市交通基础设施相对完善，中部和西部地区还有很大的追赶空间，而南北方城市交通基础设施差异较小。

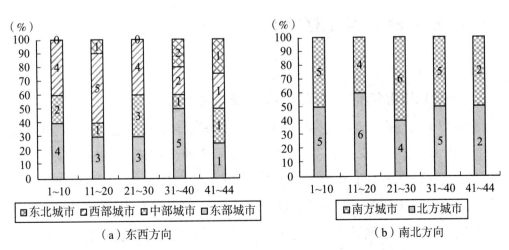

图 10 - 40　2023 年城市交通基础设施建设的老年群体满意度空间分布

第四节　城市宜业环境质量

面对我国日益加剧的人口老龄化趋势，城市宜业环境建设显得尤为关键。这不仅关乎老年群体的物质生活保障和社会参与度，更是社会和谐与经济持续发展的基石。《中共中央　国务院关于加强新时代老龄工作的意见》提出，通过健全养老服务体系、完善健康支撑、促进老年群体社会参与等措施，激发老龄社会活力。城市宜业环境建设，通过提供适宜的就业机会、完善的社会服务、丰富的文化生活，不仅可以实现老年群体"老有所养、老有所为"，增强其获得感、幸福感、安全感，而且可以促使老年群体继续发挥经验和智慧，为社会贡献力量，实现自身的价值和全面发展。这样的环境也促进了老年群体与年青一代的代际交流，帮助老年群体保持社会联系，延缓认知衰退，提升生活质量。因此，本问卷从"城市再就业机会""城市物价指数""居民消费活力""消费品牌多样性"和"城市文化消费"5 个方面出发考察老年群体对宜业环境质量的主观感受。

一、城市宜业环境质量总指数

（一）部分城市老年群体对宜业环境质量较为不满

如图 10 - 41 所示。老年友好视域下，我国城市宜业环境质量老年群体满意度排名前 10 名的城市分别为长沙、乌鲁木齐、宁波、上海、银川、石家庄、榆林、海口、南昌和南宁。其中，长沙位居第 1 名，乌鲁木齐和宁波依次紧随其后，合肥、苏州和呼和浩特处于最后 3 名。合肥、昆明、青岛、天津等新一线城市均位于倒数，一方面，这可能是由于当地的就业机会并不适合老年群体，进而限制了老年群体的社会参与。另一方面，合肥和天津的物价水平较高，昆明和青岛的消费品牌多样性并不能满足多数老年群体的购物需求，这些均导致了老年群体主观上对城市宜业环境质量的评价较低。同时，多数城市老年群体对宜业环境质量的满意度得分均在 3 分左右，这表明老年群体的宜业环境质量满意度并不高。

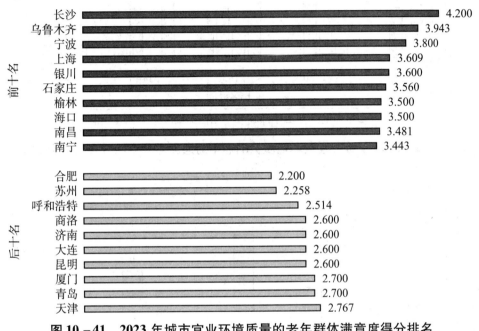

图 10 – 41 2023 年城市宜业环境质量的老年群体满意度得分排名

排名的区域分布如图 10 – 42 所示，在东中西以及东北方向上，老年群体对城市宜业环境质量的主观感受呈现"西高东低"的格局。前 20 名中西部城市共占 9 席，包括重庆、西安等新一线城市以及银川、拉萨等省会城市（自治区首府），且东部地区城市也占据了 6 席。后 14 名中东部城市占 7 席，中部地区在各区间分布相对平均。东北地区长春表现优异，位于第 12 名，而大连排名较低，排在第 40 名。如图 10 – 43 所示，老年群体对城市宜业环境质量在南北方向上的主观感受呈现出明显的南北差异。前 20 名中北方城市占 9 席，南方城市占 11 席；后 14 名中北方城市占 5 席，南方城市占 9 席。北方城市的排名大多集中在 11 ~ 30 这一中间区域，而南方城市呈现出两极分化的分布格局。

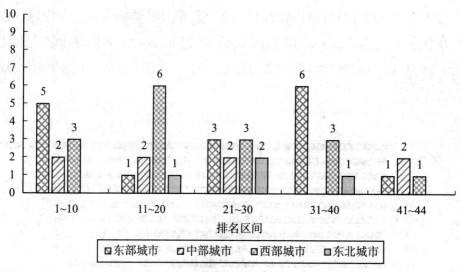

图 10-42　2023 年城市宜业环境质量的老年满意度得分空间分布（东西方向）

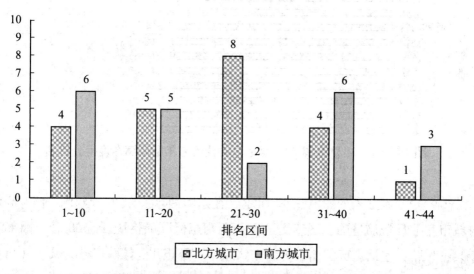

图 10-43　2023 年城市宜业环境质量的老年满意度得分空间分布（南北方向）

（二）老年群体对城市品牌种类和文化氛围更加满意

具体来看城市宜业环境质量的 5 个方面，如图 10-44 所示。受访者对"品牌种类"的满意度最高，达到了 45.46%。其次，对"文化氛围浓厚"和"就业机会"的满意度分别为 37.77% 和 34.44%，对"收入压力较小"的满意度为 29.13%。通过将居民消费次数转化为居民对城市消费频率活跃的满意度，发现老年群体对消费频率活跃的满意度仅为 17.93%，不同意消费频率活跃的占比高达 63.25%，超过半数。综合来看，老年群体对城市宜业环境质量的满意度相对较高，表明老年友好视域下的城市宜业环境建设取得了一定成效，而老年群体消费频次较低，可能是因其更倾向于节俭生活，更注重消费的实用性和必要性，而不是频繁消费。

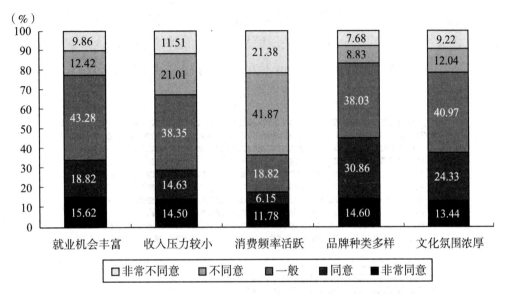

图 10 - 44　2023 年城市宜业环境质量各维度的老年满意度分布

二、城市宜业环境质量分指标

（一）老年群体对再就业机会满意度不高且区域差异显著

加强老年群体再就业机会的建设对于应对人口老龄化带来的社会经济挑战至关重要。首先，它能够使老年群体继续发挥其丰富的工作经验和专业技能，为社会经济贡献力量。其次，再就业有助于老年群体保持积极的社会参与，增强老年群体的社会归属感和生活满意度。此外，工作不仅能提供经济上的独立性，减少对家庭的依赖，还能促进老年群体的心理健康，减少孤独感和抑郁情绪，同时，通过终身学习，老年群体能够不断更新知识和技能，提高自身的竞争力。再就业还有助于促进代际交流，老年群体的经验和智慧可以传授给年青一代，增进不同年龄群体之间的理解和尊重。从健康角度来看，适当的工作有助于老年群体保持大脑活跃，延缓认知衰退，维持身体健康。政策层面上，许多国家和地区已经出台相关政策以支持老年群体再就业，这不仅体现了对老年群体的尊重和关怀，也是缓解劳动力市场压力、促进社会和谐的重要措施。老年友好视域下城市再就业机会的主观得分排名如图10－45所示。前10名中，长沙、宁波、南京位列前3名，上海和深圳也在榜中，分别排在第7名和第10名。后10名中，昆明、苏州的得分较低，排在倒数。此外，排名表示即使是在经济发达地区，老年群体的再就业现状也不太乐观，再就业环境亟待加强。

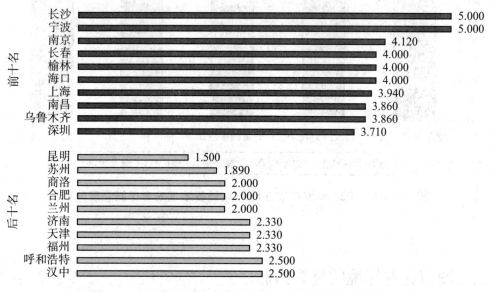

图10－45　2023年城市再就业机会的老年满意度得分排名

如图10－46所示，已回收的有效问卷中，共有269名老年受访者对城市就业机会丰富、选择多样表示同意和非常同意，占比34.44%；有388名老年受访者表示城市就业机会和选择一般，占比43.28%；有174名老年受访者不同意就业机会丰富、选择多样。由此可见，对于老年群体而言，我国城市再就业机会的整体状况处于中等偏上的水平。在接受调查的人群中，仅有约1/3的受访者表示感受到的就业机会较为充足，这源于多重因素：首先，市场对年轻劳动力的偏好导致年龄歧视，老年群体在求职时往往遭遇隐形障碍；其次，技能与市场需求不匹配，老年群体缺乏适应新兴行业的专业技能；再次，健康问题限制了老年群体从事某些劳动密集型工作的能力。此外，现行退休制度减少了老年群体再就业的动力，而教育水平和就业市场信息获取渠道的限制也对老年群体的就业机会构成影响。最后，就业市场本身的竞争压力、工作灵活性的缺乏以及政策支持不足，都是导致老年群体感觉再就业机会一般的原因。解决这些问题需要政府、企业和社会的共同努力，通过提供职业培训、改善就业信息服务、制定反年龄歧视政策等措施，来提升老年群体的再就业机会。

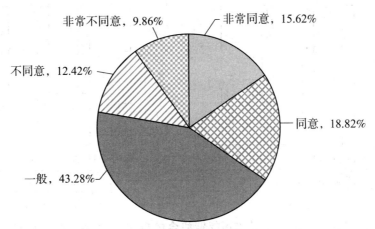

图 10 – 46　2023 年城市再就业机会的老年满意度分布

图 10 – 47 展示了不同方向上老年群体对城市就业机会的满意度在不同排名区间的占比情况。从东中西以及东北方向来看，存在"东高西低"的分布格局，前 10 名中东部城市占比 50%，而后 14 名中西部城市占比 50%，即老年受访者对东部城市就业机会最为满意，而对西部城市的就业机会最不满意。从南北方向来看，南方城市在前 10 名的占比高达 70%，而在排名后 14 位的城市中，南方城市的占比依然较高。这表明南方城市在发展上呈现出显著的两极分化现象。相比之下，北方城市的表现则更为均衡，其排名普遍分布在第 11～30 位的中间区域。这表明对于老年群体而言，我国东南地区的老年群体再就业机会较为丰富，而西北地区的再就业机会相对较少。这种差异由多种因素造成，包括但不限于区域经济发展水平、产业结构、人口构成以及就业市场的特性等。东南沿海地区作为我国经济较为发达的区域，拥有更多的企业、更活跃的市场经济和更多样化的就业岗位，为老年群体提供了更广阔的再就业空间。此外，这些地区对人才的需求量大，包括对经验丰富的老年群体的需求，使得再就业机会增

多。然而西北地区由于经济发展相对滞后，产业结构单一，就业机会相对较少，加之地理位置和交通条件的限制，导致再就业机会不如东南地区丰富。要改善西北地区老年群体的再就业状况，需要从多方面着手，包括加强区域经济发展、优化产业结构、提供职业培训和就业指导服务，以及通过政策引导和宣传提高社会对老年群体再就业的重视和支持。

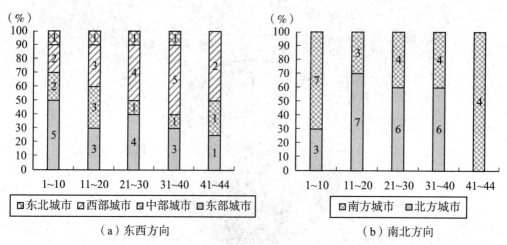

（a）东西方向　　　　　（b）南北方向

图 10 - 47　2023 年城市再就业机会的老年满意度得分空间分布

（二）老年群体对城市收入支出比满意度呈两极分化态势

物价上涨对老年群体影响深远，因其通常依赖固定收入，如退休金。生活成本的增加，特别是在食品、医疗和住房等基本需求上，导致老年群体的生活质量下降，甚至影响其健康和心理福祉。物价的持续上涨还可能使老年群体的储蓄和财产安全受到威胁，增加经济不安全感。因此，物价稳定对保障老年群体的经济安全和维持其福祉至关重要。城市收入支出比的老年群体主观得分排名如图 10 - 48 所示。前 10 名中，长春、长沙和宁波并列第 1。后 10 名中，苏州的得分较低，济南、天津和合肥并列倒数第 2 名。从老年群体的视角来看，天津、合肥、深圳、北京等经济发达地区的物价较高导致满意度较低，而同为新一线城市的宁波、长沙等地则由于收入较高导致满意度较高。各地区在追求经济发展的同时，也应致力于维持物价的稳定，以确保老年群体的生活质量和福祉不受影响。这需要政策制定者在促进经济增长的同时，采取措施控制物价上涨，平衡好发展与民生的关系。

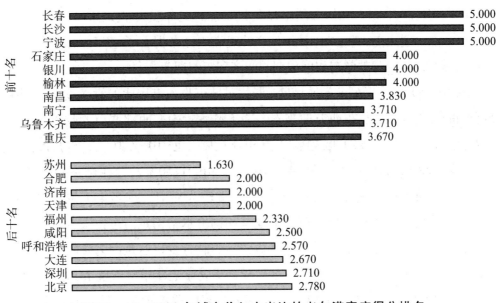

图 10 - 48 2023 年城市收入支出比的老年满意度得分排名

如图 10 - 49 所示，在回收的有效问卷中，对"收入能够满足该城市购房、教育、医疗和日常生活等各项支出，不会有太大压力"表示同意和非常同意的老年群体受访者占比 29.13%，表示一般的受访者占比 38.35%，32.52% 的受访者对此表示不同意和非常不同意。总体上各观点占比相对均衡。这反映出老年群体对于当前收入与生活成本之间平衡性的普遍担忧。原因包括：不同区域的物价和生活成本差异显著，使得部分老年群体感到经济压力；医疗和教育等支出的不断上升，超出了一些老年群体的预期和承受范围；住房成本尤其是一线

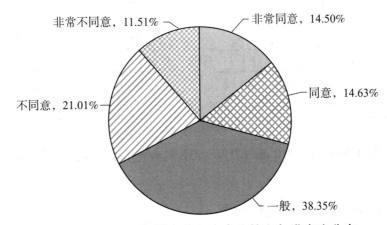

图 10 - 49 2023 年城市收入支出比的老年满意度分布

城市的高房价，让老年群体感到难以负担；加之老年群体收入来源相对固定，对物价上涨的适应能力较弱。因此，这种观点的分布揭示了老年群体对经济安全感的需求，以及对更稳定和可预期的经济环境的期望。

图 10-50 展示了不同方向上老年群体对城市收入支出比的满意度在不同排名区间的占比情况。从东西方向来看，老年群体对中、西部城市的收入支出比较为满意，且觉得东部地区的收入支出比略高。前 10 名中，东部城市占比 30%，西部城市占比 40%。后 14 名中，东部占比 50%，而西部城市仅占比 21%。东北城市均排名前 40 位，其中，长春较为靠前，排名第 1 位。中部城市则较为均衡，表明该区域城市经济发展和物价水平稳定。总体来看，中西部城市在收入支出比方面获得了老年群体较高的满意度，这是因为相较于东部地区，中西部地区的物价普遍较低，生活成本更易于老年群体接受和适应。西部城市在前 10 名中排名表现突出，占比 40%，表明西部地区在物价控制和生活成本管理上做得更好。东部城市虽然经济发达，但物价水平相对较高，这是由于东部地区较高的经济发展水平和人口密度导致的生活成本上涨。从南北方向来看，南北方城市排名仅存在较小差距。前 20 名和后 4 名中，南、北方城市各占 50%。

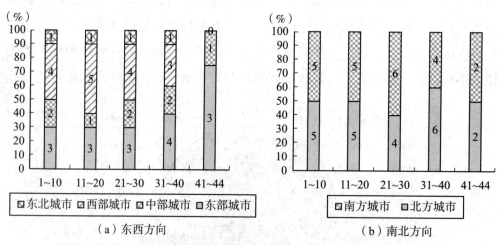

（a）东西方向 　　　　　　　（b）南北方向

图 10-50　2023 年城市收入支出比的老年满意度得分空间分布

（三）老年群体消费频率整体偏低

随着社会的发展和经济的进步，老年群体的消费能力、消费观念和消费行为正逐渐成为影响消费市场的关键因素。与青年群体相比，老年群体拥有更稳定的经济基础和更成熟的消费理念，老年群体的消费模式对市场同样具有不可忽视的正向推动作用。如今，老年群体的消费需求日益多样化，从基本生活需求到休闲娱乐、健康养生等，展现出独特的消费活力。各大城市在适应老年群体消费特点的同时，也在积极营造一个"舒适便捷、安全健康"的消费环境，以满足这一日益增长的消费力量。当前，老年群体不仅展现出对品质生活的追求，也表现出对经济理性的坚持，老年群体的消费选择更加注重性价比和实用性。老年群体的消费活力可以用消费频率表征，其每周消费频率的得分排名如图 10－51 所示。宁波和太原排在前 2 名，因为这些城市提供了适宜的生活环境、便利的养老服务和丰富的休闲选择，从而激发了老年群体的消费意愿。福州、重庆和乌鲁木齐并列第 3 名，表明这些城市或许在满足老年群体特定需求方面做得较好，比如，重庆和乌鲁木齐因其独特的文化和地理特色吸引老年群体消费，而福州因为其良好的生态环境和生活成本吸引了老年群体。后 10 名中，长春和合肥得分最低，面临一些挑战，如生活成本、养老服务的可达性或老年群体

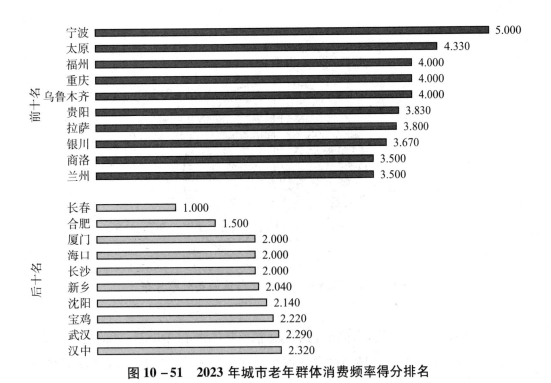

图 10－51　2023 年城市老年群体消费频率得分排名

专用设施的不足,这些因素限制了老年群体的消费频率。厦门、海口和长沙并列倒数第 3 名,这与这些城市的物价水平、针对老年群体的消费产品和服务的多样性有关。此外,气候、交通便捷性、医疗资源的丰富程度以及社会对老年群体消费需求的关注程度,都影响老年群体的消费活力。

如图 10 - 52 所示,在回收的有效问卷中,老年群体每周消费频率为 1～2 次的最多,占比 41.87%,这与老年群体的生活习惯和收入稳定性有关。老年群体通常有固定的收入来源,如退休金,这限制了其消费能力,使老年群体更倾向于按需消费,而非冲动或频繁消费。同时,老年群体普遍具有节俭的消费观念,更注重储蓄和经济安全,这导致老年群体不会频繁进行非必要的消费。消费频率为 0 次的次之,占比 21.38%,这反映了一部分老年群体由于健康问题、行动不便或对外出购物缺乏兴趣,导致他们的消费活动较少。消费频率为 6～9 次和 10 次及以上的受访者占比较小,分别为 6.15% 和 11.78%,这表明在老年群体中,高频次消费并不是主流现象。这与老年群体对现代消费模式的适应度、市场对老年消费者需求的满足程度以及对个人信息和金融安全的关注有关。

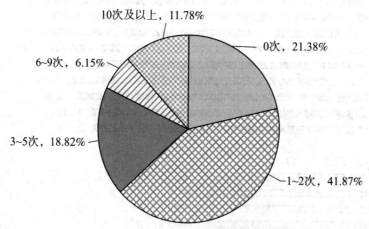

图 10 - 52　2023 年城市老年群体消费频率分布

图 10 - 53 展示了不同方向上老年群体消费频率在不同排名区间的占比情况。从东西方向来看,东西部城市的老年群体消费频率较高,特别是西部城市在前 10 名中占比高达 70%,这与西部地区近年来经济的快速发展、生活成本相对较

低以及可能的政府支持有关，这些因素共同促进了老年群体更频繁的消费活动。在 11～20 名中东部城市的老年群体也展现出相当的消费频率，这与东部地区较高的经济发展水平和较为完善的商业设施有关。然而，中部和东北城市的老年群体在消费频率上表现较弱，由于经济发展水平、居民收入水平以及消费环境的差异，这些区域的老年群体消费意愿相对较低。从南北方向来看，老年群体在不同区域城市所表现出来的消费频率呈现的"南强北弱"分布态势，前 10 名中，南、北方城市占比分别为 60% 和 40%。这与南方地区较为温和的气候、较为丰富的生活服务和较为开放的消费文化有关，这些因素更有利于激发老年群体的消费欲望。相比之下，北方城市在后 14 名中占比略高，与北方地区相对较高的生活成本、冬季较长导致的户外活动减少以及较为单一的消费市场有关。

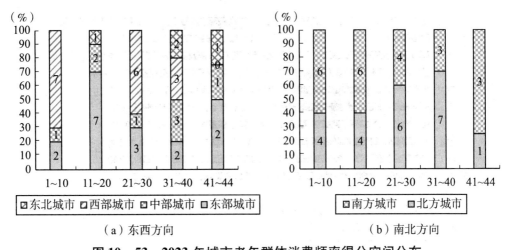

（a）东西方向　　　　　　　　　　（b）南北方向

图 10－53　2023 年城市老年群体消费频率得分空间分布

（四）近半数老年群体认为城市消费品牌多样性丰富

随着生活品质的提升和健康理念的普及，老年消费市场正逐渐展现出其独特的活力与潜力。新兴的消费模式如智能家居、远程医疗、定制化养老服务等，正逐渐成为老年群体生活中的新常态。个性化、功能化以及健康导向的产品，越来越受到老年消费者的青睐。老年消费品牌多样性的增长，不仅反映了市场的细分和创新，也映射了老年群体对美好生活追求的不断升级。老年视域下，城市消费品牌多样性的主观得分排名如图 10－54 所示，不同城市在老年消费品牌多样性方面的表现存在一定差异。前 10 名中，长沙排名第 1 位，长春和海口并列第 2 位，这与这些城市的经济发展水平、养老服务体系建设以及对老年群体消费需求的重视程度有关。这些城市提供了更多样化的老年生活用品和服务，满足了老年群体对个性化、品质化生活的追求。像天津、石家庄、上海、西安等城市虽然总体经济水平较高，但在老年消费品牌多样性方面的得分并不突出，这表明这些城市在老年群体的市场开发、品牌宣传和市场细分方面还有待加强。后 10 名中，昆明、商洛和宁波的得分较低，排在倒数 3 名。这些城市面临着老年消费市场开发不足、市场供给与老年消费者需求不匹配等问题，这需要当地政府和企业进一步关注老年消费市场的发展，通过加强市场调研、优化政策环境、引导品牌入驻等措施，提升老年消费品牌多样性，满足老年群体不断增长的消费需求。

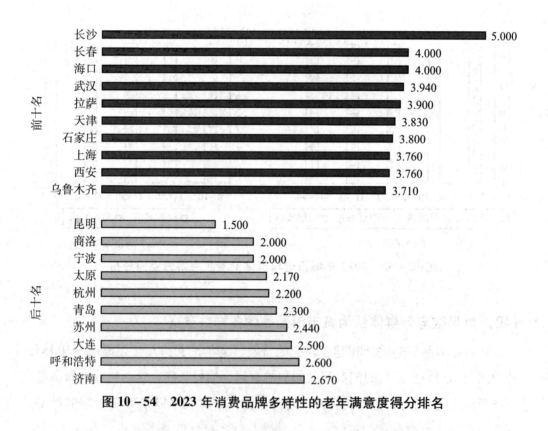

图 10－54　2023 年消费品牌多样性的老年满意度得分排名

如图 10－55 所示，在回收的有效问卷中，45.46% 的受访者认为"该城市消费品牌多样性能够满足购物需求"，仅有 16.51% 的受访者认为城市消费品牌不能满足其购物需求。由此可见，多数老年消费者对城市消费环境中的品牌选择表示满意，认为现有的品牌多样性能够切实满足其购物需求，仅有少数人对品牌多样性持负面看法。多数老年消费者对城市消费品牌多样性表示满意，这是因为城市商业发展成熟，提供了广泛的商品选择，同时线上购物的便捷性也拓宽了老年群体的购买渠道。然而，少数人的不满指向一些地区品牌引入不足或特定需求未被充分满足，提示市场需进一步调研老年群体需求，优化供给。

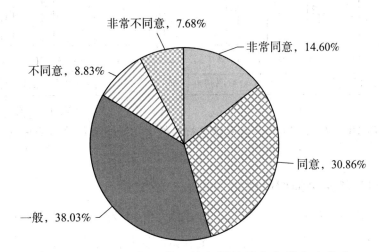

图 10 - 55　2023 年消费品牌多样性的老年满意度分布

图 10 - 56 展示了不同方向上老年群体对城市消费品牌多样性的满意度在不同排名区间的占比情况。从东西方向来看，前 10 名中，东、中、西和东北地区分别占比为 40%、20%、30% 和 10%。在后 14 名中，东部城市同样占据 50%。整体来看，东部城市的老年群体对城市消费品牌的多样性满意度最高，这与东部地区较高的经济发展水平和更为成熟的商业环境有关。中部城市则处于中等水平，而西部城市和东北城市的满意度占比相对较低，这反映出这些区域在消费品牌引入和市场多样性方面存在一定的局限性。这是因为东部城市经济发达，商业环境成熟，吸引了更多品牌入驻，增加了消费选择；中部城市正处在发展阶段，消费品牌多样性正在逐步提升；西部和东北城市由于地理位置、经济发展水平等因素，品牌多样性和市场供给相对不足。从南北方向来看，南、北地区占比较为接近，南方城市的占比略高于北方城市，这与南方地区较为活

跃的经济活动和更为开放的消费市场有关。北方城市则需要进一步提升消费环境、增加品牌引入和改善市场供给，以此来满足老年消费者的需求。

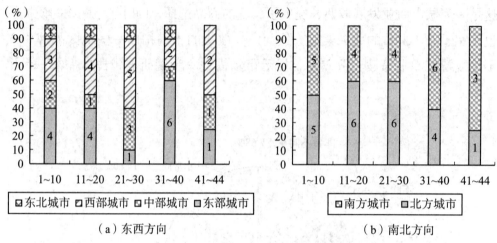

（a）东西方向 　　　　　　　　　　　（b）南北方向

图10-56　2023年消费品牌多样性的老年满意度得分空间分布

（五）城市老年文化消费品供给仍需进一步增强

文化消费对于老年群体而言，不仅是满足精神文化需求的重要途径，也是提升生活质量、增进社会参与感的关键因素。随着社会的发展和老年群体文化需求的日益增长，文化消费的多样性和包容性逐渐成为衡量一个城市文化软实力的重要指标。当前，越来越多的城市开始重视老年文化消费市场，通过丰富文化产品和服务供给，满足老年群体对美好生活的向往。城市文化消费的老年主观得分排名如图10-57所示。前10名中，海口、乌鲁木齐排在前2名，随后昆明、榆林、兰州、银川和长沙并列第3名。表明这些城市的文化产品和服务更贴近老年群体的喜好，或者在文化设施的建设和文化活动的组织上做得较为出色。上海作为国际化大都市，排名仅为第8名，其虽然在文化资源和氛围上具有优势，但在老年文化消费主观得分上并不领先，这表明上海在文化服务的适老性上还有提升空间。后10名中，宁波、呼和浩特并列倒数第1名。令人意外的是，宁波、广州、合肥等新一线城市也位于倒数，这与这些城市文化活动宣传不足或文化消费成本相对较高有关，导致老年群体感到难以充分享受文化生活。老年文化消费的满意度与城市的文化资源、服务水平、设施完善度以及对老年群体需求的响应能力密切相关。城市要提升老年文化消费的吸引力，需要从增加文化产品和服务的多样性、提高文化设施的可达性和便利性、举办更多适合老年群体的文化活动等方面入手。

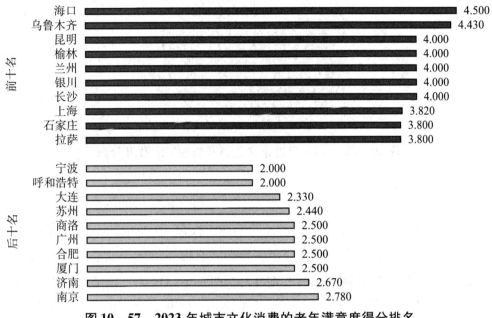

图 10 − 57　2023 年城市文化消费的老年满意度得分排名

如图 10 − 58 所示，老年受访者对于城市文化消费需求的满足度呈现出分化的态度。37.77% 的老年受访者认为城市中的艺术展览、演唱会和影剧表演等能够满足其文化消费需求，这表明部分城市的文化市场在一定程度上迎合了老年群体的期望和喜好。然而，也有 21.26% 的老年受访者觉得城市不能满足其文化消费需求，这与文化活动的内容、形式或宣传不足有关，导致老年群体感到被边缘化或忽视。更多的老年受访者（40.97%）认为文化消费供给水平一般，意味着老年群体认为现状有待改善。这种情况由几个因素造成：首先，文化活动的策划和推广未能充分考虑老年群体的喜好和便利性，导致老年群体难以找到感兴趣的活动或参与方式；其次，文化设施的分布不均，使得一些区域的老年群体难以接触到丰富的文化资源；再次，文化消费的成本对部分老年群体构成负担，限制了其参与度；最后，老年群体对文化活动的信息获取渠道有限，导致其对城市中提供的文化活动了解不足。

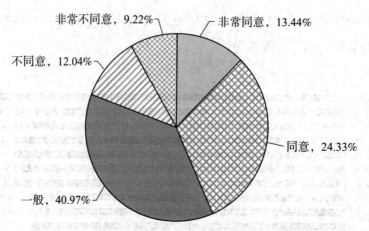

图 10 – 58　2023 年城市文化消费的老年满意度分布

图 10 – 59 展示了不同方向上老年群体对城市文化消费的满意度在不同排名区间的占比情况。从东西方向来看，西部城市在前 10 名中的占比最高，达到 60%，显示出西部城市在老年文化消费方面拥有更多的优势或者地域特色，如拥有丰富的民族文化活动或独特的地理环境吸引老年群体。东部城市也表现不俗，占比 30%，这得益于东部地区较为发达的经济和文化基础设施。然而，中部城市在前 10 名中仅占 10%，东北城市则未进入前 10 榜单，这反映了这些区域在文化消费供给、市场推广或基础设施建设上存在一定的不足。后 14 名中，东部地区占比 50%，这表明尽管东部地区经济发达，但在老年文化消费满意度

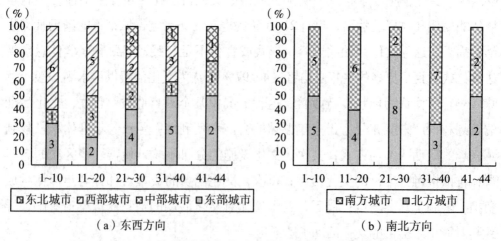

图 10 – 59　2023 年城市文化消费的老年满意度得分空间分布

上并非全面领先，需要在文化产品和服务的针对性和可达性上做出改进。从南北方向来看，前 10 名中南北城市占比平均，表明文化消费满意度与地理位置的南北差异关系不大，而更多地受到地方文化特色、经济发展水平和政策支持等因素的影响。综上所述，各地区在提升老年文化消费满意度方面都有各自的优势和挑战，需要根据地方实际情况，制定合适的文化发展策略，以更好地满足老年群体的文化消费需求。

第五节　城市居民生活品质

　　城市居民生活品质的建设不仅关乎每个市民的幸福感和获得感，更是衡量一个城市文明进步的重要标尺。随着我国人口老龄化的加剧，老年群体的生活品质尤其受到社会各界的广泛关注。城市作为老年群体的主要生活场所，其建设与管理必须充分考虑到老年群体的需求和特点，打造一个安全、便捷、舒适的老年友好型城市环境。"一个社会幸福不幸福，很重要的是看老年人幸福不幸福。"[①]"让所有老年人都能有一个幸福美满的晚年"[②]。这不仅体现了国家对老年群体福祉的深切关怀，也凸显了提升老年生活品质在社会发展中的战略地位。"十四五"规划中也明确提出，要积极应对人口老龄化，构建老年友好型社会，确保老年群体享有健康、参与和保障的高质量生活。老年群体作为城市的重要组成部分，老年群体的生活品质直接关系到城市的和谐稳定与可持续发展。一个适宜老年群体生活的城市，应当具备良好的气候环境、便利的社区设施、丰富的文化生活和较为舒适的居住环境等。因此，从老年视角出发，对城市居民生活品质进行深入分析，探究如何更好地满足老年群体的需求，提升老年群体的生活品质，具有重要的现实意义。本问卷从"人口身体素质""人口睡眠质量""城市气候环境""城市文化氛围""城市生活智慧便捷""城市整

---

① 习近平春节前夕视频连线看望慰问基层干部群众. 向全国各族人民致以新春的美好祝福，祝各族人民幸福安康，祝愿伟大祖国繁荣昌盛［N］. 人民日报，2023 – 01 – 19.
② 习近平. 在二〇一九年春节团拜会上的讲话［N］. 人民日报，2019 – 02 – 04.

体发展效果"6 个方面出发考察老年群体对城市居民生活品质的主观感受。

一、城市居民生活品质总指数

（一）老年群体的城市生活品质满意度呈现多样化分布

如图 10 - 60 所示，老年友好视域下，我国城市居民生活品质的老年满意度排名前 10 位的城市分别为宁波、乌鲁木齐、长沙、银川、宝鸡、南宁、汉中、武汉、太原和西安。其中，宁波排名第 1 位，乌鲁木齐和长沙紧随其后，这些城市在老年群体生活质量方面的投入和政策取得了显著成效，提供了良好的气候环境、便利的社区设施、丰富的文化生活和较为舒适的居住环境，这些都是老年满意度高的重要因素。银川、汉中、南宁、宝鸡和武汉等城市排名结果显示，非一线城市的生活品质在老年群体看来也有出色的表现，甚至超过了一些一线城市如深圳和上海。这是因为这些城市在发展过程中更加注重居民的实际生活体验和需求，尤其是在老年群体的生活质量上。北上广等一线城市，虽然在经济

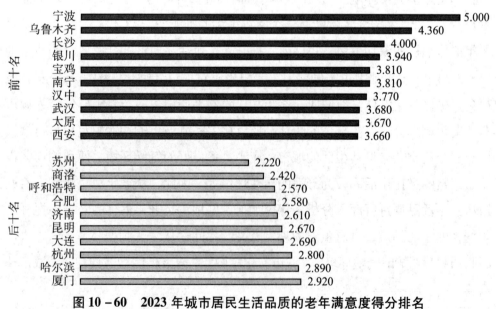

图 10 - 60　2023 年城市居民生活品质的老年满意度得分排名

发展和社会资源方面具有优势，但在此次排名中并不靠前，这表明一线城市在老年群体生活品质方面的某些短板。例如，高生活成本、快节奏的生活、拥挤的居住环境等因素对老年群体的生活质量产生负面影响。后 10 名中，苏州的满意度得分最低，商洛和呼和浩特位于倒数第 2 位和倒数第 3 位。合肥、厦门、重庆等新一线城市也排在倒数。反映出这些城市在老年群体服务和生活质量提升方面存在不足。这些不足包括社区服务的不完善、公共设施的缺乏以及环境质量问题等，需要在城市规划、资源分配和老年服务方面做出更多的努力。

排名的区域分布情况如图 10 - 61 所示，东中西以及东北方向上，西部地区的老年满意度略高于东部城市，前 20 名中西部城市共占 10 席，包括西安等新一线城市以及乌鲁木齐、银川等省会城市（自治区首府），这与西部地区近年来在基础设施建设、公共服务改善、生态环境保护等方面的快速发展有关；东部城市在后 14 名中占据了 6 席，这反映出东部地区尽管经济发达，但在老年群体生活品质方面仍然存在一些问题，如高房价、生活成本上升、环境压力增大等，这些因素影响了老年群体的生活质量和满意度。中部和西部城市在后 14 名中各占据了 3 席，这意味着这些地区在经济发展和社会服务方面还有提升空间，需要进一步改善老年群体的居住环境和生活条件。东北城市中大连和哈尔滨的排名较低，排在倒数第 8 名和倒数第 11 名。

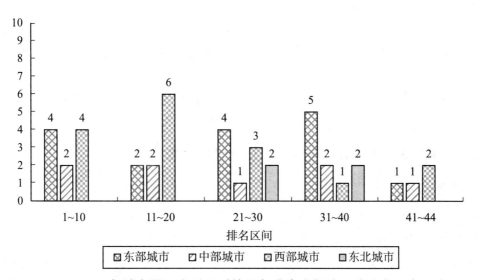

图 10 - 61 2023 年城市居民生活品质的老年满意度得分区域分布（东西方向）

如图 10-62 所示，南北方向上，老年群体对城市居民生活品质的主观感受呈现明显的"南高北低"格局，前 20 名中，北方城市占 9 席，而南方城市占 11 席，这与南方地区较为宜人的气候条件、较为丰富的自然资源以及较为发达的经济有关。这些因素为老年群体提供了更加舒适的生活环境和更多的生活便利，提高了他们的生活品质满意度。前 10 名中，北方城市和南方城市占比相差不多；后 14 名中，南方城市和北方城市均占 7 席。这表明在生活品质满意度较低的城市中，南北方并没有明显的差异，但存在一些普遍性的问题，如生活成本的上升、环境质量的下降、公共服务的不足等，这些问题在不同地区的城市中都有所体现。

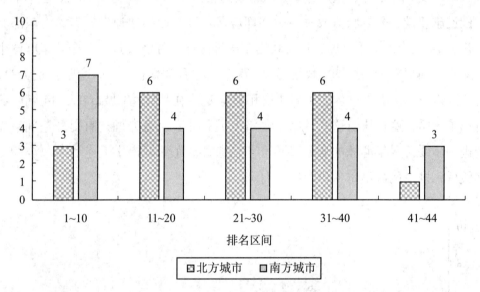

图 10-62　2023 年城市居民生活品质的老年满意度得分空间分布（南北方向）

（二）老年群体对于城市智慧生活和气候环境满意度更高

具体来看，居民生活品质的 6 个方面，如图 10-63 所示，老年受访者对"生活智慧便捷"的满意度最高，达到了 51.21%。其次，对"气候环境舒适"和"整体发展效果"的满意度分别为 47.51% 和 46.86%。对"文化氛围多元"的满意度为 46.09%。通过将居民运动次数转化为对身体健康的满意度，老年受访者对运动频率较高表达不同意的占比高达 44.56%，接近半数。综合来看，老年群体对城市居民生活品质的满意度相对较高，表明我国在老年友好视域下的城市居民生活品质建设取得了一定成效。但仍需关注老年群体的身体健康需求，通过增加适宜老年群体的运动设施和活动，鼓励和促进老年群体积极参与体育活动，进一步提高老年群体的生活品质和幸福感。这不仅有助于老年群体维持健康的生活方式，也是推动城市可持续发展和构建和谐社会的重要一环。

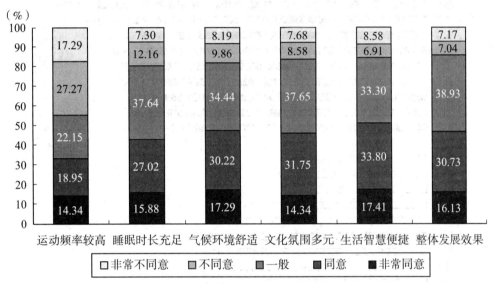

图 10 - 63　2023 年城市居民生活品质各维度的老年满意度分布

二、城市居民生活品质分指标

（一）南方城市老年群体运动频率更高

身体素质作为老年群体生活质量的重要基石，不仅关系到老年群体的健康状况和日常功能，也是社会活力与和谐的重要组成部分。提升老年群体的身体素质，鼓励积极参与体育活动，对于促进健康老龄化、提高生命质量、减少医疗负担具有深远意义。当前，随着健康意识的增强和生活条件的改善，越来越多的老年群体开始注重通过运动来维护和提升自己的身体素质。老年群体运动频率得分排名如图 10 - 64 所示。前 10 名中，宁波、福州和乌鲁木齐位于前 3

名，且大多是非经济发达地区。后 10 名中，广州、苏州、合肥、厦门、大连等经济较发达的地区较多。这是由于经济发达的城市往往生活节奏较快，从而影响老年群体的运动习惯和时间分配；这些城市在城市规划上更偏重经济发展，而在体育设施和绿地建设方面投入相对不足。

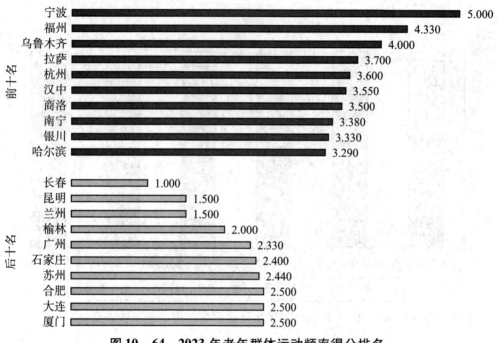

图 10－64　2023 年老年群体运动频率得分排名

如图 10－65 所示，在回收的有效问卷中，每周运动 1～2 次的老年群体占比最高，达到 27.27%，这表明适度的运动频率是该群体的普遍选择，这样的运动频率既能保持身体健康，又不会过于疲劳。22.15% 的老年群体选择每周运动 3～4 次，这显示有一部分老年群体倾向于更频繁地锻炼，因为老年群体有更高的健康意识或更好的体能状态。同时，值得注意的是，有 17.29% 的老年受访者表示其每周不进行任何运动，这可能表明一些老年群体由于健康问题、缺乏运动设施或独居等原因，导致运动机会受限。此外，运动频率为 5～6 次和 7 次及以上的受访者占比较小，分别为 18.95% 和 14.34%，这表明虽然有一部分老年群体积极投身于高频率的运动，但这并不是大多数老年群体的运动常态。

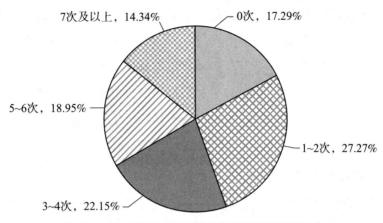

图 10 − 65　2023 年老年群体的运动频率分布

　　图 10 − 66 展示了不同方向上老年群体运动频率得分在不同排名区间的占比情况，在老年群体运动频率方面，地区差异显著。从东中西方向来看，西部和东部城市在老年群体运动频率得分上表现较好，而中部和东北城市则相对落后。西部城市在前 10 名中占比最高，达到 50%，这归因于西部地区独特的地理环境和积极的生活方式，这些因素更有利于促进老年群体的体育活动。东部城市占比 40%，这反映了东部地区拥有较为发达的经济水平和完善的体育设施，为老年群体提供了更多的运动机会和更好的运动条件。中部城市在前 10 名中仅占 10%，东北城市未进入前 10 名，并且在后 4 名中，西部地区占比高达 75%，这表明中部和东北地区在老年群体体育活动方面的支持和资源配置上存在不足，

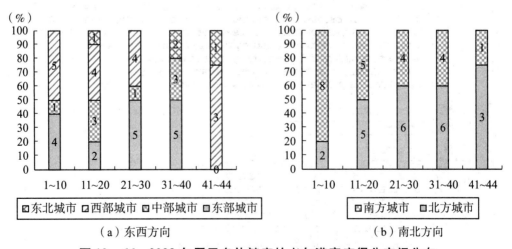

图 10 − 66　2023 年居民身体健康的老年满意度得分空间分布

需要加强体育设施建设和老年群体体育活动的推广。在南北方向上，呈现"南强北弱"分布态势，前 10 名中南方城市占比 80%，这与南方地区较为温和的气候和较为活跃的体育文化有关，这些条件更有利于老年群体进行户外运动和参与体育活动。相比之下，北方城市在老年群体运动频率上的表现较弱，这与北方地区冬季寒冷的气候条件有关，限制了老年群体的户外活动。

（二）近半数老年群体睡眠充足

睡眠质量作为老年群体健康生活的重要组成部分，对维持其身心健康和提升生活质量具有不可替代的作用。良好的睡眠不仅能促进身体恢复、增强免疫力，还对情绪稳定和认知功能具有积极影响。随着社会对老年健康的关注加深，城市在提供有利于老年群体获得高质量睡眠的环境方面扮演着重要角色。人口睡眠时长的老年满意度得分排名如图 10–67 所示。其中，长春、长沙和宁波在老年群体睡眠时长满意度上并列第 1 名，这反映了这些城市在提供宁静的居住环境、适宜的气候条件以及较为宽松的生活节奏方面的优势。乌鲁木齐、兰州和太原等城市紧随其后，位列前 10 名，这与这些城市的特定环境特征有关，如较低的噪声、适宜的气候和空气质量，以及较为宁静的社会环境。然而，在后10 名中，杭州虽然经济发达，但得分最低，苏州、济南和商洛并列倒数第 2 名，

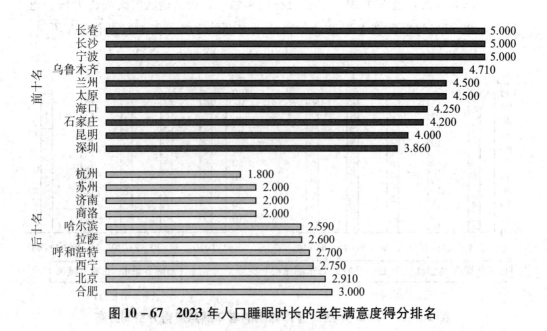

图 10–67　2023 年人口睡眠时长的老年满意度得分排名

这可能是因为高生活成本、环境污染、生活压力增大等因素，这些因素对老年群体的睡眠时长产生了不利影响。这些城市的快速发展带来了更多的城市喧嚣和生活节奏的加快，从而影响了老年群体的睡眠。北京尽管经济发展水平高，但在老年睡眠时长满意度上的得分并不突出，这表明经济增长并不总能直接转化为居民的幸福感和生活满意度，特别是在老年群体中，提示我们在城市规划和社会发展中需要更多关注居民的生活质量和健康幸福。

如图 10-68 所示，在回收的有效问卷中，有 42.90% 的老年受访者认为老年群体在城市居住期间睡眠充足，这表明有相当一部分老年群体能够在城市环境中获得必要的休息。然而，也有 19.46% 的老年受访者认为其睡眠并不充足，这指向一些老年群体面临着影响睡眠质量的因素，如噪声、光污染、生活压力或其他健康问题。同时，有 37.46% 的老年受访者认为其睡眠时长一般，这意味着老年群体认为还有提升的空间。这种观点源于对更安静、更舒适睡眠环境的期望，或是对改善当前睡眠习惯和条件的追求。这提示我们需要在城市规划和社区服务中更多地考虑老年群体的特殊需求，使其获得充足的睡眠。

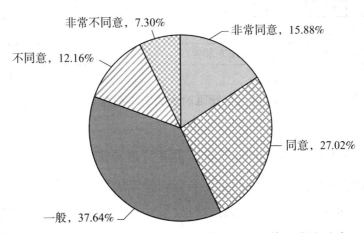

图 10-68　2023 年人口睡眠时长的老年群体满意度分布

图 10-69 展示了不同方向上老年群体对城市人口睡眠时长的满意度在不同排名区间的占比情况。从东西方向来看，东西部城市之间存在一定的平衡，前 10 名中，东部、中部、西部、东北分别占比 40%、20%、30%、10%。东部城市在提供良好的睡眠条件方面表现略优，但中部、西部和东北城市也有一定的占比，显示出这些地区在改善居住环境方面也取得了成效。从南北方向来

看，南北城市差别不大，前10名中南北方城市均占比50%。这表明气候和地域差异并不是影响老年群体睡眠时长的主要因素。睡眠时长与各城市的基础设施建设、社会服务水平、居住环境的舒适度以及对老年群体需求的关注程度有关。总体来看，各地区的城市都在努力提升老年群体的生活质量，但东部城市在某些方面做得更为出色，而南北城市在满足老年群体的睡眠需求上表现均衡。这些结果提示政策制定者和城市规划者应继续关注老年群体的居住需求，通过提供更加适宜的居住条件和改善城市环境来提升老年群体的生活质量。

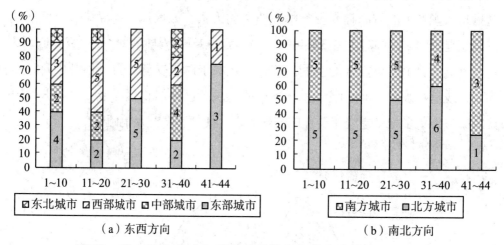

（a）东西方向　　　　　　　　　　（b）南北方向

图10-69　2023年人口睡眠时长的老年满意度得分空间分布

（三）老年群体对西部城市的气候环境满意度更高

城市气候环境对老年群体的生活质量和健康状态有着直接的影响，是衡量城市宜居性的重要指标之一。适宜的气候条件不仅能提升老年群体的日常活动体验，还有助于改善老年群体的生理和心理健康。随着对老年友好型城市需求的增长，城市气候环境的优化成为提升老年满意度和幸福感的关键因素。城市气候环境老年满意度得分排名如图10-70所示。前10名中，宁波、银川、汉中位于前3名，兰州、乌鲁木齐和长沙并列第5名，西安位于第8名。这归因于这些城市温和的气候、充足的阳光以及较低的湿度，在这些因素共同作用下，为老年群体提供了一个宜人的户外环境，有利于老年群体进行日常锻炼和社交活动。在排名靠前的城市中，如宁波、长沙和西安，它们既是省会城市也是新一线城市，这表明这些城市由于较强的经济实力和较高的社会发展水平，能够为老年群体提供更为舒适和适宜的气候环境。这些城市通常具备更完善的城市规划、更优质的生活环境和更丰富的医疗保健资源，这些因素都有助于提高老年群体的生活质量和满意度。在后 10 名中，合肥得分情况最差，甚至不足倒数第 2 名苏州得分的一半，商洛、厦门、昆明并列倒数第 3 名。这些城市面临着空气污染、极端天气或季节性气候变化等问题，这些问题对老年群体的户外活动和整体福祉造成限制。特别是合肥、厦门、北京和哈尔滨等城市，尽管经济发达，但在气候环境满意度上得分不高，这提示城市规划者需要在改善空气质量和调节气候舒适度方面做出更多努力。

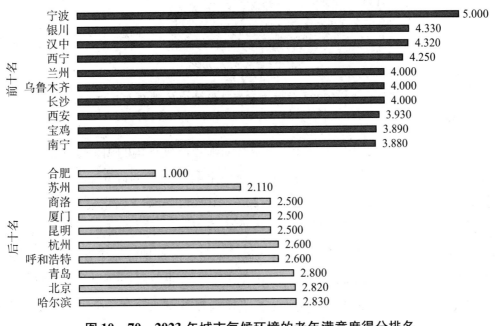

图 10 – 70　2023 年城市气候环境的老年满意度得分排名

如图 10 – 71 所示，在回收的有效问卷中，大多数老年受访者（47.51%）对所在城市的气候感到满意，认为气候条件舒适，极端天气事件如高温、暴雨和台风较为罕见，这与当地的地理位置、气候特征或有效的城市气候管理有关。然而，有 18.05% 的老年受访者对当地气候持负面态度，因为当地更易受到极端天气的影响，或者气候条件与老年群体的个人喜好和需求不符。此外，34.44% 的老年受访者认为气候条件一般，这表明老年群体认为气候条件尚可，但仍有改善空间。这种看法源于对更稳定气候的期望，或对气候变化带来的不确定性的担忧。总体而言，这些结果揭示了老年群体对城市气候环境的不同感受和需求，提示城市规划者和决策者在制定相关政策时，需要综合考虑老年群体的气候适应性和满意度，以创造一个更加宜居的环境。

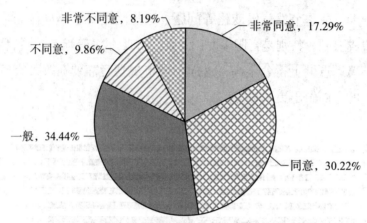

图 10 – 71　2023 年城市气候环境的老年满意度分布

　　图 10 – 72 展示了不同方向上老年群体对城市气候环境的满意度在不同排名区间的占比情况。从东中西方向来看，呈现出明显的"西高东低"分布态势，前 10 名中东部、中部、西部分别占比 20%、10% 和 70%，东北城市未上榜。西部城市的高占比反映了这些地区气候条件的适宜性，如温度适中、极端天气较少，这些因素更符合老年群体对舒适气候的期望。东部地区城市在前 10 名中占比相对较低，这与东部地区较高的城市化水平、工业发展和随之而来的环境污染或气候问题有关。此外，东北城市未上榜与其特有的气候条件有关，如冬季严寒、春季多风，这些因素不利于老年群体的户外活动和整体舒适度。从南北方向来看，呈现出明显的"北高南低"分布态势，前 10 名中，北方城市占比 60%，后 4 名全为南方城市。这与北方城市相对较低的湿度、更分明的四季变换以及更凉爽的夏季有关，这些气候特点更受老年群体的欢迎。相比之下，南方城市夏季高温、湿度大和台风等极端天气事件较为频繁，导致老年群体的满意度较低。南方地区特有的气候如梅雨季节的潮湿、夏季的酷热等，这些因素也对老年群体的日常生活和健康造成不便。

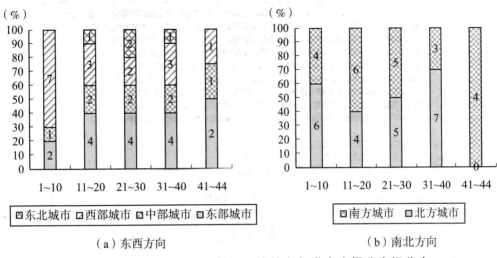

（a）东西方向　　　　　　　　　（b）南北方向

图 10－72　2023 年城市气候环境的老年满意度得分空间分布

（四）近半数老年群体认为城市文化氛围一般

城市文化氛围的建设是衡量一个城市是否具备包容性和人文关怀的重要标准，它直接关系到老年群体的生活质量和幸福感。一个适宜老年群体的城市环境不仅能够满足老年群体基本的生活需求，还能为其提供安全、健康和舒适的生活体验。城市文化氛围老年满意度得分排名如图 10－73 所示。前 10 名中，宁波、乌鲁木齐、银川位于前 3 名，这一成绩可能反映了这些城市在城市规划、居住环境和养老服务方面的特色和优势，为老年群体提供了更为舒适和便利的生活环境。然而一些（新）一线城市如深圳、武汉、上海和西安，尽管经济发达、资源丰富，却在排名中并未取得预期的好成绩，分别位于第 6、第 8、第 9 和第 10 名，这与这些城市快速的生活节奏、较高的生活成本或人口密度有关，这些因素对老年群体的日常生活和幸福感产生一定影响。后 10 名中，呼和浩特得分最低，苏州、商洛、昆明并列倒数第 2 名，青岛、重庆和大连等经济发达地区也排在倒数，这一现象表明经济发达程度并不是决定文化氛围满意度的唯一因素。这些城市需要在城市规划和公共服务方面更多地考虑老年群体的需求，比如，提供更多的老年活动空间、优化公共交通系统以方便老年群体出行，以及增强社区服务和医疗保健的可及性。

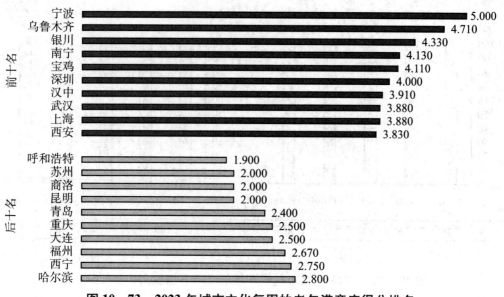

图 10-73 2023 年城市文化氛围的老年满意度得分排名

如图 10-74 所示，在老年群体中，对于所在城市的文化氛围持有积极看法的占大多数，占比 46.09%，其认为城市文化环境具有宽松、包容、多元和不歧视的特点，这与城市提供的多样化文化活动、尊重不同文化背景的社会氛围以及老年群体自身对文化生活需求的满足有关。然而，也有 16.26% 的老年受访者对文化氛围持有负面态度，这表明一些地区在文化活动组织、文化资源分配或对不同文化群体的接纳上存在不足，这些因素限制了老年群体对文化生活的参与度和满意度。同时，37.65% 的老年受访者认为当地文化氛围一般，这表明

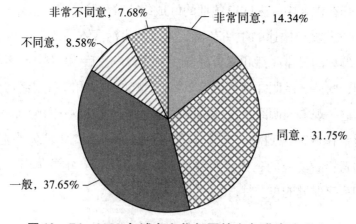

图 10-74 2023 年城市文化氛围的老年满意度分布

老年群体对文化环境有更高的期待和追求，希望城市能提供更丰富的文化产品、更高质量的文化服务或是更完善的文化设施。这种看法与老年群体对文化生活的个性化和深层次需求有关，其期望城市文化环境能够更好地反映个人兴趣和价值观。

图 10－75 展示了不同方向上老年群体对城市文化氛围的满意度在不同排名区间的占比情况。从东西方向来看，呈现出的"西高东低"分布态势，西部城市在前 10 名中占比最高，达到 50%，这反映了西部地区在文化多样性和包容性方面的优势，这些地区拥有更为开放的文化环境和较少的社会歧视，为老年群体提供了一个更加和谐的生活氛围。东部城市虽然经济发达，但在文化氛围满意度上占比为 40%，这与东部地区较快的生活节奏和较大的社会竞争压力有关，这些因素影响了老年群体对文化氛围的感知。中部城市占比 10%，表明在文化氛围建设方面还有较大的提升空间。东北城市未能进入前 10 名，这应该与该地区特有的社会结构和文化传统有关，因此需要进一步采取措施来提升文化氛围的宽容度和包容性。

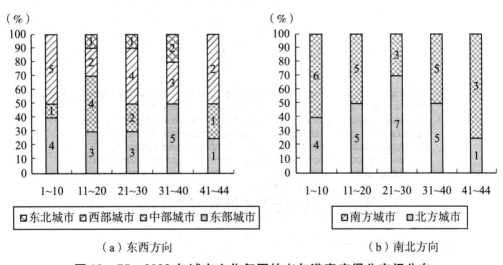

（a）东西方向　　　　　　　　　　（b）南北方向

图 10－75　2023 年城市文化氛围的老年满意度得分空间分布

从南北方向来看，呈现"南高北低"分布态势，南方城市在文化氛围满意度上具有一定优势，前 10 名中，南方城市占比 60%，这与南方地区较为温和的气候、更为活跃的文化生活和较为开放的社会态度有关。然而，后 4 名中，有 3

名是南方城市，这表明即便是在文化氛围普遍较好的地区，也存在一些城市在文化建设方面需要加强，以减少社会歧视，提升文化多元性。

（五）老年群体对城市生活智慧化发展较为满意

随着科技的发展和老龄化社会的到来，城市生活智慧便捷成为提升老年群体生活质量的关键因素。智慧生活通过利用信息技术，如物联网、大数据和人工智能，为老年群体提供更加便捷、高效和个性化的养老服务，这不仅关系到老年群体的福祉，也是衡量城市现代化水平的重要标准。城市智慧生活老年满意度得分排名如图 10 - 76 所示。前 10 名中，长沙和宁波并列第 1 名，这反映了它们在智能化养老服务、信息技术应用以及对老年群体需求的快速响应方面的先进性。这些城市投入了大量资源来开发和实施智慧生活解决方案，如智能家居、远程医疗服务和个性化养老计划。榆林和兰州得分相同且排在前列，显示出即便是非新一线城市也能在智慧生活领域取得显著成就，这与地方政府的政策支持、对老年友好型社区的建设以及积极采纳新技术有关。像武汉这样的新一线城市在生活智慧便捷的满意度上仅排名第 6 位，这意味着即便是经济发展水平较高的城市，也在养老服务的智能化和个性化方面存在不足。后 10 名中，商洛和福州的得分最低，并列倒数第 1 名。济南、厦门、重庆等省会或者新一线

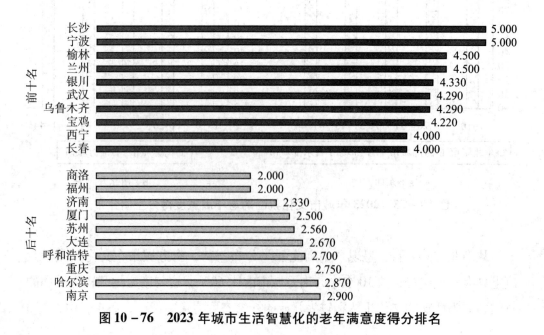

图 10 - 76　2023 年城市生活智慧化的老年满意度得分排名

城市也排在倒数。这一现象提示我们，城市的经济发达程度和政治地位并不一定与城市生活智慧便捷的质量成正比。这些城市需要在智慧生活的基础设施建设、专业人才培养和技术应用等方面加大投入和改革力度。总体而言，这一排名结果表明，无论是新一线城市还是省会城市，都需要关注并改善其智慧生活服务，以满足老年群体不断增长的需求。这要求城市管理者不仅要关注经济指标，还要重视养老服务的质量和效率，通过政策引导和技术创新，推动智慧生活事业的发展，确保所有老年群体都能享受到便捷、高效、贴心的养老服务。

如图 10-77 所示，多数老年受访者对所在城市生活的智慧化和便捷化持积极态度，占比 51.21%，这与城市管理者在智慧生活领域的投入和创新有关。这些城市已经实施了一系列智能化措施，如智能医疗监控、便捷的在线服务、智能家居设备等，从而提升了老年群体的生活质量和便利性。然而，有 15.49% 的老年受访者对城市生活的智慧化持相反态度，这指向一些老年群体对新技术的适应存在困难，或者对智慧化带来的变化感到不满和担忧，如隐私问题、技术故障等。同时，33.29% 的老年受访者认为城市的智慧生活条件一般，这表明尽管有一定比例的老年群体感受到了城市智慧化带来的便利，但仍期望城市管理者能够在智慧生活方面做出更多努力和改进。这包括提供更多针对老年群体的智能技术培训、确保智慧服务的普及性和可访问性，以及解决智慧化过程中出现的数字鸿沟问题。综上所述，这些结果表明，在智慧生活方面，城市还有提升空间。城市管理者需要在继续推动智慧化发展的同时，考虑到老年群体的实际需求和接受能力，确保智慧生活服务的普及和适用性，让所有老年群体都能享受到智慧化带来的便利和好处。

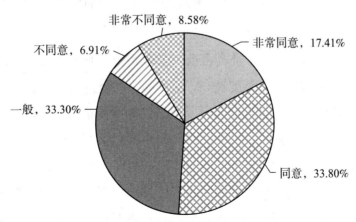

图 10-77　2023 年城市生活智慧化的老年满意度分布

如图 10-78 所示，分别展示了不同方向上老年群体对城市生活智慧化的满意度在不同排名区间的占比情况。从东西方向来看，呈现出"西高东低"分布态势，西部城市在智慧生活满意度上表现突出，前 10 名中占比高达 60%，这与西部地区在生活智慧便捷方面的创新政策、较为宽松的居住环境以及更注重老年需求的社区服务有关。这些因素共同促进了西部城市在生活智慧便捷服务上的发展，提高了老年满意度。相比之下，东部和中部城市在生活智慧化满意度上的占比相对较低，均为 20%，这与这些地区较高的生活成本、更快的生活节奏以及存在的服务不足有关。东部城市在后 4 名中占据了 75%，这反映了尽管经济发达，但在智慧生活服务的普及和质量上仍有较大的提升空间。

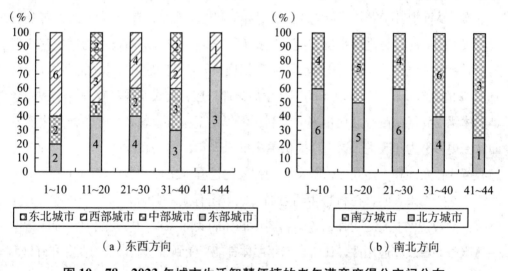

图 10-78 2023 年城市生活智慧便捷的老年满意度得分空间分布

从南北方向来看，呈现"北高南低"分布态势，前 10 名中，北方城市的老年群体对城市生活智慧化满意度较高，达到 60%，这与北方地区较为集中的医疗资源、较为成熟的社区服务体系以及更适宜的气候条件有关，这些因素更有利于智慧生活模式的实施和老年群体的接受。后 4 名中，南方城市占据了 75%，这意味着尽管南方地区气候宜人、生态环境较好，但在城市生活智慧化的建设和推广上存在一些挑战，如服务不均衡、技术应用不足或对老年群体需求的忽视。智慧生活的发展需要综合考虑地区特点、资源分配、政策支持和老年群体的实际需求。城市管理者应根据本地区的具体情况，制定有针对性的智慧生活策略，加强服务体系建设，提高服务质量，确保所有老年都能享受到便捷、高效、贴心的智慧生活服务。

（六）老年群体对城市整体发展效果呈现两极分化的态度

随着社会的发展与变迁，老年群体作为社会的宝贵财富，对城市整体发展效果和生活质量的提升有着自己独特的体验和视角。老年群体在享受城市进步带来的便利与舒适的同时，也在观察和体会文化、健康、环境等方面的综合提升。优化老年群体的生活质量，不仅是社会发展的必然要求，更是实现社会全面和谐的关键一环。城市整体发展效果老年满意度得分排名如图 10–79 所示。在前 10 名中，宁波、乌鲁木齐、太原分别位列前 3 名，这些城市在经济发展、基础设施建设、环境改善等方面取得了积极成效，有效提升了居民的生活质量。这些城市具备一定的经济实力和资源，能够更好地满足居民的需求。厦门、石家庄、宝鸡、银川、榆林、兰州和长沙得分相同。在后 10 名中，苏州得分最低，大连、商洛紧随其后，后 10 名中，省会城市占据了大多数席位。这表明省会城市也面临一些共同的挑战，如人口密集、环境污染、交通拥堵等问题。

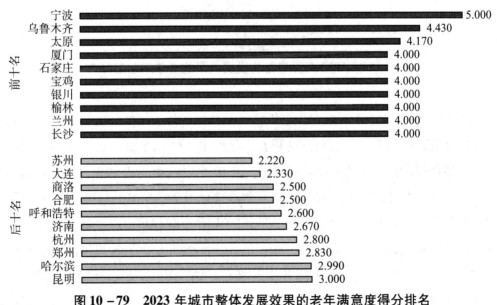

图 10–79　2023 年城市整体发展效果的老年满意度得分排名

如图 10 - 80 所示，虽然城市发展在一定程度上提升了老年群体的整体生活质量，但仍有相当一部分老年群体对此持有保留意见或认为改善有限。46.86%的老年受访者认为生活质量得到提升，这是因为城市发展带来了更好的基础设施、更多的医疗资源、更丰富的文化生活以及更便捷的服务设施，这些都是老年群体生活质量提升的重要因素。然而，14.21%的老年受访者持相反态度，这反映出城市发展中存在的一些问题，如生活成本的上升、环境质量的下降、社区服务的不足或对老年群体需求的忽视等。这些问题削弱了老年群体对城市发展成果的正面感受。38.92%的老年受访者认为当地的整体发展效果情况一般，这意味着虽然城市在某些方面取得了进步，但在整体协调性和平衡性方面还有待提高。这包括城乡差距、区域发展不平衡、社会服务不均等问题。

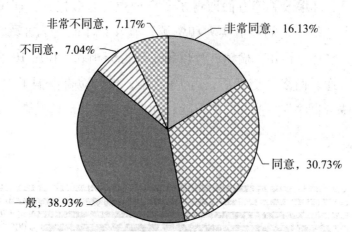

图 10 - 80   2023 年城市整体发展效果的老年满意度分布

图 10 - 81 展示了不同方向上老年群体对城市整体发展效果的满意度在不同排名区间的占比情况。从东西方向来看，呈现出"西高东低"分布态势，西部城市在整体发展效果满意度上表现突出，前 10 名中占比高达 50%，这反映出西部城市近年来在基础设施建设、公共服务改善以及生态环境保护等方面取得了显著成效，这些进步直接提升了老年群体的生活质量和满意度。此外，西部地区受益于国家政策的倾斜和支持，如西部大开发战略，这些政策更注重提升居民的生活水平。相比之下，东部和中部城市的占比相对较低，分别为 30% 和 20%，这意味着这些地区虽然经济发展水平较高，但在老年群体生活质量的提升上存在一些不足，如生活成本的上升、环境问题的挑战或公共服务的不均衡

等。东北地区城市的整体表现较差，集中在后 14 名，仅有沈阳位于第 15 名，这
与东北地区近年来面临的经济转型压力、人口老龄化以及气候条件等因素有关，
这些因素影响了老年群体对城市整体发展效果的满意度。

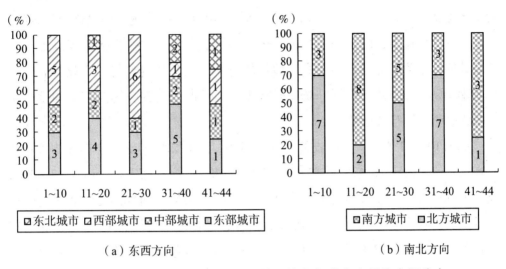

（a）东西方向　　　　　　　　　　　（b）南北方向

图 10－81　2023 年城市整体发展效果的老年满意度得分空间分布

从南北方向来看，北方城市在前 10 名中的占比达到 70%，显示出在整体发
展效果方面的优势，这与北方城市较强的经济基础、较为完善的基础设施和公
共服务体系有关。然而，在前 20 名中，北方城市的占比下降到 45%，这表明虽
然北方城市在某些方面表现突出，但在整体发展上存在一定的不平衡，如城乡
差距、区域发展不均衡等。南方城市虽然在前 10 名中的占比不高，但在前 20 名
中占比上升，这表明南方城市在协调发展上具有一定的潜力和优势，如气候条
件、生态环境以及对外开放程度等。

第六节　老年群体最关心什么

随着人口老龄化的加剧，老年群体的生活质量与幸福感成为社会发展的重

要指标。建设老年友好型城市，不仅是对老年群体权益的尊重与保障，更是促进社会和谐稳定、实现可持续发展的关键一环。建设老年友好型城市，旨在通过优化城市环境、完善公共服务设施、提升社区服务水平等措施，致力于为老年群体打造一个安全、便捷、舒适的生活空间，具体包括增设无障碍设施以方便老年群体出行，建设适合老年群体活动的公共场所和设施，提供优质的医疗、养老、教育等服务，以及加强社区关怀和志愿服务等。这些举措不仅满足了老年群体的基本生活需求，还促进了他们的身心健康和社会参与，增强了老年群体的幸福感和归属感。根据问卷调研数据，老年群体最关心的前三个问题分别为收入、教育医疗和就业。

如图 10 – 82 所示，已回收的有效问卷中，共有 222 名受访老年群体将就业排在第 1 位，占比 28.43%；有 183 位受访者将收入排在第 1 位，占比 23.43%；仅有 15 位受访者将营商环境排在第 1 位，占比 1.92%，同时，文化氛围只有 16 位受访者将其排在第 1，占比 2.05%；此外，商业繁荣也仅有 19 位受访者将其排在首位，占比 2.43%。由此可见，老年群体对就业和收入的重视，而对营商环境、文化氛围以及商业繁荣的重视程度最低。

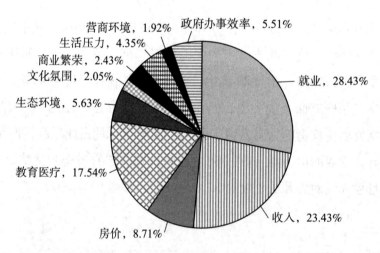

图 10 – 82　2023 年老年群体对城市高质量发展各指标关心度排第 1 位时的占比情况

如图 10 – 83 所示，27.73% 和 27.72% 的受访者分别将"政府办事效率"和"营商环境"放在最后两位，认为其重要程度不及其他指标；将"教育医疗"排在最后一位的受访者最少，仅有 1.07%。将"就业"和"收入"排在最后的受访者也较少，仅为 2.02% 和 1.14%。显然，尽管政府办事效率直接关系到公共服务的质量与效能，能够提升民众满意度，增强社会信任，为城市治理注入高效动力，但对于普通老年群体而言，其关注度相较于医疗和收入等一些直接关乎日常生活的资源稍显次要。

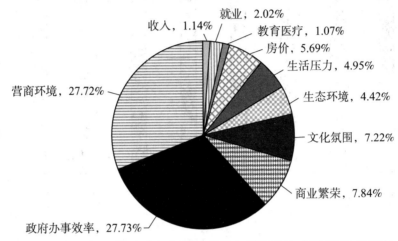

图 10-83　2023 年老年群体对城市高质量发展各指标关心度排第 10 位时的占比情况

如图 10-84 所示，在收入问题上，37.52% 的受访者将"收入"排在第 1位，19.75% 的受访者将"收入"排在第 2 位，共 20.13% 的受访者将"收入"排在第 3 位和第 4 位，仅 3.00%、2.11%、2.02% 的受访者将"收入"排在第 8、第 9、第 10 位；在就业问题上，12.65% 的受访者将其重要性排在第 1 位，12.02% 的受访者将其排在第 2 位，共有 44.26% 的受访者将"就业"排在第 3位和第 4 位，仅有 3.12% 的受访者将就业的重要性排在最后 2 位。在各项城市因素排序中，"收入"和"就业"问题备受老年群体关注。在收入方面，超过1/3 的受访者将其视为最重要的考量因素，且排在前列的比例较高，而将其排在末位的比例极低。这表明收入问题在城市生活中具有举足轻重的地位，是绝大多数老年居民关心的首要问题。在就业问题上，受访者的重视程度也相对较高。超过 1/3 的受访者将就业排在前 3 位，而将其排在末位的比例极低。这反映出收入水平对于老年居民在城市生活中的重要性和影响力，收入水平的高低直接关系到生活质量和幸福感。在城市发展中，应着力提高老年居民收入水平，以促进城市的可持续发展和老年居民的幸福安康。

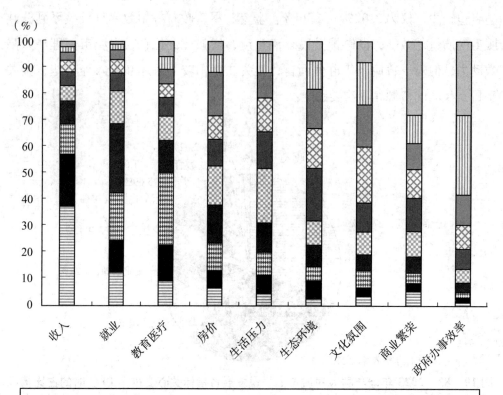

图 10 - 84　2023 年老年友好视域下城市高质量发展各指标
重要程度在各排位的占比情况

在教育医疗问题上，39.75% 的受访者将其排在第 3、第 4 位，22.79% 的受访者将其排在第 1、第 2 位，分别有 5.55%、4.83% 和 5.69% 的受访者将"教育医疗"排在第 8、第 9、第 10 位。从以上数据可以看到，医疗问题也备受老年群体的关注，但相对收入和就业问题，排在次要的地位。在教育医疗问题上，受访者的关注度较为分散，但整体上呈现出将其视为重要考量因素的趋势。相较于就业和收入问题，虽然教育医疗没有占据首要位置，但仍有相当比例的受访者将其排在前列，显示出老年群体对教育医疗问题的重视。同时，将教育医疗排在较后位置的受访者比例相对较低，进一步印证了其在老年群体心中的重要性。综合来看，教育医疗问题是老年群体在规划城市生活时不可忽视的方面之一。在房价问题上，24.78% 的受访者将其排在第 3、第 4 位，13.36% 的受访者将其排在第 1、第 2 位，分别有 16.11%、6.80% 和 4.95% 的受访者将"房价"

排在第8、第9、第10位。在房价问题上，受访者的关注度普遍较高，多数受访者将其视为重要的考量因素之一。具体而言，有相当一部分人群将房价排在前列，表明他们非常关注房价问题，认为其对生活质量和未来规划有着直接且显著的影响。同时，尽管有少数受访者将房价排在较后的位置，但这一比例相对较低，不足以改变房价作为重要议题的整体认知。综合来看，房价问题在老年群体的生活决策中占据了较为重要的地位。

在生活压力问题上，大多数受访者并未将其排在首要位置，但有一定比例的受访者将其视为重要考量。具体而言，4.63%和7.08%的受访者将生活压力排在第1、第2位，19.66%的受访者将其排在第3、第4位。这表明生活压力在一定程度上影响着老年居民的生活质量和幸福感。城市应当关注老年居民的生活压力来源，通过提供多元化的支持和服务，帮助他们更好地应对生活挑战。在生态环境上，大部分受访者并未将其摆在首要位置。具体而言，9.46%的受访者将其排在第1、第2位，10.78%和7.22%的受访者将其排在第9、第10位。这表明生态环境虽然对老年居民的生活有所影响，但并非其最关注的主要问题。在文化氛围上，大多数受访者确实将其排在相对靠后的位置。具体而言，15.95%、16.05%和7.84的受访者则分别将其排在第8位至第10位。这反映出文化氛围虽然重要，但在当前社会背景下可能并未成为老年居民最为关心的议题。然而，城市仍然应当注重文化氛围的营造，通过挖掘和传承地方文化、举办文化活动等方式，提升城市的文化软实力，满足老年居民对精神文化生活的需求。在商业繁荣问题上，大多数受访者同样未将其摆在首要位置。具体而言，9.07%、10.62%和27.73%的受访者则分别将其排在第8、9、10位。这表明商业繁荣程度虽然影响着老年居民的消费质量和生活品质，但并非他们生活中的主要痛点。

在政府办事效率问题上，仅有1.32%的受访者将其排在第1位，有27.72%的受访者将其排在第10位。这一现象可能反映出老年居民在日常生活和工作中，虽然能够感受到政府办事效率对个人事务处理的影响，但可能由于其他更为紧迫或直观的议题（如收入、就业等）占据了老年群体的主要注意力，因此并未将政府办事效率视为最为迫切的问题。

综上所述，老年居民在城市生活中最为关注的是收入和就业问题，这两者直接关系到他们的生活质量和幸福感。教育医疗、房价等问题也备受重视，但相较于收入和就业，其紧迫性稍逊。生活压力、文化氛围和商业繁荣虽然影响老年居民的消费质量和生活品质，但并未成为他们生活中的主要痛点。然而，政府办事效率和营商环境则相对被排在较后位置，但仍需关注老年居民对此的"普遍不满"或"期待改进"情绪，以提升城市整体竞争力和居民满意度。

附　　录

附录1　中国15个城市群及所含城市

城市群	城市
京津冀	北京、天津、石家庄、唐山、秦皇岛、保定、张家口、承德、沧州、廊坊、邢台、衡水、邯郸（13个）
长三角	上海、南京、无锡、常州、苏州、南通、盐城、扬州、镇江、泰州、杭州、宁波、温州、嘉兴、湖州、绍兴、金华、舟山、台州、合肥、芜湖、马鞍山、铜陵、安庆、滁州、池州、宣城（27个）
珠三角	广州、深圳、珠海、佛山、江门、肇庆、惠州、东莞、中山（9个）
成渝	重庆、成都、泸州、绵阳、遂宁、内江、乐山、南充、眉山、宜宾、广安、德阳、广元、自贡、雅安、资阳、巴中、达州（18个）
长江中游	南昌、景德镇、萍乡、九江、新余、鹰潭、吉安、宜春、抚州、上饶、武汉、黄石、宜昌、鄂州、荆门、孝感、荆州、黄冈、咸宁、长沙、常德、益阳（22个）
山东半岛	济南、青岛、淄博、东营、烟台、潍坊、威海、日照（8个）
粤闽浙沿海	衢州、丽水、福州、厦门、莆田、三明、泉州、漳州、龙岩、宁德、赣州、汕头、梅州、潮州、揭阳（15个）

城市群	城市
中原	长治、晋城、蚌埠、淮北、阜阳、宿州、聊城、菏泽、郑州、开封、洛阳、平顶山、安阳、鹤壁、新乡、焦作、濮阳、许昌、漯河、三门峡、南阳、商丘、信阳、周口、驻马店（25个）
关中平原	临汾、西安、铜川、宝鸡、咸阳、渭南、商洛、天水、平凉、庆阳（10个）
北部湾	湛江、茂名、阳江、南宁、北海、钦州、海口（7个）
哈长	长春、四平、辽源、松原、哈尔滨、大庆、牡丹江（7个）
辽中南	沈阳、大连、鞍山、抚顺、本溪、丹东、营口、辽阳、盘锦、铁岭（10个）
山西中部	太原、阳泉、晋中、忻州、吕梁（5个）
呼包鄂榆	呼和浩特、包头、鄂尔多斯、榆林（4个）
宁夏沿黄	银川、石嘴山、吴忠、中卫（4个）

附录2　2023年青年友好视域下的城市高质量发展指数及排名

排名	城市	得分	排名	城市	得分	排名	城市	得分
1	深圳	0.4340	26	珠海	0.1729	51	泰州	0.1296
2	北京	0.3508	27	南通	0.1728	52	三亚	0.1289
3	上海	0.3441	28	温州	0.1726	53	南宁	0.1286
4	广州	0.3141	29	绍兴	0.1699	54	长春	0.1278
5	苏州	0.2939	30	泉州	0.1604	55	镇江	0.1271
6	东莞	0.2838	31	沈阳	0.1585	56	威海	0.1244
7	杭州	0.2642	32	芜湖	0.1581	57	鄂尔多斯	0.1242
8	南京	0.2393	33	福州	0.1564	58	江门	0.1211
9	佛山	0.2368	34	南昌	0.1554	59	东营	0.1207
10	武汉	0.2365	35	昆明	0.1541	60	盐城	0.1206
11	重庆	0.2363	36	金华	0.1523	61	兰州	0.1205
12	宁波	0.2338	37	惠州	0.1475	62	徐州	0.1190
13	合肥	0.2312	38	湖州	0.1469	63	银川	0.1186
14	成都	0.2257	39	贵阳	0.1452	64	舟山	0.1179
15	天津	0.2212	40	台州	0.1427	65	嘉峪关	0.1171
16	长沙	0.2020	41	哈尔滨	0.1425	66	淄博	0.1168
17	无锡	0.1994	42	乌鲁木齐	0.1401	67	马鞍山	0.1162
18	郑州	0.1940	43	烟台	0.1394	68	呼和浩特	0.1160
19	西安	0.1852	44	大连	0.1390	69	湘潭	0.1155
20	济南	0.1840	45	太原	0.1383	70	洛阳	0.1135
21	中山	0.1825	46	克拉玛依	0.1359	71	滁州	0.1134
22	青岛	0.1806	47	石家庄	0.1322	72	宜昌	0.1127
23	厦门	0.1787	48	扬州	0.1318	73	临沂	0.1125
24	常州	0.1782	49	潍坊	0.1313	74	铜陵	0.1110
25	嘉兴	0.1765	50	株洲	0.1302	75	赣州	0.1099

续表

排名	城市	得分	排名	城市	得分	排名	城市	得分
76	衢州	0.1096	108	泰安	0.0975	140	三明	0.0906
77	唐山	0.1093	109	衡阳	0.0972	141	沧州	0.0903
78	海口	0.1093	110	咸宁	0.0970	142	六安	0.0903
79	金昌	0.1085	111	景德镇	0.0964	143	新乡	0.0902
80	蚌埠	0.1081	112	柳州	0.0963	144	遵义	0.0901
81	乌海	0.1080	113	德州	0.0962	145	桂林	0.0895
82	宣城	0.1073	114	新余	0.0962	146	商丘	0.0887
83	丽水	0.1069	115	攀枝花	0.0961	147	雅安	0.0886
84	拉萨	0.1067	116	德阳	0.0961	148	亳州	0.0881
85	石嘴山	0.1063	117	西宁	0.0960	149	汕头	0.0880
86	九江	0.1053	118	盘锦	0.0955	150	阜阳	0.0878
87	济宁	0.1052	119	鹰潭	0.0951	151	孝感	0.0877
88	宜春	0.1049	120	抚州	0.0950	152	泸州	0.0873
89	榆林	0.1041	121	荆门	0.0948	153	永州	0.0872
90	淮安	0.1034	122	黄石	0.0948	154	防城港	0.0870
91	滨州	0.1027	123	驻马店	0.0947	155	邯郸	0.0865
92	绵阳	0.1014	124	郴州	0.0946	156	邵阳	0.0864
93	漳州	0.1013	125	吉安	0.0946	157	邢台	0.0863
94	上饶	0.1010	126	荆州	0.0943	158	鄂州	0.0859
95	包头	0.1010	127	淮北	0.0941	159	六盘水	0.0857
96	肇庆	0.1009	128	常德	0.0940	160	韶关	0.0857
97	宿迁	0.1005	129	菏泽	0.0936	161	营口	0.0856
98	许昌	0.1003	130	连云港	0.0933	162	宿州	0.0855
99	十堰	0.1002	131	安顺	0.0931	163	广安	0.0855
100	岳阳	0.1000	132	开封	0.0929	164	玉溪	0.0852
101	大庆	0.0999	133	漯河	0.0929	165	三门峡	0.0851
102	龙岩	0.0997	134	焦作	0.0925	166	宝鸡	0.0849
103	安庆	0.0991	135	日照	0.0919	167	莆田	0.0849
104	保定	0.0990	136	南阳	0.0913	168	乌兰察布	0.0847
105	益阳	0.0982	137	晋中	0.0913	169	钦州	0.0846
106	萍乡	0.0980	138	淮南	0.0911	170	鹤壁	0.0846
107	廊坊	0.0977	139	黄山	0.0909	171	池州	0.0845

排名	城市	得分	排名	城市	得分	排名	城市	得分
172	乐山	0.0843	204	曲靖	0.0791	236	呼伦贝尔	0.0736
173	安阳	0.0843	205	崇左	0.0788	237	巴彦淖尔	0.0736
174	信阳	0.0841	206	聊城	0.0785	238	抚顺	0.0729
175	鞍山	0.0841	207	清远	0.0783	239	河池	0.0727
176	贵港	0.0841	208	娄底	0.0781	240	铜川	0.0726
177	朔州	0.0839	209	吉林	0.0780	241	巴中	0.0719
178	枣庄	0.0836	210	张家口	0.0778	242	白银	0.0719
179	中卫	0.0836	211	辽阳	0.0776	243	汕尾	0.0717
180	黄冈	0.0834	212	百色	0.0776	244	齐齐哈尔	0.0707
181	宁德	0.0834	213	达州	0.0775	245	丹东	0.0705
182	本溪	0.0833	214	怀化	0.0771	246	平凉	0.0704
183	平顶山	0.0833	215	赤峰	0.0769	247	佳木斯	0.0703
184	北海	0.0831	216	丽江	0.0767	248	伊春	0.0698
185	酒泉	0.0830	217	湛江	0.0767	249	临汾	0.0698
186	宜宾	0.0826	218	承德	0.0766	250	张家界	0.0697
187	周口	0.0825	219	长治	0.0766	251	葫芦岛	0.0696
188	张掖	0.0822	220	衡水	0.0766	252	渭南	0.0692
189	秦皇岛	0.0820	221	资阳	0.0766	253	武威	0.0691
190	内江	0.0815	222	牡丹江	0.0764	254	庆阳	0.0691
191	南充	0.0812	223	延安	0.0764	255	白城	0.0686
192	吴忠	0.0808	224	玉林	0.0762	256	吕梁	0.0685
193	自贡	0.0805	225	贺州	0.0760	257	忻州	0.0683
194	眉山	0.0803	226	运城	0.0754	258	河源	0.0682
195	大同	0.0801	227	晋城	0.0753	259	七台河	0.0682
196	阳泉	0.0800	228	汉中	0.0753	260	云浮	0.0679
197	阳江	0.0799	229	广元	0.0753	261	潮州	0.0675
198	固原	0.0798	230	梅州	0.0752	262	鸡西	0.0674
199	南平	0.0798	231	咸阳	0.0751	263	定西	0.0673
200	茂名	0.0796	232	遂宁	0.0750	264	保山	0.0671
201	梧州	0.0796	233	鹤岗	0.0749	265	双鸭山	0.0669
202	濮阳	0.0793	234	通辽	0.0744	266	阜新	0.0669
203	揭阳	0.0792	235	锦州	0.0741	267	安康	0.0660

续表

排名	城市	得分	排名	城市	得分	排名	城市	得分
268	辽源	0.0657	274	昭通	0.0635	280	绥化	0.0582
269	白山	0.0651	275	天水	0.0622	281	商洛	0.0568
270	随州	0.0651	276	松原	0.0614	282	陇南	0.0538
271	黑河	0.0641	277	临沧	0.0600	283	来宾	0.0532
272	铁岭	0.0638	278	朝阳	0.0591			
273	四平	0.0637	279	通化	0.0591			

附录 3　2023 年老年友好视域下城市
高质量发展指数及排名

排名	城市	得分	排名	城市	得分	排名	城市	得分
1	深圳	0.5499	26	成都	0.3233	51	潍坊	0.2846
2	上海	0.4816	27	长沙	0.3198	52	攀枝花	0.2845
3	北京	0.4793	28	中山	0.3194	53	丽水	0.2836
4	杭州	0.4404	29	乌鲁木齐	0.3190	54	惠州	0.2818
5	苏州	0.4225	30	威海	0.3183	55	福州	0.2759
6	东莞	0.4186	31	郑州	0.3161	56	呼和浩特	0.2745
7	广州	0.4100	32	淄博	0.3101	57	滨州	0.2726
8	南京	0.4085	33	镇江	0.3069	58	马鞍山	0.2721
9	无锡	0.4043	34	嘉峪关	0.3054	59	沈阳	0.2715
10	宁波	0.4032	35	泰州	0.3039	60	日照	0.2702
11	济南	0.3925	36	金华	0.3035	61	芜湖	0.2694
12	青岛	0.3838	37	太原	0.3023	62	宜昌	0.2677
13	珠海	0.3727	38	西安	0.3015	63	南昌	0.2671
14	常州	0.3698	39	南通	0.3001	64	西宁	0.2644
15	舟山	0.3662	40	天津	0.2996	65	金昌	0.2642
16	厦门	0.3660	41	合肥	0.2975	66	重庆	0.2636
17	克拉玛依	0.3635	42	温州	0.2968	67	兰州	0.2617
18	鄂尔多斯	0.3540	43	衢州	0.2950	68	哈尔滨	0.2603
19	东营	0.3520	44	台州	0.2940	69	贵阳	0.2597
20	嘉兴	0.3482	45	扬州	0.2931	70	银川	0.2574
21	武汉	0.3454	46	大连	0.2925	71	济宁	0.2562
22	绍兴	0.3396	47	包头	0.2897	72	泰安	0.2556
23	湖州	0.3393	48	榆林	0.2892	73	枣庄	0.2520
24	佛山	0.3380	49	乌海	0.2876	74	临沂	0.2518
25	烟台	0.3371	50	昆明	0.2855	75	盐城	0.2511

排名	城市	得分	排名	城市	得分	排名	城市	得分
76	拉萨	0.2493	108	酒泉	0.2289	140	景德镇	0.2113
77	大庆	0.2485	109	晋城	0.2287	141	鹤壁	0.2112
78	延安	0.2480	110	黄山	0.2286	142	汉中	0.2112
79	内江	0.2470	111	乐山	0.2284	143	广元	0.2090
80	唐山	0.2466	112	三亚	0.2283	144	黄石	0.2090
81	泉州	0.2461	113	十堰	0.2271	145	淮北	0.2090
82	铜川	0.2444	114	绵阳	0.2269	146	肇庆	0.2086
83	三明	0.2435	115	湘潭	0.2264	147	莆田	0.2082
84	洛阳	0.2425	116	宁德	0.2247	148	石家庄	0.2082
85	徐州	0.2414	117	宿迁	0.2242	149	平顶山	0.2080
86	江门	0.2408	118	焦作	0.2240	150	萍乡	0.2071
87	淮安	0.2402	119	池州	0.2240	151	大同	0.2063
88	三门峡	0.2381	120	石嘴山	0.2240	152	安庆	0.2060
89	宝鸡	0.2381	121	宣城	0.2228	153	南充	0.2056
90	德州	0.2374	122	咸阳	0.2227	154	阳江	0.2047
91	秦皇岛	0.2369	123	鹰潭	0.2219	155	濮阳	0.2047
92	长春	0.2365	124	宜宾	0.2214	156	丽江	0.2044
93	龙岩	0.2362	125	漯河	0.2213	157	张掖	0.2041
94	海口	0.2356	126	朔州	0.2211	158	晋中	0.2037
95	铜陵	0.2349	127	滁州	0.2210	159	开封	0.2029
96	盘锦	0.2341	128	本溪	0.2202	160	新乡	0.2026
97	连云港	0.2329	129	许昌	0.2201	161	廊坊	0.2026
98	新余	0.2328	130	阳泉	0.2188	162	营口	0.2023
99	漳州	0.2328	131	荆门	0.2183	163	鸡西	0.2018
100	聊城	0.2327	132	泸州	0.2170	164	湛江	0.2011
101	菏泽	0.2321	133	自贡	0.2145	165	南平	0.2005
102	玉溪	0.2320	134	蚌埠	0.2140	166	北海	0.2001
103	鄂州	0.2320	135	淮南	0.2140	167	遵义	0.2000
104	雅安	0.2317	136	柳州	0.2134	168	鹤岗	0.1997
105	韶关	0.2314	137	长治	0.2123	169	岳阳	0.1991
106	株洲	0.2307	138	辽阳	0.2121	170	眉山	0.1991
107	德阳	0.2295	139	南宁	0.2114	171	呼伦贝尔	0.1984

排名	城市	得分	排名	城市	得分	排名	城市	得分
172	安阳	0.1979	204	驻马店	0.1875	236	怀化	0.1770
173	南阳	0.1978	205	武威	0.1870	237	益阳	0.1767
174	巴彦淖尔	0.1968	206	衡阳	0.1869	238	亳州	0.1762
175	达州	0.1967	207	孝感	0.1862	239	安顺	0.1758
176	茂名	0.1960	208	吕梁	0.1861	240	宿州	0.1757
177	防城港	0.1958	209	河源	0.1860	241	临沧	0.1752
178	丹东	0.1951	210	张家口	0.1859	242	潮州	0.1750
179	牡丹江	0.1950	211	荆州	0.1857	243	上饶	0.1748
180	清远	0.1946	212	七台河	0.1854	244	保定	0.1747
181	临汾	0.1944	213	信阳	0.1850	245	抚州	0.1740
182	渭南	0.1942	214	六安	0.1849	246	巴中	0.1740
183	汕头	0.1937	215	赣州	0.1848	247	锦州	0.1738
184	广安	0.1936	216	白山	0.1846	248	周口	0.1727
185	平凉	0.1931	217	庆阳	0.1843	249	梅州	0.1725
186	遂宁	0.1930	218	桂林	0.1841	250	百色	0.1714
187	伊春	0.1923	219	汕尾	0.1841	251	邯郸	0.1708
188	鞍山	0.1919	220	保山	0.1836	252	阜新	0.1701
189	郴州	0.1913	221	佳木斯	0.1828	253	娄底	0.1696
190	赤峰	0.1910	222	商丘	0.1828	254	吴忠	0.1688
191	常德	0.1906	223	宜春	0.1821	255	永州	0.1687
192	黄冈	0.1901	224	吉安	0.1821	256	随州	0.1682
193	九江	0.1898	225	资阳	0.1820	257	揭阳	0.1666
194	抚顺	0.1895	226	运城	0.1819	258	邵阳	0.1664
195	沧州	0.1894	227	黑河	0.1816	259	钦州	0.1660
196	曲靖	0.1893	228	阜阳	0.1813	260	张家界	0.1657
197	齐齐哈尔	0.1892	229	商洛	0.1813	261	葫芦岛	0.1654
198	通辽	0.1890	230	乌兰察布	0.1808	262	中卫	0.1651
199	安康	0.1885	231	吉林	0.1806	263	天水	0.1645
200	云浮	0.1884	232	六盘水	0.1805	264	梧州	0.1643
201	承德	0.1881	233	忻州	0.1804	265	辽源	0.1640
202	咸宁	0.1880	234	白银	0.1799	266	衡水	0.1634
203	双鸭山	0.1878	235	邢台	0.1794	267	定西	0.1629

续表

排名	城市	得分	排名	城市	得分	排名	城市	得分
268	固原	0.1628	274	贺州	0.1569	280	松原	0.1524
269	昭通	0.1587	275	四平	0.1558	281	贵港	0.1508
270	崇左	0.1587	276	陇南	0.1553	282	白城	0.1463
271	玉林	0.1581	277	铁岭	0.1547	283	来宾	0.1290
272	河池	0.1575	278	绥化	0.1537			
273	朝阳	0.1572	279	通化	0.1527			

附录 4　2023 年全龄友好视域下
居民主观满意度及排名

排名	城市	青年友好型城市	排名	城市	老年友好型城市
1	上海	3.69	1	宁波	4.70
2	北京	3.66	2	长沙	4.25
3	青岛	3.65	3	乌鲁木齐	4.13
4	福州	3.65	4	银川	3.83
5	成都	3.65	5	上海	3.68
6	广州	3.64	6	海口	3.64
7	深圳	3.62	7	石家庄	3.61
8	南京	3.61	8	宝鸡	3.59
9	长沙	3.60	9	南宁	3.59
10	杭州	3.59	10	武汉	3.56
11	天津	3.58	11	榆林	3.55
12	合肥	3.58	12	西安	3.52
13	拉萨	3.54	13	深圳	3.46
14	海口	3.53	14	长春	3.45
15	呼和浩特	3.53	15	兰州	3.45
16	大连	3.53	16	拉萨	3.38
17	沈阳	3.51	17	太原	3.33
18	宁波	3.50	18	南昌	3.31
19	苏州	3.49	19	贵阳	3.28
20	贵阳	3.49	20	沈阳	3.27
21	新乡	3.48	21	新乡	3.20
22	西安	3.48	22	福州	3.20
23	太原	3.47	23	天津	3.19
24	济南	3.47	24	广州	3.18
25	兰州	3.47	25	渭南	3.18

续表

排名	城市	青年友好型城市	排名	城市	老年友好型城市
26	乌鲁木齐	3.47	26	汉中	3.16
27	南宁	3.46	27	重庆	3.16
28	安康	3.46	28	西宁	3.15
29	石家庄	3.45	29	南京	3.11
30	昆明	3.44	30	咸阳	3.09
31	武汉	3.44	31	成都	3.09
32	商洛	3.43	32	北京	3.06
33	郑州	3.43	33	郑州	3.03
34	银川	3.42	34	哈尔滨	2.94
35	长春	3.42	35	昆明	2.93
36	南昌	3.40	36	杭州	2.90
37	西宁	3.38	37	青岛	2.81
38	宝鸡	3.37	38	厦门	2.70
39	重庆	3.37	39	大连	2.69
40	咸阳	3.36	40	济南	2.55
41	厦门	3.33	41	呼和浩特	2.54
42	榆林	3.32	42	合肥	2.53
43	渭南	3.32	43	商洛	2.40
44	延安	3.29	44	苏州	2.23
45	铜川	3.29	—	安康	0.00
46	汉中	3.24	—	铜川	0.00
47	哈尔滨	3.08	—	延安	0.00

注：由于安康、铜川、延安三地在问卷调查中，老年群体填写样本数量严重不足，所采集数据无法有效反映真实情况，缺乏统计学意义上的代表性，因此上述三地未纳入相关排名数据统计。

参 考 文 献

［1］陈明，张云峰．城镇化发展质量的评价指标体系研究［J］．中国名城，2013（2）：16－23，43．

［2］成金华，戴胜，王然．县域生态文明评价指标体系构建及其应用［J］．环境经济研究，2017，2（4）：107－122．

［3］《城市规划学刊》编辑部．学术笔谈［J］．城市规划学刊，2020（2）：1－11．

［4］储昭辉，储文静，徐立祥，等．基于AHP－BP神经网络的城市移动图书馆服务质量评价优化模型构建［J］．图书馆学研究，2020（10）：19－27．

［5］戴为民．城市化系统中的资源环境质量综合评价及政策选择——以安徽省为例［J］．中国软科学，2011（11）：184－192．

［6］戴为民，贺金梅．人口城市化质量综合评价及其政策指向研究——以安徽省为例［J］．城市发展研究，2020，27（5）：32－36．

［7］段智慧，孟雪，郝文强．人才生态环境视角下青年友好型城市建设路径研究：基于模糊集定性比较分析［J］．中国人力资源开发，2023，40（4）：107－122．

［8］方创琳．中国新型城镇化高质量发展的规律性与重点方向［J］．地理研究，2019，38（1）：13－22．

［9］戈艳霞，周灵灵．中国城市老龄友好型社区建设状况与优化策略［J］．重庆理工大学学报（社会科学），2022，36（11）：9－21．

［10］国务院发展研究中心和世界银行联合课题组，李伟，等．中国：推进高效、包容、可持续的城镇化［J］．管理世界，2014（4）：5－41．

［11］胡兆量．城市质量探索［J］．城市发展研究，2013，20（5）：13－16．

［12］贾玉娇．老年友好型社会建设：理念、目标与行动方案［J］．人民论坛·学术前沿，2023（2）：40－48．

[13] 姜栋，赵文吉，刘彪，等．背景下城市道路基础设施质量研究——基于智慧城市国际标准视角 [J]．宏观质量研究，2020，8（6）：96–108.

[14] 李斌，田秀林，张所地，等．城市创新能力评价及时空格局演化研究 [J]．数理统计与管理，2020，39（1）：139–153.

[15] 廖海军，周耿忤，邓啸林，等．系统提升省会品质推进城市高质量发展 [J]．城市发展研究，2020，27（7）：7–10.

[16] 刘超，李霞，刘卓慧．基于 DRGs 的城市公立医院医疗服务质量评价研究 [J]．宏观质量研究，2020，8（2）：42–54.

[17] 刘传明，刘越．黄河流域环境污染的空间关联网络及驱动因素 [J]．环境经济研究，2020，5（3）：21–36.

[18] 马海涛，徐楦钫．黄河流域城市群高质量发展评估与空间格局分异 [J]．经济地理，2020，40（4）：11–18.

[19] 穆光宗．构建老年友好型社会：涵义、本质与进路 [J]．人民论坛·学术前沿，2023（2）：12–21.

[20] 聂伟，蔡培鹏．让城市对青年发展更友好：社会质量对青年获得感的影响研究 [J]．中国青年研究，2021（3）：53–60.

[21] 彭希哲．大力推进老年友好型社会建设 [J]．中国社会工作，2022（2）：12.

[22] 祁毓，赵韦翔．财政支出结构与绿色高质量发展——来自中国地级市的证据 [J]．环境经济研究，2020，5（4）：92–154.

[23] 单耀军，王贺．中长期青年发展规划纵深实施与我国青年友好型城市建设路径考察研究 [J]．中国共青团，2020（7）：71–73.

[24] 师博．黄河流域中心城市高质量发展路径研究 [J]．人文杂志，2020（1）：5–9.

[25] 孙久文，蒋治．高质量建设青年发展型城市的科学内涵与战略构想 [J]．西安交通大学学报（社会科学版），2022，42（6）：1–9.

[26] 王富喜．山东半岛城市群人口–土地城镇化质量测度与协调发展研究 [J]．地理科学，2020，40（8）：1345–1354.

[27] 王海荣．空间理论视阈下当代中国城市治理研究 [D]．长春：吉林大学，2019.

[28] 王丽艳, 薛颖, 王振坡. 城市更新, 创新街区与城市高质量发展 [J]. 城市发展研究, 2020 (1): 10, 67-74.

[29] 王振坡, 张安琪, 王丽艳. 生态宜居特色小镇: 概念、内涵与评价体系 [J]. 管理学刊, 2019, 32 (2): 45-53.

[30] 文学. 国际经验视角下我国老龄友好型城市的构建路径研究 [J]. 当代经济管理, 2024, 46 (6): 62-73.

[31] 武占云, 单菁菁, 马樱娉. 健康城市的理论内涵、评价体系与促进策略研究 [J/OL]. 江淮论坛, 2020 (6): 47-57, 197.

[32] 谢素军. 青年与城市高质量发展的实践路径探索 [J]. 北京青年研究, 2023, 32 (2): 106-112.

[33] 熊湘辉, 徐璋勇. 中国新型城镇化水平及动力因素测度研究 [J]. 数量经济技术经济研究, 2018, 35 (2): 44-63.

[34] 徐辉, 师诺, 武玲玲, 等. 黄河流域高质量发展水平测度及其时空演变 [J]. 资源科学, 2020, 42 (1): 115-126.

[35] 闫臻. 青年友好型城市的理论内涵、功能特征及其指标体系建构 [J]. 中国青年研究, 2022 (5): 5-12.

[36] 杨万平, 张振亚. 黄河流域与长江经济带生态全要素生产率对比研究 [J]. 管理学刊, 2020, 33 (5): 26-37.

[37] 叶裕民. 中国城市化质量研究 [J]. 中国软科学, 2001 (7): 28-32.

[38] 于一凡, 朱霏飏, 贾淑颖, 等. 老年友好社区的评价体系研究 [J]. 上海城市规划, 2020 (6): 1-6.

[39] 袁晓玲, 李朝鹏, 方恺. 中国城镇化进程中的空气污染研究回顾与展望 [J]. 经济学动态, 2019 (5): 88-103.

[40] 袁晓玲, 梁鹏, 曹敏杰. 基于可持续发展的陕西省城镇化发展质量测度 [J]. 城市发展研究, 2013, 20 (2): 52-56, 86.

[41] 袁晓玲, 王军, 张江洋. 高质量发展下城市效率评价——来自19个副省级及以上城市的经验研究 [J]. 城市发展研究, 2020, 27 (6): 62-70.

[42] 约翰·罗尔斯. 正义论 [M]. 何怀宏, 等, 译. 中国社会科学出版社, 2001: 58.

［43］张国兴，苏钊贤. 黄河流域中心城市高质量发展评价体系构建与测度［J］. 生态经济，2020，36（7）：37－43.

［44］张江洋，袁晓玲，王军. 高质量发展下城市投入产出指标体系重构研究［J］. 北京工业大学学报：社会科学版，2020（5）：58－67.

［45］赵联飞. 高质量发展视野下的青年发展型城市建设研究［J］. 中国青年研究，2023（10）：48－54.

［46］赵涛，张智，梁上坤. 数字经济、创业活跃度与高质量发展——来自中国城市的经验证据［J］. 管理世界，2020，36（10）：65－76.

［47］郑玲，郑华. 的理论内涵与构建框架——基于扎根理论的分析［J］. 社会科学战线，2021（10）：226－233.

［48］朱峰. 青年友好型城市政策创新研究［J］. 中国青年研究，2018（6）：78－85.

［49］朱峰，章佳琪，蚁伊妮. 发达国家青年友好型城市的兴起之因、评价之策及经验启示［J］. 青年学报，2019（2）：71－80.

［50］Aaron Nathans. Ranking America's Best College Destinations［EB/OL］. (2016－12－27)［2024－10－26］. https：//thedailyeconomy. org/article/ranking － americas － best － college － destinations/

［51］Debra Flanders Cushing. Youth Master Plans as Potential Roadmaps to Creating Child-and Youth-friendly Cities［J］. *Planning Practice & Research*，2016，31 (2)：154－173.

［52］Hennig S. Child-and youth-friendly cities：How does and can crowdmapping support their development? A case study using Open Street Map in the Austrian City of Salzburg［J］. *Articulo － Journal of Urban Research*，2019.

［53］Jee Eun-gu, Lee Won-ju, Kim Min－ju. A Study of the Scale Development for the Level of Elderly Friendly City in Korea［J］. *Social Science Research*，2019，29 (3)：459－489.

［54］Kim S. , Kim K. H. , Kim H. J. Assessment of the city's elder-friendliness in Seoul［J］. *A Research Report for Policy Task of the Seoul Institute*，2008，12：1－177.

［55］Park So－im, Lee Sang-ho. A Study on the Elements of Planning an Agedfriendly City According to Population Aging ［J］. *Journal of the Architectural Institute of Korea*, 2014, 34（1）: 14 - 26.

［56］ World Health Organization. Ageing and life courseprogramme. Ac-tiveage-ing: Applicyframwork ［R］. geneva, switzerland: WHO, 2002.

后　记

　　本书是西安交通大学陕西经济高质量发展软科学研究基地（省部级重点基地、CTTI 检索）有关城市高质量发展研究的系列性成果之一，先后得到了国家社科基金青年项目"中国城市高质量发展评价体系构建与测度研究"（23CTJ008）、全国统计科学研究项目（2023LY029）、国家资助博士后研究计划（GZB20230583）、陕西省软科学研究项目（2024ZC－YBXM－030）、陕西省博士后基金（2023BSHEDZZ92）、中国青少年研究会研究课题（2024B24）和西安交通大学人文社科学术出版基金等众多课题资助，在问卷调研过程中得到了包括但不限于西安交通大学、新疆大学、天津城建大学、苏州城市学院和新乡学院在内的多所学校的学子和社会各界人士的重要帮助，同时经济科学出版社的工作人员为本书的出版也付出了辛勤的劳动，在此我们一致表示诚挚的感谢！

　　全书由袁晓玲教授、李朝鹏博士和樊炳楠等著。其中，袁晓玲教授负责全书整体思路框架构建、主要内容审核与校正，李朝鹏博士与樊炳楠具体负责全书撰写工作具体组织与执行。各篇章具体撰写工作中，第一篇总论第一章至第四章由李朝鹏博士撰写；在第二篇客观评价篇中，第五章青年友好型视域下城市高质量发展评价由高中一、陈磊、黄涛和杨历共同完成，第六章老年友好型视域下城市高质量发展评价由张准、于熙、王恒旭和杨新标共同完成；在第三篇主观评价篇中，第七章城市高质量发展主观感受整体评价由朱晓珂、令狐荣鑫、王家诺、金中国和耿晗钰共同完成，第八章青年友好型视域下城市高质量发展主观评价由王祎晨、刘水婷、闫东宇、刘小溪和赵锴共同完成，第九章劳动力友好型视域下城市高质量发展主观评价由刘壤、王稳才、姚智昕、潘泰霖和邱勋共同完成，第十章老年友好型视域下城市高质量发展评价由樊炳楠完成。全书数据由樊炳楠、于熙、令狐荣鑫和陈磊收集，最后由李朝鹏和樊炳楠进行统稿，由樊炳楠和刘壤完成所有制图，文字编校工作由黄涛和王恒旭完成。在著书过程中，需要收集大量资料、文献和数据，难免存在错误和疏漏，欢迎社会各界人士批评指正。未来研究基地仍将继续聚焦城市高质量发展研究，不断深化研究内容，发挥好专业性智库作用，从而更好地服务中国式现代化建设。

袁晓玲　李朝鹏　樊炳楠

2024 年 11 月 1 日